全国司法职业教育"十二五"规划教材

监狱人民警察概论（第四版）

全国司法职业教育教学指导委员会　审定

主　编 ◎ 陈连喜
副主编 ◎ 潘家永　孙宏艳
撰稿人 ◎（以撰写单元先后为序）
　　　　陈连喜　裴玉良　戴韶华
　　　　李春艳　卢　方　孙宏艳
　　　　潘家永　陈红英　师玮玮

中国政法大学出版社

2024·北京

声　明　1. 版权所有，侵权必究。
　　　　2. 如有缺页、倒装问题，由出版社负责退换。

图书在版编目（CIP）数据

监狱人民警察概论 / 陈连喜主编. —4版. —北京：中国政法大学出版社，2024.1（2025.9重印）
ISBN 978-7-5764-1201-7

Ⅰ.①监…　Ⅱ.①陈…　Ⅲ.①监狱－警察－中国－概论　Ⅳ.①D926.7

中国版本图书馆CIP数据核字(2024)第004454号

出版者	中国政法大学出版社
地　址	北京市海淀区西土城路25号
邮　箱	fadapress@163.com
网　址	http://www.cuplpress.com（网络实名：中国政法大学出版社）
电　话	010-58908435(第一编辑部) 58908334(邮购部)
承　印	北京鑫海金澳胶印有限公司
开　本	720mm×960mm　1/16
印　张	21.25
字　数	405千字
版　次	2024年1月第4版
印　次	2025年9月第2次印刷
印　数	5001~10000册
定　价	66.00元

出版说明

　　世纪之交，我国高等职业教育进入了一个以内涵发展为主要特征的新的发展时期。1999年1月，随着教育部和国家发展计划委员会《试行按新的管理模式和运行机制举办高等职业技术教育的实施意见》的颁布，各地成人政法院校纷纷开展高等法律职业教育。随后，全国大部分司法警官学校，或单独升格，或与司法学校、政法管理干部学院等院校合并组建法律类高等职业院校举办高等法律职业教育，一些普通本科院校、非法律类高等职业院校也纷纷开设高职法律类专业，高等法律职业教育蓬勃兴起。2004年10月，教育部颁布《普通高等学校高职高专教育指导性专业目录（试行）》，将法律类专业作为一大独立的专业门类，正式确立了高等法律职业教育在我国高等职业教育中的重要地位。2005年12月，受教育部委托，司法部组建了全国高职高专教育法律类专业教学指导委员会。2012年12月，全国高职高专教育法律类专业教学指导委员会经教育部调整为全国司法职业教育教学指导委员会，积极指导并大力推进高等法律职业教育的发展。

　　截至2007年11月，全国开设高职高专法律类专业的院校有400多所，2008年全国各类高校共上报目录内法律类专业点数达到700多个。为了进一步推动和深化高等法律职业教育教学的改革，促进我国高等法律职业教育的质量提升和协调发展，原全国高职高专教育法律类专业教学指导委员会（现全国司法职业教育教学指导委员会）于2007年10月，启动了高等法律职业教育规划教材编写工作。该批教材积极响应各专业人才培养模式改革要求，紧密联系课程教学模式改革需要，以工作过程为导向，对课程教学内容进行了整合，并重新设计相关学习情景、安排相应教学进程，突出培养学生一线职业岗位所必需的职业能力及相关职业技能，体现高职教育职业性特点。教材的编写力求吸收高职教育课程开发理论研究新成果和一线实务部门工作新经验，邀请相关行业专家和业务骨干参与编写，着力使本规划教材课程真正反映当前我国高职高专教育法律类专业人才培养模式及教学模式改革的新趋势，成为我国高等法律职业教育的精品、示范教材。

全国司法职业教育教学指导委员会
2013 年 6 月

第四版说明

监狱是国家刑罚执行机关，承担着惩罚和改造罪犯的重要职责。监狱人民警察是一支重要的执法队伍，肩负着把服刑人员改造成为守法公民、维护监狱安全稳定的重要使命。这支队伍素质的高低，不仅关系到能否把服刑人员教育改造成为懂法守法的合格公民，关系到监狱内的安全与稳定，而且关系到监狱事业的健康顺利发展，关系到党执政地位的巩固，关系到国家和社会的长治久安。建设一支高素质的监狱人民警察队伍，提高公正廉洁执法水平，对于切实履行监狱工作职责，推动经济持续健康发展和保持社会长期稳定具有十分重要的意义。党的十八届四中全会确定了"全面推进依法治国"的战略目标，监狱作为国家刑罚执行机关，落实依法治国的首要任务就是全面推进依法治监，要按照《中共中央关于全面推进依法治国若干重大问题的决定》指出的"推进法治专门队伍的正规化、专业化、职业化，提高职业素养和专门水平"的要求，全面加强监狱人民警察的正规化建设，提高监狱人民警察队伍专业化水平，不断提升监狱人民警察改造罪犯的能力，努力实现"以改造人为中心，全面提高罪犯改造质量"的工作目标。

2017年1月，司法部印发《2016—2020年监狱戒毒人民警察队伍建设规划纲要》，对监狱戒毒人民警察队伍建设工作作出部署。纲要强调，要深入学习贯彻习近平总书记系列重要讲话精神和对司法行政工作重要指示，深入贯彻落实中共中央《关于新形势下加强政法队伍建设的意见》和司法部《关于新形势下加强司法行政队伍建设的意见》，紧紧围绕维护社会大局稳定、促进社会公平正义、保障人民安居乐业的总任务，按照政治过硬、业务过硬、责任过硬、纪律过硬、作风过硬的总要求，坚持中国特色社会主义政法队伍正规化、专业化、职业化方向，深入推进思想政治建设、业务能力建设、纪律作风建设，努力建设一支信念坚定、执法为民、敢于担当、清正廉洁的监狱戒毒人民警察队伍。

2019年1月，中共中央颁布《中国共产党政法工作条例》。这是我们党建党以来关于政法工作的第一部党内法规，也是政法战线第一部党内法规，在政法事业发展史上具有划时代开创性的里程碑意义。该条例中规定政法工作的主要任务是："在以习近平同志为核心的党中央坚强领导下开展工作，推进平安中国、法治中国建设，推动政法领域全面深化改革，加强过硬队伍建设，深化智能化建设，严格执法、公正司法，履行维护国家政治安全、确保社会大局稳定、促进社会公平正义、保障人民安居乐业的主要职责，创造安全的政治环境、稳定的社会环境、公正的法治环境、优质的服务环境，增强人民群众获得感、幸福感、安全感"；提出要"坚持政治过硬、业务过硬、责任过硬、纪律过硬、作风过硬的要求，建设信念坚定、执法为民、敢于担当、清正廉洁的新时代政法队伍"。

2019年1月15日至16日，中央政法工作会议在北京召开。会上，中共中央总书记、国家主席、中央军委主席习近平指出，"政法系统要把专业化建设摆到更加重要的位置来抓，专业化建设要突出实战、实用、实效导向，全面提升政法干警的法律政策运用能力、防控风险能力、群众工作能力、科技应用能力、舆论引导能力"。

2020年8月26日，中共中央总书记习近平向中国人民警察队伍授旗并致训词。他强调，我国人民警察是国家重要的治安行政和刑事司法力量，主要任务是维护国家安全，维护社会治安秩序，保护公民人身安全、人身自由、合法财产，保护公共财产，预防、制止、惩治违法犯罪。新的历史条件下，我国人民警察要对党忠诚、服务人民、执法公正、纪律严明，全心全意为增强人民群众获得感、幸福感、安全感而努力工作，坚决完成党和人民赋予的使命任务。

2022年1月，习近平总书记对政法工作作出重要指示。习近平总书记强调，要坚持党对政法工作的绝对领导，从党的百年奋斗史中汲取智慧和力量，弘扬伟大建党精神，提升防范化解重大风险的能力，完善执法司法政策措施，全面深化政法改革，巩固深化政法队伍教育整顿成果，切实履行好维护国家安全、社会安定、人民安宁的重大责任，让人民群众切实感受到公平正义就在身边。

2023年1月，习近平总书记对政法工作作出重要指示强调，政法工作是党和国家工作的重要组成部分。要全面贯彻落实党的二十大精神，坚持党对政法工作的绝对领导，提高政治站位和政治判断力、政治领悟力、政治执行力，坚持以人民为中心，坚持中国特色社会主义法治道路，坚持改革创新，坚持发扬斗争精神，奋力推进政法工作现代化，全力履行维护国家政治安全、确保社会大局稳定、促进社会公平正义、保障人民安居乐业的职责使命，为全面建设社会主义现代化国家、全面推进中华民族伟大复兴贡献力量。各级党委要加强对政法工作的领导，为推进政法工作现代化提供有力保障。

习近平总书记的重要指示，为做好新时代政法工作提供了根本遵循和行动指南，也为政法院校育警铸魂、立德树人，锻造新时代政法铁军指明了方向和路径。当前和今后一个时期，全国政法机关要更加紧密地团结在以习近平同志为核心的党中央周围，高举中国特色社会主义伟大旗帜，增强"四个意识"、坚定"四个自信"、做到"两个维护"，不断提高政治判断力、政治领悟力、政治执行力，全面贯彻习近平新时代中国特色社会主义思想，全面贯彻落实习近平总书记关于"要加快推进政法队伍革命化、正规化、专业化、职业化建设"的重要指示和关于开展政法队伍教育整顿的重要指示精神，深入践行习近平总书记重要训词精神，巩固深化政法队伍教育整顿成果，紧扣新时代、新使命，适应新矛盾、新要求，大力加强队伍思想政治、履职能力、纪律作风建设，全心全意为增强人民群众获得感、幸福感、安全感而努力工作，奋力推进新时代全面依法治国和司法行政工作现代化，为全面建设社会主义现代化国家、全面推进中华民族伟大复兴提供有力法治保障。

党的十九大以来，在党中央、国务院的正确领导下，在各级党委、政府的大力支持下，全国司法行政系统深入学习贯彻习近平新时代中国特色社会主义思想特别是习近平法治思想，全面贯彻党的十九大和十九届历次全会精神，增强"四个意识"、坚定"四个自信"、做到"两个维护"，紧紧围绕党和国家工作大局，强化使命担当、忠诚履职尽责，奋力开创全面依法治国和司法行政工作新局面。广大司法行政干警和法律服务工作者深入践行习近平总书记重要训词精神，恪尽职守、奋勇拼搏，涌现了一大批对党忠诚、信念坚定、服务人民、爱岗敬业、务实奉献的先进典型，为推进平安中国、法治中国建设作出了积极贡献。全国监狱系统坚决贯彻执行党的监狱工作方针政策，认真贯彻中央关于加强政法队伍建设的决策部署，贯彻落实《2016—2020年监狱戒毒人民警察队伍建设规划纲要》，大力加强监狱人民警察队伍建设，扎实做好监所安全稳定工作，不断创新教育改造方式方法，积极推进监狱体制改革，扎实推进平安、法治、文明、廉洁、文化、智慧监狱建设，使监所保持持续安全稳定，教育改造质量明显提高，为维护社会和谐稳定、促进经济社会发展作出了重要贡献。在党的领导下，广大监狱人民警察牢记宗旨使命，恪尽职守、兢兢业业、默默奉献，忠诚履行职责，勇于担当作为，甘于牺牲奉献，为维护国家安全、社会稳定、人民利益作出了重大贡献，铸就了监狱人民警察忠于党、忠于祖国、忠于人民、忠于法律的崇高品质。实践证明，我国监狱人民警察是特别能吃苦、特别能战斗、特别能奉献的战士，监狱人民警察队伍是一支党和人民完全可以信赖的有坚强战斗力的队伍。

党的十九大指出中国特色社会主义进入新时代，对政法工作提出许多新要求。党的二十大从全面建设社会主义现代化国家、全面推进中华民族伟大复兴的全局出发，对"坚持全面依法治国，推进法治中国建设"作出战略部署，指出，"我们要坚持走中国特色社会主义法治道路，建设中国特色社会主义法治体系、建设社会主义法治国家，围绕保障和促进社会公平正义，坚持依法治国、依法执政、依法行政共同推进，坚持法治国家、法治政府、法治社会一体建设，全面推进科学立法、严格执法、公正司法、全民守法，全面推进国家各方面工作法治化。"新时代对进一步加强监狱人民警察队伍建设提出了新的更高的要求。当前，监狱工作面临着复杂的形势和严峻的挑战。从贯彻落实国家总体安全观看，国际敌对势力加紧对我国实施西化、分化战略，不断干涉我国内政，监狱工作被推到了国际人权斗争的前沿，是西方敌对势力对我国实施人权攻击的主要目标，面临着新的考验，监狱工作维护国家安全和社会稳定的任务十分繁重。从建设法治中国的新要求看，人民群众对监狱维护安全稳定，严格、公正、公平、文明执法寄予厚望，已经成为社会关注的热点。从社会治理现实看，构建高水平社会主义市场经济体制进入攻坚时期，随着改革创新深入推进，社会经济成分、组织形式、就业方式、利益关系和分配方式日益多样化，犯罪就成了社会矛盾的极端表现方式。从监狱工作实际看，监狱押犯剧增，监狱爆满，服刑人员构成多样化、复杂化，涉黑涉毒、重大刑事、危安暴恐、职务犯罪等不断增多，监管改造的难度不断增大，提高教育改造质量、保持监狱安全稳定的压力进一步加大，狱内改造与反改造、腐败与反腐败斗争形势日益严峻。相对于日新月异的时代发展要求，相对于新时期监狱工作担负的历史重任，监狱人民警察队伍建设离党和人民的要求仍有一定的差距，还存在一些困难和问题。主要表现在：有的民警政治素质不高，少数民警禁不住诱惑，世界观、人生观、价值观、道德观扭曲，理想信念不坚定，拜金主义、享乐主义严重；有的民警业务素质不高，少数民警缺乏应有的法治观念，教育改造服刑人员以法律的化身自居，方式简单粗暴；少数民警执法理念与形势发展和法治进程不相适应，执法不严、执法不公、执法不廉的问题时有发生，甚至出现执法犯法、执法腐败问题；有的民警责任意识不强，有的单位和部门作风不实，领导干部存在不敢担当、不愿负责的现象；民警队伍文化素质不能适应监狱工作，创新能力不强，有的毕业生虽持有高学历文凭，但能力参差不齐，低能力现象突出，各基层单位真正懂法律、教育学、犯罪学、监狱管理等知识的复合型人才缺乏，一些专业领域人才短缺；监狱的设施装备和警力配置严重不能满足需要等等。面对构建高水平社会主义市场经济体制、深化改革开放和全面建设社会主义现代化国家的大环境，我们要充分认识监狱工作面临的新形势、新任务，自觉把监狱工作放在全面建设社会主义现代化国家的大局中去思考和谋划，切实增强责任意识、大局意识，不断满足人民群众对监狱工作的新期待，抓住机遇，迎接挑战。

为了推进新时代监狱事业的发展，必须始终把政治建警、依法管警、从严治警、素质强警、从优待警、科技兴警放在一切工作的首位。按照对党忠诚、服务人民、执法公正、纪律严明的总要求，坚持以党的政治建设为统领，坚持把从严管党治警贯彻到各方面，坚持实战实用实效导向，坚持健全职业制度体系，加快推进监狱人民警察队伍"四化"建设，全力打造一支铁一般的理想信念、铁一般的责任担当、铁一般的过硬本领、铁一般的纪律作风的高素质监狱人民警察队伍，充分发挥监狱工作在法治中国建设、建设更高水平的平安中国中的作用。

《监狱人民警察概论》课程正是适应监狱人民警察队伍建设的需要而开设的。本课程是刑事执行、狱政管理、监狱管理、罪犯教育、社区矫正等专业的专业基础课程，它为今后开设的后续课程，如《监狱学基础理论》《狱政管理》《罪犯教育》《罪犯劳动组织与管理》《罪犯心理及矫治》等提供监狱人民警察基础知识、基本素养要求，并进行初步的执法和管理业务能力训练。本课程主要以国家法律法规和监狱工作方针政策为载体进行教学，在对我国《监狱法》《人民警察法》《公务员法》《监察法》《人民警察警衔条例》《人民警察警容风纪管理和纠察办法》《人民警察使用警械和武器条例》《人民警察警衔标志式样和佩带办法》《人民警察抚恤优待办法》《枪支管理法》等有关法律、行政法规以及党的监狱工作方针政策、制度规定认知的基础上进行执法和管理业务能力培养训练，引导学生明确监狱人民警察的职责、权限、义务和纪律，了解监狱人民警察的工作性质、任务和特点，熟练掌握和运用与监狱工作有关的法律法规，学习和掌握监狱人民警察工作的基本理论、基本知识和基本要求，在此基础上能够初步具备监狱管理、刑罚执行、教育改造服刑人员的能力，为更好地从事监狱工作奠定基础。

教材编写组依据监狱管理专业人才培养目标和课程标准，遵循高职高专教育教学规律，紧密联系监狱工作实践，以监狱人民警察必须具备的执法素养、执法能力为基础，以为监狱及监狱机关培养从事监狱管理、刑罚执行工作，具有一定的执法水平、管理能力的监狱人民警察为目标，以培养监狱人民警察职业素质为主线，选取和序化教材内容，设计学习单元，突出教材内容的针对性、实用性、教学活动的实践性和教学效果的适用性。

本教材分为三大部分，序、上编、下编，共12个学习单元，45个学习任务，穿插了12个讨论案例、10个讨论事例，推荐了27个拓展学习内容。序主要介绍课程性质、课程目标、内容标准、学习目的及学习方法，带有绪论性质。上编是监狱人民警察制度，包括监狱人民警察的性质任务、历史发展、职责职权、义务纪律、组织管理、警务保障、执法监督、法律责任等内容，共8个学习单元。下编是监狱人民警察职业素养，主要包括监狱人民警察的素质要求、职业道德规范、心理素养、队伍建设等内容，共4个学习单元。本书详细介绍了监狱人民警察制度，提出了监狱人民警察的素质结构、监狱人民警察职业道德规范的具体内容；分析了监狱人民警察执法实践中常见的工作问题，设计相关学习情境，训练相应业务能力；解析了监狱人民警察队伍建设的相关问题，按照习近平总书记就做好新形势下政法工作的系列重要讲话、指示批示和重要训词精神，围绕履行好"维护国家政治安全、确保社会大局稳定、促进社会公平正义、保障人民安居乐业"的职责任务，根据党的二十大对政法工作提出的新目标、对政法队伍建设提出的新要求，明确了监狱人民警察队伍建设的主要工作及目标任务，指出了加强新时代监狱人民警察队伍革命化、专业化、正规化、职业化建设的方法和途径。

学习《监狱人民警察概论》课程的根本目的在于掌握理论，提高认识，明确方向，锤炼能力，确立目标，把自己培养成为对党忠诚、服务人民、执法公正、纪律严明高素质的监狱人民警察。实现这一根本目的的具体要求是：

第一，要掌握相关理论知识，为系统地学习本门课程奠定理论基础。重点是学习掌握马克思列宁主义、毛泽东思想、邓小平理论、"三个代表"重要思想、科学发展观、习近平新时代中国特色社会主义思想。这是我们现实工作、思想、行动的理论指导。特别是要进一步加深对习近平新时代中国特色社会主义思想精髓要义的理解把握，深切体悟蕴含其中的强大真理力量、思想力量、实践力量，真正把习近平新时代中国特色社会主义思想贯彻落实到监狱工作全过程和各方面，坚持用习近平新时代中国特色社会主义思想武装头脑、坚定信念、指导实践、推动工作，把理论学习成果转化为推动监狱工作创新发展的强大动力。党的路线、方针、政策是具体行动的指南，应努力学习领会。国家的法律法规是严格执法、公正司法的依据，是正确履行职权的依靠和保障，必须认真学习各种法律、行政法规，尤其是与监狱人民警察工作紧密相关的法律法规，更应熟练掌握运用。在理论上清醒，在政治上坚定，这是做好一切工作的前提和保证。

第二，要掌握基本概念、基本原理、基本观点和基本方法。《监狱人民警察概论》课程有丰富的基础理论知识，比如职责与职权关系、义务与纪律关系、警务保障、执法监督、法律责任、素质要求、职业道德规范等，都要认真领会。这些基本概念、基本原理、基本观点和基本方法及其内在逻辑关系，构成课程的整体结构和内容体系，在全面准确把握的基础上，系统、深刻领会所学的基本知识，弄清知识之间的内在联系。理论上搞清楚了，行动就会自觉了，懂得为什么要这样提出、这样要求，自己应该怎么做的道理，就会将外在的社会要求变为内在的个体需求，自觉、自愿地转化为具体行动。

第三，要牢记所学概念和原理的基本要求。书中对概念和原理的阐述已经内含着基本要求，而各种法律法规、方针政策、制度规定更多的是最实际的要求和做法，这些都应该牢记，以便去遵循，特别是要结合工作岗位，联系今后将从事的工作性质任务，学习掌握具体岗位的执法要求和执法规范，熟练掌握各个环节的具体要求，严格执法程序，使规范执法成为自觉行动，全面提升规范执法能力。

第四，要坚持理论联系实际的根本方法。在校生要紧密结合全面建设社会主义现代化国家的实际，围绕履行维护国家政治安全、确保社会大局稳定、促进社会公平正义、保障人民安居乐业的主要职责，结合司法行政事业发展和改革的实际，结合监狱工作的实际，结合警校学习生活的实际，结合个人思想的实际。通过联系工作和个人的实际，加深对理论的理解，把书本上的要求变成自我需求和自觉的行为。此外，讨论的方法、比较的方法、分析综合的方法、案例教学的方法、操作练习的方法、实践教学的方法、多媒体教学的方法等具体学习方法，对于加深理解基础知识和基本观点，都将产生积极的作用。

本教材由主编陈连喜拟订编写提纲和编写计划，副主编潘家永、孙宏艳等参与编写体例的商讨、确定，经教材组集体讨论、修改后，最后由主编统一修改、定稿。

本书编写人员撰写分工如下（以撰写单元先后为序）：

陈连喜（河南司法警官职业学院）　　序、学习单元十、学习单元十二
裴玉良（河北司法警官职业学院）　　学习单元一
戴韶华（浙江警官职业学院）　　　　学习单元二、七
李春艳（宁夏警官职业学院）　　　　学习单元三
卢　方（安徽警官职业学院）　　　　学习单元四、六
孙宏艳（河南司法警官职业学院）　　学习单元五
潘家永（安徽警官职业学院）　　　　学习单元八
陈红英（新疆兵团芳草湖监狱）　　　学习单元九
师玮玮（河南司法警官职业学院）　　学习单元十一

本书的编写参阅和借鉴了有关的教材、学术著作和网络媒体资讯，并吸收和借鉴了专家学者、监狱工作者的研究成果，对此谨向原作者致以诚挚地感谢。本书修订中，河南省郑州监狱教育改造科科长张彦成，河南省洛阳监狱政治处副主任刘运涛对监狱实务、监狱人民警察队伍建设内容提出了修改建议，并参与部分内容修改和撰写。中国政法大学出版社对本书的出版给予了大力支持，在此一并表示谢意。

《监狱人民警察概论》自2010年8月出版以来，虽经过多次修改完善，但其理论仍在研究探索中。由于可参照的教材和著作很少，资料不多，加之编写者的理论水平和编写经验有限，书中出现疏漏甚至错误在所难免，敬请读者谅解和指正。诚恳地希望读者提出宝贵意见，以便能更好地纠正疏漏和修正错误，建立科学严谨完整严密的监狱人民警察概论的理论体系，促进监狱人民警察执法水平和管理水平的提高，加强监狱人民警察队伍革命化、专业化、正规化、职业化建设，推进监狱工作在新时代实现高质量发展，为全面建设社会主义现代化国家、全面推进中华民族伟大复兴提供有力法治保障。

编　者
2023年1月9日

目录 CONTENTS

上编　监狱人民警察制度

学习单元一　监狱人民警察的性质与地位　▶ 3
　　学习任务一　监狱人民警察的性质　/ 3
　　学习任务二　监狱人民警察的任务　/ 7
　　学习任务三　监狱人民警察的地位　/ 13
　　学习任务四　监狱人民警察的作用　/ 16

学习单元二　监狱人民警察的历史发展　▶ 21
　　学习任务五　监狱人民警察的发展历程　/ 21
　　学习任务六　监狱人民警察的优良传统　/ 30

学习单元三　监狱人民警察的职责与职权　▶ 39
　　学习任务七　监狱人民警察的职责　/ 39
　　学习任务八　监狱人民警察的职权　/ 47

学习单元四　监狱人民警察的义务与纪律　▶ 60
　　学习任务九　监狱人民警察的义务　/ 60
　　学习任务十　监狱人民警察的纪律　/ 67
　　学习任务十一　监狱人民警察的警容风纪　/ 78

学习单元五　监狱人民警察的组织管理　▶ 84
　　学习任务十二　监狱人民警察的组织机构设置和
　　　　　　　　　职务职级　/ 84
　　学习任务十三　监狱人民警察的警衔管理　/ 88
　　学习任务十四　监狱人民警察的录用　/ 96
　　学习任务十五　监狱人民警察的考核　/ 103
　　学习任务十六　监狱人民警察的奖惩　/ 108

　　　　　　学习任务十七　　监狱人民警察职务的任免　／ 113
　　　　　　学习任务十八　　监狱人民警察的交流制度　／ 115
　　　　　　学习任务十九　　监狱人民警察的辞职　／ 118
　　　　　　学习任务二十　　监狱人民警察的辞退　／ 121
　　　　　　学习任务二十一　　监狱人民警察的退休　／ 124

学习单元六 | **监狱人民警察的警务保障** ▶ 132
　　　　　　学习任务二十二　　监狱人民警察的警务保障概述　／ 132
　　　　　　学习任务二十三　　监狱人民警察的法律保障　／ 135
　　　　　　学习任务二十四　　监狱人民警察的社会保障　／ 139
　　　　　　学习任务二十五　　监狱人民警察的后勤保障　／ 143

学习单元七 | **监狱人民警察的执法监督** ▶ 150
　　　　　　学习任务二十六　　监狱人民警察的执法监督概述　／ 150
　　　　　　学习任务二十七　　监狱人民警察执法的外部监督　／ 155
　　　　　　学习任务二十八　　监狱人民警察执法的内部监督　／ 161

学习单元八 | **监狱人民警察的法律责任** ▶ 166
　　　　　　学习任务二十九　　监狱人民警察的法律责任概述　／ 166
　　　　　　学习任务三十　　监狱人民警察的行政法律责任　／ 170
　　　　　　学习任务三十一　　监狱人民警察的刑事法律责任　／ 174
　　　　　　学习任务三十二　　监狱人民警察的侵权赔偿责任　／ 178

下编　监狱人民警察职业素养

学习单元九 | **监狱人民警察的素质要求** ▶ 187
　　　　　　学习任务三十三　　监狱人民警察的素质　／ 187
　　　　　　学习任务三十四　　监狱人民警察领导的素质　／ 199

学习单元十 | **监狱人民警察的职业道德规范** ▶ 208
　　　　　　学习任务三十五　　监狱人民警察的职业道德概述　／ 208
　　　　　　学习任务三十六　　监狱人民警察的核心价值观　／ 213
　　　　　　学习任务三十七　　监狱人民警察的职业道德规范　／ 217
　　　　　　学习任务三十八　　监狱人民警察的职业道德修养　／ 243

学习单元十一	监狱人民警察的心理素养 ▶ 252
	学习任务三十九　监狱人民警察应具备的心理
	素质概述 ／252
	学习任务四十　　监狱人民警察认知能力的训练 ／257
	学习任务四十一　监狱人民警察健康人格的塑造 ／263
	学习任务四十二　监狱人民警察的心理健康与维护 ／284
学习单元十二	监狱人民警察的队伍建设 ▶ 295
	学习任务四十三　监狱人民警察的队伍建设概述 ／295
	学习任务四十四　监狱人民警察领导班子建设 ／308
	学习任务四十五　监狱人民警察基层基础建设 ／314

上　编

监狱人民警察制度

学习单元一　监狱人民警察的性质与地位

【学习目标】
1. 掌握监狱人民警察的性质。
2. 理解监狱人民警察的法律地位及在国家中的地位。
3. 了解人民警察的共同任务，掌握监狱人民警察的具体任务。
4. 明确监狱人民警察的作用。

学习任务一　监狱人民警察的性质

一、监狱人民警察的阶级属性

警察的性质，是指警察这种历史文化现象自身所固有的根本属性。警察不是从来就有的，它是随着国家的产生而产生的。有了国家，就同时有了警察。马克思主义认为，警察是阶级社会的产物，当社会生产力发展到产品有了剩余的时候，就产生了阶级，进而产生了阶级矛盾和阶级斗争，当这种矛盾和斗争达到不可调和的时候，就产生了国家。国家是阶级统治的工具，它最基本的特征之一，就是特殊社会权力的建立，而构成这种特殊社会权力的主要成分就是军队、警察、法庭、监狱等国家机器。所以，警察是构成国家机器的重要成分之一。由此可以看出，警察自奴隶社会产生，历经封建社会、资本主义社会，到社会主义社会，在不同的历史阶段和不同的国家中，警察的名称几经变换，警察概念的内涵也不尽相同，但其本质特征都是一样的，都是国家机器的重要组成部分，是统治阶级用以维护和巩固其阶级统治，实现其阶级专政的重要工具。因此，任何社会任何国家的警察，其本质都是在国家政治生活中，按照统治阶级的意志，代表统治阶级的利益，依靠暴力的、强制的和特殊的手段，维护社会秩序和国家安全的武装性质的国家治安行政力量和司法力量。

警察的阶级性，是指在阶级社会中，警察和警察机关同其他国家机器一样，都是维护统治阶级统治的工具，是建立在该社会经济基础之上的上层建筑并为经济基础服务的。监狱人民警察是指依法管理监狱、执行刑罚、改造罪犯工作的人民警察。2012年修正的《人民警察法》第2条第2款规定："人民警察包括公安机关、国家安全机关、监狱、劳动教养管理机关的人民警察和人民法院、人民检察院的司法警察。"从法律上确立了监狱人民警察是人民警察的重要组成部分，在阶级本质上与人民警察的其他警种是一样的。

2020年8月，中共中央总书记习近平向中国人民警察队伍授旗并致训词时指出，我国人民警察是国家重要的治安行政和刑事司法力量。监狱是人民民主专政的重要工具，是具有武装性质的国家治安行政力量和刑事司法力量。国家的性质决定警察机关的性质。作为人民警察重要组成部分的监狱人民警察，是社会主义国家政权中具有武装性质的司法行政和刑事司法力量，是人民民主专政的重要工具和暴力机器，这是监狱人民警察的根本属性。

（一）监狱人民警察是我国人民民主专政的重要工具

党的二十大报告中指出，我国是工人阶级领导的、以工农联盟为基础的人民民主专政的社会主义国家，国家一切权力属于人民。人民民主是社会主义的生命，是全面建设社会主义现代化国家的应有之义。我国《宪法》第1条第1款规定，中华人民共和国是工人阶级领导的、以工农联盟为基础的人民民主专政的社会主义国家，这就决定了监狱只能是人民民主专政的性质。监狱人民警察是人民民主专政的重要工具和暴力机器，表明了监狱人民警察的阶级本质，是监狱人民警察性质的核心内容和本质特征。

1. 监狱人民警察具有鲜明的阶级性。警察的阶级性突出表现在它的政治镇压职能上，是指警察使用暴力，对威胁统治阶级的政治统治与国家安全的政治势力实行镇压。监狱人民警察作为人民民主专政的重要工具，必须坚持对人民实行民主，保护人民的利益；对极少数危害国家安全、危害人民利益的敌对势力、敌对分子实行专政。

2. 监狱人民警察的宗旨是全心全意为人民服务。监狱人民警察是人民民主专政的重要工具，担负着打击犯罪、保护人民的重要职责。人民是国家的主人，国家的一切权力属于人民。监狱人民警察的权力是人民赋予的，它执行人民的意志，维护人民的利益。因此，全心全意为人民服务，是监狱人民警察性质的必然要求。

由于警察具有鲜明的阶级性，社会主义国家监狱人民警察与剥削阶级国家的监狱警察有着明显的不同：首先，各自所维护的阶级利益不同。人民警察维护的是工人阶级和广大人民群众最根本、最长远的利益，因而他们的宗旨是全心全意为人民服务。剥削阶级国家警察维护的是剥削阶级的利益。其次，专政对象不同。人民警察代表广大人民群众对敌对势力和一切敌视社会主义制度和人民民主专政政权，破坏社会主义现代化建设的敌对分子实行专政。这种专政是大多数人对极少数人的专政。剥削阶级国家警察的专政对象是无产阶级和其他劳动人民群众，是极少数剥削者对大多数劳动人民的专政。再次，专政的目的不同。人民警察所代表的人民民主专政的目的是为了巩固社会主义制度，促进社会生产力的发展，加快社会主义建设，提高人民的物质和文化生活水平，最终消灭剥削制度，消灭阶级压迫，实现共产主义。剥削阶级国家警察代表剥削阶级专政的目的，是维护剥削阶级的私有制，维护剥削阶级的政治统治。最后，两种警察与人民群众的关系不同。人民警察的根本宗旨是全心全意为人民服务，他们是人民公仆和忠诚卫士，因而必然得到人民群众的信赖和支持。剥削阶级国家警察是压迫人民的工具，他们与广大人民群众是对立的。剥削阶级国家警察为了缓和同人民群众之间的尖锐矛盾，也要做一些为公众服务的事，但这仅仅是以此作为一种统治手段和策略，归根结底还是为了维护剥削阶级的统治，与人民警察全心全意为人民服务的宗旨有着本质的区别。

（二）监狱人民警察是我国国家意志即宪法和法律的忠实执行者

我国监狱人民警察是国家忠实可靠的工具，体现在监狱人民警察时时处处与国家的一致性。

1. 国家要求警察与国体相一致。国体，是指国家的阶级本质，指社会各阶级在国家中的地位。国体也反映社会经济基础的性质，表明国家是由哪个阶级对哪个阶级实行专政的工具。我国的国体是人民民主专政，实质上就是无产阶级专政。警察与国体的一致性，就是警察必须成为统治阶级进行专政的工具，在构建警察的指导思想，以及警察的产生、发挥作用和效果上都必须充分体现这一点。

2. 国家要求警察与政体相一致。政体是国家政权构成的形式，是国体的表现形式，是统治阶级采取何种形式去组织反对敌人、保护自己的政权机关。政体与国体相适应，为国体服务，体现一定阶级的专政。我国的政体是人民代表大会制，即人民通过各级人民代表大会来行使国家权力。警察与政体的一致性，要求警察的体制机制要完全适应国家政权体制，即警察系统机构的设置、隶属关系、权限划分和一系列规章制度，要和国家政权机关相适应，要有利于国家政权机关利用警察这一工具打击敌人，保护自己，以及履行相应的职能。

3. 警察必须与国家意志相一致。警察是国家机器的一部分，是国家实行专政的工具，是国家行使权力的工具，所以在行动上必须听从指挥，服从命令，忠实地执行国家的政策和法律。

二、监狱人民警察的法律性质

关于监狱及监狱人民警察的法律性质，《监狱法》第 2 条作出了明确的规定。《监狱法》第 2 条规定："监狱是国家的刑罚执行机关。依照刑法和刑事诉讼法的规定，被判处死刑缓期二年执行、无期徒刑、有期徒刑的罪犯，在监狱内执行刑罚。"第 5 条规定："监狱的人民警察依法管理监狱、执行刑罚、对罪犯进行教育改造等活动，受法律保护。"监狱人民警察的法律性质，就是由法律规定的监狱人民警察在执行刑罚过程中管理监狱、执行刑罚、教育改造罪犯的法律的定位。

(一) 监狱人民警察是国家安全、社会安定、人民安宁和公平正义的维护者

刑罚执行是刑事诉讼的最后一个阶段。人民法院发生法律效力的判决、裁定所确定的刑罚，只有通过刑罚执行才能实现，也只有正确地执行法院刑事裁判所确定的刑罚，刑事诉讼的立案、侦查、起诉、审判等阶段的活动才具有实际意义。2022年1月习近平总书记对政法工作作出重要指示，强调政法机关要切实履行好维护国家安全、社会安定、人民安宁的重大责任，让人民群众切实感受到公平正义就在身边。作为政法队伍重要组成部分的监狱人民警察，正是国家安全、社会安定、人民安宁和公平正义的维护者。

(二) 监狱人民警察是国家刑罚权的具体执行者

监狱人民警察是国家刑罚权的具体执行者，代表社会主义国家依法行使司法行政警察职权，履行司法行政警察职责。

刑罚权是基于犯罪行为对犯罪人实行刑罚惩罚的国家权能。只要发生犯罪，国家就可以对犯罪人实行刑罚惩罚这种刑罚权。刑罚权的内容包括制刑权、求刑权、量刑权与行刑权。制刑权是国家立法机关在刑事立法中创制刑罚的权力，这种权力在我国只能由全国人民代表大会及其常务委员会行使，主要确定刑种、建立刑罚体系、规定刑罚裁量的原则、刑罚执行方法与制度，以及具体罪名的法定刑。求刑权是指对犯罪行为提起刑事诉讼的权力。量刑权是人民法院对犯罪人决定科处刑罚的权力。这种权力只能由人民法院在认定有罪的基础上行使。行刑权是特定机关将人民法院对犯罪人判处的刑罚付诸执行的权力。

刑罚执行，是指国家司法机关依法对生效刑事裁判所确定的刑罚付诸实施的刑事司法活动。依照我国《刑法》和《刑事诉讼法》的规定，被判处死刑缓期二年执行、无期徒刑、有期徒刑的罪犯，在监狱内执行刑罚。因此，监狱是国家刑罚执行机关，监狱人民警察是国家刑罚权的具体执行者。

(三) 监狱人民警察是监狱狱政的管理者

狱政管理是指刑罚执行机关对在监狱内的服刑人员执行刑罚过程中所实施的各项具体的行政管理活动。狱政管理是监狱工作的重要组成部分，贯穿于惩罚和改造服刑人员的过程，渗透在监狱工作的各个方面。监狱人民警察是监狱内部事务的管理者。保障刑罚的正确执行是监狱的基本职能，监狱的一切活动都围绕着执行刑罚这个轴心来运行。因此，通过对服刑人员实施监管、警戒和各种行政管理活动，剥夺服刑人员的人身自由，强制其遵纪守法，来保障刑罚的正确执行。

(四) 监狱人民警察是监狱服刑人员劳动改造的组织者

现行《刑法》和《监狱法》总结了我国多年来监狱劳动改造罪犯工作的成功经验，明确规定：被判处有期徒刑、无期徒刑的罪犯在监狱服刑期间，凡有行

动能力的，都必须参加劳动，接受教育和改造。监狱应当根据服刑人员的个人情况，合理组织劳动，使其矫正恶习，养成劳动习惯，学会生产技能，并为释放后就业创造条件。这就从法律上确定了服刑人员劳动的目的、要求及其在监狱行刑中所处的重要位置，为监狱组织服刑人员劳动提供了有力的法律依据。监狱人民警察是服刑人员劳动改造的组织者。

三、监狱人民警察的武装性质

警察是统治阶级意志的忠实维护者和执行者，其主要任务之一，就是同危害国家安全和社会治安秩序的敌对势力和犯罪分子作斗争。这种斗争往往表现为激烈的暴力冲突，所以警察在履行职责过程中具有明显的对抗性，警察的武装性质实质上表现了警察的暴力作用，警察以暴力维护国家的政治统治。警察和军队、法庭、监狱一样，对于敌人来说，它们首先是国家的暴力工具。警察配有武器警械，拥有一定的正规军事力量，拥有多种强制手段，用以维护国家的政治统治。毛泽东同志说："军队、警察、法庭等项国家机器，是阶级压迫阶级的工具。对于敌对的阶级，它是压迫的工具，它是暴力，并不是什么'仁慈'的东西。"[1]

监狱人民警察具有人民警察所共有的特征。监狱人民警察是国家行政力量的重要部分，具有阶级性，掌管社会治安，是具有武装性质的纪律部队，执行武装性质的任务，配备武器装备。因此，监狱人民警察具有人民警察所共有的国家性、武装性、治安性特征。

监狱人民警察的武装性质，就是指监狱人民警察在执行刑罚、管理监狱和教育改造服刑人员过程中，按照国家的法律规定，可以使用强制的手段，可以使用警械和武器，达到维护监狱安全，维护法律尊严，维护统治阶级利益的目的。监狱人民警察具有武装性质，是与它的专政工具、暴力机器的阶级性相适应的，也是与它担负的维护国家安全、维护社会治安秩序的任务和职责相适应的。

监狱人民警察武装性质主要表现在：监狱人民警察，按照国家法律规定配备武器和警械，统一着制式服装；实行军事化或准军事化的管理和训练；具备良好的警体素质，并开展具有警察特点的业务训练；具有集中统一的指挥系统和快速机动反应能力的战斗体制，并拥有一定武装斗争的手段。

学习任务二　监狱人民警察的任务

一、人民警察的任务

人民警察的任务，是党和国家根据人民警察的性质和职能所确定的人民警察

---

[1]《毛泽东选集》第4卷，人民出版社1991年版，第1413页。

必须进行的工作内容和必须达到的目标要求。明确人民警察的任务，是做好人民警察工作的前提。

习近平总书记在向中国人民警察队伍授旗并致训词时强调，我国人民警察主要任务是维护国家安全，维护社会治安秩序，保护公民人身安全、人身自由、合法财产，保护公共财产，预防、制止、惩治违法犯罪。习近平总书记的重要训词，是人民警察履行职责任务的根本遵循和行动指南，这与《人民警察法》第2条第1款规定是完全一致的。

（一）维护国家安全

党的二十大报告指出：国家安全是民族复兴的根基，社会稳定是国家强盛的前提。必须坚定不移贯彻总体国家安全观，把维护国家安全贯穿党和国家工作各方面全过程，确保国家安全和社会稳定。我们要坚持以人民安全为宗旨、以政治安全为根本、以经济安全为基础、以军事科技文化社会安全为保障、以促进国际安全为依托，统筹外部安全和内部安全、国土安全和国民安全、传统安全和非传统安全、自身安全和共同安全，统筹维护和塑造国家安全，夯实国家安全和社会稳定基层基础，完善参与全球安全治理机制，建设更高水平的平安中国，以新安全格局保障新发展格局。

《国家安全法》第2条规定："国家安全是指国家政权、主权、统一和领土完整、人民福祉、经济社会可持续发展和国家其他重大利益相对处于没有危险和不受内外威胁的状态，以及保障持续安全状态的能力。"国家安全包括对内对外两个方面：对内主要是指国家政权不被颠覆和破坏，社会秩序不被破坏；对外主要是指国家的主权、统一和领土完整不受侵犯，人民福祉、国家可持续发展和其他重大利益不受内外部威胁。

我国《宪法》规定，公民有"维护国家统一和全国各民族团结""维护祖国的安全、荣誉和利益"的义务。《国家安全法》第11条规定："中华人民共和国公民、一切国家机关和武装力量、各政党和各人民团体、企业事业组织和其他社会组织，都有维护国家安全的责任和义务。中国的主权和领土完整不容侵犯和分割。维护国家主权、统一和领土完整是包括港澳同胞和台湾同胞在内的全中国人民的共同义务。"《公务员法》第14条第2项规定，公务员应当"忠于国家，维护国家的安全、荣誉和利益"。政法机关是人民民主专政的重要工具，是武装性质的国家刑事司法力量，肩负着打击敌人、保护人民、惩治犯罪、服务群众、维护国家安全和社会稳定的重要使命。

2022年1月，习近平总书记就政法工作作出重要指示，强调，要坚持党对政法工作的绝对领导，从党的百年奋斗史中汲取智慧和力量，弘扬伟大建党精神，提升防范化解重大风险的能力，完善执法司法政策措施，全面深化政法改革，巩固深化政法队伍教育整顿成果，切实履行好维护国家安全、社会安定、人民安宁的重大责任，让人民群众切实感受到公平正义就在身边。

维护国家安全是人民警察的首要任务。人民警察在维护国家安全方面，主要是保卫统治阶级政权和国家主权不受侵犯和颠覆。对外同侵略和颠覆活动作斗争，对内防范被统治阶级和敌对分子的反抗和破坏活动，维护国家主权的统一。维护国家安全的具体要求是：

1. 积极防范危害国家安全的违法犯罪行为的发生。对公民和组织进行维护国家安全教育，增强国家安全意识从而自觉维护国家安全，同一切危害国家安全的违法犯罪行为作斗争。堵塞工作和制度上的漏洞，使国内外的敌对势力无隙可乘。

2. 及时发现和制止危害国家安全的违法或犯罪行为。对处于萌芽状态的危害国家安全的违法或犯罪行为，建立预警机制，将其遏制在萌芽状态，避免造成危害国家安全行为发生的严重后果。

3. 坚决打击和惩治危害国家安全的违法犯罪分子。通过严厉惩罚实施危害国家安全行为的违法犯罪分子，一方面，震慑其他有违法犯罪念头的人员；另一方面，教育公民自觉遵守法律，维护国家安全。

4. 坚决捍卫以政权安全、制度安全为核心的国家政治安全。党的二十大报告指出：贯彻总体国家安全观，国家安全领导体制和法治体系、战略体系、政策体系不断完善，在原则问题上寸步不让，以坚定的意志品质维护国家主权、安全、发展利益。人民警察是国家机器的重要组织力量，必须忠于祖国，坚持国家利益至上，坚持总体国家安全观，有效防控各类风险，坚决捍卫以政权安全、制度安全为核心的国家政治安全。始终把维护政治安全作为头等大事，全面加强反渗透、反间谍、反分裂、反恐怖、反邪教工作，全力防范化解政治风险、金融风险、社会风险、公共安全风险，维护社会大局稳定。

(二) 维护社会治安秩序

党的十八大以来，我国共建共治共享的社会治理制度进一步健全，民族分裂势力、宗教极端势力、暴力恐怖势力得到有效遏制，扫黑除恶专项斗争取得阶段性成果，平安中国建设迈向更高水平。良好的社会治安秩序、稳定的社会局面是全面建成社会主义现代化强国，实现第二个百年奋斗目标，以中国式现代化全面推进中华民族伟大复兴的基础。维护社会治安秩序是人民警察的重要任务。人民警察维护社会治安秩序的具体要求是：

1. 积极防范和制止危害社会治安秩序的违法犯罪行为。充分发挥警察机关的职能作用，调动社会各方面力量，运用各种手段，进行社会治安综合治理，增强社会防范机制。对公民进行法制宣传，增强公民的法律意识，使他们自觉地同危害社会治安秩序的违法犯罪行为作斗争。人民警察对于已经发生的危害社会治安秩序的违法犯罪行为，行使法律赋予的职权，坚决予以制止。

2. 坚决惩治危害社会治安秩序的违法犯罪分子。警察机关依法坚决打击、制裁那些扰乱、破坏社会秩序、生产秩序、工作秩序、教学科研秩序和人民群众生活秩序的违法犯罪行为。惩治危害社会治安秩序的违法犯罪分子。

3. 依法实施维护社会治安秩序的行政管理活动，创造一个良好的社会环境。创造一个良好的社会环境和社会治安秩序，营造和谐稳定的社会局面，是全面建成社会主义现代化强国的前提和保证。维护社会治安秩序，依法进行行政管理活动是警察机关的重要任务。

（三）保护公民的人身安全、人身自由和合法财产

党的二十大报告指出，全面建设社会主义现代化国家的伟大斗争中，必须坚持以人民为中心的发展思想，维护人民根本利益，增进民生福祉，不断实现发展为了人民、发展依靠人民、发展成果由人民共享，让现代化建设成果更多更公平惠及全体人民。保护公民的人身安全、人身自由，这是国家《宪法》和《人民警察法》赋予警察机关及人民警察的一项重要任务。因此，对一切侵犯公民人身安全、人身自由的违法犯罪分子，警察机关及人民警察有义务坚决依法惩处。

保护公民的合法财产，使公民的合法权益不受侵犯是警察机关及警察人员依法应当履行的职责。《人民警察法》第21条规定："人民警察遇到公民人身、财产安全受到侵犯或者处于其他危难情形，应当立即救助；对公民提出解决纠纷的要求，应当给予帮助；对公民的报警案件，应当及时查处。人民警察应当积极参加抢险救灾和社会公益工作。"保护公民的人身安全，就是保护公民的生命权、健康权不受侵犯，依法惩治杀人、伤害、抢劫、绑架、强奸、强迫妇女卖淫和拐卖妇女儿童等侵犯公民人身权利的违法犯罪活动。公民个人合法财产是我国法律保护的对象，人民警察要依法保护个人合法财产，预防、制止非法侵害、毁损公民个人合法财产的不法行为，严厉打击各类经济犯罪活动。

（四）保护公共财产

党的二十大报告指出，坚持和完善社会主义基本经济制度，毫不动摇巩固和发展公有制经济，毫不动摇鼓励、支持、引导非公有制经济发展。我国《宪法》第12条规定："社会主义的公共财产神圣不可侵犯。国家保护社会主义的公共财产。禁止任何组织或者个人用任何手段侵占或者破坏国家的和集体的财产。"保护社会主义的公共财产不受侵犯，是关系坚持社会主义道路，保护社会主义建设成果的大问题。《人民警察法》将保护公共财产安全这一任务赋予警察机关及人民警察。警察机关及人民警察依法打击惩处那些侵占、破坏或私分国家和集体财产的违法犯罪分子，切实保护公共财产的安全。所以，同一切侵犯公共财产的违

法犯罪行为作斗争,保护社会主义的经济基础不受侵犯,保护公共财产的安全是警察机关及人民警察的一项重要任务。

(五)预防、制止和惩治违法犯罪活动

党的二十大报告指出,强化社会治安整体防控,推进扫黑除恶常态化,依法严惩群众反映强烈的各类违法犯罪活动,发展壮大群防群治力量,营造见义勇为社会氛围,建设人人有责、人人尽责、人人享有的社会治理共同体。预防、制止和惩治违法犯罪活动,是警察机关及人民警察的一项基本任务。预防、制止和惩治违法犯罪活动指警察机关及人民警察依法对违法犯罪人员予以严厉打击,依法追究其法律责任,预防违法犯罪人员再违法犯罪,同时教育和惩戒社会上那些可能进行违法犯罪活动的人员的一系列活动。预防、制止和惩治违法犯罪活动是一个系统工程。预防、制止违法犯罪活动和惩治违法犯罪活动彼此既有区别,又有密切的联系。它们之间相辅相成,互相影响,只有同时将预防、制止和惩治违法犯罪活动都做好,才能获得良好的效果。

二、监狱人民警察的具体任务

监狱人民警察是维护社会政治稳定、保障社会治安秩序、保卫人民民主专政制度的一支重要力量。监狱人民警察与其他警种人民警察一样,随着人民民主专政的国家政权而建立,适应人民民主专政的需要而发展壮大,尽管各自的分工不同,但他们共同承担着对人民实行民主、对敌人实行专政的职能任务。《监狱法》在第2~4条及其他条款中对监狱的职能作用和任务都作了表述,归纳起来,监狱人民警察的具体任务是:

(一)依法管理监狱

所谓依法管理监狱,是指监狱机关和监狱人民警察依照国家的法律法规,对监狱的人、财、物等各项事物进行管理的活动。

监狱作为暴力机器,国家专政工具的重要组成部分,关押着被人民法院判处死刑缓期二年执行、无期徒刑、有期徒刑的罪犯。监狱的稳定与安全如何,监狱工作的效能如何,直接关系到国家政权的巩固、人民群众的安危、社会秩序的稳定和经济建设的发展。我们要从党和国家工作大局的高度,从巩固党的执政地位、保障国家长治久安的高度,充分认识做好监狱工作的重要性和必要性,依法管理好监狱,履行好党和政府赋予我们的神圣使命。

依法管理监狱是监狱机关和监狱人民警察的一项首要的任务,是监狱机关和监狱人民警察的重要职责。这项任务的具体内容是:①依法管理监狱机关及监狱人民警察;②依法管理服刑人员;③依法管理监狱的土地、资源和财产,使其不受非法侵占、破坏;④依法处理监狱的司法关系和其他有关关系,维护正当的权益。

(二) 依法执行刑罚

刑罚执行是指监狱机关对人民法院生效裁判所确定并交付执行的刑罚予以实施的过程。刑罚是统治阶级惩罚罪犯的一种强制方法，正确执行刑罚是监狱的首要任务。执行刑罚的主体是监狱，执行刑罚的客体是罪犯，执行刑罚的内容是人民法院已经生效的裁判所确定的内容，执行刑罚的过程是从罪犯的收监到释放，执行刑罚的直接目的是将服刑人员改造成为守法的公民。

依法执行刑罚任务的具体内容有：①依照法定的对象、条件和程序将罪犯收监；②正确处理服刑人员提出的申诉、控告和检举；③依照法定的对象、条件和程序，对服刑人员提出减刑、假释的建议；④依照法定的对象、条件和程序决定服刑人员的暂予监外执行；⑤依照法定的对象、条件和程序释放服刑人员，协助社会做好释放人员的安置工作。

(三) 依法惩罚罪犯

所谓惩罚，是指对违反法律行为者的制裁。这里所说的惩罚，是指我国监狱机关执行人民法院对犯罪分子判处的刑罚，依法监禁关押，限制一定的自由和进行强制性的改造。只有通过对犯罪分子实施惩罚，才能使服刑人员与社会基本隔离，切断犯罪诱因的刺激，使其失去在社会上继续违法犯罪的条件与可能；才能使服刑人员亲身感受到国家法律的威严及不可侵犯，认识到违法犯罪理应受到惩罚；才能严厉打击狱内抗拒改造的少数服刑人员，维护狱内秩序的稳定。

监狱人民警察的这一任务表现为：①依法将罪犯监禁起来，剥夺自由，限制行为，使其与社会处于隔离状态；②剥夺或停止服刑人员行使部分政治权利；③严厉打击又犯新罪的犯罪分子。只有这样，才能保障监管场所的安全，维护正常的改造秩序，促进服刑人员的改造。

(四) 依法改造罪犯

我国的监狱工作始终坚持惩罚与改造相结合、以改造人为宗旨的工作方针，把罪犯改造成为守法公民是根本目的。对罪犯实施惩罚，并不是单纯为了惩罚而惩罚，而是在惩罚的前提下，通过必要的手段，消除罪犯的犯罪思想，使其改掉恶习重新做人。将服刑人员改造成为新人，是监狱机关及监狱人民警察的最重要的任务。监狱人民警察不仅要对服刑人员进行监管，而且还要对其进行思想教育、文化教育和技术教育，以使其成为拥护社会主义制度的守法公民和拥护社会主义建设的有用之材。因此，监狱管理人民警察有"特殊园丁"之称。

对服刑人员进行改造的手段包括：①通过监管改造手段，强迫服刑人员服从监管，遵守监规纪律；②通过教育改造手段，对服刑人员进行道德教育、法制教育、文化教育、技术教育，使其转变思想，更新观念，提高文化素质；③通过劳动改造手段，使其通过劳动净化思想，改变恶习，树立劳动观念，养成劳动习惯，学会生产技能，掌握谋生本领。监狱各单位和监狱人民警察要积极探索新时代新阶段服刑人员改造工作的特点和规律，不断完善管理、教育、劳动等改造手段，充分发挥管理改造在矫治恶习、培养良好行为习惯等方面的积极作用，提高管理改造的有效性；充分发挥教育改造在矫治犯罪思想、重塑心灵、传授知识等方面的作用，提高教育改造的针对性。要不断创新改造形式和方法，充分发挥心理咨询、心理矫治在改造中的重要作用。切实加强服刑人员改造工作的制度化建设，强化教育改造的系统性、针对性、科学性和社会性，不断提高服刑人员改造质量。

（五）依法组织服刑人员生产劳动

监狱人民警察除了要发挥上述惩罚和改造的职能外，还要组织服刑人员进行生产劳动。劳动成了服刑人员学得一技之长的手段。监狱组织服刑人员进行生产劳动，最根本目的是将其作为一种管理手段，通过劳动使其在生产劳动中矫正恶习，实现物质和精神的转换，树立正确的人生观、价值观。服刑人员通过劳动这种习艺方式，学得一技之长，提升了自己被释放后在未来社会就业环境中的竞争力。要充分发挥劳动改造在矫正犯罪恶习、培养劳动习惯、培训劳动技能等方面的作用，提高劳动改造的适用性。

学习任务三　监狱人民警察的地位

一、监狱人民警察在国家中的地位

监狱人民警察是依法从事监狱管理、执行刑罚、改造罪犯工作的人民警察。根据我国《监狱法》《人民警察法》的规定，监狱人民警察主要由以下人员组成：①各级监狱管理机关的公务员；②监狱、未成年犯管教所的公务员；③各类监狱科研和教育机构的研究人员和教学人员。

警察在国家中处于十分重要的地位。这主要表现在两个方面：

（一）警察（包括监狱人民警察）与国家共存

警察的本质是阶级统治的工具，是国家机器的重要组成部分。自有阶级以来，警察普遍存在于各个历史时期的各种类型的国家。现今世界上的各个国家和地区，不论其大小、贫富、强弱和社会制度如何，有的国家甚至不设军队，但都毫无例外地建有自己的警察机构，设置专职的警察力量。这些国家为了维护国家政治统治和社会安宁，在国家内部设有警察，执行国家的意志，维护其统治秩序和根本利益。

（二）警察是国家政权的主要支柱之一

军队、警察、法庭、监狱既是国家政权的重要组成部分，又是国家政权的主要支柱。我国是人民民主专政的社会主义国家。主要职能是为了保护国内广大劳动人民的根本利益，镇压国家内部敌对分子的破坏和反抗，组织经济、文化生活，建设社会主义，防御国家外部敌人的颠覆活动和可能的侵略。这些职能的履行离不开人民警察的坚定支持。否则，社会秩序难以稳定，人民群众难以安宁，国家政权难以巩固，经济建设难以保障。人民警察（含监狱人民警察）在国家社会生活中具有十分重要的地位。作为国家专政机器重要组成部分的监狱人民警察，在维护国家总体安全、维护党的执政地位、维护社会治安秩序，保护公民的人身安全、人身自由和合法财产，保护公共财产，预防、制止和惩治违法犯罪活动，保障全面建成社会主义现代化强国顺利进行中发挥着不可替代的作用。

二、监狱人民警察的法律地位

《人民警察法》第2条第2款规定："人民警察包括公安机关、国家安全机关、监狱、劳动教养管理机关的人民警察和人民法院、人民检察院的司法警察。"该规定从法律上确立了人民警察的种类。《监狱法》明确确立了监狱人民警察的法律地位，第12条第2款规定："监狱的管理人员是人民警察。"第5条规定："监狱的人民警察依法管理监狱、执行刑罚、对罪犯进行教育改造等活动，受法律保护。"这是对监狱人民警察在刑罚执行活动过程中的法律地位的进一步确认，肯定了监狱人民警察是监狱行刑活动的具体实施者。在监狱这个特殊场所，代表国家对罪犯行使刑罚执行权，行使特殊的管理职能，这就是监狱人民警察的法律地位。监狱人民警察依法行刑受到法律保护，体现了国家、社会对于监狱人民警察的理解、关心和支持。

（一）监狱人民警察是刑罚权的具体执行者

监狱机关是国务院和各级人民政府领导下的行政职能部门，是国家行政机关的重要组成部分，同时，监狱不单纯属于行政机关，而是兼有刑事执法职能的行政机关。监狱机关是刑事执法机关。根据《宪法》和《刑事诉讼法》的规定，监狱机关在刑事诉讼中承担执行刑罚的职能，与公安机关、人民检察院和人民法院共同完成惩罚犯罪的任务，因而监狱机关又是我国刑事司法体系的重要组成部分，是国家的刑事执法机关。这是监狱机关区别于一般行政机关的显著标志。

监狱机关是武装性质的刑罚执行机关，监狱人民警察权力较之其他国家机关而言，依其职能实现的需要，有更强的强制属性，特别表现在对人身自由的强制上。监狱人民警察依法执行刑罚，就是对服刑人员实行惩治。这种刑罚是指在刑罚规定的有效时间内，对服刑人员严密监禁，实行严格的管理，限制一定的自由并强制他们进行改造的活动。因此，刑罚执行活动中，监狱人民警察必须具有正确的权力观念和权利意识。监狱人民警察权力的最终来源是人民的赋予。法律是权力和权利的中介。监狱人民警察权力的最终目的，在于保障人民权利的实现。

(二) 监狱人民警察属于国家公务员

《公务员法》第 2 条第 1 款规定，公务员是指依法履行公职、纳入国家行政编制、由国家财政负担工资福利的工作人员。《公务员法》第 16 条规定，"国家实行公务员职位分类制度。公务员职位类别按照公务员职位的性质、特点和管理需要，划分为综合管理类、专业技术类和行政执法类等类别。根据本法，对于具有职位特殊性，需要单独管理的，可以增设其他职位类别。各职位类别的适用范围由国家另行规定。"监狱人民警察属于司法机关工作人员的范围，为行政执法类公务员，其有资格作为国家的代表，以监狱机关的名义行使职权，从事公务活动。监狱人民警察享有行政职权，享有行政优益权。行政优益权是国家为确保行政主体有效地行使职权，切实地履行职责，圆满地实现公共利益的目标，而以法律法规等形式赋予行政主体享有各种职务上或物质上优益条件的资格。行政优益权由行政优先权和行政受益权两部分组成。行政优先权，是指国家为保障行政主体有效地行使行政职权而赋予行政主体许多职务上的优先条件，即行政权与其他社会组织及公民个人的权利在同一领域或同一范围内相遇时，行政权具有优先行使和实现的效力。行政受益权，是指行政相对人通过行政主体的积极行为而获得各种利益及利益保障的权利。从范围上讲包括财产利益、人身利益和其他各种利益。从利益享有的程度和方式上讲，可分为保障性受益权、发展性受益权和保护性受益权。简言之，行政优益权就是国家为行政主体行使职权提供的行为优先条件和物质保障条件。监狱人民警察享有行政优益权，同时需要承担行政职责。监狱人民警察的公务行为具有强制性，公务行为所引起的效果由所属公务机关承受，所属公务机关对公务员个人过错负连带责任。

三、监狱人民警察在监狱工作中的地位

监狱人民警察在监狱工作中的地位，是指监狱人民警察在监狱行刑法律关系中享有权利、承担义务的综合表现。监狱人民警察在监管改造服刑人员工作中处于执法者、管理者、教育者的地位。

(一) 监狱人民警察是监狱行刑的主体，处于执法者的地位

刑罚的执行是指刑罚执行机关依照法律规定的执行范围将审判机关已经发生法律效力的刑事判决和裁定付诸实施的活动。监狱人民警察代表所在监狱以国家的名义对服刑人员执行刑罚，是监狱行刑的主体。这种执法者的地位，是任何非监狱人民警察所不能代替的，其执法权力不可作任何形式的转让。

(二) 监狱人民警察是监狱的管理者，处于管理者的地位

狱政管理是指刑罚执行机关对在监狱内服刑人员执行刑罚过程中所实施的各项具体的行政管理活动。监狱人民警察对罪犯在服刑期间的事务进行行政管理。服刑人员必须服从管理，听从指挥。如果他们违反特定的行为规范，不服从或者

抗拒管理，监狱人民警察有权依法处置，实施行政性的惩戒措施，情节严重，构成犯罪的，还必须依法追究其刑事法律责任。

（三）监狱人民警察是服刑人员教育改造的组织者，处于教育者的地位

把罪犯改造成为守法的公民，这是监狱机关工作的根本宗旨和目标。罪犯在监狱服刑期间，通过接受劳动改造和教育改造等手段，改造犯罪思想和生活恶习，也可以学到一定的生产技能，刑满以后回到社会上不致再进行犯罪活动。监狱人民警察就是对服刑人员教育改造的组织者，履行"特殊园丁"的职责和义务。

学习任务四　监狱人民警察的作用

一、监狱人民警察的政治作用

监狱人民警察的政治作用是由监狱人民警察在国家中的法律地位和性质决定的：监狱人民警察是掌握政权的统治阶级意志的忠实执行者和捍卫者。

（一）坚持中国特色国家安全道路，贯彻总体国家安全观，维护国家政治安全和政权安全，捍卫中国特色社会主义制度

监狱人民警察作为人民民主专政的工具，其特性和使命决定了必须坚持中国特色国家安全道路，贯彻总体国家安全观，坚持政治安全、人民安全、国家利益至上有机统一，以人民安全为宗旨，以政治安全为根本，以经济安全为基础，捍卫国家主权和领土完整，防范和化解重大安全风险，为实现中华民族伟大复兴提供坚强安全保障。警察是保障国家安全的暴力工具。国家赋予警察特殊的权力，警察依靠特殊的职权和强制力，对威胁国家政权、违背统治阶级意志的敌对势力和人员实施坚决的镇压和制裁。这充分体现了警察在国家政治生活中的专政职能。在新的历史时期，虽然阶级斗争不是国内的主要矛盾，但阶级斗争在一定范围内还存在，国外敌对势力亡我之心不死，国内危害国家政治安全和政权安全、分裂国家、破坏统一、策划暴乱、叛变投敌等犯罪活动时有发生，将这些犯罪分子判处刑罚投入监狱以后，监狱人民警察对他们实施有效的关押改造，在维护国家安全方面发挥着重要的保障作用。

（二）维护社会秩序，为以中国式现代化推进中华民族伟大复兴保驾护航

党的二十大报告指出，我们对新时代党和国家事业发展作出科学完整的战略部署，提出实现中华民族伟大复兴的中国梦，统揽伟大斗争、伟大工程、伟大事业、伟大梦想，明确"五位一体"总体布局和"四个全面"战略布局，确定稳中求进工作总基调，统筹发展和安全，明确我国社会主要矛盾是人民日益增长的

美好生活需要和不平衡不充分的发展之间的矛盾，并紧紧围绕这个社会主要矛盾推进各项工作，不断丰富和发展人类文明新形态。

中国特色社会主义进入新时代，对政法工作提出许多新要求。政法机关要坚定捍卫新时代中国特色社会主义，积极投身中国特色社会主义事业的伟大实践，努力创造安全的政治环境、稳定的社会环境、公正的法治环境、优质的服务环境，努力实现党的二十大关于法治中国、平安中国建设的目标任务。监狱工作在创造安全的政治环境、稳定的社会环境中发挥着重要作用。做好监狱工作，提高服刑人员改造质量，是减少社会不和谐因素、促进社会和谐的客观要求；做好监狱工作，确保监狱安全稳定，是减少和预防犯罪、维护社会稳定的重要保障；做好监狱工作，完善刑罚执行制度，是保障司法公正、促进社会公平正义的重要环节；做好监狱工作，提升监狱工作水平，是推进司法行政工作改革发展、全面履行司法行政职能的内在要求。监狱人民警察是刑罚执行的主体，是做好监狱工作，确保监狱安全稳定，减少和预防犯罪、维护社会稳定的重要保障。保证监管场所的持续安全稳定，为构建和谐社会打牢基础，这是监狱人民警察的神圣职责。监狱人民警察一定要站在创造安全的政治环境、稳定的社会环境的高度，深刻认识做好监狱工作的重要性和必要性，要通过自己管理职能的充分发挥，体现出人民警察参与国家对社会管理的职能，确保国家安全和社会政治稳定。

（三）预防、制止和惩治违法犯罪，保障改革开放和现代化强国建设的顺利进行

严厉打击各种违法犯罪活动，是警察力量在社会管理活动中职能的具体体现，是国家维护社会安定、维护正常的工作秩序和生活秩序的重要手段。警察针对具有社会危害性的违法、犯罪人员予以严厉打击和制裁，目的就是创造一个良好的社会面貌及工作、生活环境，保障改革开放和中国式现代化建设的顺利进行，在新时代全面建成社会主义现代化强国，实现第二个百年奋斗目标。作为和平时期维护国家政治稳定、社会长治久安的重要力量，作为维护法律、诠释法律的执行者，监狱人民警察要切实增强使命意识、大局意识，坚定捍卫中国特色社会主义，积极投身中国特色社会主义事业的伟大实践，努力创造安全的政治环境、稳定的社会环境，巩固党的执政地位，巩固国家政权，维护国家长治久安。

二、监狱人民警察的社会作用

监狱人民警察的社会作用，是指通过监狱人民警察的职能发挥所起到的社会效果，主要表现为对社会主义精神文明和物质文明建设的作用。

（一）对服刑人员思想的改造，有利于社会主义的思想道德建设

向社会输送合格公民，是社会主义精神文明建设的根本任务，也是监狱机关改造服刑人员的奋斗目标。罪犯投入服刑以后，监狱人民警察对他们进行理想、前途、法治、纪律、道德、文化、劳动等方面的教育，既改造其旧的思想道德观

念,又培育新的思想道德;既矫正不良的行为习惯,又培育新的生活方式。使他们成为拥护社会主义制度的守法公民和建设社会主义的有用之才,重返社会之后,能够以新人的精神风貌投身于社会主义精神文明和物质文明的建设。这种经过特殊加工的人才,重返社会后所带来的社会影响,对于徘徊于违法犯罪道路十字路口的人,无疑是一个良好的教育,促使他们改邪归正,弃恶扬善,重新做人。这种"浪子回头"的教育作用,是其他社会教育代替不了的。

近年来,随着全面深化改革向纵深推进,全国监狱体制改革取得了新的成效。司法部要求"从底线安全观向治本安全观转变,切实提高教育改造质量,要在改造罪犯成为守法公民上加大监管机制改革的工作力度"。"治本安全观"是基于当前监狱工作面临的新形势、新任务、新要求作出的科学决策,是新形势下监管改造工作的理念引领、行动指南和重要遵循。我们要不断强化监狱改造服刑人员的核心职能作用,牢固树立以改造人为中心的工作导向,推动监狱整体工作实现高质量发展。

(二)组织服刑人员生产劳动,丰富了社会主义物质文明建设的内容

在服刑期间,劳动这种习艺方式对服刑人员的改造有三大好处:一是积累了服刑人员的劳动技能;二是培养了劳动价值观;三是创造了物质财富。服刑人员通过劳动这种手段,创造物质形态的劳动成果,获得相应的报酬,他们一方面享受劳动的欣喜,另一方面也获得了劳动的回报,促使他们理解自身的创造对社会的贡献度,使他们认识到他们的成果成为社会累积财富的一部分,自己也成为物质文明建设中的一分子。

(三)对罪犯的关押和改造,有利于保卫社会主义"两个文明"建设

犯罪分子不仅是精神文明建设的消极因素,而且也是物质文明建设的破坏者。监狱机关及其人民警察依法将他们关押起来进行惩罚和改造,使人民群众增加了安全感、幸福感和获得感,集中精神投身到全面建成社会主义现代化强国、实现中华民族伟大复兴进程中,为经济社会持续健康发展提供有力法治保障。

三、监狱人民警察的法律作用

(一)特殊预防的作用

特殊预防,是指通过适用刑法对犯罪的人进行惩罚改造,预防他们重新犯罪。特殊预防的基本内容之一就是剥夺犯罪分子继续实施犯罪行为的能力和条件,排除犯罪对社会的侵害。我国监狱人民警察通过适用自由刑,使绝大多数犯罪人在一定期间内与社会处于基本隔离状态,这样可以切断犯罪诱因对罪犯的刺激,也可以使罪犯失去在社会上继续进行违法犯罪的条件。同时坚持"惩罚与改造相结合,以改造人为宗旨"的监狱工作方针,在罪犯服刑期间,对其进行改造,改造犯罪思想,矫正不良恶习,培养新的品质,将罪犯改造成为守法公民,

使其不致再危害社会。这是特殊预防的主要内容之一。

（二）一般预防作用

一般预防作用包括三个方面：①监狱人民警察通过对罪犯的惩罚，警告和震慑社会上试图违法犯罪的"危险分子"，从而使他们畏惧法律，悬崖勒马，迷途知返，不再犯罪；②监狱人民警察通过对罪犯的惩罚，使犯罪的受害者心理得到一种补偿和平衡；③监狱人民警察通过对罪犯实施惩罚与改造，对社会上广大群众是一种法制教育，从而鼓舞人民群众同违法犯罪行为作斗争，促进社会治安综合治理。

讨论事例

【事例一】

毛泽东曾在《论人民民主专政》（1949年6月30日）一文中写道："军队、警察、法庭等项国家机器，是阶级压迫阶级的工具。对于敌对的阶级，它是压迫的工具，它是暴力，并不是什么'仁慈'的东西。"

目前，面对"囚权"呼声很高的监狱管理过程，个别的监狱人民警察产生了迷惑：警察的威严哪里去了？对待服刑人员，我们不要"暴力"了么？对待服刑人员我们不讲"镇压"了么？为什么我们要"仁慈"地对待伤害过人民的服刑人员？

问题：对个别监狱人民警察的这种疑惑，你是如何看待的？中国特色社会主义建设进入新时代，人民警察的阶级性丧失了吗？

【事例二】

社会对监狱人民警察并不很了解，有人说：监狱人民警察是个被社会遗忘了的职业；有人说：警察也是有级别的，监狱人民警察就不如公安机关的人民警察，监狱人民警察是被歧视的警种；有人说：监狱人民警察和服刑人员一样，都被关在一面高墙之内，没有自由……

问题：这些从网上搜来的各种言论，对监狱人民警察的身份和地位产生了怀疑和不屑，面对这样的评语，你又是怎么看待监狱人民警察的地位的呢？

拓展学习

1. 2020年8月27日《人民日报》报道，中国人民警察警旗授旗仪式26日在人民大会堂举行。中共中央总书记、国家主席、中央军委主席习近平向中国人民警察队伍授旗并致训词，代表党中央向全体人民警察致以热烈的祝贺。他强调，我国人民警察是国家重要的治安行政力量和刑事司法力量，主要任务是维护国家安全，维护社会治安秩序，保护公民人身安全、人身自由、合法财产，保护公共财产，预防、制止、惩治违法犯罪。新的历史条件下，我国人民警察要对党忠诚、服务人民、执法公正、纪律严明，全心全意增强人民群众获得感、幸福感、安全感而努力工作，坚决完成党和人民赋予的使命任务。请认真学习，组织召开"新时代如何发挥人民警察职能作用"的专题讨论会，明确人民警察的性质任务，探讨更好地履行职责的方法。

2. 学习《人民警察法》第一章总则部分，了解人民警察的种类、性质和任务；学习《监狱法》，明确监狱人民警察的地位和任务。

学习单元二　监狱人民警察的历史发展

【学习目标】
1. 了解监狱警察称谓的变化。
2. 了解不同时期和社会制度下监狱制度的特点和作用。
3. 了解我国监狱人民警察的发展历史。
4. 掌握我国监狱人民警察的优良革命传统的具体涵义。

学习任务五　监狱人民警察的发展历程

一、监狱人民警察称谓的历史沿革

（一）中国古代监狱警察的称谓

在中国，在警察发展史上，警察一词始于宋代。现代意义警察制度，创于清朝光绪年间。最初称警察为巡捕，后又改称警察为巡警。

中国古代警察制度的一个重要特点是无警察之名，却行警察职能之实。从奴隶社会到封建社会的各个朝代设立的监狱机构及其官吏，虽然多寡不等，名称不一，没有正式形成警察或警察机关，但实际上他们均行使了监狱警察的职能。

从原始社会到第一个奴隶制国家的确立有一个过渡时期。这个时期是传说中的黄帝时代。经尧、舜、禹直至夏朝的建立，在这个过渡时期里，产生了承担监狱警察职能的官员——士。士掌管军事和狱讼，在军事方面包含有边防警察的职能，在刑法方面包含有刑侦和狱警方面的职能。据《尚书·舜典》记载，舜对皋陶说："蛮夷猾夏，寇贼奸宄，汝作士，五刑有服，五服三就；五流有宅，五宅三居，惟明克允。"在这里，士很显然要兼任对外防御和对内刑罚的两种职责。

夏朝警察职能由司徒、司马和士来行使，这时兵刑逐渐分离，司马掌管军事，司徒掌管民事，士专管刑侦和监狱事务。由此可以看出，中国古代萌芽状态的警察职能寓于行政、军事和司法三种职能之中，这也体现了我国古代警察制度的另一个特点——兵刑不分、政警不分。商朝监狱制度有所发展，监狱警察职能是夏朝的延续，执行刑侦和狱警任务的是夏朝延续下来的"士"。西周时期，专门执掌刑狱和纠察的官员称为司寇。夏朝兼管兵刑的"士"在西周成了司寇的属官。

春秋以后，警察职能在国家中的地位和作用不断得到强化和提高，分工也越来越细。据《周礼》记载，类似于今天监狱警察的主要是司厉、司隶、司寰、掌囚和掌戮。其中，司厉掌管没收盗贼所用的兵器和盗取的财物，并把他们充作奴隶；司隶掌管奴隶、俘虏，负责劳役，捕捉盗贼；司寰掌管监狱和刑罚；掌囚负责监守盗贼；掌戮主要是负责死刑的执行和墨、劓、刖、宫刑的执行。由此可见，监狱管理人员的职能逐渐专门化了，警察职能有了很大的发展。

从秦朝至魏晋南北朝时期，中央机关设立三公九卿。九卿中的廷尉，既是全国的司法长官，又是中央司法机关的官署的名称。廷尉"掌刑辟"，负责审理皇帝交办的案件和地方移交的案件，也负责监狱的管理。秦朝监狱管理人员一般称狱吏，狱吏之下还有令史。汉承秦制，仍设廷尉为全国的最高司法机关，廷尉之下设有廷尉昭狱。汉朝除了廷尉之外，狱史中丞、尚书令也握有司法权和典狱权。汉代的监狱管理人员也称为狱吏，又称之为司空。魏晋南北朝的司法机关与监狱管理人员的管理制度基本沿袭汉制。

隋朝的司法制度基本沿袭魏晋旧制，在中央是大理寺、刑部、御史台三大司法机关。隋朝地方司法机关仍与行政机构统一，设县、州、郡三级政权，县令、刺史、太守均兼理司法和监狱。唐朝仍沿袭隋制，中央监狱初置于御史台，后改归为大理寺，称大理寺狱。唐大理寺狱由卿、少卿兼理狱事，并设有主管狱事的狱丞。狱丞是掌管在押犯的主要官员。此外，刑部尚书也兼理徒隶囚禁之事。御史台狱由御史大夫、御史中丞和监察御史分别兼理绝讯囚徒之事。其中，典狱是专职管理在禁囚犯的官员。

宋朝是封建专制主义中央集权高度发展的朝代。宋朝中央的典狱管理制度，在大理狱设卿、少卿、丞等专任官吏。御史台是行刑机关，也设有御史台狱，并设推置官专治狱事。宋朝的监狱官吏有狱掾、推吏、典狱官等。辽、金、元各朝代，监狱设置混乱，狱政管理野蛮残暴，阶级压迫、民族压迫突出，监狱人员的管理制度也趋于杂乱无章。明朝中央司法机关设在刑部、大理寺和都察院，监狱设在刑部和都察院，大理寺不设监狱。刑部和都察院均设司狱司，并有专职的司狱官吏。明朝在京、府、州、县均设狱，作为地方监管监狱的机构和官吏。

中国古代称狱为监，开始于明代，到了清朝，将监和狱合起来，称为监狱。

清代的监狱管理人员分有狱官和管狱官两类。有狱官包括京师的刑部提牢司员，地方的按察使、知府、州官、厅官、县官等。这些官吏有统辖监狱之权，无管监狱之责。管狱官包括京师的刑部司狱，地方的按司狱、府司狱、吏目、典吏等，他们是管理监狱的专任官员。监狱内部的具体管理人员称司狱官典、提牢官、狱卒。

从以上内容可以看出，设置多头、体系杂乱是我国古代狱制的一大特点，加之司法和行政权的合一，使得我国古代的狱制一方面逐步相对完善，另一方面则是治狱实践的专横暴虐，两者的严重脱节反映了封建狱政的黑暗、腐败。

（二）中国近现代监狱警察称谓的变化

中国近代监狱史一般是指从1840年鸦片战争开始至1919年的五四运动为止的监狱史。现代监狱史一般是指从1919年开始至1949年中华人民共和国的成立为止的监狱史。由于政权更迭频繁和帝国主义的入侵，近现代中国监狱的情况极为复杂，它经历了清末监狱改良、北洋军阀、国民党统治和革命根据地四个时期。

1. 1840年鸦片战争之后，资本主义列强侵入中国，监狱的设置和管理发生了重大变化，最突出的表现就是在租界内和侵占地区设立了由外国人自己管理的监狱。监狱内部设有正狱吏、副狱吏、欧洲巡士等职。正狱吏是住宿监狱人员的领袖，副狱吏协助正狱吏行事，女监长主要负责女监事务、巡查女监。

清政府在内外交困中被迫实行"新政"，在"新政"中，资产阶级改良人物、清末修订法律大臣沈家本提出了关于监狱改良的主张，并创制了中国监狱的第一部法典《大清监狱律草案》。沈家本主张效仿外国，培养监狱专官。随后在张之洞设立的湖北模范监狱中，效仿日本，设典狱官一员，秩视通判；副狱官一员，秩视州判，作为差使，择人应派；案牍科、守卫科、工业科各一员，曰课长；书记生八人，教诲师二人，内外科医官各一人。

2. 北洋军阀政府在清政府监狱的基础上，建立了较为完备的监狱组织机构，沿用清末制定的各种法律制度。北洋军阀政府的监狱管理人员由典狱长、看守人、候补看守人、教诲师、教师、医士、药剂师、技师、看守等组成。

3. 国民党统治时期，司法行政部设监狱司，统一掌管全国监狱一切事务。国民党监狱分旧式监狱和新式监狱。旧式监狱是指各县监狱沿用的清朝监狱。新式监狱多指首都和省会、重要城市的监狱，新式监狱设典狱长1人，统管全监事务。旧式监狱设管狱员，在县长的直接指挥下掌管监狱的事务，下设医士、主任看守、男女看守、所丁长及男女所丁。

国民党的看守所也经常监禁犯人，实际上也是监狱。看守所隶属高等以下各级法院。看守所设所长1人，领导全所并掌理全所事务，其下有医士、主任看守和看守等职。

国民党的军人监狱是为了监禁被判处刑罚和拘役的军人而设立的专门监狱，隶属于军政部。军人监狱分为中央军人监狱和各省军人监狱两种。军人监狱设监狱长1人，总理全监事务，以下分3科2所，同普通监狱，但监狱官吏全系现役军人，一律授予军职。

国民党的反省院是国民党中央和各省党部直接操纵和指挥的法西斯监狱,被称为特殊监狱,其主要任务是监禁和迫害共产党和革命者。反省院设院长1人,统理全院事务,其下设总务、管理、训育3科,每科设主任1人,助理员若干人。

4. 根据地的监狱与旧监狱相比,性质是完全不同的,根据地监狱是维护工农民主政权的工具,而不是剥削阶级镇压劳动人民的工具。

抗战时期,随着抗日民族统一战线政权的建立,各抗日民主政权的监狱也陆续建立。这个时期主要的监狱组织是看守所和监狱。抗战时期的看守所分两级:一是高等法院看守所,二是各县看守所。高等法院看守所设所长和看守员,服从法院院长的领导。各县看守所隶属于县司法处领导,看守所设所长1人和看守员若干人。

抗战时期民主政权的监狱分两级:一是高等法院监狱,二是行政监察专员公署高等法院分庭监狱。高等法院监狱一般工作人员为8人,其中典狱长1人,典狱员3人,看守员4人。陕甘宁边区政府所管辖的各边区专员公署所在地,设置高等法院分庭,并设分监1所,设典狱员1人,在分庭庭长领导下,负责犯人的具体管理和教育。

解放战争时期,为了适应新形势下惩治改造犯罪分子的需要,迅速建立了新的监狱管理机构。这种新型的监狱管理机构一般设典狱长1人,其下设若干科室:总务科、管理科、教育科、生产科。这一时期,人民民主专政政权还对监狱形式进行了新的探索,先后创办了管训队、劳动改造队等。管训队是对国民党反革命骨干分子进行集中管教和审查的临时机构,设队长、指导员、干事、预审员等。

近代以来的监狱警察及其相关机构、职能的变化,与国家的命运紧密相连,体现了西方法治思想的影响以及民族国家的对立和阶级对立。

(三) 新中国成立以来监狱人民警察称谓的变化

新中国成立后,中国的监狱统称为劳动改造机关,包括看守所、监狱、劳动改造管教队、少年犯管教所。1950年,经周恩来总理核准,将警察统一命名为中国人民警察,简称"民警"。1950年底,中央决定将全国监狱和劳改队划归公安部门领导和管理,此后,人们也常将劳改工作干部称为"劳改工作干警"或"劳改干警"。1995年2月28日,第八届全国人民代表大会常务委员会第十二次会议通过了《人民警察法》,其第2条第2款规定:"人民警察包括公安机关、国家安全机关、监狱、劳动教养管理机关的人民警察和人民法院、人民检察院的司法警察。"该规定进一步明确了监狱人民警察的法定称谓并明确规定了各类警察不同的分工,行使不同的警察权力。监狱人民警察的称谓是对我国监狱管理人员法定的、规范的称谓,此后,"劳改工作干部""劳改工作干警"的称谓退出历史舞台,为规范的、法定的、统一的"监狱人民警察"称谓所取代。

二、监狱人民警察的创立和发展

(一)从1950年到1966年,新中国监狱人民警察创建时期

中华人民共和国成立以后,一方面,要继续打击和消灭国民党的残余势力,另一方面,新中国要进行全面的国家建设,提高人民的生活水平。但是,一些隐藏的反革命分子不甘心自己的失败,继续进行种种破坏和捣乱。他们有的破坏工厂、铁路,烧毁仓库,抢劫粮食、财物,散布致使社会不稳定的谣言;有的甚至组织骚乱,袭击、围攻基层人民政府,残杀革命干部和群众中的积极分子。针对这种社会形势,1950年10月,中共中央发出《关于镇压反革命活动的指示》,决定对罪大恶极,怙恶不悛的反革命分子实行坚决镇压。从12月开始,镇压反革命运动在全国展开。随后,又在党和国家机关内部开展了"三反"运动,在资本主义工商业者中开展了"五反"运动。新中国成立初期开展的这些政治运动必然导致两个方面的结果:一方面,粉碎了阶级敌人的破坏活动和复辟阴谋,极大地提高了广大人民群众的政治觉悟和生产积极性,从而巩固了新生人民民主专政的政权;另一方面,对于通过清匪反霸和政治运动从各个部门、各个角落清理出来的反革命分子、各种犯罪分子如何处理,成了当时一个很大的社会问题,引起了党中央领导的高度重视。这些人不仅数量大,而且危害性也大,如果处理不好,容易引发重大社会问题。这就是20世纪50年代初期我国创建监狱工作的历史背景。

自解放区创建监所至解放战争时期的劳改队,监所一直归司法部门领导,在几十年实践中,他们不仅为后来的监狱工作奠定了基本模式和经验,而且取得了巨大成绩。1950年11月,为了适应新中国成立初期国内政治斗争形势与斗争任务的需要,中央人民政府首先从管理体制上作出了关于加强人民司法工作的指示,指出:"关于监所管理,目前一般宜归公安部门负责,兼受司法部门指导,由省以上人民政府依各地具体情况适当决定之。"从而改变了长期以来监所归法院和司法领导的管理体制。随后,公安部、司法部立即于1950年11月11日联合作出决定,将全国监所划归公安部门领导和管理。

1951年5月15日通过的《关于组织全国犯人劳动改造问题的决议》指出:"现在,全国各地羁押的反革命犯和普通犯,已超过百万,这是一个很大的劳动力。为了改造这些犯人,为了解决监狱的困难,为了不让判处徒刑的犯人坐吃闲饭,必须根据惩办与改造相结合的原则,并适应全国各项建设的需要,立即着手制定通盘计划,组织劳动改造工作。凡有劳动条件的犯人,应一律强迫其参加。"毛泽东同志亲自修改和审定了决议,明确提出:"大批应判徒刑的犯人,是一个

很大的劳动力，为了改造他们，为了解决监狱的困难，为了不让判处徒刑的反革命分子坐吃闲饭，必须立即着手组织劳动改造的工作。凡已有这一工作的地区，应在原有的基础上加以扩大。主要的办法是由县一级、专署一级、省一级、大行政区一级和中央一级，共五级，分工负责，划分人数，指拨经费，调配干部和关押的武装部队，组织犯人劳动，从事大规模的水利、筑路、垦荒、开矿和造屋等生产建设事业。"至此，我国创建劳改工作的蓝图基本形成并随后立即着手创建。伴随监狱工作的创建，监狱人民警察也进入到创建和发展的新的历史时期。所以，监狱人民警察的创建应始于 1951 年。

在新中国监狱工作初创时期的监狱人民警察，为新中国的监狱工作作出了无私的奉献。1954 年 8 月 26 日，政务院政治法律委员会副主任罗瑞卿在政务院第二百二十二次政务会议上作的《关于〈中华人民共和国劳动改造条例〉（草案）的说明》中指出："几年来全国各地劳动改造机关，在各级人民政府领导下，遵照毛主席在《论人民民主专政》中的指示和《共同纲领》第 7 条的规定，贯彻执行了'惩罚管制与思想改造相结合''劳动生产与政治教育相结合'的正确方针，因而在劳动改造罪犯的工作上取得了很大的成绩。"

在新中国监狱工作初创时期，党和国家对于监狱人民警察队伍建设也给予了高度重视。在劳动改造罪犯工作大规模开展起来后，监狱管理人员不足的问题凸显出来。在第三次全国公安会议通过的《关于组织全国犯人劳动改造问题的决议》（以下简称《决议》）中对此采取了两项措施：①调配劳动改造工作管理机构的工作人员，决定在各级公安部门内增设专门管理的机构。对于大行政区、省、专署、县各级公安部门内增设的劳动改造工作管理机构，《决议》指出："此项干部，应由地方党委从前述百分之五的比例数字内，或县原有干部名额中，调配之。"②调配劳动改造队的干部。《决议》提出："专署以上劳动改造队的干部，按犯人总数的百分之三至百分之五，由各该级党委自行调配。此项干部，可以荣军和地方及公安干部为骨干并吸收一部分新旧知识分子组成之。其供给，应按军队干部待遇……"对于劳改生产企业，1952 年 6 月第一次全国劳改工作会议决定，劳改生产从事大规模的水利、筑路、垦荒、开矿和建筑等生产建设事业。会议决定成立中央、大行政区、省、专区市四级劳改生产管理委员会，集中组织领导劳改生产。会议通过的决议提出："必须健全与加强各级劳改机构，充实劳改生产企业的干部，以适应大规模开展劳改工作的需要。各级公安部门应依靠党委抽调一批得力干部为骨干，补充一批部队转业干部、纯洁的青年知识分子和必要的技术干部，以改变目前量少质弱的状态。"当时的监狱工作一律称为劳改工作，监狱管理干部一律称为劳改工作干部，后来由于干部配备人数较少，工作不够用，又从监狱内部的工人和其他部门抽调来一批不具有干部身份的人，也参与监狱管理工作，身份上可以转警，但不能转干，所以后来"劳改工作干警"的称谓沿用了很长时间。在待遇上，新中国成立初期，监狱干部享受供给制，20世纪50年代中期以后改为薪金制。在干部管理及机构建制上，按军事组织设立小队、中队、大队、支队、总队，并建立政治工作机构和政治人员，实行军事化管理制度。

1954年9月，政务院颁布了《劳动改造条例》，劳改工作开始了向规范化、法制化轨道发展。同年10月，为配合《劳动改造条例》的深入学习，公安部作出了关于1954年冬季在劳改单位中进行干部政治整训的指示，各劳改单位普遍开展政治整训。整训的对象主要是干部，但对于一般工作人员（工人、勤杂人员等）也要有计划地进行政治教育。政治整训的主要内容是，结合《宪法》和《劳动改造条例》的学习，系统地进行关于过渡时期的阶级斗争形势和当前敌情的教育，进一步提高全体干部和工作人员的社会主义觉悟，加强敌情观念；克服骄傲自满情绪及其他资产阶级思想；充分认识劳改工作的重要性、长期性和艰苦性；认真进行政策教育，进一步熟悉劳改工作的各项政策，对本单位的狱政和管教工作切实加以整顿和改进。

20世纪50年代中期以来，我国劳改工作布局基本形成，随着《劳动改造条例》的颁布，劳改工作的各项管理工作也在逐步加强。到了20世纪50年代末期，大批部队转业干部充实到劳改单位，从干部队伍来说，整体素质有所提高。1957年颁布了《人民警察条例》，对人民警察的职责、权限、纪律、处分等均以法律的形式作出了明确具体的规定，标志着新中国人民警察制度的正式确立。从20世纪50年代中期到60年代中期，劳改工作干警非常重视制度建设，各劳改单位都结合自身情况，按照国家法律和上级要求制定了具体制度纪律。如著名的抚顺战犯管理所当年制定有与"三大纪律八项注意"相似的本所的"三大纪律、八项注意"，有的单位还规定有更为细致的规则，如《严禁干警打骂体罚犯人的规定》《干警保持廉洁的规定》《接受礼物的处理办法》《党员干警必须严格遵守的十条规定》，等等。1962年公安部制定并通知各地普遍试行的《劳动改造管教队工作细则》（试行草案）第55条又规定了劳改工作干警的六不准纪律，对劳改工作干警提出了普遍的纪律准则。20世纪50年代中期到60年代中期的这十年间，随着我国监狱事业的发展，监狱人民警察的队伍建设、整体素质也有了一个明显的提高和发展。

（二）从1966年到1976年，监狱人民警察遭受迫害和曲折发展时期

在"文化大革命"中，林彪、江青反革命集团污蔑新中国成立17年来劳改工作执行了"反革命修正主义路线"，否定劳改工作的方针、政策，否定劳改工作的伟大成就。在"砸烂公、检、法"的反动口号下，大批劳改单位和劳改领导机关被砍掉，致使劳改单位在十年中减少一半，耕地面积丧失了60%，固定

资产大量流失。劳改机关的领导干部被打成"走资派""叛徒""特务""反革命修正主义分子",许多干部、知识分子被迫害致死、致残,大批骨干力量被调离、下放或安排到边远农村插队。但是,广大劳改工作干部在十分艰难的情况下,仍然坚守岗位,抵制逆流,尽量减少损失,努力保持劳改场所的秩序稳定,在生产方面也作出了一定的贡献,表现了监狱人民警察高度的责任感和事业心。

(三)从1976年到1979年,监狱人民警察恢复和整顿时期

1976年粉碎"四人帮"以后,我国监狱工作进入了一个拨乱反正和恢复整顿的新时期,开始了深入揭发批判林彪、"四人帮"反革命集团破坏劳改工作的罪行。在这一时期,军管撤出,劳改机关协同法院复查平反了大量的冤、假、错案,许多被调出的劳改工作干部调回原单位,继续开始工作。落实了劳改干部政策,为受迫害的干部平反昭雪,恢复名义。还整顿了监管改造秩序,调整监所布局。恢复了被撤掉的各级劳改工作管理局,恢复了新中国成立以来行之有效的监狱工作制度,恢复了正常的监狱工作秩序。通过3年的拨乱反正和恢复整顿工作,广大监狱人民警察又以新的面貌和姿态重新投入工作,迎接新的任务。

(四)从1980年至20世纪末,监狱人民警察队伍建设专业化、规范化发展阶段

这一时期,监狱人民警察的队伍建设、法律地位以及工作状态进入到专业化、规范化的发展阶段。

1981年2月,公安部、财政部下发了《关于劳教、劳改工作干部着民警服装问题的通知》,对劳改工作干部的着装范围、标准、管理及供应和费用作出了统一规定,从而解决了新中国成立以来劳改工作干部着装不统一的问题。1981年8月,在北京召开了第八次全国劳改工作会议,形成了新中国监狱史上承前启后、拨乱反正的重要文件——《第八次全国劳改工作会议纪要》,提出了新时期劳改工作出现的新问题、新情况、新任务和新措施。并强调指出:要加强干警队伍建设,建立一支事业心强、讲政策、懂业务,善于做思想改造工作和善于管理劳改生产和劳改工作的队伍。"八劳"会议是新中国监狱史上的一个重要转折,从此,人们开始了在改革开放的新形势下深刻认识劳改工作的新形势、新特点和新任务。1982年2月,公安部颁布了《监狱、劳改队管教工作细则》,为监狱人民警察的工作提供了较为完备的法律依据。

1983年,随着我国法制化建设的深入和发展,中央作出了将劳改、劳教工作由公安部移交司法行政部门管理的决定,同年6月,公安部、司法部作出了《关于贯彻执行中央将劳改、劳教工作移交给司法行政部门管理的若干规定》(以下简称《规定》)。该《规定》指出,劳改、劳教工作管理体制的改革,是政法工作的一项重大改革。这项改革,有利于健全社会主义法制,按照党和国家关于领导机构适当分权的精神,实行由公安机关负责侦查、拘留、预审,由司法行

政机关负责改造。这样的管理体制，有利于完善我国的司法制度，有利于加强对劳改、劳教工作的领导。公安机关过去由于任务繁重，往往兼顾不及，移交给司法行政机关后，可以将劳改、劳教工作摆到重要位置上，加强改造教育工作。同时，《规定》还指出："劳改、劳教工作移交司法行政部门管理后，从事这项工作的干部、民警仍然是人民警察，着装、岗位津贴和工资待遇一律不变，不得降低。警服及其它公安装备的供应渠道不变。"

1983年劳改机关领导体制的改革，是新中国监狱史上的一件大事。此后，司法部坚决贯彻中央指示精神，结合我国改革开放的新形势，先后在改造、生产领域进行了一系列改革，特别是在干警队伍建设方面，颁布了一系列法规和纪律规定，如1991年颁布的《劳改劳教工作干警行为准则》。

进入20世纪90年代以后，监狱人民警察的规范化发展进入到一个新阶段。从1992年开始，监狱人民警察陆续授衔；1993年国家颁布了《国家公务员暂行条例》（现已废止），监狱人民警察被列入国家公务员系列；1994年12月，颁布了《监狱法》，这是我国监狱史上具有划时代意义的大事，该法明确规定"监狱的管理人员是人民警察"，监狱人民警察的经费以及其他必须的生产设施和生产经费列入国家预算，监狱人民警察依法执行职务受法律保护等；1995年2月颁布了《人民警察法》，从人民警察的性质、任务、义务和纪律、组织管理、警务保障、执法监督、法律责任等方面规定了一系列法律条款；1996年10月司法部专门颁发了《监狱劳教工作人民警察政治工作条例》。这些重要法律法规的颁布与实施，对监狱人民警察的建设和发展起了一个强有力的推动作用。之后，国家又相继提出了从严治警和从优待警的要求，一方面，在改革开放向纵深发展的形势下加大了对监狱人民警察管理的力度；另一方面，又从政治上、生活上提高了监狱人民警察的各种待遇，尽量减少监狱人民警察工作上的后顾之忧，保证了监狱人民警察以高度的热情和旺盛的精力投入到执行刑罚、改造罪犯的艰巨工作中去。

进入20世纪90年代以来，司法部提出了建设现代化文明监狱的战略目标。为了实现这一战略目标，十分重视监狱人民警察的素质教育和规范化管理。加强了对全国监狱警官院校为基地的干警培训网点，有效地提高了监狱人民警察队伍的政治素质和业务素质；引进一大批适合监狱工作需要的各类专业人才，大大改善了监狱人民警察的知识结构。为了适应新形势下监狱工作的需要，司法部非常重视各级监狱人民警察机关的领导班子建设，对各级领导班子建设提出了一系列具体要求。近几年，司法部按照党中央、国务院关于人民警察队伍建设的一系列要求，紧紧围绕深入推进社会矛盾化解、社会管理创新、公正廉洁执法三项重点工作，先后出台了一系列关于加强监狱人民警察队伍建设的制度和规定，制定了队伍建设的规划纲要，科学规划，精心实施，常抓不懈，大力加强监狱人民警察队伍建设，努力建设一支政治坚定、业务精通、作风优良、执法公正的人民警察队伍。监狱系统各部门，结合各自的实际，从优化基层监狱人民警察的年龄结构、文化结构、专业知识结构等方面，适应新时代监狱工作新要求，解放思想，以公务员招录方式从社会上招录了一批批各类人才进入监狱工作，为监狱人民警察队伍输送大量新鲜血液，优化了人才结构。同时，坚持从严治警，依法管警，从优待警，狠抓监狱人民警察队伍的思想政治建设、业务建设、组织建设和作风建设，加强队伍的科学规范管理，开展各类争先创优活动，涌现出了一大批忠于职守、严格执法、无私奉献、可歌可泣的先进集体和典型人物，监狱人民警察队伍建设和发展进入了崭新阶段。

（五）从新世纪到新时代，监狱人民警察队伍进入全方位法治化建设新阶段

2003年，《国务院批转司法部关于监狱体制改革试点工作指导意见的通知》确立了"全额保障、监企分开、收支分开、规范运行"的改革目标，确定在上海市等14个省（市、区）先行组织开展监狱体制改革的试点，监狱体制改革正式启动。在取得试点经验的基础上，2008年3月在全国范围内全面推行监狱体制改革。

2009年6月，在全国范围内第一次基本实现监狱经费按标准财政全额保障。目前已基本形成了监企分开的监狱管理体制。通过实施监狱体制改革，监狱职能得到进一步纯化和强化，监狱刑罚执行工作进一步加强，监狱人民警察执法环境、执法条件、收入待遇等得到优化，服刑人员的服刑改造环境、改造物质生活、文化生活条件和合法权益得到进一步保障，改造质量进一步提高。

随着中国特色社会主义进入新时代，为贯彻落实习近平总书记在中央全面深化改革领导小组第三十三次会议上的重要讲话精神，按照中央司法体制改革领导小组会议要求，决定将深化监狱体制改革纳入司法行政改革任务，要求从"底线安全观"向"治本安全观"转变，牢固树立以改造人为中心的工作导向，不断强化监狱改造服刑人员的核心职能作用，切实提高教育改造质量，要在改造服刑人员成为守法公民上加大监管机制改革的工作力度，推动整体工作取得更大进步。当前，监狱人民警察队伍应进一步强化"革命化、正规化、专业化、职业化"建设要求，着力打造一支党和人民信得过、靠得住、能放心，对党忠诚、服务人民、执法公正、纪律严明的司法行政铁军。

学习任务六　监狱人民警察的优良传统

一、优良传统的内涵

传统，是历史上流传下来的社会习惯力量，存在于制度、思想、文化、道德

等各个领域。从范围分，有家庭、团体、地区、民族、国家等区别，对人们的社会行为有无形的控制作用。传统是历史继承性的表现，在阶级社会里，传统具有阶级性和民族性。某些积极的传统因素对社会发展起着促进作用。

优良传统就是某些积极的传统因素，与事物发展的规律有关，符合规律的就构成积极的传统因素。人们在探索事物发展规律的时候，很容易忽略传统这种社会习惯力量，只有当人们发现今天的一些社会习惯力量不利于社会发展的时候，才意识到优良传统的重要。也只有这时，优良传统才显示出它在社会发展中的重要作用。如果我们能够理性地思考这些问题，自觉地发掘积极的传统因素，或自觉养成一些良好的习惯（培养优良传统），必将有利于社会的发展和进步，这也是我们探讨监狱人民警察的优良传统的目的所在。

新中国成立七十多年来，一代又一代监狱人民警察在党的正确领导下，艰苦奋斗、披荆斩棘、成就辉煌，表现出特别能吃苦、特别能战斗、特别能奉献的优良品质和崇高境界。老一代监狱人民警察艰苦创业、求真务实、无私奉献的优良传统和作风，应当作为我们今天积极倡导监狱人民警察干事创业价值观念的核心因素，对此加以归纳、提炼，形成具有形象、哲理并能切实体现监狱人民警察干事创业价值观念和监狱精神优势的口号与标语，使无形的职业行为规范和有形的警风、警容、警歌、警貌有机结合，有利于唤起监狱人民警察干事创业的归属感和自豪感。因此，结合时代特点和监狱工作实际，重构监狱人民警察队伍核心价值体系，学习和发扬老一代的优良传统，凝聚人心，团结队伍是政治工作的主要手段之一。新一代监狱人民警察，要沿着前辈的光辉足迹，传承忠诚于党、无私奉献的优良传统，汇聚坚忍不拔、励精图治的奋斗精神，锻造一支忠诚干净担当的政法铁军。

二、监狱人民警察优良传统的内容

（一）坚持党的绝对领导的传统

监狱人民警察坚持党的绝对领导，既是一个根本的原则，也是几十年来形成的一个最重要的优良传统。

1. 坚持党的绝对领导的涵义。监狱人民警察必须坚持党的绝对领导是指监狱人民警察必须无条件地坚持党的领导。坚持党的领导同坚持人民民主专政、坚持以马列主义、毛泽东思想和邓小平理论、"三个代表"重要思想、科学发展观、习近平新时代中国特色社会主义思想为指导，这是我国监狱制度的本质特色，要坚定不移地保持。"必须"二字体现监狱人民警察坚持党的领导不具有选择性，也不具有研究、讨论的性质，而是一种规定性的责任和义务，即只能如此，别无它选。监狱人民警察坚持党的绝对领导，是我国监狱人民警察领导制度的重要特色，是七十多年来中国监狱工作的一个历史结论。这一特色和结论的形成，是中国共产党的性质和监狱人民警察的工作特点所决定的。

监狱人民警察的性质和特点提出了必须坚持党的绝对领导的内在要求。监狱人民警察是我国人民民主专政的重要工具之一，是国家政权的重要组成部分，这是我国人民警察的本质属性。自古以来，任何警察都不能独立构成一个阶级，只能是统治阶级的附属物。我国监狱人民警察拥有国家赋予的执法的权力，其基本职能是：执行刑罚、惩罚和改造罪犯，以预防和减少犯罪，维护社会秩序，保护国家和人民利益，保障改革开放和社会主义现代化建设的顺利进行。因此，监狱人民警察如果不坚持党的绝对领导，必然迷失方向，必然改变和丧失自己的立场和性质，其后果难以设想。

监狱人民警察的历史任务，决定了其自身必须坚持党的绝对领导。近代以来各国监狱的一个基本趋向是废除报复刑主义，向着教育刑方向发展，对罪犯进行心理矫治和改造，使其重归社会后不再危害社会，这是各国监狱工作的一个基本趋势。中国共产党早在解放区的监所工作中，就已经有了较为明确的改造罪犯成为新人的思想，新中国成立以后则把改造罪犯的工作明确地纳入无产阶级改造社会的一个重要组成部分，并把坚持对罪犯的改造作为新型监狱的一个本质特征。然而，究竟把罪犯改造成什么样的人，坚持一个什么样的罪犯改造方向，如果离开党的领导，这些大是大非问题就要出现混乱。新中国成立以后，中国监狱改造了大批各类形式的罪犯，创造了人间奇迹，其中一个重要原因就是坚持了党的绝对领导。

2. 坚持党的绝对领导的具体要求。党对监狱人民警察的绝对领导是政治领导、思想领导和组织领导的统一。政治领导是解决监狱人民警察行使职能的方向道路问题，思想领导是实现政治领导和组织领导的前提和基础，组织领导是实现政治领导和思想领导的保证。因此，坚持党的绝对领导必须明确以下具体要求：

（1）坚持党对监狱人民警察的政治领导。党对监狱人民警察的政治领导，就是党的纲领、路线、方针、政策和政治原则的领导。党的政治目的就是监狱人民警察的政治目的，监狱人民警察不得在党的政治目的以外再有其他政治目的。在监狱人民警察的日常工作中，只能宣传党的纲领、路线、方针、政策，不允许宣传贯彻其他的政治主张。要坚持政治建警方针，增强"四个意识"、坚定"四个自信"、做到"两个维护"，始终以党的旗帜为旗帜、以党的方向为方向、以党的意志为意志，坚决听从党中央命令、服从党中央指挥，确保绝对忠诚、绝对纯洁、绝对可靠。坚持党对监狱人民警察的政治领导，还表现在监狱人民警察必须无条件地贯彻和执行党的监狱工作方针、政策，以及国家的有关法律、法规，自觉做一名党的优秀的执法者。例如《人民警察法》规定，人民警察不得参加旨在反对国家的集会、游行、示威，不得加入非法组织，不得散布有损国家声誉的言论，不得参加罢工，必须保守国家机密等。自觉执行这些纪律，与坚持党的政治领导是一致的。

（2）坚持党对监狱人民警察的思想领导。党的指导思想——马列主义、毛泽东思想、邓小平理论、"三个代表"重要思想、科学发展观和习近平新时代中国特色社会主义思想，是监狱人民警察必须长期坚持的指导思想。

（3）坚持党对监狱人民警察的组织领导。首先，各级党的组织必须健全，司法部和各省、市、自治区的监狱机关设有党组或党委，各监狱机关的监区、分监区设有党支部、党小组，委派共产党员担任监狱人民警察的各级领导干部，只有党的组织才能委派和决定监狱人民警察的各级领导干部，其他任何党派、政治团体、政治组织，都不允许在监狱人民警察中建立组织和发展它们的成员。在警察组织中，不允许搞宗派活动，未经党组织批准，不允许建立小团体、小组织。其次，党的组织原则和制度，如民主集中制、少数服从多数等原则以及各级政治工作机关，是保证党的绝对领导的制度保障。在监狱人民警察的工作中，不仅要健全党的组织，而且还要坚持党的组织原则和制度，只有这样，才能形成保障党的绝对领导的组织体系。

（二）政治工作的传统

1. 监狱政治工作的历史回顾。1951年5月第三次全国公安会议《关于组织全国犯人劳动改造问题的决议》中规定：劳改机构干部列入各级公安部门编制内，统一供给。劳改队可按军事组织设立小队、中队、支队。同年6月全国公安人事工作会议明确规定：公安人事部门是一个带政治性质的工作部门，工作机构大体上可以仿照军队政治机关来组成。1952年6月《第一次全国劳改工作会议决议》提出劳改政治工作的制度与任务，要求在农场、劳改工程队、工厂、矿场中分别设立政治委员、政治教导员、政治指导员以及其他必要的政治工作人员。1952年10月，经党中央批准的《关于建设公安部门政治工作的决议》规定："劳改单位，应视其生产性质及规模大小，设立与之相适应的政治机关或政治工作人员。"遵照这些规定，从1952年下半年起，全国各地劳改单位，先后根据各自情况，分别配备了政治委员、政治教导员，设置了政治处、政治委员办公室、政工科等政治工作机构。到1953年底，配备的政工干部约占干警总数的3%。政工机构的建立和政工干部的配备，从上至下基本形成了党的政治工作体系，有力地保证了党对监狱工作的领导和各项任务的完成。1954年9月召开了全国劳改工作部门政治工作会议，公安部门政治部主任王昭同志在会上作了《劳改工作部门政治工作的基本情况与今后任务》的报告，全面阐述了劳改政治工作的指导思想、性质、任务、工作对象、组织机构和领导体制等一系列重大问题。此次会议之后，劳改政治工作从实践到理论都提高到一个新的水平。此次会议提出的基本原则，至今仍有指导意义。

进入新的历史时期以后，司法部高度重视监狱人民警察队伍的政治工作，自20世纪80年代中期以来，先后颁布了一系列行政法规和纪律制度规定，加强了政治工作的制度建设，加强了监狱人民警察的队伍建设，重视干警的思想政治工作。这些措施对加强监狱人民警察的政治工作起到了强有力的推动作用，而强有力的政治工作又有力地推动和促进了监狱各项工作的顺利进行。

2. 监狱政治工作的基本经验。

（1）正确认识政治工作的地位和意义，不断加强党对监狱人民警察政治工作的领导。毛泽东同志早就指出，政治是统帅，是灵魂，是一切经济工作的生命线。政治工作在监狱人民警察队伍发展的几十年的历史中，发挥了巨大的作用，它是监狱人民警察凝聚力和战斗力的重要源泉。各级领导干部和政治工作者都要充分认识政治工作的地位和意义，特别是在改革开放的新的历史时期，人们的思想受到各种思潮的冲击和影响，要使人民警察经受住各种历史考验，政治工作就只能加强，不能削弱。

（2）政治工作必须结合监狱业务一道进行，保证党的监狱工作方针政策和《监狱法》的贯彻执行。政治工作是业务工作的保障，它和业务工作应当互相促进，共同发展。过去我们曾经有过使政治工作脱离业务工作的所谓"突出政治"的沉痛教训，这种教训再也不能重演。监狱人民警察的政治工作，必须保证监狱工作的方针政策和《监狱法》的贯彻执行，不断提高惩罚和改造服刑人员的质量，保证监狱工作高质量发展。

（3）坚持对全体监狱人民警察进行爱岗敬业和理想信念教育，树立监狱人民警察的职业荣誉感。思想工作是政治工作的一个重要组成部分，保持全体人员思想上的通畅和统一，使大家心往一处想、劲往一处使是监狱人民警察政治工作的重要内容之一。早在20世纪50年代初期，由于当时阶级斗争的需要，监狱大多设在交通不便、人烟稀少、生活环境和工作条件都十分艰苦的深山老林、沙漠草原、江滩海边，当时的监狱人民警察来自四面八方，有的干警错误地认为做监狱工作"不光彩""没前途""犯人是有期徒刑，自己是无期徒刑"，不安于监狱工作。针对这种情况，各地政治工作部门结合干警的思想实际和工作实际，做了大量艰苦细致的思想工作，使广大监狱人民警察懂得了监狱工作是党的事业的不可缺少的组成部分，增强了从事监狱工作的光荣感和责任心。

（4）坚持"从严治警"方针，抓好组织纪律和作风建设。监狱人民警察工作环境特殊，接触阴暗面较多，加之执法者的特殊地位，保持高度警惕，自觉抵制服刑人员以及各个方面的腐蚀，加强法制观念和组织纪律极为重要。特别是改革开放以来，各监狱机关党委恢复与建立了党的纪律检查委员会，设置了纪律检查工作的办事机构，查处问题不手软，对一些违法、违纪的党员、干部、民警进行了严肃处理。实践证明，坚持"从严治警"方针，严明组织纪律，抓好作风整顿，是监狱人民警察政治工作的基本环节。

（5）加强监狱机构各级领导班子建设，加强监狱人民警察队伍建设，适应形势需要，不断提高素质。监狱机关历来重视领导班子建设，早在20世纪50年代中期，根据当时的领导干部文化素质偏低的情况，各级监狱政治机关根据中央关于加强干部文化培训工作的指示——实行"速成的、联系实际的但又是正规的"文化教育，把初中以下文化程度的干部组织起来，利用业余时间或部分工作时间补习文化，专门选派和抽调得力的干部充实到监狱各级领导班子中来。进入新的历史时期以后，领导班子成员逐步向革命化、年轻化、知识化、专业化方向发展，改变了领导班子的年龄和文化结构。这些"四化"干部大都具有开拓精神，为开创监狱工作的新局面作出了贡献。在干部队伍建设方面，我们历来重视思想建设、组织建设和作风建设，重视队伍整体素质的提高，通过加强监狱人民警察的政治和业务培训的形式解决存在的问题。从1954年开始，几个大行政区和有些省、市先后办起了劳改工作学校，有计划地分期分批培养各级干部。20世纪80年代以后，司法部极为重视监狱人民警察的教育培训工作，建立了以基层监狱常设训练班为基础，以省（市）司法警官职业学院为骨干，以中央司法警官学院为中心的三级监狱人民警察训练网。同时还创办了一些研究刊物，出版了专业教材。根据形势发展的需要，监狱系统的"568"学历建设工程、以各类高等院校为依托的监狱专业工作业务建修与培训、新监狱人民警察岗前培训、各类学科知识考试、三年素质系统教育等一系列教育与培训活动，大大提高了监狱人民警察队伍的素质，为监狱工作的各种具体岗位培养造就了数量众多的专业人才。

（三）艰苦创业、无私奉献的传统

1. 艰苦创业、无私奉献传统的形成。我国的监狱基本格局是在新中国成立初期白手起家形成的，监狱多建在远离城市、交通不便、信息闭塞、经济落后的偏远山区，而且规模小，数量散。在非常艰苦的条件下，监狱人民警察形成了艰苦创业、无私奉献的精神传统。这一优良传统的内容概括为以下几个方面：

（1）服从命令听指挥，顾全大局为人民。如前所述，我国监狱在大规模筹建的时候，出于阶级斗争和监狱自身性质和特点的考虑，大多设在偏僻、人烟稀少的地方，新疆、青海以及内地一些江滩海边、荒原山区成为当时监狱筹建地址的首选地。这意味着选择了做监狱人民警察就必须面对长期的艰苦生活，但是，他们没有考虑个人的安逸与幸福，而是顾全大局，不讲个人代价，到祖国最需要的地方去，表现了监狱人民警察高度的组织性和纪律性，以及高度的顾全大局和忠于党、忠于人民的事业心和责任感，成为值得后人永远学习的光荣楷模。

（2）艰苦创业不畏难，甘心吃苦作奉献。我国在创建监狱的初期，不仅在空间上选择了偏僻地区，而且在生产上也选择了艰苦行业，诸如筑路、垦荒、工程、开矿、窑业、水利等，在当时的情况下，其艰苦程度可想而知。广大监狱人民警察成年累月住草房、睡窝棚，风餐露宿，披星戴月，不畏艰险，他们不但战胜了生产生活上的困难，而且在劳动中成功地改造了罪犯，为党和国家作出了特殊贡献。

（3）忠于人民忠于党，献了青春献终身。新中国监狱工作初创时期，一批党和人民政府的干部、解放军官兵刚刚结束在战场上同拿枪的敌人进行的战斗，就投入到劳动改造罪犯工作中来。在党的监狱工作方针的指导下，监狱人民警察在改造罪犯工作中取得了令世人瞩目的成绩：①成功地改造了战犯；②在改造罪犯的过程中，监狱人民警察通过组织罪犯参加生产劳动，为社会创造了一定的财富，适当地减轻了国家和人民的负担。

在新中国的监狱史上，老一代监狱人民警察在环境和条件非常艰苦的情况下，一干就是几十年，他们在改造罪犯的战线上做着默默无闻的工作，像蜡烛一样，燃烧了自己，照亮了别人。献了青春献终身，献了终身献子孙。即使在今天，监狱人民警察的工作也是社会最紧最忙的职业之一，经常加班加点，"两眼一睁，忙到熄灯"是监狱人民警察工作的形象写照。最近几年，各监狱为了引进人才，从大中专院校接收了不少毕业生充实民警队伍。他们一下子很难适应监狱工作，理由是：环境偏僻，生活不便；工作单调，范围窄小；待遇不高，子女的入学、教育也不理想；等等。这一方面反映了监狱本身的工作有待改进，另一方面也确实反映了监狱工作的艰苦。

（4）立足于改造的传统。立足于改造，把改造罪犯成为守法公民作为监狱一切工作的出发点，这是我国监狱行刑的基本指导思想，也是我国监狱制度的核心，是我国监狱制度的基本特色。立足于改造，既是监狱人民警察长期形成的优良传统，也是监狱人民警察工作的一个显著特色。

新中国监狱的劳动改造制度与古老的行刑方式有着本质的区别，这一本质区别在于劳动的过程中把服刑人员当人看，还是不把服刑人员当人看；是把劳动作为单纯的苦工劳作，还是把劳动的过程作为基本行刑内容。如果是不把服刑人员当人看的劳动过程，不可能在这一过程中渗透进教育的因素；如果把服刑人员的劳动过程看做是一种特殊的人的劳动过程，则教育必须包含在其中，这就使劳动过程复杂化和效果多元化，就是说，这种劳动过程必然使劳动组织者既要重视劳动过程的思想改造效果，又关注了劳动成果。这种管理者和劳动者既斗争又统一，既强迫又教育的复杂过程，是中国劳动改造制度的最深刻的内涵。为此，毛泽东曾经把中国的监狱形象地描述为"其实是学校，也是工厂，或是农场。"道出了新中国监狱行刑活动及其组织形式上的重要特点。

"犯人是可以改造的"，是中国劳动改造制度的极为重要的特点之一。改造服刑人员的工作没有平坦的大路可走，这个过程充满了曲折和斗争。但是，在完成对罪犯刑罚执行的基础上，立足于改造，以改造人为宗旨的监狱人民警察的优良传统并没有改变，并且永远不会改变。

2. 继承和发扬艰苦创业、无私奉献的经验。

（1）在政治上、组织上、思想上牢固地坚持党的绝对领导，是监狱人民警察存在和发展的根本原则。几十年来，监狱人民警察之所以能够从小到大、从无到有地发展和壮大，坚持党的绝对领导是其根本原因。

（2）政治工作是监狱人民警察不断发展和壮大的重要保证。无论过去、现在还是将来，政治工作都不能动摇和削弱。政治工作必须紧密结合实际，以加强教育和提高监狱人民警察的素质为基点，以紧密结合业务工作为原则，不断增强监狱人民警察的凝聚力和战斗力，以出色地完成党和国家交给的光荣任务。

（3）监狱工作的特殊性决定了监狱人民警察所担负的工作与其他警种有很大的区别，因此，必须持久地加强对全体监狱人民警察进行艰苦奋斗、无私奉献的传统教育。监狱工作条件艰苦，封闭性强，艰苦奋斗的优良传统不能丢，特别是对年轻警察，传统教育是其不可缺少的必修课，如今生活条件好了，但奋斗精神一点都不能少，永久奋斗的好传统一点都不能丢。

（4）立足于改造是中国监狱人民警察工作的一个重要特色之一。新中国坚持对于犯人的改造，本着"犯人是人"的原则，坚持革命人道主义，吸取传统的注重教育、"明德慎刑"的治狱思想，加强对犯人的教育改造。历史经验证明，这一特色取得了巨大的成功，因此，这一重要特色不能动摇，必须坚持。

▽ 讨论事例

【事例三】

一件事成为历史，会留有痕迹。从边沁的"圆边监狱"的理论一直到现代监狱更多理论的学习和探讨，监狱警察就好像是串联历史的符号。"劳改警察"的称谓大家很熟悉，它属于一个历史阶段，而现在，我们被称为"监狱人民警察"。

问题：两种不同的称呼，它们不仅仅是汉字上的差别，还反映了不同的社会背景，它们有自己的理论根基。你认为这两个称谓意味着什么样的社会变迁？

▽ 拓展学习

1. 开展主题为"传统与时代"的主题班会，对历史和现代社会中的内涵和外延有交叉和冲突的思想（比如卫道和忠诚等）进行比较，并进行探讨，定位在我们的学习和工作中可以指导我们方向的优良的品格和精神。

2. 学习资料：1981年12月11日中共中央办公厅、国务院办公厅转发的《第八次全国劳改工作会议纪要》。

学习单元三 监狱人民警察的职责与职权

【学习目标】
1. 理解监狱人民警察的职责与职权的含义和特征。
2. 掌握监狱人民警察的职责与职权的主要内容。
3. 掌握监狱人民警察如何依法履行职责、正确行使职权。

学习任务七 监狱人民警察的职责

一、监狱人民警察职责的涵义

职责，意思是职务上应尽的责任，位上必须承担的工作范围、工作任务和工作责任。监狱人民警察职责是国家法律法规确定的监狱人民警察的执法范围，是监狱人民警察在惩罚和改造服刑人员过程中必须承担的责任，是人民警察总任务的具体化、规范化、法律化的体现。监狱人民警察职责由《人民警察法》《监狱法》《公务员法》等法律法规规定。

监狱人民警察的职责由监狱的性质、任务，以及监狱人民警察的地位、作用、工作范围决定。国家为了维护社会的安定和谐，为经济发展和人民生活创造稳定有序的社会环境，必须打击一切危害社会和人民的犯罪行为，惩罚一切犯罪分子。当经过侦查、起诉、审判等刑事诉讼程序后，犯罪分子只有被移送到监狱执行刑罚，才能使前面的刑事诉讼等一切活动有效，达到惩罚犯罪分子的目的。监狱是最终实现社会安定和有序发展的执法单位和场所，监狱工作是刑事司法的最后环节，是维护社会公平正义的最后保障，监狱人民警察是公正司法"最后一道防线"的守护者和捍卫者。监狱人民警察对服刑人员实施关押监禁，对他们进行惩罚矫治，伸张正义，体现了保护人民和执法为民；把服刑人员与社会隔离，维护了社会的和谐稳定；将服刑人员改造成新人和有用之才，回归社会后不再重新犯罪，是监狱人民警察的社会责任。监狱人民警察的工作性质、范围、作用决定了其依法管理监狱、依法执行刑罚、依法对服刑人员教育改造的神圣职责。

二、监狱人民警察职责的特征

监狱人民警察执行着特殊任务，肩负着特殊职责。其职责有着丰富的内容，具有鲜明的特征。

（一）法律性

法律性是监狱人民警察职责的基本特征，主要是指监狱人民警察的职责是由法律明文规定的，是国家和人民意志的体现，是受国家保护的。监狱人民警察的工作任务、工作性质、工作范围和所担负的责任不是由某一个单位或者某一个人随意决定和赋予的，而是由国家权力机关根据社会需要、社会职能和国家机关的分工，以法律的形式加以确定的，是国家职能和任务的重要组成部分。监狱人民警察的职责以法律形式确定，体现了其重要性、严肃性和规范性。国家和人民要求监狱人民警察必须认真履行自己的职责，不得超越法定的职责范围，并且做到秉公执法；在履行职责时，不受其他机关、团体和个人的干涉，并自觉接受国家和人民群众的监督；必须切实保障公民、法人和社会组织的合法权益，向国家和人民负责，做人民群众的忠诚卫士。

监狱人民警察职责的法律性具体体现在：①监狱人民警察所担负的职责是国家法律、法规和规范性文件所赋予并确定的，任何团体、组织或者个人无权随意变更，同时，其他人都无权利也无义务履行这一职责。《公务员法》第10条规定，公务员依法履行职责的行为，受法律保护。监狱人民警察的职责是由《人民警察法》《监狱法》《国家安全法》《公务员法》等有关法律、法规明文规定的，特别是《监狱法》第5条明确规定："监狱的人民警察依法管理监狱、执行刑罚、对罪犯进行教育改造等活动，受法律保护。"监狱人民警察依法履行职务的行为受法律保护，这是《公务员法》《人民警察法》赋予公务员和人民警察的一项基本权利。②监狱人民警察履行职责的过程必须严格按照法律程序，秉公执法，维护执法权威。③监狱人民警察的职责确立了其在法律上承担的责任和义务。监狱人民警察的职责在确定了其工作范围、工作责任的同时，也确立了其对国家对人民在法律上应承担的责任和应尽的义务。它表明监狱人民警察职责不是可有可无、可履行可不履行的，而是应尽的天职，是不能够以任何借口和理由推卸的，并必须以积极的行为主动履行。如果监狱人民警察不履行其法定职责或在履行职责中因违法而侵害公民、法人的合法权益，必须承担相应的法律责任，受到法律的追究。

（二）行政性

行政性是监狱人民警察职责本质属性的核心层次。监狱是国家刑罚执行机关。监狱人民警察的性质和任务决定了它的行政性。它在行政关系上虽隶属于司法机关，但从性质上来说，其仍然是人民警察的一种，是人民警察的重要组成部分，属于警政范畴，是一支具有武装性质的刑事司法力量，是国家的行政力量。在履行职责的过程中，它根据法律和命令开展自己的职务活动。监狱人民警察的执法活动，不是单独的个体行为，而是代表国家的意志和人民的意愿，依法对罪犯实施惩罚和教育改造，维护社会安宁和人民安全。

（三）专属性

专属性是监狱人民警察职责的独特性体现，具有排他性和不可替代性。主要是指监狱人民警察的职责是监狱人民警察专有的，其他任何人既无权利履行也无义务履行。监狱人民警察的职责是以武装强制为特点，以特有业务和技能为基础的，是独有的行政行为，其他人员不能替代履行职责。

（四）强制性

强制性是监狱人民警察的本质特征，是实现监狱执行刑罚的目标和任务的强有力保证。它主要是指监狱人民警察的职责是以国家的强制力为后盾的，在监狱接受惩罚和改造的服刑人员必须服从监狱人民警察的管理，其他机关或个人不得干涉其履行职责。

强制性具体表现为：①国家以法律的形式赋予监狱人民警察相应的权力，保证其职责的履行，使其行政执法活动顺利进行；②国家通过对干扰、妨碍监狱人民警察正常执行公务的违法犯罪行为进行制裁，以保障其职责的顺利履行；③对于玩忽职守，徇私舞弊，以权谋私，违法乱纪，不认真正确地履行职责的监狱人民警察依法予以严惩，以保证监狱人民警察队伍的纯洁性和战斗力，保证监狱职能的实现。

三、监狱人民警察职责的主要内容

依据《人民警察法》《监狱法》《公务员法》规定，监狱人民警察是国家公务员，是人民警察，担负着管理监狱、执行刑罚、对服刑人员教育改造的职责。

（一）管理监狱

监狱人民警察是监狱的管理者，依法对监狱实施管理，保障监狱正常、稳定、安全地运行，维护良好的服刑人员教育改造秩序。管理监狱是保障监狱稳定和安全的重要职能，只有监狱人民警察依法履行管理监狱的职责，才能保证服刑人员改造、生产有序进行，保证服刑人员的生命、健康、安全不受侵犯，保障服刑人员的基本生活需要，预防和打击脱逃、行凶伤害等违法犯罪行为，监狱才能够正常、稳定、安全地运行。

管理监狱的职责内容很多，具体包括：①对服刑人员在服刑过程中的狱政管理、教育管理、生活管理、卫生管理、劳动生产管理等。这是管理监狱职责的重要内容，是其他职责的基础。主要包括防止脱逃、行凶伤害、非正常死亡等重大、恶性事故的发生，要依法对服刑人员实行分类分押分管、巡检警戒设施、对服刑人员来往信件实行检查和管理、对司法机关往来的关于对服刑人员所开展的工作业务进行审批和协办、对服刑人员进行考核和行政奖惩、对服刑人员的日常生活进行检查监督、对患有疾病的服刑人员进行医学检查和治疗等。②对监区运行设备以及周边环境的管理和保护。保护监狱的设施安全有序运行，同时确保监管场所的安全稳定不受任何外在因素的影响，同时加强和武警的联动，密切与周边单位、人民群众的联系与合作，共同打击可能对监管环境造成威胁的违法犯罪行为。

（二）执行刑罚

监狱是国家刑罚的执行机关。《监狱法》第2条第2款规定："依照刑法和刑事诉讼法的规定，被判处死刑缓期二年执行、无期徒刑、有期徒刑的罪犯，在监狱内执行刑罚。"因此，监狱人民警察是国家刑罚的执行者，具有依法执行刑罚、惩罚罪犯的职责。

监狱人民警察执行刑罚的职责，具体是指：①按照国家有关法律、法规的规定，根据人民法院的裁判，将符合收监条件的罪犯关押起来，剥夺其人身自由，对他们进行强制管理和严格监管，强迫他们接受劳动改造和教育改造，使人民法院所宣告的刑罚真正落到实处，让罪犯切实体验到国家刑罚的威严，受到应有的惩罚，充分发挥刑罚的特殊预防作用；②监狱人民警察通过对罪犯执行刑罚，发挥人民民主专政的威力，维护国家法律的尊严，震慑和警诫社会上有违法犯罪意图的不法分子，迫使其引以为戒，从而发挥刑罚的一般预防作用。

（三）教育改造服刑人员

监狱人民警察在对服刑人员执行刑罚时，也承担了教育改造的职责。对于监狱人民警察来说，教育改造服刑人员的职责既神圣又艰巨。

教育改造有广义与狭义之分。广义的教育改造，是指监狱在执行刑罚过程中进行的一切能改造服刑人员思想、品德，矫正犯罪恶习和增进服刑人员知识、技能的所有活动，即人们常说的"大教育"改造；狭义的教育改造，仅指监狱为改造罪犯而进行的有目的、有计划、有组织的思想、文化、技术教育，即人们常说的"三课教育"。根据《监狱法》之规定，教育改造是指广义的教育改造。在"三课教育"之外，其中还包括入监教育、服刑指导、生产生活指导、日常管理工作需要开展的个别谈话教育、心理咨询与矫治、就业指导等等。

监狱人民警察教育改造服刑人员的职责，不仅是使服刑人员掌握必要的文化知识和生产技能，更重要的是通过艰苦细致的教育使服刑人员认罪服法，转变原有的犯罪思想，促使其改过自新，重新树立正确的世界观、人生观和价值观，矫正违法犯罪的恶习，回归社会后不再重新犯罪，成为遵纪守法、自食其力的人。监狱人民警察是特殊的教育者，通过多种方法和手段对服刑人员教育改造。

监狱人民警察在履行教育改造罪犯的职责时，需要根据罪犯教育改造大纲正确、科学地开展改造人、提高人、促进人的全面发展的职责。《监狱法》颁布之后，党中央进一步明确地阐述了"惩罚与改造相结合，以改造人为宗旨"的新时期监狱工作方针，表明社会主义行刑工作的一切目的和归宿都是以人为本，以改造人为宗旨。因此，监狱人民警察在履行教育改造罪犯的职责时，要切实履行好改造人、提高人、促进人的全面发展的职责。不仅要使罪犯成为"守法公民"，还要使其逐渐成为道德完善、心理健康、能很好地适应现代社会的人。2017年5月初，司法部决定将监狱体制改革纳入司法行政改革任务，要求"从底线安全观向治本安全观转变，切实提高教育改造质量，要在改造罪犯成为守法公民上加大监管机制改革的工作力度"。也就是从满足于"不跑人"的"底线安全观"向为社会输出合格"产品"的"治本安全观"转变的要求，不断强化监狱改造服刑人员的核心职能作用，牢固树立以改造人为中心的工作导向，推动整体工作取得更大进步。2017年9月，司法部在深圳举办了监狱工作治本安全观培训班，再次强调以总体国家安全观为统领，全面系统阐述了监狱工作治本安全观。"治本安全观核心要义是坚持以改造罪犯为中心，看好管好和改造好罪犯，不仅要维护监狱安全稳定，还要确保罪犯刑满释放后成为守法公民，实现狱内和社会的双重安全；基本任务是向社会输出守法公民，最大限度地预防减少重新犯罪，担负起维护社会和谐稳定、可持续性发展的历史性责任"。党的二十大报告深刻阐明了新时代新征程中国共产党人的使命任务，科学谋划了未来五年乃至更长时期党和国家事业发展的目标任务和大政方针，为新时代新征程党和国家事业发展指明了前进方向、确立了行动指南。我们要提高政治站位，深刻领会新时代推进法治中国建设的战略部署，深刻领会坚决维护国家安全和社会稳定的目标任务，真抓实干，奋发有为，确保高质量完成党和国家赋予的神圣使命。

（四）保护服刑人员合法权益的职责

服刑人员也是国家的公民，虽然他们被依法剥夺了人身自由，被剥夺或限制了部分权利，但是，他们仍然依法享有除被剥夺或限制权利之外的基本的公民权利。因此，监狱人民警察还担负着保护服刑人员合法权益的职责。

服刑人员是被惩罚、被改造的对象，他们与监狱人民警察在法律关系中的地位是不平等的，他们对自己合法权益的保护或权利的行使必然受到主客观条件的限制。因此，监狱人民警察特别要注意保护服刑人员仍然享有的部分权利，如人格权、申诉权、控告权、辩护权、检举权、人身财产权和安全权等。此外，监狱人民警察还需要同社会有关部门进行协调与沟通，确保服刑人员的各项权益不受侵害。

加强对服刑人员人权观念的教育，提升人权意识，帮助、维护和实现服刑人员的人权，是当今社会文明发展对监狱人民警察提出的要求。我国是社会主义国家，在罪犯人权和合法权益的保护上更应当走在监狱文明发展的前列。司法部

《监狱劳教人民警察职业行为规范》第14条规定,"尊重罪犯劳教(戒毒)人员人格,依法保障和维护罪犯劳教(戒毒)人员的人身安全、合法财产和辩护、申诉(述)、控告、检举以及其他未被依法剥夺或者限制的权利",对监狱人民警察的执法规范提出了明确具体的要求。

四、监狱人民警察依法履行职责的重要意义

依法履行职责是监狱人民警察最基本的职业责任,是高尚道德的体现,是社会进步的体现,是监狱管理科学化、法制化的必然要求,是实现监狱总任务,把服刑人员改造成为"守法公民",预防和减少犯罪,促进社会安定、有序发展的客观需要。

(一)监狱人民警察依法履行职责是依法治国的重要组成部分

党的十五大报告中明确指出,"依法治国,就是广大人民群众在党的领导下,依照宪法和法律规定,通过各种途径和形式管理国家事务,管理经济文化事业,管理社会事务,保证国家各项工作都依法进行"。党的十八大报告中进一步明确指出:"法治是治国理政的基本方式。要推进科学立法、严格执法、公正司法、全民守法,坚持法律面前人人平等,保证有法必依、执法必严、违法必究。"党的十九大报告也明确指出:"全面依法治国是中国特色社会主义的本质要求和重要保障"。党的二十大报告再次明确指出:"全面依法治国是国家治理的一场深刻革命,关系党执政兴国,关系人民幸福安康,关系党和国家长治久安。必须更好发挥法治固根本、稳预期、利长远的保障作用,在法治轨道上全面建设社会主义现代化国家。我们要坚持走中国特色社会主义法治道路,建设中国特色社会主义法治体系、建设社会主义法治国家,围绕保障和促进社会公平正义,坚持依法治国、依法执政、依法行政共同推进,坚持法治国家、法治政府、法治社会一体建设,全面推进科学立法、严格执法、公正司法、全民守法,全面推进国家各方面工作法治化。"监狱作为国家机器的重要组成部分,只有各项工作都依法进行,才能够保证国家各项工作都依法进行。因此,监狱人民警察必须把依法履行职责放在"坚持全面依法治国,推进法治中国建设"的战略高度来认识和把握,在具体工作中依法履行职责,为国家的安定和发展尽好责任,为全面推进科学立法、严格执法、公正司法、全民守法,全面推进国家各方面工作法治化尽好责任。

(二)监狱人民警察依法履行职责是监狱正常有序运转的保证

监狱作为国家的刑罚执行机关,对国家、对社会有一个总的职责,为了完成这个总的目标,根据岗位和分工,每一个监狱人民警察又有各自的职责。这种职责是法定的职责,是由法律明确规定的,是监狱行刑过程中所不可缺少的。监狱人民警察只有依法各司其职、各尽其责,保证每一环节、每一场所、每一项工作井然有序，才能使整个监狱执行刑罚及改造工作正常有序运转。

（三）监狱人民警察依法履行职责是监狱文明、进步的标志

依法执行职务、依法履行职责标志着监狱文明和进步的程度，标志着现代化监狱发展的程度。依法执行刑罚，依法管理监狱，依法教育改造服刑人员，可以保证监狱工作始终在法制的轨道上进行，保证监狱工作的公正性和严肃性。执法过程中，监狱人民警察需要注意避免主观随意性，防止野蛮、不人道行为的发生。那些不把服刑人员当人看，不尊重服刑人员的人格，甚至打骂、体罚或变相体罚、侮辱服刑人员等行为，是不人道的体现，与依法行刑背道而驰，必须坚决防止和纠正。

五、监狱人民警察依法履行职责的途径

监狱人民警察依法履行职责的关键是监狱人民警察自身的素养和外界的环境。

（一）强化严格依法履行职责行使权力的理念是监狱人民警察依法履行职责的重要前提

随着依法治国方略的全面推进，政府权责统一、法定职责必须为已成为行政机关工作人员的共识和行为规范。党的十八届四中全会通过的《中共中央关于全面推进依法治国若干重大问题的决定》指出："行政机关要坚持法定职责必须为、法无授权不可为，勇于负责、敢于担当，坚决纠正不作为、乱作为，坚决克服懒政、怠政，坚决惩处失职、渎职。"这是基于行政机关权责统一的属性以及当前实践中"为官不为"等突出问题而作出的有针对性的要求。党的二十大报告进一步提出"扎实推进依法行政""全面推进严格规范公正文明执法""严格公正司法""加快建设法治社会"的明确要求，监狱人民警察必须强化严格依法履行职责行使权力的理念，坚持法无授权不可为、法定职责必须为，严格按照法律规定的权限、规则和程序行使权力，决不允许以言代法、以权压法、逐利违法、徇私枉法，努力让人民群众在每一个司法案件中感受到公平正义。

（二）提高监狱人民警察的法律意识和法治理念是依法履行职责的重要环节

法律意识是人们对于法（特别是现行法）和有关法律现象的观点、知识和心理态度的总称。法律意识是一种观念的法律文化，对法的制定、实施是非常重要的。它表现为探索法律现象的各种法律学说，对现行法律的评价和解释，人们的法律动机（法律要求），对自己权利、义务的认识（法律感），对法、法律制度了解、掌握、运用的程度（法律知识），以及对行为是否合法的评价等。

法治理念是人们对法治本质及其规律的理性认识与整体把握而形成的一系列理性的基本观念，是对法律精神的理解和对法律价值的解读而形成的一种认知模式。要保证依法履行职责，要求监狱人民警察必须具有较好的法律意识和法治理

念。首先，要对法律有一个正确的评价和理解，只有深刻理解和全面领会法律法规的立法精神和内在含义，认识到法律的作用，树立法制观念，才能依法履行职责；其次，有了较强烈的法律意识，能够增强政策观念，提高依法办事的自觉性和执法水平，就能排除外界的各种干扰，真正做到依法履行职责；最后，只有明确自身应该具有的社会主义法治理念的基本内容，并通过不断的教育、破旧（破除传统法律文化尤其是法律工具主义思想）和法治实践途径才能使具有先进性的社会主义法治理念得以重塑，并在其指导下完成其社会历史职责。否则，监狱人民警察就不可能真正依法履行职责，法律规定也不可能得到良好的执行和遵守。因此，提高监狱人民警察的法律意识和法治理念是依法履行职责的重要环节。监狱人民警察必须不断提高法律素养，切实增强法制观念，坚持严格执法，模范遵守法律，自觉接受监督，时时处处注意维护法律的权威和尊严。

社会主义法治理念，是马克思列宁主义关于国家与法的理论同中国国情和现代化建设实际相结合的产物，是中国社会主义民主与法治实践经验的总结。社会主义法治理念的内容为依法治国、执法为民、公平正义、服务大局、党的领导，这五个方面相辅相成，体现了党的领导、人民当家作主和依法治国的有机统一，我们必须完整准确理解和全面坚持。

（三）提高监狱人民警察的职业道德素质是依法履行职责的基础

监狱人民警察职业道德是指监狱人民警察在执行刑罚、惩罚与改造罪犯的职业活动中应当遵循的道德准则和规范的总和。职业道德素质是指监狱人民警察执行职务中所应具备的职业道德素养，包括职业心、责任感、敬业精神、道德品质、正义感和良好的修养等。要保证监狱人民警察依法履行职责，必须要求他们具有较好的职业道德素质。监狱人民警察只有强化职业道德修养，增强"四个意识"、坚定"四个自信"、做到"两个维护"，铸就绝对忠诚的政治品格，才能严于律己，恪守职责，忠于职守，自觉地依法执行职务。否则，监狱人民警察就不可能真正依法履行职责。关于监狱人民警察职业道德问题，学习单元十有专门论述。

（四）建立行政问责监督机制，切实加强对监狱人民警察的管理和监督，是监狱人民警察依法履行职责的保障

为解决一些民警不作为、乱作为、慢作为的问题，必须大力推进行政问责，切实加强对监狱人民警察的管理和监督，促使其依法履职尽责，不断提高行政效能和执法效果。加强对监狱人民警察的问责教育培训，使其牢固树立自律意识和责任意识，自觉正确履职尽责，有效防止相关责任问题的发生。要牢牢把握强化监督这个关键，抓住重点部门和重点岗位，构建科学完备的制度体系，强化对执法活动权力运行全过程全方位的监督，通过监督保障权力正确运行，完善发现问

题、纠正偏差、精准问责有效机制。明确问责的重点，既注重有错问责，也注重无为问责，并将执法不力、管理不善、行为示范作为行政问责的重点。要牢牢把握预防腐败这个核心，不断完善反腐倡廉制度体系，切实把权力关进制度的笼子里。要牢牢把握惩治腐败这个重点，坚持"老虎""苍蝇"一起打，严惩玩忽职守、徇私枉法、违法犯罪等行为，切实保证监狱人民警察的职务活动始终在法律的范围内进行。

（五）明确规定监狱人民警察的职责是监狱人民警察依法履行职责的保证

建立健全监狱人民警察岗位责任制，明确规定监狱人民警察的职责、工作内容、工作程序，使每位监狱人民警察对自己的工作职责有清楚的认识。同时，应当健全对监狱人民警察的考评、奖罚制度，对办事公正、不徇私情、兢兢业业的监狱人民警察，要及时给予肯定的评价和奖励；对工作责任心不强、办事依赖"拐棍"，给教育改造工作带来不利影响的个别人要及时给予批评和必要的处分。只有这样，才能够保证监狱人民警察依法履行职责。

（六）规范监狱人民警察的执法活动是监狱人民警察依法履行职责的关键

监狱的主要任务是执行刑罚、教育改造罪犯。为确保监狱安全稳定、确保公正执法、提高教育改造质量，确保监狱工作有序开展，要求监狱人民警察必须依法履行职责，规范其执法的各个环节，使其各个岗位的执法活动都依法进行。在规范监狱人民警察的执法活动时，要用严密的执法标准构筑"防火墙"，用严明的执法程序建设"隔离网"，用严格的执法问责制设置"高压线"，确保监狱人民警察正确执行刑罚，确保监狱人民警察依法、规范、公正、文明地履行职责，确保正确的执法理念贯穿和落实在监狱人民警察执法工作的全过程中。司法部《2016—2020年监狱戒毒人民警察队伍建设规划纲要》规定，深入推进执法规范化建设，认真开展罪犯减刑、假释、暂予监外执行和戒毒人员诊断评估、所外就医等专项治理，进一步规范执法行为，提高执法水平。健全完善重点执法岗位和关键环节工作制度，制定警察权力清单、责任清单，明确警察职责权限，构建权责清晰的执法责任体系。加强警务督察工作，健全完善督察工作机制，深入开展督察活动，充分发挥督察职能作用。深化狱（所）务公开，充分运用现代信息技术加强执法管理，进一步规范执法行为，提高执法水平，履行好监狱人民警察的职责。

学习任务八　监狱人民警察的职权

一、监狱人民警察职权的涵义

职权，指职务范围以内的权力。职权是管理职位所固有的发布命令和希望命令得到执行的一种权力。每一个管理职位都具有某种特定的、内在的权力，是一种职位的权力。在现代法制社会中，职权是由国家宪法和法律明文规定的，是国家为了保证某一职能主体完成其职责，而赋予的相应的权力。

《人民警察法》第18条规定："国家安全机关、监狱、劳动教养管理机关的人民警察和人民法院、人民检察院的司法警察，分别依照有关法律、行政法规的规定履行职权。"监狱人民警察职权是指依据监狱所承担和完成的任务，国家通过法律规定的，为保证监狱人民警察履行职责而应享有的相关权力。它是监狱人民警察实施警务活动的资格和权能，是国家意志和人民意志的体现，是国家权力的重要组成部分。国家为了保障监狱人民警察合法有效地执行职务，实现监狱行刑宗旨，顺利履行管理监狱、执行刑罚和教育改造罪犯的职责，必须赋予监狱人民警察相应的权力。对于监狱人民警察来说，只有法律规定的权力，他们才能行使；法律没有规定的职权，就不得逾越。关于监狱人民警察职权的内容，《监狱法》相关章节中有具体的规定。《监狱法》第5条规定："监狱的人民警察依法管理监狱、执行刑罚、对罪犯进行教育改造等活动，受法律保护。"这是监狱人民警察职权的概括性规定，它高度概括了监狱人民警察具有管理监狱、执行刑罚、对罪犯进行教育改造的职权。

二、监狱人民警察职权的特征

（一）法律性

法律性是监狱人民警察职权的基本特征，主要是指监狱人民警察的职权是由国家赋予的，是基于国家法律法规的授权而存在的，其权力的行使必须有法律法规上的依据，行使权力的范围、内容和程序都必须符合法律条文的有关规定，并受法律保护。只有国家权力机关遵照一定的法律程序，用法律的形式确定监狱人民警察的职权，才是具有法律效力的合法的职权。其他非国家权力机关与政府部门，都无权规定监狱人民警察的职权。监狱人民警察依法行使职权并受法律保护。监狱人民警察必须严格遵守宪法和法律，在法律规定的职权范围内正确地行使职权。

（二）强制性

强制性主要是指监狱人民警察所行使的职权是国家专政权力与法律意志的具体体现，是以国家权力为后盾的，是受法律保护的，具有强制力。它是监狱人民警察顺利、有效地行使职权的保障。监狱人民警察必须忠于职权、服从职权、维护职权，并自觉行使职权。任何机关、团体或个人都不得干涉、侵犯监狱人民警察的职权。当监狱人民警察行使权力执行公务受到威胁时，可以采取强制的方法和手段，制裁、惩罚对方，排除干扰。作为受惩罚和接受教育改造的服刑人员，必须自觉地接受监狱人民警察对其行使的职权，不得阻挠、影响和违抗，否则将要受到监规和法律的制裁。监狱人民警察职权的行使,不管服刑人员是否愿意,是否合作,都要依法执行,并产生相应的法律效力。服刑人员只有服从的义务,没有讨价还价的权利。如果服刑人员不服从管理,不遵守监狱的规定和纪律,不接受惩罚和劳动改造,监狱人民警察就可以强制罪犯服从。只有在这种强制力的作用下,监狱人民警察才能更好地执行刑罚,惩罚与改造服刑人员,从而使监狱起到应有的专政工具的作用。

(三)限制性

限制性主要是指监狱人民警察对法律所赋予的职权,不能自由处置,是受限制的。监狱人民警察的职权,主要是依法律形式来确定的,是一种客观存在。它不以个人的意志为转移,也不以领导和人事制度的变化而变更,更不会随着领导人的离任而消失。监狱人民警察无权决定行使或不行使职权或行使哪些职权。在具体行使职权的过程中,根据监狱工作任务的实际需要,在全国范围内设置各级管理机关和职能部门,配备相应的监狱人民警察,制定职务序列,划分不同的职权范围,分层次行使职权。监狱人民警察在行使职权时,不能超越法定职权,同时也不得非法将职权交给他人行使。

(四)人民性

人民性是监狱人民警察职权的本质特征,是其行使权力的基础和准则,主要是指监狱人民警察的职权是人民赋予的,是人民意志的具体体现。国家代表人民,通过权力机关将人民的意志上升为法律,以法律的形式表现出来,使其规范化,并赋予监狱人民警察。监狱人民警察在行使权力时,一定要牢记人民给的权力是为人民服务的,是为人民谋利益的,是要让监狱人民警察通过手中的权力惩罚和教育改造服刑人员,减少和预防犯罪,保障社会安定和秩序稳定,维护公民不受犯罪行为的侵害。

三、监狱人民警察职权的主要内容

根据我国《人民警察法》《监狱法》等的规定,结合相关的规章制度,监狱人民警察的职权可以概括为以下几项:

(一)刑罚执行权

执行刑罚是监狱的一项重要职能,是对服刑人员实施改造的前提条件。我国《监狱法》赋予监狱对被判处死刑缓期二年执行、无期徒刑、有期徒刑的罪犯执行刑罚方面的职责,主要包括:对罪犯依法予以监禁,限制其人身自由;实行严格的军事管制,实施武装看押,限制其活动范围;对有行凶、脱逃等危险行为的罪犯使用戒具;对违反法律、法规、监规纪律的罪犯予以警告、记过、关押禁闭等。因此,针对监狱人民警察的任务和职责,监狱人民警察被赋予了相应的职权,以上关于刑罚执行方面的职权,是监狱人民警察职权中最根本的、核心的权力,是实现监狱行刑目的、完成监管改造任务的基本权力。

刑罚执行权又称为"行刑权"或"刑罚权",它的内容广泛,涉及从罪犯收监,服刑人员的申诉、检举和控告,以及监狱执行减刑、假释和刑满释放等刑罚执行的全过程。具体内容包括:

1. 收监权。收监权是监狱人民警察独有的权力,是监狱人民警察对人民法院交付执行的、符合法定条件和手续的罪犯收监的权力。

2. 对罪犯身体的检查权。是指监狱人民警察对交付执行刑罚的罪犯检查身体,确认其是否具备收监条件,验证是否符合法定收监身体状况的一个必需的过程。

3. 物品检查权和没收权。罪犯收监时,监狱人民警察有权检查罪犯所携带的物品,并按法律规定作相应的处理。如对于罪犯的非生活必需品,必须由监狱代为保管或者征得罪犯的明确同意之后,退回其家属;对于违禁品一律依法予以没收。监狱人民警察行使对罪犯的物品检查权和没收权的目的,是为了防止罪犯将违禁品带入监狱,造成逃跑、暴乱、破坏、行凶、自杀等恶性事故的发生。监狱人民警察必须严肃认真地行使这一职权,否则,将会造成无法挽回的重大伤害和损失。

4. 服刑人员申诉、控告、检举的处理权。监狱人民警察对服刑人员的申诉、控告、检举材料有及时转递的处理权;服刑人员可通过意见箱、口头方式或信件方式,行使申诉、控告和检举的权利,监狱人民警察应该保障和维护其权利的实现,按照有关法律条文的规定及时正确地处理。

5. 服刑人员暂予监外执行的建议权。对于被判处有期徒刑的正在监内服刑的罪犯,符合《刑事诉讼法》第265条和《监狱法》第25条规定的监外执行条件的,即:有严重疾病需要保外就医,怀孕或者正在哺乳自己婴儿的妇女,生活不能自理,适用暂予监外执行没有社会危害性或者自伤自残行为的,监狱人民警察有权建议暂予监外执行。监狱人民警察应该严格按照保外就医、生活不能自理的法定条件,依法履行报批手续,自觉接受人民检察院的监督。

6. 对服刑人员减刑、假释的建议权。是指监狱人民警察对符合法定条件的被判处无期徒刑、有期徒刑的罪犯,根据考核结果依照法定程序向人民法院提出减刑的建议。《刑法》第78条规定,罪犯在服刑期间,认真遵守监规,接受教育改造,确有悔改或者立功表现的,可根据监狱考核的结果建议减刑;有重大立功表现的应当减刑。

7. 对服刑人员的释放权。释放权既是监狱人民警察的一项职权,也是其应尽的职责。对于符合法定释放条件的服刑人员,监狱人民警察在其具备释放事由的情况下,应按照法律规定的程序,依法恢复服刑人员自由,恢复其公民权利。

（二）依法管理监狱权

依法管理监狱权是法律规定监狱人民警察的基本职权之一。它是维护监狱监管改造秩序，正确执行刑罚，有效改造服刑人员的基本前提，也是监狱工作中一项日常的基础性工作。为了保证监狱人民警察充分全面履行这一职责，《监狱法》赋予了监狱人民警察依法管理监狱的各项职权。主要包括：

1. 对服刑人员实行分押分管权。监狱人民警察按性别、年龄对成年男性、女性和未成年服刑人员实行分开关押，并有权在此基础上，根据服刑人员的犯罪类型、刑罚种类、刑期和改造表现等情况，对服刑人员实行分别关押，采取不同方式管理。

2. 警戒权。监狱人民警察根据监管需要，有权设立警戒设施。内管、外警和社区联防是监狱的三大安全防线，内管即是指监狱人民警察对监狱安全的警戒，这是监狱人民警察保卫监狱的自我手段。通过他们的警戒活动，震慑、预防、制止和惩戒发生在监狱内部或外部的各种违法现象。

3. 对脱逃服刑人员的抓捕权。监狱人民警察发现在押服刑人员脱逃，有权及时将其抓获，不能及时抓获的，应当立即通知公安机关负责追捕，监狱人民警察要密切配合。即使不能及时将服刑人员捕获，监狱人民警察也要定时、定点、定向实行控制，不能随意放弃抓获权，直到将脱逃的服刑人员抓获。

4. 对服刑人员来往信件的检查权和扣留权。监狱人民警察对服刑人员在服刑期间与他人的来往信件有权实施检查。如果发现有碍服刑人员改造内容的信件，监狱人民警察有权扣留。但是服刑人员写给监狱的上级机关和司法机关的信件，监狱人民警察未经授权不得检查和扣留。

5. 对服刑人员接受财物的批准、检查权。监狱人民警察对服刑人员收受的物品和钱款，有批准、检查的权力。对于符合法律规定、有利于生活和改造的物品，监狱人民警察应当批准服刑人员收受。这项职权既适用于服刑人员会见亲属、监护人时接受的探视物品，也适用于服刑人员通过邮电等部门接受物品和钱款的情况。

6. 对服刑人员的考核权。是指监狱人民警察依照法定的标准和程序，对服刑人员一定时期内的服刑表现进行综合考查与评价。对服刑人员的考核结果可以作为对其奖励和处罚的依据，也可以作为对服刑人员实行分级处遇的依据，还可以是服刑人员提请减刑或假释的法定依据。所以说，对服刑人员考核是监狱人民警察的重要职权之一，该考核必须由监狱人民警察直接进行，并保证公正公平地行使此项权力。

7. 对服刑人员的行政奖惩权。监狱人民警察有权根据服刑人员的改造表现对其实施一定的行政奖惩。

8. 狱内侦查权。监狱人民警察有权对服刑人员在监狱内犯罪的案件进行侦查。侦查终结后,写出起诉意见书或者免予起诉意见书,连同案卷材料、证据一并移送人民检察院。

9. 对狱政设施的管理、使用、维护权。监狱人民警察负责监狱的监门、围墙电网、监舍、水电气暖、电教设施、周界报警装置、监视监控设备、监狱内、外围安全设施等设施设备的日常管理、使用、维护。

10. 对服刑人员劳动改造过程的管理权。监狱人民警察对服刑人员劳动改造过程中的安全生产、消防、环保、劳动保护、职业卫生防护的检查、督导等管理权。

11. 对服刑人员生活卫生的管理权。监狱人民警察负责对服刑人员狱内服刑期间日常的衣、食、住、医、卫生防疫等的安排、落实、管理。

12. 对监狱所属国有资产的管理权。监狱人民警察负责对土地、矿山、房产等监狱所属国有资产进行管理。

13. 对监狱所属企业管理权。对为服刑人员劳动改造而成立的监狱所属企业、公司的管理权、经营权,以及对其中"三类"岗位职工用工进行管理、教育、培训等权利。

(三) 教育改造权

教育改造权是监狱人民警察从改造人、造就人的目的出发,根据行刑目的、行刑制度和服刑人员的实际情况,结合生产劳动,对服刑人员依法实施的转变思想、心理矫治、矫正恶习、传授文化知识和劳动技能的各项权力的总称。监狱人民警察对服刑人员的教育改造权是监狱人民警察的一项重要权力,它包括以下内容:

1. 对服刑人员的思想教育权。监狱人民警察有权按照法律规定,根据服刑人员的思想转化规律,有组织、有计划地对服刑人员进行政治教育,法制与认罪服法教育,道德、人生观教育,形势、政策、理想信念、职业生涯规划等内容的思想教育。通过对服刑人员的思想教育,促进他们转化犯罪思想,改变他们错误的认知观念和意识,矫正行为恶习。监狱人民警察必须紧紧抓住"思想改造"这一中心环节,突出社会主义核心价值观和中华民族优秀传统文化等方面的教育,采取多种有效方法和手段,强化对服刑人员的心理矫治,加强对他们的思想改造。

2. 对服刑人员的文化教育权。监狱人民警察有权根据不同情况,有组织、有计划、有目的地对服刑人员进行扫盲教育、初等教育和初级中等教育等文化教育。进行文化教育是培养服刑人员文化素养,提高知识水平,增强认识问题、分析问题、解决问题能力,摆脱愚昧无知、精神空虚的有效方法和手段。

3. 对服刑人员的职业技术教育权。监狱人民警察有权根据监狱生产和服刑人员释放后就业的需要，对服刑人员进行各种职业技术教育。在现代社会，职业技能是服刑人员回归社会后能否找到工作，能否适应正常社会生活的关键因素。因此，监狱人民警察必须转变观念，加强对服刑人员的职业技术培训和教育，使其掌握一技之长，获得谋生手段。否则，他们在刑满释放回归社会后有可能会重新犯罪。

4. 对服刑人员的劳动改造权。劳动改造是我国监狱在执行刑罚的过程中，通过组织服刑人员参加劳动生产，达到教育改造目的的一种基本手段。监狱人民警察有权根据服刑人员的个人情况和改造的需要，合理组织服刑人员劳动。劳动改造可以矫正罪犯好逸恶劳、贪图享受等恶习，磨炼意志品质，培养其热爱劳动、习惯劳动的思想，养成劳动习惯，学会生产技能，并为释放后就业创造条件。

监狱人民警察在行使对服刑人员的劳动改造这一职权时，要注意科学、适度、合理地安排和组织生产劳动，要依法保护服刑人员在劳动中应有的合法权益，如劳动时间、劳动强度、劳动保险和劳动报酬等，不能滥用职权，违反我国社会主义监狱制度的人道主义精神。

5. 对未成年服刑人员的教育改造权。监狱人民警察有权对未成年服刑人员执行刑罚。执行刑罚时，应根据未成年人的特点，以教育改造、心理疏导为主，以学习文化和生产技能为主，采取相应的手段和方式进行教育改造。未成年服刑人员由于正处于生长、发育的关键时期，思想活跃、精力充沛、辨别是非和自控能力差、可塑性强等是他们的主要特点。此外，由于他们各方面尚不成熟，容易受到外界的影响和伤害，因此，需要加以特别的关心和保护。监狱人民警察在行使对未成年服刑人员的执行刑罚权和教育改造权时，应当针对未成年人的生理、心理、思想特点进行，坚持"教育为主，处罚为辅"的原则，在管理、劳动、待遇、教育改造、心理疏导等方面区别于成年人，使未成年服刑人员能够健康地成长。

（四）监狱人民警察使用警械和武器权

监狱人民警察在履行职责、执行任务的活动中，依法有权使用武器和警械。这是监狱人民警察的一项特殊职权，监狱人民警察应当正确行使。

《人民警察使用警械和武器条例》第8条规定，人民警察依法执行下列任务，遇有违法犯罪分子可能脱逃、行凶、自杀、自伤或者有其他危险行为的，可以使用手铐、脚镣、警绳等约束性警械：①抓获违法犯罪分子或者犯罪重大嫌疑人的；②执行逮捕、拘留、看押、押解、审讯、拘传、强制传唤的；③法律、行政法规规定可以使用警械的其他情形。

《监狱法》第45条规定，监狱遇有下列情形之一的，可以使用戒具：①罪犯有脱逃行为的；②罪犯有使用暴力行为的；③罪犯正在押解途中的；④罪犯有其他危险行为需要采取防范措施的。在监狱内，一律不得使用警绳。《监狱法》第46条规定，人民警察和人民武装警察部队的执勤人员遇有下列情形之一，非使用武器不能制止的，按照国家有关规定，可以使用武器：①罪犯聚众骚乱、暴乱的；②罪犯脱逃或者拒捕的；③罪犯持有凶器或者其他危险物，正在行凶或者破坏，危及他人生命、财产安全的；④劫夺罪犯的；⑤罪犯抢夺武器的。

监狱人民警察使用武器是一种很严肃很特殊的行为，使用过程也必须严格依法进行。只有符合以上情形之一而且是非使用武器不能制止的情形时，监狱人民警察的执勤人员才能够使用武器；使用警械和武器时，一般应该先口头警告或者鸣枪警告，开枪时应该避免射击其要害部位，不得故意造成人身伤害，应当以制止违法犯罪行为为限度。当违法犯罪行为得到制止时，应当立即停止使用。如果警械、武器的使用条件和使用过程有不符合法律规定的内容，就是违法乱纪，要受到党纪、政纪处分，后果严重的，还要追究刑事责任。

四、监狱人民警察正确行使职权的必要性

监狱人民警察用"权"是国家法律规定的，为了维护"权"的实现和权威，国家赋予了"权"很多附属内容，比如强制性、使用武器等。这些"权"的运用由于涉及"度"的问题，为保证"权"的公正性、稳定性和发挥用"权"的长远效果，监狱人民警察必须正确行使职权。《人民警察法》第18条规定："国家安全机关、监狱、劳动教养管理机关的人民警察和人民法院、人民检察院的司法警察，分别依照有关法律、行政法规的规定履行职权。"《监狱法》第5条规定："监狱的人民警察依法管理监狱、执行刑罚、对罪犯进行教育改造等活动，受法律保护。"这就要求监狱人民警察必须严格、依法、正确行使国家赋予的职权。

（一）监狱人民警察正确行使职权是社会主义法治的必然要求

"有法可依，有法必依，执法必严，违法必究"是社会主义法治的基本要求。中心环节就是有法必依、严格依法办事，在宪法和法律许可的范围内执行职务。正确行使职权的关键是依法行使职权。监狱人民警察权力的行使，只有在法律的轨道上，有法律上的依据，才是正确的、有效的。任何违反法律规定、超过法律授权范围的活动都是违反法治原则，应该受到法律追究的行为。

（二）监狱人民警察正确行使职权是有效履行其职责的必然要求

惩罚和教育改造罪犯是监狱人民警察的基本职责，完成这两大职责的决定因素就是监狱人民警察的职务活动。要有力地惩治犯罪，监狱人民警察必须依法正确地运用好法律赋予的权力，采取有效的措施、手段、方式和方法监控服刑人员，剥夺服刑人员的自由和其他依法被剥夺的权利，让服刑人员感受到国家刑罚的威严和威力。教育改造工作除以强制力作后盾外，还必须有正确的方式、方法和手段，必须建立起积极改造的氛围，通过人性化的方式去教育，更需要监狱人民警察用自己的人格力量去影响教育改造服刑人员。这些最终都取决于监狱人民警察是否能公正、正确地行使国家授予的职权。因此，监狱人民警察正确行使职权是有效履行其职责的必然要求。

（三）监狱人民警察正确行使职权是保障服刑人员人权的必然要求

依法保障服刑人员人权是监狱行刑进步、文明的重要标志，是社会发展的重要体现。以教育型理论为基础的现代行刑实践，越来越重视服刑人员的权利保障，但由于服刑人员的特殊身份——他们是处在自由被剥夺的状态下，在监狱中的活动和行为均受严格的控制，他们的权利能力是非常弱的，许多权利都无法自由行使，而监狱人民警察则是手中拥有很大权力的执法人员，对服刑人员具有控制、限制、监督和处罚等权力。他们的言行直接关系到服刑人员的切身利益和权利的维护，甚至会涉及他们的生命健康。从某种意义上说，服刑人员的人权有无保障，很大程度上取决于监狱人民警察的职务活动。监狱人民警察只有依法正确行使职权、文明执法，不发生打骂、体罚或变相体罚、侮辱、虐待服刑人员和超时超体力劳动等现象，服刑人员的权利才会有根本保障。

（四）监狱人民警察正确行使职权是保障良好的监管改造秩序的必然要求

良好的监狱改造秩序的维持，取决于监狱机关各职能部门的有效、有序运转，取决于监狱人民警察职权的正确、有效行使。只有当每一个监狱人民警察公正、正确地用好手中的权力，才能保证监管改造的各项活动依法进行，各种事务公正办理。反之，如果监狱人民警察滥用职权，利用手中的权力谋取私利，必然导致行贿受贿、贪污腐败等行为发生，扰乱监狱正常的监管改造秩序。历史经验一再证明，监狱各种事故的发生，都与监狱人民警察不能正确行使职权、不作为或乱作为有直接关系。司法部《2016—2020年监狱戒毒人民警察队伍建设规划纲要》再次强调，扎实推进纪律作风建设，狠抓"双六条禁令""六个一律""六个绝不允许"等铁规、禁令的贯彻执行，持之以恒贯彻中央八项规定精神，健全完善纪律作风建设长效机制，实现纪律作风建设的常态化、长效化、制度化。只有这样监狱人民警察才能正确行使职权，保障良好的监管改造秩序。

五、监狱人民警察正确行使职权的途径

监狱人民警察能否正确行使职权，是由多方面的因素共同决定的：①取决于监狱人民警察本身；②取决于是否具备一支政策理论水平高、思想素质好、职业道德高尚、业务能力强、作风严谨、纪律严明，具有强大战斗力的监狱人民警察队伍；③取决于是否有完善、成熟、科学的监督制度和监督机制。只有把自律与他律、内在约束和外在约束有机结合,才能真正促进监狱人民警察正确行使职权,履行职责。

(一)加强监狱人民警察思想政治法治教育和道德教育

坚持把坚定的理想信念作为监狱人民警察队伍的政治灵魂,持续抓好中国特色社会主义理论体系特别是习近平新时代中国特色社会主义思想的学习,教育引导广大监狱人民警察进一步增强"四个意识"、坚定"四个自信"、做到"两个维护",善于从政治上观察和处理问题,牢固树立科学的世界观和方法论,提高运用马克思主义立场观点方法分析解决实际问题的能力。深化社会主义法治理念教育,坚持党对监狱工作的绝对领导,坚定不移地走中国特色社会主义法治道路,确保监狱工作始终沿着正确方向前进。加强党史国史、改革开放史、革命传统和形势政策教育,加强社会主义核心价值观教育。通过形式多样、内容丰富的思想政治教育、道德素质教育和法制宣传教育活动,提高监狱人民警察政治素质和道德修养,提高自身素质和执法执纪水平。引导广大民警坚定理想信念,脚踏实地工作,把个人的前途命运融入党和人民的事业中去,在奋力推进新时代全面依法治国和监狱工作高质量发展中坚定理想信念,为全面建设社会主义现代化国家、全面推进中华民族伟大复兴提供有力的法治保障。

(二)强化监狱人民警察职权的监督机制

有权必有责、用权受监督,是权力运行的基本原则。监狱人民警察执掌着国家的刑罚执行权力,这种权力的运作必须与一定的监督制约机制相结合。《公务员法》规定了公务员的8项义务,明确了不得违反的18项纪律。《人民警察法》《监狱法》也有很多禁止性规定。2007年4月22日,《行政机关公务员处分条例》颁布施行,对于严肃监狱机关和监狱人民警察纪律,规范监狱机关和监狱人民警察的行为,保证监狱机关及监狱人民警察依法履行职责,保障监狱工作的正常进行,建设廉洁、勤政、务实、高效的队伍具有十分重大的意义。2012年5月21日,司法部会同监察部、人力资源社会保障部共同颁布了《监狱和劳动教养机关人民警察违法违纪行为处分规定》。2015年10月21日,中共中央政治局审议通过修订后的《中国共产党纪律处分条例》。《中国共产党纪律处分条例》所规定的实施党纪处分的基本原则、纪律处分的种类、纪律处分的运用规则和对各种违纪行为定性量纪的规定等内容,对强化监狱人民警察职权监督具有里程碑意义。2016年12月28日,司法部印发的《关于新形势下加强司法行政队伍建设的意见》中提出:"切实推进执法执业监督。建立与司法行政工作运行机制相适应的监督体系,根据监狱管理、戒毒管理、社区矫正管理等职责,分类制定干警权力清单和责任清单,确保司法行政队伍执法依法依规、责权明晰、公正公平。深入推进执法规范化建设,加强执法检查和警务督察,着重加强对重点岗位、关键要害部门和重点执法环节的督察,特别是加强对监狱戒毒人民警察依法履行职责、行使职权和遵守纪律情况的监督,进一步规范执法行为,提高执法水平。深化政务公开和狱(所)务公开,健全完善执法监督员制度,做到'阳光执法'"。还有2019年1月13日起施行的《中国共产党政法工作条例》,2020年7月1日起施行的《公职人员政务处分法》,2021年2月1日起施行的《政府督查工作条例》等,这些法律法规、制度规定形成了对监狱人民警察严格监督的制度体系。要真正落实这些制度还需监狱机关共同完成,要着力于监督体系建设,建立起自上而下和自下而上的双向监督机制。要完善权力的外部监督体系,对监狱执法活动进行全方位、多层次、多形式的监督,提高执法工作的透明度。党的十九大决定,组建国家、省、市、县监察委员会,同党的纪律检查机关合署办公,实现对所有行使公权力的公职人员监察全覆盖。党的二十大强调,"强化对司法活动的制约监督,促进司法公正。加强检察机关法律监督工作"。这对于完善监狱人民警察执法监督体系、规范执法行为、强化执法监督工作具有重要的作用。关于监狱人民警察执法监督问题,在学习单元七中有详细论述。

(三) 加强监狱人民警察队伍管理的制度建设

要结合监狱人民警察工作的特点、内容、性质和要求,制定专门的监狱人民警察队伍的管理规定。如果管理制度不健全,有制度不落实,执法环节存在漏洞,以及执法人员不坚持原则、不按规定办事等,都会使监狱人民警察不能够正确行使职权。要针对监狱人民警察的岗位差别、职责要求,强化监狱人民警察的执法制度、职业规范建设。要把制度建设贯穿于反腐倡廉、严肃执法工作的各个环节,通过建立健全各项制度,形成用制度规范执法行为、按制度办事、靠制度管人的机制,着力铲除滥用职权、滋生腐败的土壤。

(四) 规范监狱人民警察的行政执法权力

《监狱法》以法律形式确认了监狱人民警察的行政执法权力,但同时又规定了监狱人民警察行政执法不得超越法律、不能违背公正。监狱人民警察要正确履行职责,必须从程序上严格规范行政执法,通过制定完善的行政程序规范,确保执法的程序公正、内容公正、结果公正。当前发生的一些监狱人民警察职务犯罪案件,从制度上找原因,不可否认与一些执法环节缺乏相应的程序和标准有关,因此有必要结合监狱惩罚改造服刑人员的全过程,从环节、阶段、步骤、方式、要求、内容、原则、指导思想等方面进行缜密的规定,让监狱人民警察,尤其是一线民警在执法中有规可循,严格按照程序操作,从而有效地避免违法违纪现象的发生。要完善执法工作制度体系,堵塞各种隐患和漏洞,不断规范减刑、假释、暂予监外执行、保外就医、离监探亲以及禁闭、严管、戒具使用等执法环节,严格按照法律和规定申请和办理,坚决杜绝减刑、假释等执法环节违法违纪行为的发生，不断规范对服刑人员日常考核、安排会见通信等环节的管理，做到公开、公正、公平。

讨论案例

【案例一】

服刑人员王×，无故不起床出早操，被值班民警从床上叫起来，进行批评教育。王×不但不接受批评，反而顶撞民警，值班民警对其使用电警棍予以处罚。

问题：你认为值班民警对服刑人员王×使用电警棍是否正确？为什么？

【案例二】

×年，在青山监狱服刑的王××为达到保外就医的目的，找到监狱原助理调研员高××，请其帮忙办理保外就医手续，许诺出狱后给其15万元。高××答应帮忙，找到时任监狱管理局副局长的孙××，先后送给孙××现金7万元请求为服刑人员王××办理请假外出治病手续。孙××安排将王××从青山监狱调到平江监狱后，给监狱打招呼，让带王××出狱看病。王××在看病时趁机花钱买到有严重疾病的虚假诊断证明。平江监狱狱政科科长吴××、医院院长韩××在明知王××身体正常的情况下，不向监狱领导说明情况就起草申请报告，为王××办理请假外出治病提供方便。孙××签字同意王××外出治疗2个月。随后，王××为办理续假手续，通过高××又将在某市医院开的虚假诊断证明交给孙××，孙××将虚假诊断证明交给吴××。吴××既没有调查核实王××外出治病情况，也没有向监狱领导说明王××诊断证明的来源，又起草报告请示为王××续假，孙××签字同意王××续假3个月继续在监外治病。请假期满后，平江监狱派人到王××家中，发现王××脱逃。

王××在请假监外治病期间，指使他人贩卖海洛因7030克。王××因贩毒于×年被公安机关抓获。

孙××、吴××、韩××三人以滥用职权罪，高××以徇私舞弊罪被人民检察院逮捕。

孙××、高××、吴××、韩××四人身为党员领导干部和监狱人民警察，本应严格要求自己，正确执行刑罚，尽职尽责做好监狱本职工作，但却丧失原则立场，私欲膨胀，徇私枉法，执法犯法，私放在押服刑人员，其行为严重触犯了刑法和违反了党的纪律，严重败坏了监狱机关和监狱人民警察的形象，在社会上造成了极其恶劣的影响。

问题：通过该案件，你认为监狱人民警察怎样才能做到依法履行职责？

> 拓展学习

1. 学习《人民警察法》第二章"职权",了解人民警察的职权。
2. 以"监狱人民警察如何依法履行职责、正确行使职权"为主题展开讨论,谈谈如何正确处理"尊重服刑人员人权"和"行使警察权"间的矛盾和冲突。
3. 学习资料:"职权、权力和权利的区别",载张金桑主编:《监狱人民警察概论》,法律出版社2001年版,第41页。

职权、权力和权利的区别

所谓职权,是指职责范围内的权力,是国家为了保证某一职能主体完成其职责而赋予的相应的权力。职权范围是由职责范围决定的,有什么样的职责,就必须赋予相对应的职权,职责是职权的前提和基础,职权是使职责得到全面履行的保证。没有职责,也就没有权力;没有权力,职责也就无法履行。不同的职权主体,由于其在国家权力体系中的地位、职责不同,所享有的职权也不尽相同;行政主体行使管理职权;司法主体行使司法活动的各项职权;人民警察行使维护国家安全、维护社会治安秩序等方面的职权。为了深入理解监狱人民警察的职权,还必须搞清什么是权力。权力是社会正常、有序发展的保证,它是无时不有、无处不在的,凡是有人类活动的地方,就有权力存在。权力是一种政治上的强制力量,它是由国家强制力为坚强后盾,通过国家法律授予的、为履行一定职责而管理、影响他人或者组织的能力。

职权与权利是两个既相互联系又有明显区别的概念。职权是权利的一种,是特殊主体所享有的特殊权利,并且都是由国家法律所规定的、由国家权力所保障的行为,任何人不得干涉。但职权不是一般意义上的权利,它们是有很大区别的。权利是国家通过法律规定、对法律关系主体作出或不作出某种行为或要求他人作出或不作出某种行为的许可和保障。权利主体对国家法律所许可和保障的范围内的行为,可以按照自己的意愿决定是做还是不做,任何国家机关或者个人均无权干涉。也就是说,权利主体对是否行使自己的权利有自由决定的能力。而职权主体,对于国家法律许可和保障的行为却没有自由决定是为还是不为的权利,他既不能放弃,也不能转让其职权,否则就是失职,就是玩忽职守的行为。因此,从这个意义上说,职权又同时具有必须行使的义务的性质。

学习单元四　监狱人民警察的义务与纪律

【学习目标】
1. 了解监狱人民警察义务和纪律的概念与特点。
2. 掌握监狱人民警察义务和纪律的基本内容。
3. 掌握监狱人民警察警容风纪的涵义及相关要求。
4. 理解监狱人民警察必须忠实履行义务严格遵守纪律。

学习任务九　监狱人民警察的义务

一、监狱人民警察义务的涵义

义务就是个体对他人或社会做自己应当做的事，个人在社会生活中，需要履行各种义务，包括政治义务，经济义务，法律义务。义务是与权利相对的，指政治上、法律上、道义上应尽的责任，也就是人在相应的社会关系中应该进行的价值付出，包括作为义务和不作为义务。从广义上讲，义务包括法律义务、社会义务、道德义务等。从狭义上讲，义务仅指法律义务。法律义务是法律关系的内容之一，是指法律规定的对法律关系主体必须作出或不得作出一定行为的约束。它包括义务人必须作出一定行为和不得作出一定行为两种行为表现，即必须作为和不得作为两种形式。法律义务是根据国家的法律规范产生，并以国家强制力保证履行的。因此，义务不能放弃，是必须履行的责任。如果自然人或法人不履行其应尽的某种责任，国家就要强制其履行，情节严重的，还要受到法律的制裁。

监狱人民警察的义务，是指由国家法律所规定的监狱人民警察在行使职权、执行职务活动中必须履行的法律责任。这是监狱人民警察职务关系的重要内容之一。

本学习单元所介绍的监狱人民警察义务属于法律层面上的义务，即法律义务。在法律上，义务和权利是紧密相连的，是对等的，有什么样的权利，就应有与之相对应的义务。监狱人民警察的权利除作为普通公民所享有的权利之外，还包括上一学习单元介绍的职权。关于监狱人民警察的义务，《公务员法》《人民警察法》《监狱法》等分别作了具体规定。《监狱法》第13条明确规定了监狱人民警察的义务:"监狱的人民警察应当严格遵守宪法和法律,忠于职守,秉公执法,严守纪律,清正廉洁。"这有利于保证监狱人民警察在警务活动中正确行使职权,完成正确执行刑罚、惩罚和改造罪犯、预防和减少犯罪的特殊任务。

二、监狱人民警察义务的特点

监狱人民警察的义务是特定主体在特定领域内执行法定的职务时所必须履行的特殊义务,它具有法定性、特定性、平等性、强制性和自觉性等特点。

(一)法定性

监狱人民警察的义务是由国家法律法规规定的,主要是由《公务员法》《人民警察法》《监狱法》加以规定,而不是随意设定的,其目的是为监狱人民警察正确行使职权、依法履行职责提供法律依据。这就要求监狱人民警察必须依照法律规范的要求来承担自己的义务。

(二)特定性

《监狱法》第2条第1款规定:"监狱是国家的刑罚执行机关。"《监狱法》第5条规定:"监狱的人民警察依法管理监狱、执行刑罚、对罪犯进行教育改造等活动,受法律保护。"国家对监狱人民警察完成任务所赋予的一定的职权,是以法律的形式对监狱人民警察一定行为的许可和保障,从而形成了监狱人民警察特殊的职务关系。监狱人民警察的义务是基于监狱人民警察的职务关系产生的,因而承担和履行义务的主体具有特定性,只有监狱人民警察才是这些义务的承担者。另外,监狱人民警察义务的内容和履行义务的时空范围也具有特定性。

(三)平等性

监狱人民警察作为国家公务员,受国家委任而执行公务,不论职务高低、资历深浅,都必须严格履行法律为其设定的义务,而不能因为职务和分工的不同而在履行义务上存在差别,任何人都不能享有特权。同时,监狱人民警察在执行职务时也要平等地接受法律监督机关和社会各界的监督。

(四)强制性

这是由监狱机关的性质及监狱人民警察所担负的神圣职责决定的。国家通过法律法规的形式对监狱人民警察的义务作出了规定,这种规定具有强制性的特点,依靠国家强制力量来保证实现,对每一个监狱人民警察都具有普遍的约束力,要求监狱人民警察必须无条件地履行和服从其法定的义务。没有强制性的义务作保障,就很难完成惩罚和改造服刑人员这一光荣而艰巨的历史任务。同时,监狱人民警察还必须无条件地接受来自国家权力机关、监察机关、检察机关、社会组织、团体和个人对其执行刑罚活动的依法监督。无论任何人,如果不履行其警察义务,实施了违法违纪乃至犯罪行为,均要追究其相应的法律责任。

(五)自觉性

这是由监狱人民警察的性质决定的。监狱人民警察作为国家的专政力量和专政工具,是国家意志的化身,必须在思想上、政治上、组织上同党中央保持高度一致,这是监狱人民警察自觉履行义务的重要基础。拥有一支具有高度政治觉悟和为人民民主专政献身精神的监狱人民警察队伍,是正确处理好个人与组织、自觉与强制关系的前提,是监狱人民警察队伍的政治优势,是保持监狱人民警察队伍战斗力的前提。

三、监狱人民警察义务的基本内容

(一)《公务员法》规定的监狱人民警察应当履行的义务

《公务员法》第14条规定,公务员应当履行下列义务:

1. 忠于宪法,模范遵守、自觉维护宪法和法律,自觉接受中国共产党领导;
2. 忠于国家,维护国家的安全、荣誉和利益;
3. 忠于人民,全心全意为人民服务,接受人民监督;
4. 忠于职守,勤勉尽责,服从和执行上级依法作出的决定和命令,按照规定的权限和程序履行职责,努力提高工作质量和效率;
5. 保守国家秘密和工作秘密;
6. 带头践行社会主义核心价值观,坚守法治,遵守纪律,恪守职业道德,模范遵守社会公德、家庭美德;
7. 清正廉洁,公道正派;
8. 法律规定的其他义务。

(二)《监狱法》中规定的监狱人民警察应当履行的义务

《监狱法》第13条规定:"监狱的人民警察应当严格遵守宪法和法律,忠于职守,秉公执法,严守纪律,清正廉洁。"这是《监狱法》规定的特定义务,也是监狱人民警察义务的基本内容。

1. 严格遵守宪法和法律。遵守宪法和法律是每一位公民应尽的义务,但作为监狱人民警察,其守法义务与普通公民的守法义务是有所不同的。监狱人民警察的守法义务,主要是要求监狱人民警察在执行职务过程中,在从事监狱管理以及执行刑罚、教育改造服刑人员的活动时,必须严格依照宪法与法律的规定进行,最为关键的是严格执法,依法行刑。监狱人民警察在执行职务时能否严格遵守宪法和法律的规定,直接关系到执法的严肃性。只有全面贯彻执行"有法必依、执法必严、违法必究"的原则,才能使我国的法律真正落到实处,充分发挥其强大的作用力。监狱人民警察必须熟练掌握法律法规,增强法制观念,树立执法意识。

2. 忠于职守。忠于职守就是指忠诚地对待自己的工作,尽职尽责地完成自己的任务。监狱人民警察忠于职守,就是要求他们必须忠于对服刑人员的惩罚、改造和矫正事业,任劳任怨地坚守工作岗位,尽职尽责地管理好监狱的各项事务，准确有效地执行刑罚。

《监狱法》将忠于职守作为监狱人民警察的义务之一予以明确规定，目的是要求监狱人民警察在执行职务过程中，具有对国家和人民负责的精神，具有强烈的事业心和责任感。要求监狱人民警察必须做到：①要充分认识本职工作的重要意义，通过劳动改造、教育改造、狱政管理等手段，改造服刑人员的思想，矫正他们的行为，把服刑人员改造成为守法公民。这是一项化腐朽为新生、消除假恶丑、重塑真善美的光荣而伟大的工作。监狱人民警察必须充分认识到这项工作的重大意义，热爱自己的工作，有忘我的工作精神，鞠躬尽瘁，做到兢兢业业、尽职尽责。②要有开拓创新精神。在改革开放的今天，服刑人员的构成发生了很大的变化：重刑犯增多，智能型服刑人员增多，"邪教"类服刑人员增多，涉黑、涉毒型服刑人员增多，有些类型服刑人员相对减少。要求监狱人民警察要不断提高业务素质，不断改进工作方法。③要严格遵守规章制度。规章制度是工作得以顺利开展的保证，每位监狱人民警察都要严格遵守，认真执行，要自觉地用组织纪律、工作纪律和岗位要求约束自己，争做遵章守纪的模范。④要坚守自己的岗位，严格履行国家赋予自己的职责，努力完成本职工作，以高度的责任感和认真负责的精神行使职权。对待本职工作，不能麻痹大意，不能懒惰推诿，不能玩忽职守。

3. 秉公执法。公正是法律永恒的价值追求。"秉公"就是依照公认的道理或公平的标准。"秉公执法"就是在执法过程中，按照公认的道理或公平的标准执法。监狱人民警察秉公执法，就是要求他们在执行刑罚过程中，一切以国家和人民的利益为重，坚持以事实为根据，以法律为准绳，刚正不阿，铁面无私，要公平、公正、严格按照法定内容和程序进行，真正做到不枉不纵。秉公执法既是国家法治尊严的基本要求，也是维护监狱人民警察执法权威的基本要求，同时还是监狱人民警察的法律责任和职业责任。

秉公执法，要求监狱人民警察必须做到：①要知法、懂法。监狱人民警察必须认真学习和掌握法律法规，做到知法、懂法。只有知法、懂法，提高业务水平和政策水平，才能正确适用法律，严格执行法定程序，这是真正做到秉公执法的前提和基础。②要增强法律意识和法治观念，尤其要正确处理好"情"与"法"、"权"与"法"及"钱"与"法"的关系。凡是法律规定禁止做的事情，监狱人民警察就坚决不做；凡是法律规定必须做的事情，监狱人民警察就要带头去做；凡是法律赋予监狱人民警察的职权，就必须依照法律规定来正确行使。③必须坚持实事求是，重证据，重调查研究。监狱人民警察作为执法者，在服刑人员的劳动、教育、管理、收押、释放、考核、奖惩等各项具体工作中，必须深入实际，调查研究，在弄清事实、掌握证据的基础上，正确地适用相关法律法规，做到不枉不纵、不错不漏，不偏听偏信、不私仇公报，不搞权钱交易。

4. 严守纪律。纪律是一种带强制性的约束人们行为的规范。纪律是执行路线的保证，是行动的指南。监狱人民警察是带有武装性质的组织，其组织管理和职务行为，体现出一定程度的军事化并具有明显的强制性，而且还面临着各种复杂的不确定突发情况。所以，严明纪律、严守纪律，对于监狱人民警察来说尤其重要，这是履行特定职责的必然要求。把严守纪律规定为监狱人民警察的一项义务，这不仅是建设一支素质高、战斗力强的监狱人民警察队伍的需要，也是提高工作效率，实现监狱行刑目的，做好监狱各项工作的重要保障。

5. 清正廉洁。廉洁是执法者最基本的职业操守。清正廉洁，是指监狱人民警察行使职权过程中以个人利益服从国家利益，要按原则办事，公道办事，处理事情公平、公正，一身正气，两袖清风。监狱人民警察是国家的执法者和监狱管理者，监狱人民警察队伍是否清正廉洁，直接关系到党和政府的声誉和形象。

监狱人民警察在履行清正廉洁这一义务方面必须做到：①立场坚定。这是由监狱人民警察的性质决定的，监狱人民警察必须站稳政治立场，坚定地站在广大人民群众的立场上，必须始终明确和坚持自己的政治态度和政治立场。必须始终忠于党、忠于国家、忠于人民、忠于法律。②要树立正确的人生观、价值观、是非观、荣辱观和金钱观。监狱人民警察要珍视人民警察的光荣称号，时刻保持一个人民公仆的本色，树立正确的人生观、价值观，有崇高的理想和高尚的品格，应该讲政治、比贡献，而不是谈金钱、比享受，能自觉抵挡住金钱、名利、美色的诱惑。③要树立艰苦奋斗、无私奉献的精神。艰苦奋斗是中华民族的传统美德，监狱人民警察要树立长期奋斗、勤俭朴素的思想，要有信心、有决心战胜一切困难。监狱人民警察要热爱、忠于并自愿献身于监狱工作，要深刻认识到，手中的权力是人民给的，应该利用它来维护社会的安全，保护国家和人民的利益，勤勤恳恳做好自己的本职工作。

（三）其他有关法律、法规、规章中规定的监狱人民警察应履行的义务

《人民警察法》第20条规定，人民警察必须做到：①秉公执法，办事公道；②模范遵守社会公德；③礼貌待人，文明执勤；④尊重人民群众的风俗习惯。这是对人民警察所规定的具有普遍意义的义务，监狱人民警察必须遵守。

司法部于2011年9月13日颁布的《监狱劳教人民警察职业道德准则》和《监狱劳教人民警察职业行为规范》，要求监狱人民警察：热爱祖国，对党忠诚；执法公正，管理文明；教育为本，安全为先；廉洁守纪，敬业奉献。司法部印发的《关于在全国监狱劳教人民警察队伍中开展执法大培训、岗位大练兵活动的意见》指出，要使全体监狱劳教人民警察理想信念进一步坚定，始终坚持党的事业至上、人民利益至上、宪法法律至上，切实做到党在心中、人民在心中、法律在

心中、正义在心中；履职能力进一步增强，努力成为开放、透明、信息化条件下各个岗位的行家里手，切实履行岗位职责，胜任本职工作；执法行为进一步规范，严格执行监狱劳教工作各项法律政策，使执法权在阳光下运行，做到既严格公正廉洁执法，又文明规范执法；职业道德进一步强化，恪守监狱人民警察职业道德规范，树立监狱人民警察的良好形象。2020年8月26日，习近平向中国人民警察队伍授旗并致训词时强调：新的历史条件下，我国人民警察要对党忠诚、服务人民、执法公正、纪律严明，全心全意为增强人民群众获得感、幸福感、安全感而努力工作，坚决完成党和人民赋予的使命任务。按照中央关于推进社会主义核心价值观体系建设的要求，政法干警（包括监狱人民警察）的核心价值观概括起来就是"忠诚、为民、公正、廉洁"。这些都是监狱人民警察应履行的义务。

监狱人民警察不依法履行义务的，按照相关法律、法规的规定承担责任。

四、监狱人民警察履行义务的必要性

监狱人民警察必须忠实履行其法定义务，这是绝对的、无条件的，其含义主要包括以下三个方面：①法律所鼓励和提倡的，监狱人民警察必须积极去做，这是忠实履行义务的重要表现；②法律要求做的，监狱人民警察必须按照法律的要求去做，而不能不做；③法律禁止做的，监狱人民警察坚决不做，做了就是违反法律。

（一）监狱人民警察必须忠实履行义务是法律所明确规定的

监狱人民警察的义务是《公务员法》《人民警察法》《监狱法》所明确规定的法律义务，它是以法的形式表现出来的，属于命令性规范。命令性规范是不可选择的，是必须遵照执行的。这种必须忠实履行不是仅仅表现在条文上或者口头上，而是有国家强制力做后盾，保证其切实得到履行的。因此，监狱人民警察对《公务员法》《人民警察法》《监狱法》所规定的监狱人民警察的各项义务应当无条件地、全面地、忠实地履行，否则，就要承担不履行或者违法的法律后果。从履行义务的方式上看，监狱人民警察忠实履行其应尽的义务主要是通过自觉遵守的方式来实现的，这是我国监狱人民警察的光荣传统。动用国家强制力来促使监狱人民警察忠实履行义务是极少的。

（二）监狱人民警察必须依法忠实履行义务是正确行使其职权的内在要求

权利与义务二者之间是相互对应、相互依存、互为条件的。没有义务也就无职权可言，在行使职权过程中，不履行其应尽的义务，就不能保证正确行使职权，就会导致职权被滥用，也会导致权力的丧失。监狱人民警察必须依法忠实履行各项义务，这是对行使职权的一种制约，是监狱人民警察职权得以正确行使的前提和重要保证。如"严格遵守宪法与法律"这项义务，从某种意义上说，正确行使职权，就是依法行使职权，如果监狱人民警察在执行职务时，不严格遵守宪法和法律，不按照《监狱法》及有关法律的规定行使职权，那就不可能是正确行使职权。

（三）监狱人民警察忠实履行自己的义务是实现惩罚和改造罪犯这两项任务的需要

监狱是对罪犯实施惩罚和改造的刑事司法机关，监狱通过惩罚的强制措施及其他有效的改造措施，最终将服刑人员改造成为守法公民。监狱惩罚罪犯，就是在执行刑罚中，通过依法强制剥夺服刑人员人身自由，剥夺服刑人员部分权利，限制服刑人员行使某些权利，让服刑人员从精神、生理、心理等方面产生痛苦和威慑感，从而达到惩戒、抑制、消除犯罪的一种行刑过程。惩罚性是刑罚的固有属性，没有惩罚就没有刑罚，同样也就不存在监狱。监狱改造服刑人员，就是在执行刑罚中，运用各种手段和方法矫正服刑人员的主观恶习、不良的行为习惯和生活习惯，培养其掌握一定的文化知识、谋生技能，能适应社会生活的能力的教育活动。

可见，惩罚和改造罪犯不仅是严肃的执法过程，而且是系统庞大的社会工程。这就需要有一套科学、完备的法律制度和改造体系，更需要一支政治立场坚定、思想觉悟高、法治观念强、作风过硬、纪律严明、业务能力强、爱岗敬业、自觉履行应尽义务的监狱人民警察。监狱要有效地惩罚服刑人员，使他们感到痛苦，让服刑人员感到国家刑罚的威严，需要监狱人民警察忠于职守、秉公执法、严守纪律，清正廉洁地依法管理监狱，监管服刑人员。同样，监狱要教育改造好服刑人员，需要监狱人民警察具有爱岗、敬业、忠诚、奉献、公正、文明的职业精神。

五、监狱人民警察履行义务的途径

（一）树立义务必须履行的观念

监狱人民警察忠实、全面地履行义务，必须树立义务观，不仅要认识到履行义务是一个监狱人民警察最起码的品格，而且要深刻理解履行应尽的法定义务在监狱管理和行刑过程中的重要意义和作用。监狱人民警察应当加强学习，努力提高政治素质和业务素质，加强自身修养，培养优秀品质和热爱改造事业的情感，增强责任感和使命感。同时，监狱管理机关和监狱应当通过组织学习、培训、进修、研讨、现实说法等多种方式培养监狱人民警察的义务观，使他们正确认识并正确处理职责、职权与义务的关系。只有义务必须履行的观念深深扎根于监狱人民警察的头脑中，才能保证他们忠实地履行自己的义务。

（二）自觉履行义务是监狱人民警察履行应尽义务的主要途径

履行法律义务的形式大致包括主动履行、消极履行和强制履行等。主动履行、消极履行法律义务都属于自觉履行的范畴，是履行义务的主要形式。国家鼓励和提倡人们自觉地依法履行义务，这是国家法律得以实施和遵守的源泉。监狱人民警察作为国家权力的象征，作为行使国家权力的公职人员，应该比一般人具有更强的义务观，更应该带头遵守和执行法律，自觉地履行其应尽的义务。依靠国家强制力，通过惩罚违反义务的行为来保证义务得以履行，一般来说，是消极的、最后的手段。

（三）强制履行是保证监狱人民警察依法履行义务的不可或缺的方式

法律义务的必须履行之所以能得到保障，归根到底是因为有国家强制力作保障。在现实中，人们基于信用的考虑，出于心理上的惯性或社会的压力，或者惧怕法律制裁，往往都能自觉遵守法律、自觉履行义务，但并不能排除极少数人以身试法，拒不履行其应尽的义务，这时就必须动用国家的强制力强制其履行。在监狱的刑罚执行和各项管理活动中，同样会存在着极少数人民警察不能自觉履行自己义务的现象。对于这种不履行应尽义务的行为，必须依法、及时、准确地予以纠正或惩处，以保证监狱人民警察的义务得到全面、有效的履行。鉴于此，2012年5月21日，司法部会同监察部、人力资源社会保障部共同颁布了《监狱和劳动教养机关人民警察违法违纪行为处分规定》，这为督促监狱人民警察强制履行义务提供了强有力的纪律保障。中共中央2015年10月印发的《中国共产党廉洁自律准则》和2018年修订的《中国共产党纪律处分条例》，这些党内法规制度对督促监狱人民警察党员履行义务、执行纪律提供了坚实的制度保障。

学习任务十　监狱人民警察的纪律

一、监狱人民警察纪律的涵义

（一）概念

纪律，一是指纲纪法律；二是指社会的各种组织（如政党、政府机关、军队、团体、企业事业单位、学校等）规定其所属人员共同遵守的行为准则。纪律属于不作为的义务，它是有约束力的，具有强制性，对违反者可实行制裁。

监狱人民警察的纪律，是指国家以法律、法规或规章的形式规定监狱人民警察在执行职务时不得作出某些行为的约束与强制，是每一位监狱人民警察必须遵守的、不得违背的行为准则、规范。

监狱人民警察纪律与监狱人民警察职权是紧密联系、相互规定的。国家在赋予监狱人民警察广泛权力的同时，为防止他们出现滥用权力、以权谋私等不法行为，以法律形式规定了监狱人民警察的纪律，以保证他们在合法的范围内行使自己的权力。《公务员法》《人民警察法》《监狱法》《公职人员政务处分法》用禁止性规范规定了监狱人民警察的纪律,即严禁监狱人民警察作出一定的行为,其目的是通过抑制某些行为来防止监狱人民警察权力滥用。因此,本学习单元中所说的监狱人民警察的纪律,其实就是法定的禁止性行为规范,是具有法定义务性质的"禁止作为"的行为规范。

法律规定监狱人民警察的纪律,反映了我国民主法治建设的发展和建设社会主义法治国家的必然要求,体现了我国监狱制度的文明与进步。这有利于提高监狱人民警察的职业责任感,有利于监狱人民警察的队伍建设。严明监狱人民警察的纪律,不仅是对监狱人民警察的关心和爱护,同时也是树立监狱人民警察良好形象、提高队伍战斗力的重要保证,是监狱人民警察依法行使职权,不断提高执法水平、管理水平和教育水平的需要。

(二) 监狱人民警察纪律与义务的关系

监狱人民警察纪律与义务是两个相近的概念,它们之间的联系在于:监狱人民警察的纪律与义务都是由国家法律、法规和有关规章规定的,都是监狱人民警察行为的规范、要求,都具有强制性和约束作用,要求得到全面履行和普遍遵守;纪律的作用不仅在于它是监狱人民警察履行职责的保障,而且也是监狱人民警察履行义务的基础,没有纪律保障,职责和义务的实施就会受到影响和破坏;监狱人民警察不履行法定义务与违反纪律,所应承担的法律责任是相同的,轻则给予行政处分,重则追究刑事责任。

两者之间的区别在于:①法律、法规和规章对监狱人民警察义务规定得比较原则,而对纪律规定得比较具体。②侧重点有所不同。监狱人民警察义务着重强调监狱人民警察应有的行为,要求监狱人民警察应该做什么,而监狱人民警察纪律则强调监狱人民警察的不应有行为,杜绝监狱人民警察可能出现的违法违纪行为。因此,监狱人民警察不履行义务主要是通过不作为方式进行的,而违反纪律则主要是通过作为方式进行的。③监狱人民警察义务的范围大于纪律,标准高于纪律。监狱人民警察纪律主要是对监狱人民警察在执行公务时的法律要求,监狱人民警察义务则是在任何时候都必须履行的。

二、监狱人民警察纪律的特点

监狱人民警察的纪律是国家为了维护监狱秩序、保证惩罚和改造工作正常进行而制定的要求每个监狱人民警察必须遵守的规章、条文,是监狱人民警察在执行职务时必须严格禁止的行为规范,它具有法律强制性、内容特定性、等级从属性等特点。

(一) 法律强制性

人民警察是一支纪律队伍,其纪律不同于其他组织的纪律,也不同于一般的组织纪律,而是具有法律法规属性的纪律,是以国家法律的形式加以规定的,因而监狱人民警察的纪律高于一般公民纪律的要求，具有更明确、更强烈的强制性和约束作用，具有必须遵守和必须服从的性质。监狱人民警察在执行职务中必须严格遵守法定的纪律，不得违反，否则就要受到行政处分。构成犯罪的，就要被追究刑事责任。

（二）内容特定性

《公务员法》《人民警察法》《监狱法》《公职人员政务处分法》对纪律的内容都有明文规定。《人民警察法》第22条规定了人民警察的12项不得有的行为，第23条规定了人民警察着装、佩带人民警察标志、保持警容方面的纪律。鉴于监狱人民警察职权和工作的特殊性，《监狱法》第14条第1款又为监狱人民警察设定了特定的纪律，即监狱人民警察不得有的9个行为。

（三）等级从属性

监狱人民警察纪律的等级从属性，是指监狱人民警察应当尊重上级领导，服从上级的指示、命令。监狱人民警察之间在政治上是平等的，不论职位高低和权力大小，都是人民的勤务员。所以监狱人民警察必须紧密团结，互相尊重，密切配合。但是，就警察机关内部而言，监狱人民警察由于职务上的分工，构成了上级和下级以及同级的关系。上级要爱护和关心下级；下级要尊重上级，服从领导，执行命令；同级之间要互相支持，密切配合。上级下达指示、命令，必须从实际出发，及时检查执行情况；下级应该经常、及时向上级反映报告情况，正确执行上级的指示、命令。

三、监狱人民警察纪律的主要内容

（一）《公务员法》规定的监狱人民警察的纪律

《公务员法》第59条规定，公务员应当遵纪守法，不得有下列行为：

1. 散布有损宪法权威、中国共产党和国家声誉的言论，组织或者参加旨在反对宪法、中国共产党领导和国家的集会、游行、示威等活动；

2. 组织或者参加非法组织，组织或者参加罢工；

3. 挑拨、破坏民族关系，参加民族分裂活动或者组织、利用宗教活动破坏民族团结和社会稳定；

4. 不担当，不作为，玩忽职守，贻误工作；

5. 拒绝执行上级依法作出的决定和命令；

6. 对批评、申诉、控告、检举进行压制或者打击报复；

7. 弄虚作假，误导、欺骗领导和公众；

8. 贪污贿赂，利用职务之便为自己或者他人谋取私利；

9. 违反财经纪律，浪费国家资财；

10. 滥用职权，侵害公民、法人或者其他组织的合法权益；

11. 泄露国家秘密或者工作秘密；

12. 在对外交往中损害国家荣誉和利益；

13. 参与或者支持色情、吸毒、赌博、迷信等活动；

14. 违反职业道德、社会公德和家庭美德；

15. 违反有关规定参与禁止的网络传播行为或者网络活动；

16. 违反有关规定从事或者参与营利性活动，在企业或者其他营利性组织中兼任职务；

17. 旷工或者因公外出、请假期满无正当理由逾期不归；

18. 违纪违法的其他行为。

(二)《监狱法》规定的监狱人民警察的纪律

《监狱法》第14条第1款规定监狱人民警察的纪律主要包括以下方面：

1. 不得索要、收受、侵占服刑人员及其亲属的财物。索要、收受、侵占服刑人员及其亲属的财物，是指利用职务或执行公务之便，伸手向服刑人员及其亲属要财物，接受服刑人员及其亲属的馈赠或贿赂，以及强行将服刑人员及其亲属的财物据为己有的不正当行为。

权钱交易、行贿索贿历来为广大人民深恶痛绝。监狱人民警察拥有法律赋予的特殊权力，正确行使职权，保持清正廉洁，这是长期以来监狱人民警察队伍的优良传统。但近些年来，少数监狱人民警察的价值观念发生扭曲，崇尚拜金主义、享乐主义和极端个人主义，有一些人不甘清贫，有的贪图服刑人员便宜谋取私利，有的利用手中的职权收受服刑人员及其亲属的馈赠和贿赂，更有甚者利用给服刑人员减刑、假释、暂予监外执行和行政奖励等机会，向服刑人员及其亲属索要财物，这些已成为监狱人民警察队伍中违法违纪最为突出、最为典型的问题，是严重的腐败现象。索要、收受、侵占服刑人员及其亲属的财物，既是违法犯罪行为，也必然造成执法不公，侵蚀监狱人民警察队伍，损害监狱人民警察形象，而且会在人民群众中造成极坏的影响。因此，《监狱法》把它作为一项纪律加以规定，指导监狱人民警察的执法行为，这对保持监狱人民警察清正廉洁、树立良好的警察形象具有重要的作用。

2. 不得私放服刑人员或者玩忽职守造成服刑人员脱逃。私放服刑人员，是指司法工作人员利用职务上的便利，私放在押的犯罪嫌疑人、被告人或服刑人员，使其逃离监管的行为。该行为属于滥用职权的性质。玩忽职守，是指有关工作人员严重不负责任，不履行或者不正确履行职责，致使公共财产、国家和人民利益遭受损失的行为。它通常表现为放弃、懈怠职责，或者在工作中马虎草率、敷衍塞责，不认真、正确地履行职责。

每个行业都有自己的最基本的职责要求。监狱内关押着社会上形形色色因犯罪而入狱的人，其中有许多人具有相当程度的人身危险性。监狱人民警察的职责就是要依法对服刑人员实施时间和空间上的特殊监管，教育改造矫正他们。在时间上，服刑人员的一天 24 小时都要处在监狱人民警察的直接控制之下。在空间上，服刑人员的生活、学习、劳动三大现场都要纳入监管的范围，对服刑人员实施封闭式管理。监狱人民警察不仅要教育改造他们，使其成为守法公民，而且也为整个社会的稳定和谐，为国家的经济建设起着保驾护航的作用。这就要求监狱人民警察必须本着对国家负责、对人民负责的精神，忠于职守，认真履行职责，依法监控、管理和教育改造服刑人员，严格执行监管制度，防止服刑人员脱逃事故的发生。在职务活动中，不能玩忽职守，麻痹大意，严禁利用监管服刑人员的职权私自释放在押的服刑人员。我国《刑法》中规定有私放在押人员罪和失职致使在押人员脱逃罪。监狱人民警察不论出于何种目的私放服刑人员，以及忽视监管制度要求，玩忽职守，造成服刑人员脱逃，都是一种犯罪行为，将会受到法律的严厉制裁。

3. 不得刑讯逼供或者体罚、虐待服刑人员。刑讯逼供，是指监狱人民警察审讯服刑人员时，使用肉刑或变相肉刑逼取口供的行为。所谓肉刑，是指对服刑人员的肉体实施暴力，进行肉体上的摧残或精神上的折磨，如捆绑、悬吊、殴打、非法使用刑具等。所谓变相肉刑，是指采用非暴力的方式对服刑人员进行摧残和折磨，如罚跪、冻饿、火烤、雨淋、不准睡眠、超体力劳动等。体罚、虐待服刑人员，是指监狱人民警察违反《监狱法》和其他有关监管规定，对服刑人员进行肉体摧残和精神折磨。

刑讯逼供或者体罚、虐待服刑人员，是封建法西斯的野蛮做法，是摧残人性、严重侵犯人权的行为，也是监狱人民警察行使职权活动中容易出现的违法现象，其危害性十分严重。实践证明，实施刑讯逼供，只会把事实搞得更混乱，容易造成冤假错案，从而妨害司法机关的正常活动。搞体罚、虐待，不仅不利于教育改造服刑人员，反而会妨害监管机关的正常活动，损害监狱机关的形象。严禁刑讯逼供或体罚、虐待服刑人员，不仅是长期以来我国法律规定的一项执法原则和监狱人民警察必须遵守的职业纪律，也是一项国际刑事司法准则。《公民权利和政治权利国际公约》《保护人人不受酷刑和其他残忍、不人道或有辱人格的待遇或处罚宣言》《禁止酷刑和其他残忍、不人道或有辱人格的待遇或处罚公约》均有这方面的禁止性规定。为了保证这项执法原则切实得到遵守，我国《刑法》中规定了刑讯逼供罪和虐待被监管人员罪。因此，监狱人民警察在职务活动中应当严守职业纪律，坚持实事求是，重证据，重调查研究，不轻信口供，不能重口供、轻证据，严禁刑讯逼供，实行文明管理，对服刑人员实行人道主义，给他们必要的生活待遇和劳动条件，保障其合法权利，严禁对服刑人员进行体罚和虐待。

4. 不得侮辱服刑人员的人格。我国《宪法》第 38 条规定:"中华人民共和国公民的人格尊严不受侵犯。禁止用任何方法对公民进行侮辱、诽谤和诬告陷害。"这条也适用于在押的服刑人员。所谓侮辱服刑人员人格,是指监狱人民警察使用暴力或者其他方法,公然贬低、损害服刑人员作为法定权利、义务主体的资格,破坏服刑人员名誉,侵害其合法权利的行为。被监管的服刑人员虽然被剥夺了人身自由,但并没有因此失去做人的资格,他们仍然是人,同样有人格和尊严。用暴力、言语或者文字等形式公然侮辱他们,在任何时候任何场合,都是对他作为人的权利的侵犯,都是违法甚至犯罪行为。《监狱法》第 7 条第 1 款明确规定:"罪犯的人格不受侮辱,其人身安全、合法财产和辩护、申诉、控告、检举以及其他未被依法剥夺或者限制的权利不受侵犯。"因此,尊重服刑人员的人格是文明行刑的要求,是有效改造服刑人员的基本前提,如果不把服刑人员当人看待,随意侮辱他们的人格,必然造成怨恨和逆反心理,就很难真正地教育改造好他们。

5. 不得殴打或者纵容他人殴打服刑人员。殴打服刑人员,是指用拳击、脚踢、钝器或者以其他方式击打服刑人员,伤害服刑人员身体的行为。殴打或者纵容他人殴打服刑人员,是侵犯服刑人员人身权利的行为,是对服刑人员身体健康的伤害,这种行为不仅是我国宪法和法律所禁止的,也是国际人权公约所禁止的。

刑罚的执行必须坚持人道主义,尊重个人价值,应依法保障服刑人员的基本权利,反对酷刑。在刑罚执行中殴打或者纵容他人殴打服刑人员的行为是与行刑的人道主义原则和现代文明行刑的发展趋势背道而驰的。不得殴打或者纵容他人殴打服刑人员这项纪律包括:监狱人民警察自己不能殴打服刑人员,也不能指使、纵容他人(主要指其他服刑人员)殴打服刑人员。《监狱法》将此规定为监狱人民警察的纪律,是规范监狱人民警察行为,树立监狱人民警察威信和文明形象的重要措施。监狱人民警察在管理服刑人员活动中,必须尊重人权、文明管理,只能依照法律法规的规定,采取合法手段对服刑人员进行监控、管理和教育、改造、矫正,而不能殴打或者纵容他人殴打服刑人员。监狱人民警察殴打或者纵容他人殴打服刑人员,不论是基于什么样的理由,都是一种非法行为甚至是犯罪行为。监狱人民警察殴打或者纵容他人殴打服刑人员,造成一定危害的,除给予党纪、政纪处分外,监狱机关还要向被殴打人赔偿损失,并赔礼道歉。构成犯罪的,要依法追究刑事责任。

6. 不得为谋取私利,利用服刑人员提供劳务。所谓利用服刑人员提供劳务,是指监狱人民警察利用监管服刑人员的职权,指使服刑人员替自己干私活,以谋取私利。判断是否违反这一纪律的标准不在于是否利用服刑人员提供劳务,而是看提供劳务的目的是否为了谋取私利。为谋取私利而利用服刑人员提供劳务，是监狱人民警察管理服刑人员活动中容易出现的一种现象，这既是一种非法占有服刑人员劳动成果的行为，也是一种违反监管制度和纪律的行为，必须予以禁止。

组织服刑人员从事生产劳动，是培养服刑人员劳动技能，改造服刑人员思想，矫正服刑人员恶习的一种方式，其根本目的是为了改造服刑人员。而极少数的监狱人民警察法治观念淡漠，无视法律的规定和国家的行刑目的，把手中的权力当做满足个人私利的手段，受个人利益驱使，滥用手中的职权，把利用服刑人员为自己提供劳务看做服刑人员理所应当的"劳动"，有的甚至把服刑人员带出监狱干私活。这种违反工作纪律的行为，不仅严重妨碍了监狱的正常秩序，也严重损害了监狱人民警察的形象，甚至危及对服刑人员的监管安全。所以，对于那些借职权之便、管理之便，利用服刑人员为自己提供劳务，谋取个人私利的行为，必须给予行政处分。造成严重后果的，如服刑人员脱逃、致伤致残等，应依法追究其法律责任。

7. 不得违反规定，私自为服刑人员传递信件或者物品。这里的"规定"，主要是指《监狱法》和其他监管法规、规章中有关服刑人员的通信、收受物品（包括钱款）的内容。私自为服刑人员传递信件或者物品，是指没有经过合法手续和程序，背着组织或者有关的人，秘密地为服刑人员传递信件或物品。

《监狱法》第47条规定："罪犯在服刑期间可以与他人通信，但是来往信件应当经过监狱检查。监狱发现有碍罪犯改造内容的信件，可以扣留。罪犯写给监狱的上级机关和司法机关的信件，不受检查。"《监狱法》第49条规定："罪犯收受物品和钱款，应当经监狱批准、检查。"《监狱法》赋予了监狱机关必要的检查权，并由监狱机关指定的监狱人民警察具体管理此项事务，未经监狱机关授权的监狱人民警察不得越权代办。这是维护监狱安全稳定的需要，也是保证改造服刑人员质量的需要。但是，少数监狱人民警察由于专政意识淡漠，与服刑人员界限不清，私自为服刑人员传递信件或物品，尤其是违禁品，很可能使有碍改造内容的信件得以交流，或者有碍于监狱安全的物品进入监内，其后果是不堪设想的。因此，监狱人民警察应该严格按规定检查服刑人员的来往信件和物品，杜绝私自为服刑人员传递信件和物品的现象。另外，监狱机关对监狱人民警察违反规定，私自为服刑人员传递信件或者物品的行为要严肃查处。情节严重的，除给以纪律处分和调离警察岗位外，还要追究其刑事责任。

8. 不得非法将监管服刑人员的职权交予他人行使。监管服刑人员的职权是国家依法授予监狱人民警察行使的，没有国家法律的授权，没有监狱人民警察的合法地位和身份，其他任何人均无权行使监管服刑人员的职权。监狱人民警察的职权是不可以自由选择、转让和放弃的，依法行使监管职权是监狱人民警察的职责和义务。不得非法将监管服刑人员的职权交予他人行使,包含两层含义:①不得将监管服刑人员的职权交予无监管权的他人行使。监狱机关有许多人没有监管服刑人员的职权,监狱人民警察不论在何种情况下都不得以任何理由将监管权交予这些人行使,否则便是违法行为。这里的"许多人"包括监狱中的工人、服刑人员中的班组长、纪律监督员,其他非从事管理服刑人员工作的监狱人民警察等。②不得违反法律程序交予有监管权的他人行使。按照法律、法规的有关规定,监管权可以交予有监管权的他人行使,但必须办理合法手续或经主管领导批准。否则,便是非法交予他人行使,就是严重的失职,就是违法乱纪,就要受到党纪、政纪处理。构成犯罪的,要依法追究刑事责任。

9. 不得有其他违法行为。其他违法行为,是指除《监狱法》第14条第1款规定的以上8项纪律之外的,其他有关法律、法规、规章所规定的严禁监狱人民警察实施的行为,即《公务员法》第59条和《人民警察法》第22条等关于纪律的规定。对于监狱人民警察机关内部有关纪律要求和约束的规章制度,监狱人民警察也应当遵守。

(三)《人民警察法》等法律法规中规定的监狱人民警察的纪律

根据《人民警察法》等法律法规的规定,监狱人民警察不得有其他违法行为,主要包括:①不得泄露国家秘密、监狱工作秘密;②不得徇私舞弊,对不符合减刑、假释条件的服刑人员,提出减刑、假释建议,对不符合暂予监外执行条件的服刑人员,予以暂予监外执行;③不得克扣服刑人员的伙食费,挪用服刑人员的财物;④不得从事或者参与营利性活动,在企业或者其他营利性组织中兼任职务;⑤不得擅自接待外来人员参观访问服刑人员的劳动、生活、学习场所;⑥不得违反人民警察的着装规定和要求;⑦不得违反规定使用戒具、警械和武器;等等。

(四)《中国共产党廉洁自律准则》规定的纪律

2016年1月1日起施行的《中国共产党廉洁自律准则》,要求"中国共产党全体党员和各级党员领导干部必须坚定共产主义理想和中国特色社会主义信念,必须坚持全心全意为人民服务根本宗旨,必须继承发扬党的优良传统和作风,必须自觉培养高尚道德情操,努力弘扬中华民族传统美德,廉洁自律,接受监督,永葆党的先进性和纯洁性。"《中国共产党廉洁自律准则》中"党员廉洁自律规范"和"党员领导干部廉洁自律规范"对全体监狱人民警察党员和党员领导干部同样适用。

(五)监狱人民警察"六条禁令"、司法部"六个一律"、司法部"六个决不允许"和《新时代政法干警"十个严禁"》的规定

司法部2006年2月14日颁布了监狱人民警察"六条禁令"(以下简称"六

条禁令")。"六条禁令"具有很强的针对性，主要是针对监狱系统内部最容易发生问题的方面而采取的具体措施，它与监狱人民警察纪律的要求是一致的，是对监狱人民警察行为规范中纪律规定内容的具体化，更加方便执行。其具体要求是：①严禁殴打、体罚或者指使他人殴打、体罚服刑人员；②严禁违规使用枪支、警械、警车；③严禁索要、收受服刑人员及其亲属的财物；④严禁为服刑人员传递、提供违禁物品；⑤严禁工作期间饮酒；⑥严禁参与赌博。违反上述禁令者，视其情节轻重予以相应纪律处分或者辞退，构成犯罪的，依法追究刑事责任。

2018年6月29日，司法部提出"六个一律"规定：凡是私带违禁物品给服刑人员戒毒人员的，一经查实，是干警的一律开除，是工人的一律解除劳动合同，是外协人员的一律废止外协合同，此类案件一律上报省局并向驻地检察机关通报，涉嫌犯罪的一律移送司法机关，负有管理、检查、督察责任的人员隐情不报、压案不查的一律就地免职并追究责任。

司法部"六个决不允许"要求：在任何形式、任何场合、任何理由下，决不允许在执行公务中擅自离岗；决不允许违规发布、传播监狱工作信息；决不允许给服刑人员提供、使用移动通讯工具；决不允许接受服刑人员及其家属的财物和请吃；决不允许在服刑人员计分考核等执法管理中弄虚作假；决不允许执行公务时饮酒。这是监狱人民警察的职业操守和纪律底线。

2022年，中央政法委等6部委联合印发的《新时代政法干警"十个严禁"》划定了政法干警的思想"红线"和行为"底线"，是全国政法队伍教育整顿的重要制度成果。"十个严禁"规定：严禁搞两面派、做两面人；严禁有令不行、有禁不止；严禁放任错误思潮侵蚀影响；严禁不当交往、干预执法司法；严禁玩忽职守、徇私枉法；严禁违规参与营利活动；严禁包庇纵容黑恶势力；严禁滥用执法司法权；严禁不作为乱作为、要特权抖威风；严禁跑风漏气、失密泄密。凡违反"十个严禁"的，依规依纪依法严肃处理。

（六）《监狱劳教人民警察职业行为规范》规定的纪律

司法部《监狱劳教人民警察职业道德准则》和《监狱劳教人民警察职业行为规范》等规定，对监狱人民警察提出的禁止性规定是刚性的纪律要求，是基本的行为规范。主要内容包括严守政治纪律、严守组织纪律、严守群众工作纪律、严守工作纪律、严守廉政纪律、严守保密纪律、严格执行监狱人民警察"六条禁令"等，为监狱人民警察的行为提供了更加清晰、更加明确的规范和指引。这既是一种纪律约束，又是一种关心爱护。

违反以上关于监狱人民警察纪律规定者，根据《中国共产党纪律处分条例》《人民警察法》《监狱法》《监察法》《公务员法》《公职人员政务处分法》《行政机关公务员处分条例》《监狱和劳动教养机关人民警察违法违纪行为处分规定》等有关法律、法规的规定进行处理。

四、监狱人民警察严格遵守纪律的必要性

监狱是刑罚执行机关。监狱人民警察是一支特殊的执法队伍，肩负着把服刑人员改造成守法公民的重要职责，肩负着巩固党的执政地位、维护国家长治久安的神圣使命。监狱和监狱人民警察的性质与任务决定了监狱必须具有严明的纪律，人民警察必须具有高度的纪律观念，自觉接受纪律的约束，必须切实规范自己的行为，依法履行职责，严格遵守各项纪律，养成严明的纪律和作风。

（一）严格遵守纪律是监狱人民警察依法正确行使职权，防止滥用职权的保证

权力滥用，归根结底就是因为权力没有控制，没有制约，没有监督。监狱人民警察的义务从要求监狱人民警察应当"作为"的层面，来保证其依法正确行使职权。但仅从这一方面进行约束还不够，还不足以确保他们的职务行为在法制的轨道上。因为他们只知道可以做什么，应该做什么，并不知道哪些是不应该为的，哪些是严格禁止的行为。而纪律就是从禁止、抑制其行为的方面来进一步保证监狱人民警察依法正确行使职权，防止职权偏离法律的轨道。如果监狱人民警察能够严格遵守纪律，自觉履行义务，增强职业责任感，就能够正确履行党和人民赋予的职责，圆满地完成各项任务。

（二）严格遵守纪律是监狱人民警察战斗力和纯洁性的保证

纪律是执行路线的保证，是行动的指南，是胜利的保障。有纪律才有凝聚力，才能心往一处想，劲往一处使，保持监狱人民警察队伍良好的精神风貌和高昂的战斗力。没有纪律，违反纪律，必然导致各自为政、各行其是、自由散漫、脱离群众、欺压群众、以权谋私、假公济私，就会出现个人主义、分散主义、本位主义、官僚主义。严格的纪律，能够坚定监狱人民警察的革命意志，振奋他们的革命精神，激励他们在职业活动中不畏艰难困苦，不怕流血牺牲，勇敢战斗。另外，遵守纪律也是人民警察队伍纯洁性的保障。遵守纪律也就抑制了私欲，防止腐败行为的发生，从而保持监狱人民警察的纯洁性。

（三）严格遵守纪律是提高管理水平、执法水平、改造质量的保证

不可否认，由于受传统文化思想和自身素质影响，少数监狱人民警察在管理服刑人员中缺乏民主、平等、保护人权的思想，法律意识淡薄，仅凭经验、个人好恶来管理服刑人员，管理方法简单、粗暴，经常用暴力方式解决问题。有了严明的纪律，可以防止监狱人民警察简单、粗暴地解决问题和处理问题。监狱人民警察在管理和改造服刑人员时尤其在改造那些顽固不化的服刑人员时，就不能采取打骂、体罚、虐待、侮辱人格等非人道的惩罚方法，就不能靠简单的压制、靠暴力使服刑人员暂时屈服，而必须采取文明的、攻心的、使服刑人员心服口服的

方式去管理他们，教育改造他们。有了严明的纪律，监狱人民警察就能够排除一切私心杂念，公平、公正地执法，就能正确地处理好"权"与"法"、"情"与"法"、"钱"与"权"的关系。因此，监狱人民警察严格遵守纪律，无疑有助于不断提高自己的执法水平。监狱人民警察只有了较高的管理水平和执法水平，才能科学地运用各种有效的改造手段，才能保证监狱的各项改造措施落到实处，才能充分发挥我国政策和法律的整体优势。

五、监狱人民警察严格遵守纪律的途径

（一）培养纪律观念，树立纪律必须严格遵守的思想

纪律观念是人们对于纪律的认识和觉悟，其基础内容是人们对于纪律的认知，即人们了解应当遵守什么样的纪律。纪律要得到很好地、自觉地遵守，首先必须要有纪律观念，使纪律必须遵守的意识深深扎根于监狱人民警察的头脑中，因此，培养纪律观念显得十分重要。监狱人民警察纪律观念的培养途径主要包括两个方面：一方面，监狱人民警察应当加强自身的修养；另一方面，需要加强对监狱人民警察的纪律教育，不断提高他们遵守纪律的自觉性。

（二）加强制度建设，从规章制度上堵塞漏洞

要维护严格的纪律，培养良好的作风，需要有具体的要求和措施，保证有章可循。事实表明，有些监狱人民警察违反工作纪律，固然有其思想上的原因，但也有一些规章制度不健全的因素。有的人就是钻规章制度不健全的空子，搞违法乱纪的活动。因此，加强监狱人民警察的纪律，既要从思想上解决问题，也要从规章制度上堵塞漏洞。

（三）严格管理，防止违反警风警纪问题的发生

严格管理，防止违反警风警纪问题的发生，就要做到以下几点：①要加强日常管理，这是养成良好的警风警纪的关键环节。只有在日常管理上下功夫，才能及时纠正错误倾向，才能把遵守严格的纪律作为监狱人民警察自觉的活动。②定期开展执法执纪专项活动，对纪律和作风的状况进行系统全面的检查和整顿，包括肯定成绩、找出差距、提出加强和改进的措施。③要严肃处理违法违纪行为。严肃处理违法违纪行为，是使纪律得到遵守的最后也是最有力的手段。监狱管理机关和监狱对于监狱人民警察违反纪律的行为必须依法予以追究，及时严肃地给予批评、制止，甚至给予应有的处分，以维护纪律的严肃性。

（四）加强纪律检查和监督

加强纪律检查工作，这对于加强监狱人民警察队伍的纪律作风建设具有巨大的作用。此外，加强对监狱人民警察机关的监督，包括党的监督、权力机关的监督、监察机关的监督、群众的监督、法律的监督、舆论的监督和司法行政机关内部自上而下、自下而上的监督等，也是加强监狱人民警察队伍纪律建设的重要

途径。

（五）严格执行《新时代政法干警"十个严禁"》，率先垂范做好"十个严禁"的执行工作

为深入贯彻习近平总书记关于加强政法队伍建设的重要指示和训词精神，巩固全国政法队伍教育整顿成果、推进全面从严管党治警，使纪律约束成为政法干警的思想自觉和行为自觉，努力锻造忠诚干净担当的新时代政法铁军，中央政法委会同中央政法单位全面总结全国政法队伍教育整顿工作，广泛征求意见，研究出台《新时代政法干警"十个严禁"》，严格规范政法干警的言行。

"十个严禁"坚持以习近平新时代中国特色社会主义思想为指导，深入贯彻习近平法治思想，认真贯彻落实以习近平同志为核心的党中央对新时代政法队伍建设的部署要求，体现严的主基调、"越往后越严"的要求。"十个严禁"围绕人民群众反映强烈的突出问题，针对全国政法队伍教育整顿中发现的问题，特别是查处政法干警违纪违法和整治执法司法顽瘴痼疾暴露出的重点问题，制定禁止性规定。起草过程严格依据党章、《中国共产党廉洁自律准则》《中国共产党纪律处分条例》《公职人员政务处分法》以及政法机关的纪律条令等相关规定，做到于法有据。

"十个严禁"划定政法干警的思想"红线"和行为"底线"，是政法队伍的铁规禁令。一是突出政治属性，必须做到绝对忠诚、绝对纯洁、绝对可靠，始终坚持党的绝对领导，坚决做到"两个维护"；二是突出政法特性，必须做到严格执法、公正司法，决不允许违规执法、执法犯法；三是突出制度刚性，必须做到令行禁止，决不允许搞变通、打折扣，对违反"十个严禁"的，依规依纪依法严肃处理。

"十个严禁"的生命力和权威在于执行。抓好"十个严禁"的贯彻执行，一要认真组织学习，各级政法机关要组织全体政法干警认真学习"十个严禁"，准确理解掌握"十个严禁"的内容和要求，做到内化于心、外化于行。二要严肃查处，对违反"十个严禁"的行为，依规依纪依法查处，绝不姑息，让铁规发力、禁令生威。三要严肃问责，对落实"十个严禁"不力，导致问题多发频发、造成严重后果、产生不良影响的，严肃追究相关单位和责任人的责任。

学习任务十一　监狱人民警察的警容风纪

一、监狱人民警察警容风纪的涵义

监狱人民警察警容风纪，是指由警察法律、规章所确定的人民警察在着装、

仪容、举止、礼节、形象及尊严等方面行为规范的总称。警容风纪是人民警察政治素质、文明程度、精神风貌、纪律作风和战斗力的综合反映。

《人民警察法》第 23 条规定："人民警察必须按照规定着装，佩带人民警察标志或者持有人民警察证件，保持警容严整，举止端庄。"监狱人民警察作为人民警察的一个警种，必须严格遵守《人民警察法》关于警容风纪的规定，养成着装整齐、举止端庄、有礼节有修养的良好习惯。

此外，公安部、司法部一系列制度与规定也对人民警察警容风纪提出了具体要求。如公安部《人民警察警容风纪管理和纠察办法》《公安机关人民警察内务条令》，司法部《监狱劳动教养人民警察着装管理规定》，监察部、人力资源社会保障部和司法部制定的《监狱和劳动教养机关人民警察违法违纪行为处分规定》等这些规章制度，其目的是促使全体人民警察养成仪表端庄、纪律严明、令行禁止、雷厉风行的良好作风。

二、加强监狱人民警察警容风纪管理的意义

（一）有助于监狱人民警察更有效地教育改造服刑人员

监狱人民警察有着特殊的性质，担负着特殊的任务，具有特殊的职权，监狱人民警察的警服、警用标志和证件，是其特殊身份的标记。监狱人民警察严肃警容风纪，表现出一种庄重感和严肃性，对服刑人员的心灵产生一种威慑和震撼，使服刑人员感受到刑罚的威严，认识到只有认罪服法，积极接受改造，才是自己的出路。

（二）有助于监狱人民警察密切联系群众

良好的警容风纪是监狱人民警察政治、思想、纪律和作风等的外在精神风貌，是监狱人民警察与人民群众密切联系的纽带和桥梁。监狱人民警察讲究风纪，警容严整，举止端庄，自然会给人民群众留下美好的印象，人民群众就会乐于与之接触和亲近，从而得到人民群众的支持与帮助。

（三）有助于促进监狱人民警察队伍的正规化建设

正规化的基本要求是监狱人民警察队伍管理的规范化、制度化。监狱人民警察按照规定统一着装、佩戴警用标志，持有警用证件，保持警容严整，举止端庄，是实现规范化、制度化管理的重要举措，是正规化建设的具体表现。

三、监狱人民警察警容风纪管理的内容

《人民警察法》《监狱劳动教养人民警察着装管理规定》《监狱和劳动教养机关人民警察违法违纪行为处分规定》等法律规范，对监狱人民警察的警容风纪作出了具体的要求。

（一）监狱人民警察必须按照规定着装和佩戴人民警察标志，持有人民警察证件

监狱人民警察按规定着装，就是监狱人民警察按有关规定穿着全国司法机关

统一的制式服装,这是监狱人民警察在服饰方面的规范。制式服装包括常服、值勤服、作训服、多功能服、制式衬衣及警帽、领带、腰带等。

监狱人民警察按规定佩戴警察标志,是指人民警察按照规定穿着制式服装时佩带的专用标志,包括警号、胸徽、帽徽、领花、警衔标志、臂章等。

监狱人民警察按规定持有人民警察证件,是指监狱人民警察必须有能证明人民警察身份的有效文件,如工作证和执行某种职务用的证件,以保证其在行使警察权利和履行警察义务时,证件齐备,合乎规范要求。

(二)监狱人民警察必须保持警容严整、举止端庄

警容即监狱人民警察仪容,它通过人民警察的着装、举止、语言反映出来。保持警容严整、举止端庄,就是要求监狱人民警察仪表严肃整齐,动作行为端正庄重,举止大方。严格的警容风纪和文明的举止,直接反映着监狱人民警察的政治、思想素质的外在精神风貌,体现着监狱人民警察的光辉形象。尤其监狱人民警察在管理服刑人员过程中,不仅要着装整齐,还应当警容严整,举止端正,谈吐文明,精神振作,姿态良好。

根据《监狱劳动教养人民警察着装管理规定》的要求,监狱人民警察应当做到以下五个方面:

1. 按照规定配套穿着警服,不得警服和便服混穿。

2. 监狱人民警察着装时,应当举止文明。不得边走边吃东西、扇扇子;不得背手、袖手、插兜、搭肩、挽臂、揽腰;不得嬉笑打闹、高声喧哗;不得有席地倒卧等有损监狱人民警察形象的不文明举止。

3. 监狱人民警察着装时,注意着装整体效果。不得歪戴警帽,不得披衣、敞怀、挽袖、卷裤腿;常服内着毛衣(衫)或者衬衣,内着内衣时,毛衣(衫)、内衣不得外露;不得在外露的腰带上系挂钥匙或者饰物;不得赤脚穿鞋或者赤足。男人民警察鞋跟不得高于3厘米,女人民警察鞋跟不得高于4厘米;不得系扎围巾,不得染指甲、留长指甲,不得染彩发、化浓妆、戴首饰;男人民警察不得留长发、大鬓角、卷发(自然卷除外)、剃光头或者蓄胡须,女人民警察发辫不得过肩;除工作需要或者眼部有严重伤疾外,不得戴有色眼镜等。

4. 监狱人民警察着装时,注重出入场合和形象。非因工作需要,不得进入营业性娱乐场所。不得在禁止吸烟的公共场所吸烟。除参加重大礼仪性活动需要外,不得在公共场所饮酒,在任何情况下严禁酗酒。2名以上人民警察着装外出时,应当两人成行、三人成列,威严有序。

5. 注重监狱人民警察的社会形象。《人民警察警容风纪管理和纠察办法》中规定,监狱人民警察不准以人民警察的名义、肖像做商业广告。人民警察接触群众,要讲究文明礼貌,尊重群众风俗习惯。在公共场所必须遵守公共秩序,讲究公共卫

生，执行公务进入公共场所或者居民住宅应当出示工作证件，举止端庄，注意礼貌。人民警察着警服晋见或遇见党和国家领导人时，应当敬礼。列队的人民警察在行进间遇见首长和上级，由带队人行举手礼，队列人员行注目礼。参加集会、升国旗时，列队的人民警察行注目礼，队伍中的带队人行举手礼；未列队的行注目礼等。

根据《监狱和劳动教养机关人民警察违法违纪行为处分规定》，监狱人民警察违反规定转借、赠送、出租、抵押、转卖警用车辆、警车号牌、警服、警用标志或者证件的，给予警告或者记过处分；情节较重的，给予记大过或者降级处分；情节严重的，给予撤职或者开除处分；监狱人民警察不按规定着装，严重损害人民警察形象的以及非因公务着警服进入营业性娱乐场所，造成不良影响的，给予警告处分；情节较重的，给予记过处分；情节严重的，给予记大过处分。

四、监狱人民警察警容风纪的督察

（一）建立督察机构

警容风纪的督察权，先前是由各级人民警察机关建立的警容风纪纠察队行使。各级监狱人民警察机关建立由主管政工、纪检、监察的人员组成警容风纪纠察队，在责任区内巡回纠察，明察暗访，现场纠正违反警容风纪规定的监狱人民警察。目前，很多监狱机关和基层部门根据司法部关于加强警务督察工作意见的精神，成立有专门的警务督察部门和机构，配备有专职人员，对监狱人民警察日常的警容风纪问题、履职情况等进行专门督查、纠察和处理。

（二）督察过程

执行督察任务的监狱人民警察，必须熟悉和掌握警容风纪的有关规定，认真履行职责。

1. 在警容风纪纠察中，要讲究方法，以说服教育为主，处理问题应做到有理、有据、有礼、有度，以教育违纪人员为目的。

2. 每个监狱人民警察都应自觉地接受、服从纠察人员的监督检查，任何违纪的监狱人民警察都必须无条件地接受批评教育。

3. 对违反警容风纪的监狱人民警察，情节轻微的，当场进行批评教育和纠正；情节严重、影响恶劣的，扣留其证件，并向其所在单位开具《违反警容风纪通知单》，必要时，可将其带离现场进行教育。违规者所在单位收到《违反警容风纪通知单》后，视情节轻重，按警务管理部门有关规定进行严肃处理。

4. 对初次违反警容风纪规定的监狱人民警察，单位领导要对其进行批评教育，本人应当作出口头检查；对再次违反警容风纪规定的，要令其写出书面检查，扣发本人当月岗位津贴；对屡教不改或情节严重的，要给予行政纪律处分。

5. 因违反警容风纪规定受到处分的监狱人民警察，当年不能评为先进，不能记功、晋级、受奖。严重违反警容风纪的监狱人民警察的所在单位，年内主管领导不能评为先进和记功、受奖，单位集体不得记功、受奖。

6. 各单位要加强警容风纪的教育和管理，每年11月作为警容风纪检查月。对模范遵守警容风纪规定的单位和个人，要及时予以表彰，并作为年终评比的重要依据之一。要及时通报检查情况。

▽ 讨论案例

【案例三】

席××因抢劫罪被判处有期徒刑11年，调入锡林浩特监狱服刑后不仅不参加学习和劳动改造，甚至还指使其他服刑人员挖通监狱通往院外的暖气地沟，随意出入监狱，监狱竟对此不闻不问。

席××在服刑期内脱离监管，驾驶汽车交通肇事，致使1人死亡。交通肇事52天后，席××又伙同他人在一娱乐场所制造了一起1人被重伤害的刑事案件。然而，即使席××犯下了种种罪行，锡林浩特监狱民警仍为其记功减刑，编造虚假考核材料，并由其他服刑人员代替狱警和席××签字，导致席××被提前释放。最终，包括锡林浩特监狱领导在内的16人因严重违纪违法被给予开除党籍、开除公职、留党察看、行政撤职、降级、降低退休待遇等处分。但因已过追诉时效，并未追究刑事责任。

从云南孙××案到内蒙席××案，近年来，监狱内的腐败问题屡屡被曝光，这与监狱内监督力度薄弱不无关系。据最高检专门负责刑事执行监督工作的第五检察厅副厅长刘福谦介绍，从2018年5月至2019年5月，最高检部署开展了为期一年的监狱巡回检察试点，将监狱检察方式由"派驻"为主改为"派驻+巡回"，通过最高检直接开展的两次巡回检察，结合各地工作情况看，发现监狱在执法活动中还存在一些问题：

▶ 比如教育改造方面，一些监狱对服刑人员教育改造的重视程度有待提高，部分监狱教育改造活动有待进一步规范；

▶ 刑罚执行方面，一些地方的执法司法机关在执法司法观念、理念方面还存在分歧，把减刑假释等制度作为维护监管场所安全稳定的一种手段，而且由于缺乏科学客观的服刑人员人身危险性评估机制、服刑人员假释后监管措施不到位、执法司法民警责任追究机制不科学等一系列因素，导致目前假释适用率偏低；

▶ 还有服刑人员劳动报酬的问题，一些地方服刑人员劳动报酬配比结构不合理，狱内消费金占比较高，社会责任金、出狱生活储备金后两项比重偏小，不利于服刑人员的教育改造和出狱后顺利回归社会。

问题：

作为一名未来的监狱人民警察，你从中应受到什么样的启示？

讨论事例

【事例四】

现在，我们可以看到这样的消息：

民警××，冒着生命危险，只身制服持刀劫持人质强行冲监的服刑人员，成功解救人质；民警××，帮教患哮喘病且有自杀危险的服刑人员，多方咨询治疗方法，并购买营养品到医院探望安慰，使陈某病情好转，思想稳定，走上了积极改造之路；民警××，在教育挽救一名有自杀和报复社会倾向的服刑人员的过程中，他倾注了大量心血，有记录的教育谈话就达280次，书面谈话记录83份计10万余字，自费为该服刑人员购买数十本法律和农机方面的书籍，指导他学习法律和出狱后的谋生技能……

从监狱内到监狱外，从职责内到职责外，监狱人民警察做的事既是普通的，又是不普通的。对于每一个走向新生的刑释人员来说，监狱人民警察在他们心中的崇高地位是不可替代的。可每当问起监狱人民警察：是什么力量支撑了你们几十年如一日地平平常常地工作下去？他们却只会轻描淡写地回答："这些，都是我们的义务，是我们该做的。"监狱人民警察，就是这样一个执着的、平凡的、伟大的群体。

问题：结合本单元关于监狱人民警察义务的知识，谈谈你对这些民警口中所说的"这是我们该做的"这句话是怎么理解的？

【事例五】

某监狱发生一起民警殴打服刑人员，造成服刑人员重伤的事件。事后监狱领导在监狱人民警察警示教育大会上说："严禁体罚虐待服刑人员，我在大会、小会上多次讲过，为什么总有些民警有令不行？体罚虐待服刑人员的现象屡禁不止？每一位民警都应想一想，问题出在哪里？"

问题：你认为该监狱领导所提出的上述问题存在之原因是什么？如何纠正这些问题？

拓展学习

1. 学习《公务员法》第一、二、九章，明确公务员的义务和纪律；学习《人民警察法》第三章"义务和纪律"，了解人民警察的义务与纪律要求。

2. 结合你周围人员着装和举止行为的情况，对比警容风纪的具体要求，指出他们存在的违反警容风纪的方面。

3. 搜集关于纪律的名言，论证遵守纪律的重要性。

学习单元五　监狱人民警察的组织管理

【学习目标】
1. 了解监狱人民警察组织机构和职务、职级的设置。
2. 掌握监狱人民警察录用的条件与程序、职务任免方式、岗位交流方式、考核与奖惩、辞职和退休的事由与程序。
3. 了解警衔的涵义和关于警衔的晋升、降衔、取消、保留等管理内容。
4. 了解监狱人民警察辞退的法定意义。

学习任务十二　监狱人民警察的组织机构设置和职务职级

一、监狱人民警察的组织机构设置

《人民警察法》第 24 条规定："国家根据人民警察的工作性质、任务和特点，规定组织机构设置和职务序列。"

监狱人民警察组织机构是监狱人民警察机关行使职能的组织基础，它是根据特定的原则，实现管理职能，适应监狱人民警察管理监狱、执行刑罚和教育改造罪犯的任务而建立起来的完整而严密的体系。

监狱人民警察组织机构主要有两种体现形式：纵向组织体系和横向组织体系。纵向组织体系是由上到下、从中央到地方所形成的实施监狱人民警察管理的组织体系，主要从宏观上进行领导、组织和实施，制定相关管理制度、规划等，主要反映从中央到地方和各监狱之间的领导和被领导、指导和被指导、监督和被监督的一种工作关系。横向组织体系是指在各监狱管理机关和监狱机关内部设立的负责监狱人民警察管理事务的各专门机构，它们围绕监狱工作的整体目标开展工作，彼此之间相互联系，密切配合。纵向组织体系和横向组织体系彼此之间也是紧密联系相互配合的，共同保障监狱工作的顺利开展。

（一）中央领导机构

《监狱法》第 10 条规定："国务院司法行政部门主管全国的监狱工作。"司法部为国家司法行政部门，负责全国监狱管理工作并承担相应责任，监督管理刑罚执行、改造罪犯的工作；负责指导、监督司法行政系统戒毒场所的管理工作；指导、管理社区矫正工作，指导刑满释放人员帮教安置工作。

司法部下设监狱管理局，是主管全国监狱工作的职能部门，指导全国监狱执行刑罚和狱政管理工作，监督检查国家监管改造罪犯的法律、法规和政策的执行情况，规划全国监狱的布局，掌握重要罪犯和省际之间的调犯工作，指导对罪犯的教育和改造工作，组织司法领域人权问题的研究，指导全国监狱的生产、基建、装备、财务和工人管理工作并监督其国有资产的保值增值，管理部直属监狱。

司法部监狱管理局设有办公室、政治部、狱政（管理）处、刑罚执行处、教育改造处、生活卫生处、劳动管理处、安全监管处、计划财务处、审计处、警务督察处、信息处、应急指挥中心、研究室等职能机构。

（二）地方管理机构

各省、市、自治区司法厅主管本行政区域内的监狱工作，这种主管也是一种间接的管理关系，直接管理部门是各省、市、自治区司法厅（局）下属的监狱管理局。各省、市、自治区监狱管理局，同时在业务上受司法部监狱管理局领导。主要职责是：贯彻执行中央和省、市、自治区有关监狱工作的方针政策和法律法规，起草有关地方性法规、规章草案，拟订监狱工作的中长期规划和年度计划并组织实施；提出全省、市、自治区监狱布局调整的建议并协调落实；组织实施全省、市、自治区罪犯的收押、调配工作，指导、监督、管理全省、市、自治区监狱刑罚执行、狱政管理、狱内侦查、教育改造、劳动改造、生活卫生管理和信息化建设等工作；参与刑罚执行与社区矫正衔接和刑满释放人员的安置帮教工作；拟订监狱系统警用物资装备计划并组织实施，指导、监督全省、市、自治区监狱系统财务和国有资产管理工作；指导全省、市、自治区监狱系统队伍建设和思想政治工作，指导、监督、依法负责本系统警务管理，负责警务督察工作。

由于各省、市、自治区所辖的监狱规模大小不同，管理在押犯的设置不同，因此省级监狱人民警察机关的机构数量也有所不同。一般情况下，各省、市、自治区监狱管理局的机构设置分为五类：①刑罚执行与改造罪犯工作的职能机构，如狱政管理处、教育改造处、生活卫生处、安全监管处、应急指挥中心等；②综合部门，如办公室、研究室等；③生产财经管理职能部门，如劳动管理处、计划财务处等；④政治工作机构，亦是党委办事机构，即政治部，下设宣传、组织、人事及警察教育培训等组织机构；⑤监督机构，如党的纪律检查机构、监察处、审计处等。地方监狱人民警察机关，还设有群众性组织，如工会、共青团委员会、妇联等。

（三）基层监狱的组织机构

基层监狱是执行刑罚与改造罪犯的主要组织机构，是整个监狱工作的组织基础。为了完成监狱的刑罚执行任务，行使教育改造罪犯的职能，以及有效地组织服刑人员习艺劳动，基层监狱人民警察机关按其工作性质和职能，设置了一系列的职能机构，具体可分为监管改造系列、生产经营系列、思想政治工作系列、行政事务系列等。

1. 监管改造系列。监管改造系列是监狱执行刑罚职能的第一线职能部门，在主管改造的行政首长领导下，肩负着对服刑人员的监管、改造和生活管理任务。一般设有教育改造科、狱政管理科、刑罚执行科、生活卫生科和狱内侦查科。

2. 生产经营系列。《监狱法》规定，我国监狱组织罪犯生产劳动，具有国家刑罚执行的法律性、强制性和教育改造性，是改造罪犯的基本手段之一。因此，必然产生相适应的职能机构。一般设有劳动管理科、计划财务科等。

3. 思想政治工作系列。监狱是人民民主专政的工具之一，肩负着执行刑罚、教育改造罪犯的任务，加强监狱思想政治工作是十分必要的，如政治处、人事处等，负责监狱人民警察组织管理和教育培训，对监狱党委和行政首长负责。

4. 行政事务系列。行政事务机构负责日常出现的行政事务工作和各科室之间的协调与综合。行政办公室是监狱设置的综合行政管理机构，在主管首长指挥下发挥职能作用。

监狱设置的各个内部职能机构，组成了监狱这部机器的整体。监狱是国家专政的暴力工具，党的领导核心作用必然要充分发挥，因此，监狱除设置必要的行政管理机构外，还设置了党的办事机构，如机关党委、纪律检查委员会等。除此之外，还有工会、共青团、妇联等群众性组织。

二、监狱人民警察的职务与职级

《人民警察法》第24条规定，国家根据人民警察的工作性质、任务和特点，规定组织机构设置和职务序列。近年，我国加大了对公务员人事制度改革的力度，深化公务员分类改革，推行公务员职务与职级并行、职级与待遇挂钩的人事管理制度。2019年施行的《公务员法》第17条规定，国家实行公务员职务与职级并行制度，根据公务员职位类别和职责设置公务员领导职务、职级序列。

（一）领导职务

人民警察的领导职务是指在人民警察机关中具有组织、决策、管理、指挥职能的职务。在人民警察机关，领导职务从部长到副科长共设八个等级，分别为部级正职、部级副职、厅局级正职、厅局级副职、处级正职、处级副职、科级正职、科级副职。各级的副职在正职领导下,协助正职负责某方面的工作。

(二) 职级序列

人民警察职级序列根据职位类别有不同规定。《公务员法》第16条第2款规定,公务员职位类别按照公务员职位性质、特点和管理需要,划分为综合管理类、专业技术类和行政执法类。我国人民警察队伍由不同警察机关的人民警察组成,因各警察机关的性质和职责不同,从事工作的方向和管理方法也不同,有的侧重于管理工作、有的侧重于事业单位性质、也有活跃于执法一线的实战警力,所以各自机关中的职位类别也会有所区分,职位不同职级序列也不相同。2018年1月,司法部印发《关于加快推进司法行政改革的意见》,对司法行政机关公务员的职级改革做出指示,司法部将推行司法行政机关公务员分类管理,建立健全司法行政干警分类管理制度,完善监狱、强制戒毒人民警察警官、警员分类管理制度,落实执法勤务机构人民警察职级序列制度。

1. 综合管理类人民警察职级。综合管理类警察职级共分四等十二级:一级巡视员、二级巡视员、一级调研员、二级调研员、三级调研员、四级调研员、一级主任科员、二级主任科员、三级主任科员、四级主任科员、一级科员、二级科员。在监狱人民警察的管理机关、监狱人民警察院校的人民警察,一般采用此职级。

2. 执法勤务类人民警察职级。2018年3月28日,中央全面深化改革委员会第一次会议通过的《公安机关执法勤务警员职务序列改革方案(试行)》规定,执法勤务类警察是指履行指挥处警、国内安全保卫、经济犯罪侦查、治安管理、刑事犯罪侦查、出入境管理、公共信息网络安全监察、监所管理、交通管理、禁毒、反邪教、反恐怖、警务督察、法制、司法等职能岗位的警察。执法勤务类警察职级共分为四等十二级:一级警务专员、二级警务专员、一级高级警长、二级高级警长、三级高级警长、四级高级警长、一级警长、二级警长、三级警长、四级警长、一级警员、二级警员。监狱、强制戒毒机关的警察,采用此职级形式进行定级。

3. 警务技术类人民警察职级。参照《公安机关警备技术职务序列改革试点方案》,公安机关的警务技术警员采用此职级定级。警务技术警员是指专职从事专业技术工作,为公安机关履行职责提供刑事技术、行动技术、网络安全技术、警务信通技术等专业技术支持的岗位。警务技术类职级共分为四等十一级:警务技术一级总监、警务技术二级总监、警务技术一级主任、警务技术二级主任、警务技术三级主任、警务技术四级主任、警务技术一级主管、警务技术二级主管、警务技术三级主管、警务技术四级主管、警务技术员。

表1　人民警察职务、职级对照表

序列	综合管理类	执法勤务类	警务技术类
厅局级正职	一级巡视员	一级警务专员	警务技术一级总监
厅局级副职	二级巡视员	二级警务专员	警务技术二级总监
正调研员（正处）	一级调研员	一级高级警长	警务技术一级主任
	二级调研员	二级高级警长	警务技术二级主任
副调研员（副处）	三级调研员	三级高级警长	警务技术三级主任
	四级调研员	四级高级警长	警务技术四级主任
主任科员（正科）	一级主任科员	一级警长	警务技术一级主管
	二级主任科员	二级警长	警务技术二级主管
副主任科员（副科）	三级主任科员	三级警长	警务技术三级主管
	四级主任科员	四级警长	警务技术四级主管
科员	一级科员	一级警员	警务技术员
办事员	二级科员	二级警员	

学习任务十三　监狱人民警察的警衔管理

一、监狱人民警察实行警衔制度的意义

实行警衔制度是人民警察管理的必然趋势，是为了适应人民警察特殊工作的客观需要而产生的。《人民警察警衔条例》第3条规定："警衔是区分人民警察等级、表明人民警察身份的称号、标志和国家给予人民警察的荣誉。"第23条第1款规定："国家安全部门、劳动改造劳动教养管理部门的人民警察，人民法院、人民检察院的司法警察的警衔工作适用本条例。"监狱人民警察属于应当授予和佩戴警衔的范围，因此，应当严格按照该条例规定的内容和要求做好警衔的管理工作。

我国人民警察实行警衔制度，是加强人民警察队伍建设的一项重大举措，也是促进人民警察队伍管理法律化、制度化的有力措施，对提高人民警察的政治、业务素质，发挥人民警察机关的职能作用，保障国家的长治久安，具有重大意义。

（一）实行警衔制度，有利于监狱人民警察队伍的正规化建设

监狱机关和监狱人民警察的性质与任务决定了监狱机关和监狱人民警察队伍

必须具有高度的组织和严明的纪律，能够统一指挥、协同作战。通过警衔制度的实施，用明确的标识树立监狱人民警察的社会形象和地位，以更加严格的标准管理警容风纪，加强组织纪律，使监狱人民警察队伍上下左右形成一体，克服以往监狱人民警察一直按照普通行政机关建设的弊端，走队伍建设革命化、正规化、专业化、正规化道路，严格管理、严格纪律，努力打造一支对党忠诚、服务人民、执法公正、纪律严明的监狱人民警察队伍。

（二）实行警衔制度，有利于增加监狱人民警察的责任心、荣誉感

警衔是党和国家赋予人民警察的荣誉，是人民警察的地位和权力的象征。它能激励民警增强责任心和组织纪律性，促进民警更加珍惜荣誉，明确自己所肩负的责任，时时处处以人民警察的标准严格要求自己，规范言行，身端心正，自觉地为政法事业建功立业。同时，警察佩带的等级符号、标志，带有公开性的特点，便于人民群众的监督，有利于增强民警的自律和组织纪律观念，严肃警容风纪，塑造人民警察的正义形象。

（三）实行警衔制度，有利于监狱人民警察队伍的集中统一指挥和执行警务

人民警察处在同敌对分子和各种犯罪分子作斗争的最前线，警务工作涉及社会生活的各个方面，与广大人民群众有着广泛密切的联系，随时准备处置各种突发事件。所以，必须做好执勤备战工作，确保及时有效的指挥和畅通的联系，做到服从命令，听从指挥。为此，《人民警察警衔条例》规定："当警衔高的人民警察在职务上隶属于警衔低的人民警察时，职务高的为上级。"这种明确的执行警务的警衔制度的规定，使执行任务的人民警察明确了身份和等级，有利于警令执行和协同作战。

二、警衔制度的基本内容

人民警察警衔制度的基本内容在《人民警察法》《人民警察警衔条例》《评定授予人民警察警衔实施办法》《首次评定授予人民警察警衔的标准》《人民警察警衔工作管理办法》《人民警察警衔标志式样和佩带办法》等法律法规中，有较为明确的规定和阐述。

（一）警衔的概念

我国人民警察警衔的称谓，是从我国的国情、警情出发定位的，既与军队的军衔区别开来，又较好地体现了警察的特色，同时又与许多国家通行的警衔称谓相接近。

《人民警察法》第25条规定，我国人民警察依法实行警衔制度。警衔是区分警察等级、表明警察身份的标志和称号，是国家给予警察的荣誉。警衔，是警察除了职务等级以外的一种衔级制度，两者既有联系，又有区别。联系表现在警衔等级是根据职务等级编制的。区别表现在：①确定方式上，行政职务的确定原则

是"德才兼备",而评定警衔不仅根据职务,还根据任职年限、工作年限的综合标准;②所任期限上,职务实行的是任期制,不宜续任时要相应免除,而警衔即使在免职或离退休时依然保留;③审批权限上,一般情况下,授予警衔的权限高于任免职务的权限。

(二)警衔的等级

1. 警衔等级的设置。设置警衔等级,是警衔制度的核心。《人民警察警衔条例》从我国人民警察的特点出发,制定了警衔等级。我国人民警察警衔共设五等十三级,即:①总警监,副总警监;②警监:一级警监、二级警监、三级警监;③警督:一级警督、二级警督、三级警督;④警司:一级警司、二级警司、三级警司;⑤警员:一级警员、二级警员。

在五等十三级警衔的设置中,警监属于高级警官,警督属于中级警官,警司、警员属于初级警官。五个警衔等级警官的分布有利于形成领导指挥人员与基层实践人员的合理结构,发挥警衔制度的激励作用,调动人民警察的积极性。

2. 职务对应警衔等级。《人民警察警衔条例》不仅明确规定了警衔的等级,而且充分地考虑了人民警察队伍的现状,规定了人民警察实行警察职务等级编制警衔。

《人民警察警衔条例》第8条规定,担任行政职务的人民警察实行下列职务等级编制警衔:①部级正职为总警监;②部级副职为副总警监;③厅(局)级正职为一级警监至二级警监;④厅(局)级副职为二级警监至三级警监;⑤处(局)级正职为三级警监至二级警督;⑥处(局)级副职为一级警督至三级警督;⑦科(局)级正职为一级警督至一级警司;⑧科(局)级副职为二级警督至二级警司;⑨科员(警长)职为三级警督至三级警司;⑩办事员(警员)职为一级警司至二级警员。

《人民警察警衔条例》第9条规定,担任专业技术职务的人民警察实行下列职务等级编制警衔:①高级专业技术职务为一级警监至二级警督;②中级专业技术职务为一级警督至二级警司;③初级专业技术职务为三级警督至一级警员。

《人民警察警衔条例》明确规定按照警察所任职务等级编制警衔,每职设两个或几个衔级,这是符合我国国情、警情的。采取一职多衔、职衔交叉的办法编制警衔,不仅能更好地体现差别,合理评定警衔,而且可以更好地全面衡量一个民警的德才、资历、能力、贡献等综合因素,使广大基层民警在因客观条件限制其职务得不到晋升的情况下,可以得到警衔的晋升,这有利于调动大多数基层民警的积极性。

由于实行一职多衔、衔职交叉,将会出现少数职务高者在警衔上低于职务低者的现象。对此,《人民警察警衔条例》规定:"当警衔高的人民警察在职务上隶属于警衔低的人民警察时，职务高的为上级。"

（三）警衔的首次授予

1. 授予人员范围。根据《评定授予人民警察警衔实施办法》的规定，评定授予警衔的人员，必须属于人民警察建制的在编在职的人民警察，凡不担任人民警察职务的人员，不属于评授警衔的范围。已批准离休、退休的或者在1992年6月30日前已到离休、退休年龄的民警，以及已决定调离警察工作岗位的人员（包括已担任其他法律职务和行政领导职务的人员），不评授警衔。

属于评定授予警衔范围内的人员，具有下列情况之一的，暂缓评定授予警衔：职务（含职级，下同）未定的，等确定职务后评定授予警衔；连续病休二年以上的，待病愈恢复工作后评定授予警衔；工作不称职的，待培训考察合格后评定授予警衔；以工代警，待办理干部录用手续后评定授予警衔。

因违法乱纪正在受审查的警察，审查期间不评定授予警衔，待审查作出结论后，属于授衔范围的可以评授警衔。但对给予行政开除留用察看、开除，党内留党察看、开除党籍处分的警察，属于应当调离警察队伍的人员，不评定授予警衔。

2. 授予警衔的条件。《人民警察警衔条例》第11条规定，授予人民警察警衔，以人民警察现任职务、德才表现、担任现职时间和工作年限为依据。这是评定授予人民警察警衔应遵循的基本标准。

德才表现，是指人民警察的政治品质、思想觉悟、遵纪守法、联系群众、实事求是、公道正派、廉洁奉公、英勇献身等表现，知识化、专业化程度，以及实际工作能力、执法水平等。

现任职务，是指按干部管理权限由主管部门正式任命的职务，而不是指临时委派式暂时指定代理的职务。

担任现职时间，是指现任职务从其主管部门正式下达任命通知之日起计算的任职时间。考察现任职务和任职时间，这是实行职务等级警衔制度必不可少的重要一环，而且，首次授衔时间，也是以确定警察职务之日起计算。

工作年限，是指按国家有关规定计算的正式参加工作时间的总和。工作年满12个月为工作年限1年。工作年限标志着资历长短，也是衡量评定授予何种衔级的一个主要标准。

凡吸收录用、接收调入的人民警察，经培训合格，应当根据确定的人民警察职务，按照《首次评定授予人民警察警衔的标准》授予相应的警衔。首次授衔时间，为确定人民警察职务之日。

3. 首次授予警衔的具体标准。《人民警察警衔条例》《评定授予人民警察警衔实施办法》，对授予警衔条件规定如下：

（1）正厅级职务、职级人员。德才表现较好，任现职满 3 年、参加工作满 30 年，或者任现职不满 3 年、参加工作满 35 年，授予一级警监；其余的授予二级警监。

（2）副厅级职务、职级人员。德才表现较好，任现职满 6 年、参加工作满 22 年，或者任现职满 3 年、参加工作满 30 年，或者任现职不满 3 年、参加工作满 35 年的，授予二级警监；其余的授予三级警监。

（3）正处级职务、职级人员。德才表现较好，任现职满 5 年、参加工作满 32 年，或者任现职不满 5 年、参加工作满 38 年，授予三级警监；任现职满 3 年、参加工作满 18 年，或者任现职不满 3 年、参加工作满 18 年，或者任现职不满 3 年、参加工作满 22 年，授予一级警督；其余的授予二级警督。

（4）副处级职务、职级人员。德才表现较好，任现职满 3 年、参加工作满 22 年，或者任现职不满 3 年、参加工作满 26 年，授予一级警督；任现职满 3 年、参加工作满 16 年，或者任现职不满 3 年、参加工作满 20 年，授予二级警督；其余的授予三级警督。

（5）正科级职务、职级人员。德才表现较好，任现职满 5 年、参加工作 32 年，或者任现职不满 5 年、参加工作满 38 年，授予一级警督；任现职满 2 年、参加工作满 20 年，或者任职现不满 2 年、参加工作满 24 年，授予二级警督；任现职满 2 年、参加工作满 10 年，或者任现职不满 2 年、参加工作满 14 年，授予三级警督；其余的授予一级警司。

（6）副科级职务、职级人员。德才表现较好，任现职满 2 年、参加工作满 26 年，或者任现职不满 2 年、参加工作满 30 年，授予二级警督；任现职满 2 年、参加工作满 16 年，或者任现职不满 2 年、参加工作满 20 年，授予三级警督；任现职满 2 年、参加工作满 8 年，或者任现职不满 2 年、参加工作满 12 年，授予一级警司；其余的授予二级警司。

（7）科员职级人员。德才表现较好，参加工作满 30 年，授予三级警督；参加工作满 18 年，授予一级警司；参加工作满 8 年，授予二级警司；其余的授予三级警司。

（8）办事员职级人员。德才表现较好，参加工作满 20 年，授予一级警司；参加工作满 12 年，授予二级警司；参加工作满 8 年，授予三级警司；参加工作满 4 年，授予一级警员；其余的授予二级警员。

（四）警衔的晋升

警衔的晋升制度，是指对警察人员在其职务等级编制警衔幅度内，按一定的期限、条件和批准程序晋升警衔等级。晋升警衔时，要按照《人民警察警衔条例》的规定，到相应的警察院校进行警衔晋级培训，考试合格后，方可晋升。根据《人民警察警衔条例》《人民警察警衔工作管理办法》和其他有关规定，警察警衔晋升主要有四种形式：

1. 按期晋升。按期晋升警衔，是指二级警督以下的警察，现衔级时间已满晋级期限，经考核具备晋级条件的，可在其职务等级编制警衔幅度内晋升一级警衔。《人民警察警衔条例》第14条规定，二级警员至一级警司，每晋升一级为3年；一级警司至一级警督，每晋升一级为4年。

晋级的条件为：①执行国家的法律、法规和政策，遵纪守法；②胜任本职工作；③联系群众，廉洁奉公，作风正派。只要符合以上晋级期限和晋级条件的，就可在其职务等级编制警衔幅度内，按期晋升一级警衔。

2. 晋职晋升。晋职晋升主要包括两种形式：一是指民警由于职务提升，其警衔低于新任职务的最低警衔的，予以晋升至新任职务的最低警衔；二是指二级警督以下的民警，其警衔已达现任职务的最高警衔，任现衔级时间已满晋级期限，在其提升职务的同时晋升一级警衔。

3. 奖励晋升。是指对在工作中有突出功绩的民警，可以不受必须满3年或4年晋升一级警衔的期限限制，提前晋升一级警衔。

根据有关规定，二级警员至一级警司的警察，现衔级满1年；一级警司至一级警督的警察现衔级满2年，只要民警在自己的工作岗位上做出突出贡献，具有下列情况之一的，可以在其职务等级编制警衔幅度内提前晋升一级警衔：①现衔级期间获得一级、二级英雄模范称号和一等功奖励或国家、省级劳动模范称号者；②现衔级期间获三等以上国家自然科学奖、科技进步奖、发明奖的个人或课题的一名主要贡献者；③现衔级期间获得国家和省级政府特殊津贴奖励者；④其他功绩突出者。

4. 选升。选升是一级警督以上的警察警衔晋升的一种形式，是为了保持职务等级与警监警衔合理的比例结构，根据人民警察所任衔级时间、任职时间、参加工作时间条件和德才表现、工作实绩，择优选择晋升警衔的方式。根据《最高人民法院、最高人民检察院、公安部、国家安全部、司法部关于印发〈人民警察选升警衔的暂行办法〉的通知》，一级警督以上人民警察的警衔晋级，在职务等级编制警衔幅度内，根据德才表现和工作实绩实行选升。

（1）正厅级职务人员。警察机关首长，任二级警监满2年、任正副厅级职务满4年、参加工作满25年，或任二级警监满6年的，可以选升至一级警监；其他正厅级领导职务人员，任二级警监满3年、任现职级时间满2年、参加工作时间满30年，或任二级警监满6年的，可以选升至一级警监；其他正厅级职级人员，任二级警监满4年、任现职级时间满3年、参加工作时间满35年，或者任二级警监满6年的，可以选升至一级警监。

（2）副厅级职务人员。省以上警察机关首长副职，任三级警监满3年、任现职级时间满2年、参加工作时间满25年，或者三级警监满6年的，可以选升至二级警监；其他副厅级领导职务人员，任三级警监满4年、任现职级时间满3年、参加工作时间满30年，或者任三级警监满6年的，可以选升至二级警监；其他副厅级职级的人员，任三级警监满5年、任现职级时间满3年、参加工作时间满35年，或者任三级警监满6年的，可以选升至二级警监。

（3）正处级职务人员。省会市、人口较多的地级市的警察机关首长，任一级警督满2年、任正副处级职务时间满3年、参加工作时间满22年，或任一级警督满6年的，可以选升至三级警监；省会市、人口较多的地级市的警察机关首长副职以及省（自治区、直辖市）公安厅（局）以上机关的处长，任一级警督时间满3年、任现职级时间满2年、参加工作时间满25年，或任一级警督满6年的，可以选升至三级警监；其他正处级领导职务人员，任一级警督满4年、任现职级时间满3年、参加工作时间满30年，或任一级警督满7年的，可以选升至三级警监；其他正处职级的人员，任一级警督满5年、任现职级时间满3年、参加工作时间满35年，或者任一级警督满7年的，可以选升至三级警监。

专业技术警衔选升另有其条件规定。

（五）警衔的延期、降级、保留与取消

1. 警衔延期。延期晋升是相对于按期晋升而言的一种延缓晋升警衔的形式，是指二级警督以下的警察虽然已满晋升警衔期限，但由于不具备其他晋级的条件，而推迟晋升警衔。根据有关规定，具有下列情况之一的，予以延期晋升警衔：①受行政警告处分或党内警告处分的，延期6个月；②受行政记过、记大过处分或者党内严重警告处分的，延期12个月；③受行政降级处分的，延期18个月；受留党察看处分的，延期24个月；④不胜任本职工作、纪律松弛并造成不良后果的，可延期3~6个月。

民警在上述延期晋升警衔期满后，如确已改正错误，表现好的，可以按规定晋升警衔，仍表现不好的，不予晋升。有立功表现或者做出突出贡献的，延期晋升的期限可适当缩短。

2. 警衔的降级。警衔的降级，一指因不胜任现任职务被调任下级职务，其警衔高于新任职务等级编制警衔的最高警衔的，予以调整至新任职务等级编制警衔的最高警衔；二指违反警纪情节严重的，给予警衔降级处分，其警衔晋级时间按照降级后的警衔等级重新计算，并收回原警衔标志。警衔的降级不适用二级警员。

3. 警衔的保留。警衔的保留是指人民警察离休、退休的，其警衔予以保留，警衔标志和授衔命令证书由本人保管，但不得佩戴警衔标志；人民警察调离警察工作岗位或者辞职、退职的，其警衔不予保留。

4. 警衔的取消。警衔的取消是指被依法判处徒刑、拘役、管制、免予起诉、免予刑事处分的，或者被开除公职、警籍、党籍的民警，其警衔就相应取消，警衔标志和授衔命令证书均予以收缴。

（六）警衔审批程序

根据《人民警察警衔条例》《人民警察警衔工作管理办法》《评定授予人民警察警衔实施办法》等有关规定，警察警衔的审批程序按以下步骤进行：

1. 首次授予警察警衔，警察所在单位组织（人事）部门负责对其进行鉴定，填写《评定授予警察警衔审批表》，按照规定的批准权限逐级上报审批。

2. 警察警衔晋升、降级、更改的审批程序与首次授予警衔的审批程序相同。

3. 按照有关规定不保留警衔、更换警衔和取消警衔的，由县级主管的人民警察机构的组织人事部门办理手续，按照审批权限逐级上报备案。

警衔的首次授予和晋级的审批工作，每年办理两次，各地应将截至3月底和9月底的拟评授警衔人员的有关材料，分别于4月底和10月底前上报主管部门审批。副厅级以上职务人员的警衔、警衔降级的审批工作，可随时办理。

（七）警衔批准权限

《人民警察警衔条例》规定了警衔的审批权限。根据《人民警察警衔条例》第13条规定，人民警察首次授予人民警察警衔，按照下列规定的权限予以批准：

1. 总警监、副总警监、一级警监、二级警监由国务院总理批准授予；

2. 三级警监、警督由公安部部长批准授予；

3. 警司由省、自治区、直辖市公安厅（局）厅（局）长批准授予；

4. 警员由省、自治区、直辖市公安厅（局）政治部主任批准授予。

警察警衔晋级的批准权限与首次授予警衔的批准权限相同。警司、警员提前晋升的，由所属最高警察机关的政治部主任批准。警察警衔降低的批准权限与原警衔的批准权限相同。

三、执行警衔制度的基本要求

警衔评授工作执行得好坏，和人民警察的个人荣誉和地位息息相关，通过授予警衔的过程，可以激励人民警察产生工作动力和荣誉感，有利于组织的管理和建设。因此，应当严格做好警衔的管理工作。

1. 严格按照法律、法规执行。依照《人民警察警衔条例》和国家的有关规定，在认真核定警察建制、编制人员和人民警察职务等级的基础上，明确授衔级别时间、明确晋升时间和等级。

2. 有专门的人员管理警衔的评授工作。在警衔的申报、组织上，实行专人负责，认真对待。

3. 做好授衔、晋衔等有关警衔知识的宣传教育工作。明确警衔的意义和国家赋予的责任和给予的荣誉,了解《人民警察警衔条例》《人民警察警衔工作管理办法》《评定授予人民警察警衔实施办法》等规定,充分认识到警衔的神圣,正确对待授衔、晋升,自觉维护和珍惜人民警察的身份和荣誉。从自身做起,严肃警容风纪,抓好纪律作风,精神饱满,树立人民警察威严。

4. 坚持实事求是,客观公正,准确全面地对警衔管理内容进行鉴定。负责组织鉴定的机关,要做好程序准备,考核和鉴定工作,以德、能、勤、绩和实际表现为主要依据,客观评定。履行组织程序,逐级上报。

学习任务十四　监狱人民警察的录用

警察人员是经过法定程序录用或任命,在警察组织中依法行使警察权力、履行警察职责、执行警察任务的国家工作人员。为了保证监狱人民警察队伍的延续性,发挥可持续战斗力,需要从外部录用人员不断充实监狱人民警察队伍。监狱人民警察录用是监狱人民警察机关落实人力资源规划和计划,选拔和配置监狱人民警察工作的重要环节,在强调法律法规规定的录用制度和录用原则的同时,又要充分考虑监狱警察机关的性质和职责任务的要求,建立健全体现监狱人民警察职业特点的监狱人民警察招录制度。

一、监狱人民警察录用工作的意义

监狱人民警察的录用,是指监狱机关为补充担任主任科员以下非领导职务的人民警察,按照法定条件和程序,采用考试和考核的办法,将不具备警察身份的人员招收录用为监狱人民警察的一种人事管理制度。

监狱人民警察的录用是从外部获取警察人力资源的重要方式,是监狱机关落实人力资源规划和计划、选拔和配置优秀警察人才的重要工作环节。监狱人民警察的录用属于国家公务员录用的范畴,在强调坚持公务员录用的制度和原则的同时,又要从监狱机关的性质、职责和任务的要求出发,采取切合实际的方法和步骤。

(一)警察录用是提高警察人力资源质量、增强监狱人民警察队伍整体素质的重要途径

新时代形势和任务的发展,要求警察人力资源的总体质量要大幅度提高,队伍的整体素质较前要有明显的增强,各监狱警察机关要有一大批有技术、懂业务的高层次的各类专门人才。而录用质量的高低,直接关系到警察人力资源质量的高低,关系到监狱人民警察队伍整体素质的优劣和队伍战斗力的强弱。切实按照监狱人民警察的资格条件要求,多层次、多渠道、不拘一格地发掘和选拔录用优秀人才进入警察队伍,是提高警察人力资源总体质量,提高监狱人民警察队伍的

整体素质水平，大幅度地增强监狱人民警察队伍战斗力的重要途径。

（二）警察录用是卓有成效地完成监狱工作任务的重要保证条件

警察录用是为了确保警察机关各项业务发展所必需的高质量人力资源而进行的一项重要工作。惩罚改造矫正罪犯，都要依靠广大监狱人民警察来完成，通过录用环节为各监狱机关选拔大批优秀人才，充实监狱人民警察队伍的规模，彰显执法队伍的战斗力，对于保证刑罚执行工作的顺利完成，维护社会治安秩序的稳定和保证国家的长治久安，具有重要的作用和意义。

（三）警察录用是向监狱机关输送新生力量，保持监狱人民警察队伍生机和活力的需要

警察队伍也像人体中的血液一样，需要不断地进行"新陈代谢"，以维持队伍应有的生机和活力。由于年龄、疾病及伤亡等原因，监狱人民警察队伍每年都需要补充新生力量。通过警察录用，及时地为监狱人民警察队伍增添"新鲜血液"，能够保证监狱人民警察队伍顺利地实现新老更替，促进现实的警察人力资源的再生和发展。

（四）警察录用对保证警察机关及志愿入警者的合法权益有重要作用

录用作为警察人事管理的重要环节，通过吸引更多的优秀人才前来报考，使监狱机关在人员补充方面有更大的选择余地，避免出现因报考人数过少而降低录用标准或随意、盲目挑选的现象，提高了录用质量；也可以使报考者更好地了解警察机关的相关工作及要求，减少因盲目加入后又不得不离职的可能性；同时还可以增加组织内部人员的稳定性，减少人员的流失，降低人员初任培训和能力开发的费用，减少组织和个人的成本。

监狱人民警察录用不仅地位重要，其内容和方法也十分复杂，它涉及录用政策的制定、录用渠道的确定、录用方法的选择等一系列具体环节。监狱机关必须根据监狱人民警察工作的性质和要求，选择一种有利于广泛地发现人才、公平合理地选拔优秀人才的人员录用制度和方法。

二、监狱人民警察的录用条件

录用是进入监狱人民警察队伍的第一道门户，是提升队伍整体素质水平的第一关口。确定招收条件，把好监狱人民警察入口关，是录用的重要环节。

《公务员法》第13条规定，公务员应当具备下列条件：①具有中华人民共和国国籍；②年满18周岁；③拥护中华人民共和国宪法，拥护中国共产党领导和社会主义制度；④具有良好的政治素质和道德品行；⑤具有正常履行职责的身体条件和心理素质；⑥具有符合职位要求的文化程度和工作能力；⑦法律规定的其他条件。

根据《人民警察法》《公务员法》的规定，担任监狱人民警察必须符合下列

任职条件：

1. 政治条件。录用新的监狱人民警察应首先把握政治条件。根据《人民警察法》第 26 条规定，这些政治条件包括：拥护中华人民共和国宪法；有良好的政治、业务素质和良好的品行；自愿从事监狱人民警察工作。为了能更好地完成党和国家交给的执行刑罚和改造的任务，维护社会安定，要求未来的监狱人民警察必须具备政治敏感性和执着性，始终坚持党的领导，在政治上与党中央保持高度一致，坚决执行党的路线、方针和政策，自愿为监管改造事业献身。

《人民警察法》第 26 条同时规定，有下列情形之一者不能录用为人民警察：①曾因犯罪受过刑事处罚的；②曾被开除公职的。

近年来在招录人民警察时，出现了很多补充性的规定。有下列情形之一的，也不得报考监狱人民警察：①受过刑事处罚的；②有犯罪嫌疑尚未查清的；③曾被辞退或者开除公职的；④道德败坏，有流氓、偷窃等不良行为的；⑤直系血亲和对本人有重大影响的旁系血亲中有被判处死刑或者正在服刑的；⑥直系血亲和对本人有重大影响的旁系血亲在境内外进行颠覆我国政权活动的。

2. 文化条件。监狱人民警察是一个特殊的警种，其职业本身的特殊性要求监狱人民警察应该具有比较宽泛的知识面和比较扎实的理论功底。《人民警察法》要求，人民警察必须具备高中毕业以上的文化程度。但近年来监狱人民警察招录过程中，为了适应监管工作的需要，报考学历要求多为大专以上，并且对所学专业也有约束和限定，要求具备法律和刑事执行方面的专业知识。

3. 身体条件。主要指年龄和身体状况。《人民警察法》第 26 条规定，招录人员为 18 岁以上的公民。在实际操作中，多以 18～35 岁为宜，对应届的大专、本科毕业生和警校毕业生，大多要求为 25 岁以下，而对特殊的工作岗位或工作岗位的特殊需要，可适当放宽年龄的限制。

身体要求健康、体形端正、无残疾、无口吃、无重听、无色盲，裸眼视力在 1.0 以上。男性身高在 1.70 米以上，女性身高在 1.60 米以上（南方部分地区由省、自治区、直辖市公安厅、局录用主管机关同意可适当放宽）。

4. 资格条件。报考监狱人民警察，除了必须具备人民警察录用基本条件之外，还需具备基本能力条件，即公务员资格条件，这种条件一般通过考试取得，即必须通过国家人事部门统一组织的国家公务员资格考试，考试分为基础理论、职业技能、申论三门，考试合格者即取得了国家公务员资格。

5. 职位条件。监狱人民警察录用的基本条件和资格条件仍然属于一般性的条件规定，其突出的缺陷是不与具体的职位任职条件相联系，使得对录用对象的把握缺乏针对性。《公务员法》第 13 条第 6 项规定，录用公务员还应当具有符合职位要求的文化程度和工作能力。所以，在监狱人民警察的录用工作中，应根据各监狱、各部门的实际情况,作出针对具体职位任职的条件规定,以增强录用工作的实效性。录用的任职条件就是在具体职位上任职所应具备的条件,这种条件应与职位分类相联系,并由职位说明书明确规定。

三、监狱人民警察录用的基本原则

《公务员法》第 23 条规定,"录用担任一级主任科员以下及其他相当职级层次的公务员,采取公开考试、严格考察、平等竞争、择优录取的办法。民族自治地方依照前款规定录用公务员时,依照法律和有关规定对少数民族报考者予以适当照顾。"

监狱人民警察的录用应坚持公开、平等、竞争、择优等基本原则。《人民警察法》第 27 条规定,录用人民警察,必须按照国家规定,公开考试,严格考核,择优选用。但是,由于监狱警察机关中存在某些特殊职位的要求,在坚持公开、竞争等原则时需要依具体情况予以适当变通。

(一)公开原则

公开原则,体现在录用的过程公开,考试、考核结果公开和录用结果公开。坚持录用公开原则就是要改变以往人民警察录用工作中的"封闭性"和"神秘化,"增强录用工作的开放性和透明度,以便在更大的范围内选拔人才,提高录用效益,同时也便于实施民主监督和公开监督。传统人事管理基本上是封闭型的录用人才,对志愿从事警察职业的合格人才的正当权益造成了损害。当前,在监狱人民警察录用中强调坚持公开原则,对于提高录用工作的质量和效率,有极其重要的现实意义和作用。在监狱人民警察录用中,体现公开原则的具体做法是:

1. 通过报刊、广播、电视、政府公报、有关部门业务通讯、新闻发布等宣传媒介,在尽可能大的范围内公告录用的标准、要求、名额、报名的程序和办法等,以动员更广泛的有志于从事监狱人民警察工作的人员前来报考,参与竞争。属于机密职位,不便向社会公开的,也应在一定范围内公开。

2. 考试成绩、录用方式、工作程序、考试成绩与录用结果,以及相关的人事法规、人事政策等要向报考者公开,甚至在更大范围内公开,晓之于众。

3. 把录用工作的一整套操作办法,根据其内在的逻辑关系,编成固定的程序,照章执行,任何个人无权改变,以保证其严肃性和权威性,也便于群众熟悉和监督。

4. 把实施操作的职能与监督职能分开,成立相对独立的监督机构,保证整个录用工作的公正性,以切实维护各方面的合法利益,杜绝用人问题上的不正之风和腐败现象。

根据有关规定,由于工作性质限制,经批准可以简化程序或采取其他测评办法的,只涉及公安部门和国家安全部门的某些职位。警察机关大多数职位录用人员时，都应当采用公开招考的办法。实践证明，贯彻公开性原则，既有利于扩大选才的视野和范围，保证用人质量，又有利于进行社会监督，克服选才用人问题上的不正之风和久禁不止的腐败现象。

（二）平等原则

平等原则，是指凡是具备报考条件的公民，都有平等的权利和机会报考警察机关人民警察职位，在平等的条件下竞争，在平等的条件下被择优录用，不得因民族、种族、性别、职业、家庭出身、财产状况、居住区域等而遭受歧视或享有特权。坚持平等原则能够使公民在选择职业、部门、职位方面的自由得到维护，使警察机关在选拔、录用警务人员方面的权利得到保证。贯彻平等原则是实现竞争和择优录用的前提。

坚持平等原则，就要对报考人员一律进行规范化的文化专业知识和技能考试，进行政治思想和道德品行的考查，以品行考查和考试成绩做为重要的衡量标准，从中择优录用。把"考试"和"考察"结合起来，使得用人标准规范化、具体化，有利于更加公正、合理地选拔优秀人才。

（三）竞争原则

竞争原则是平等原则的延伸。竞争原则，是指录用监狱人民警察要按照考试成绩排列名次，并考核其政治思想和道德品质，鉴别优劣，择优录用。在监狱人民警察录用中坚持竞争原则，实行优胜劣汰，既符合人类社会发展的规律，又便于最大限度地挖掘优秀警察人才，使优秀者通过能力的竞争而进入警察队伍。

在监狱人民警察录用工作中引入竞争机制，通过能力竞争，更好地把与监狱人民警察工作要求相适应的专业类型和能力层次的优秀人才选拔出来。能力的竞争包括潜在能力的竞争和显现能力的竞争。前者主要通过各种形式的考试，使应考者在思维能力、智力、知识水平和结构等方面进行较量，分出优劣；后者主要通过实际操作和政绩考核，分出优劣。在监狱人民警察的录用中，只有把这两个方面的能力竞争有机地结合起来，才能使能力竞争沿着正确的方向发展，任何只强调某一方面竞争而忽视另一方面竞争的做法都是片面的，影响录用工作的质量。

（四）择优原则

择优原则，就是选拔录用品学兼优的人才进入监狱机关，为监狱人民警察录用工作提供高质量、高效率的服务。择优原则是监狱人民警察录用工作应当遵循的核心原则。贯彻择优原则，关键是要解决好择优的方式和标准。具体要求是：在经过了法定的考试、考核之后，根据报考者的考试成绩和考核结果及其资历、学历、品德、健康状况等方面的情况，进行综合评定，按综合成绩的高低，排出录用候选人名单。各用人单位必须在名单提供的人员范围内，在成绩最优秀的人员中挑选，以保证择优录用。

在录用制度建设或在现实录用工作中，如何比较准确地把握"优"的标准，是一个难度较大的理论和实践问题，需要进行较为理智的探索和研究。在当前监狱人民警察录用中，要较好地把握择优原则，需要注意两个方面问题：一是要做牢各个环节的工作，切实做到考试、考核的结果真实可信；二是一定要坚持录用条件，不能降低录用标准，做到宁缺毋滥，保证录用质量。

监狱人民警察录用属于国家公务员录用的范畴，必须坚持国家公务员录用的制度和原则。但监狱具有特殊的工作性质，在人员录用问题上又有特殊的资格条件和方式及程序的要求。

四、公开招录监狱人民警察的程序

监狱人民警察录用程序，是指警察机关在确定录用人选是否具有从事某种职务的资格时而采用的方法步骤。根据《公务员法》《人民警察法》《监狱法》的有关规定精神，吸收录用监狱人民警察一般按照下列程序进行：

（一）编制录警计划

监狱人民警察的录用，首先要依据国家核定的编制名额和批准的增员指标，在工作职位、人员编制以及发展需要的职位实缺基础上，编制录用计划。录用计划是录用工作的基础和依据。录用计划要明确录用数量、职位名称、所需资格条件，以及招录的对象范围和测试方法等。录用计划由监狱人民警察机关人事部门向同级政府人事部门申报，人事部门综合平衡各用人部门申报的录用计划，根据国家下达的编制定员制订统一录警计划。

（二）发布招录公告及报名事项

公务员主管部门根据录用计划发布招录公告，招录公告的内容一般包括：招录部门及所在地区；拟录用人员的类别、数量、资格条件；报名时间、地点和报名手续；考试科目、程序、时间、地点以及需说明的其他事项。招录公告一般应在考前一定时间，通过新闻媒介向社会发布，符合录用条件的人员按报名时间、地点办理报名手续，并填写《吸收录用监狱人民警察资格审查表》。

（三）对报考人员进行资格审查

符合报考条件的人员按时报名，提交真实、准确的申请材料。招录机关根据报考条件对报考申请进行审查。符合规定条件者发给准考证，允许参加考试。对明显不合格者给予淘汰。

（四）公开考试

考试是录用的重要程序。通过考试，充分选择优秀人才。考试的目的是测试报考者的文化基础知识和专业知识水平，以及适应职位要求的素质和工作能力。

考试主要采取笔试和面试两种方式。笔试是让报考者用文字解答有关问题，测量其文化知识和专业知识水平,以及思维能力等。笔试合格者作为预选人参加面试。面试主要采取结构化面试等形式,测评面试者的综合分析能力、主动性、沟通、应变能力、言语表达、举止仪表、计划组织协调能力等要素,综合判断面试者的能力素质。

(五)对考试合格者进行考察

招录机关根据考试成绩确定考察人员,进入报考资格的复查、考察和体检阶段。考察时,遵循客观、公正、民主、公开的原则,实行领导与群众、平时与定期相结合的办法,对预选者的德才素质、身体状况和有关表现进行全面的调查了解,权衡比较各方面的情况,对预选者做出恰当综合的评价,选择出符合监狱人民警察条件、适宜于监狱人民警察工作职位所需的人才。

参照《公务员法》第26条规定,下列人员不得录用为公务员:①因犯罪受过刑事处罚的;②被开除中国共产党党籍的;③被开除公职的;④被依法列为失信联合惩戒对象的;⑤有法律规定不得录用为公务员的其他情形的。

(六)提出拟录人员名单

招录机关根据考试成绩、考察情况、体检结果和拟任职位要求,提出拟录人员名单,予以公示,公示期不少于5个工作日。

公示期满,中央一级招录机关应将拟录人员名单报中央公务员主管部门备案;地方各级招录机关应将拟录人员名单报省级或者设区级的市级公务员主管部门审批。

备案或审批机关批准后,招录机关发出录用通知书,办理录用手续。

(七)试用

新录用监狱人民警察实行试用制。应届毕业大学生、研究生除特殊专业外,试用期一般为1年;从在职人员中录用的人员,试用期一般不少于3个月。在试用期内,应接受警察院校的教育培训和工作实习。用人单位要认真掌握其思想品质、政治表现、业务能力、工作表现以及身体和适应工作的能力等情况。试用期满合格的,予以任职;不合格的,取消录用资格。

六、司法行政机关人民警察单独招录

目前,我国实施"双轨"模式招录人民警察,包括面向社会公开招录和面向警察院校警察类专业毕业生单独招录两种方式。其中,面向警察院校警察类专业毕业生单独招录的形式,在招录范围和招录程序上都与社会公开招录有所不同,亦被称为便捷入警。

2015年,人力资源社会保障部、公安部、国家公务员局等部门联合印发《关于加强公安机关人民警察招录工作的意见》和《关于公安院校公安专业人才招录培养制度改革的意见》,深入推进人民警察招录培养机制改革,推动实施统一招警、分类招警、"双轨"招警、特殊招录等政策。按照意见要求，公安院校公安类专业的毕业生入警实现了便捷机制，公安类专业的应届毕业生可以参加公安联考，通过考试即可实现入警。从2016年以来的实施情况看，入警率较高，一般在90%以上，还有些省份可以达到100%。通过这种单独招录的形式，公安院校公安专业的毕业生已逐渐成为公安机关补充警力的主要渠道。

同时，《关于公安院校公安专业人才招录培养制度改革的意见》中指出，司法警察院校毕业生招录培养办法由中央公务员主管部门商司法部另行制定。经过酝酿，2018年3月，人力资源社会保障部、司法部、国家公务员局等六部门联合印发了《关于进一步加强司法行政机关人民警察招录培养工作的意见》，司法警察院校毕业生的便捷入警机制开始落实。中央司法警官学院相关专业的毕业生可以参加全国统一联考，通过考试后入警；而专科司法警察院校的司法行政警察类专业是由各省、市、自治区具体实施，但各省、市、自治区落实便捷入警机制的速度和方式并不一致，司法行政类警察的便捷入警机制还在持续落实中。

学习任务十五　监狱人民警察的考核

一、监狱人民警察考核的涵义和原则

监狱人民警察的考核，是有考核权限的部门，按照考核的内容、标准、程序和方法，对监狱人民警察的思想品德、工作实绩、工作能力及工作态度等方面的定期和不定期的考察与评价。对监狱人民警察实行考核，是评估监狱人民警察德才表现和工作实绩的一项基础性工作，考核结果是实施奖惩、任用、培训、交流监狱人民警察等多项管理工作的依据。对监狱人民警察实行考核，有利于落实工作标准、发现人才、提高工作效率，全面细致地掌握监狱人民警察的整体素质，进行资源优化，促进监狱事业的发展。

监狱人民警察的考核工作坚持以马克思列宁主义、毛泽东思想、邓小平理论、"三个代表"重要思想、科学发展观、习近平新时代中国特色社会主义思想为指导，贯彻新时代党的组织路线和干部工作方针政策，着眼于加强党对监狱人民警察队伍的集中统一领导、推进国家治理体系和治理能力现代化，把政治标准放在首位，突出考核监狱人民警察做好本职工作的实际成效，树立讲担当、重担当、改革创新、干事创业的鲜明导向，坚持下列原则：注重实绩、群众公认；客观公正、精准科学；分级分类、简便易行；奖惩分明、有效管用。

二、监狱人民警察考核的内容和标准

依据《公务员考核规定》，结合监狱人民警察工作的特点，以监狱人民警察

的职位职责和所承担的工作任务为基本依据，全面考核德、能、勤、绩、廉，重点考核政治素质和工作实绩。

德。全面考核政治品质和道德品行，重点了解学习贯彻习近平新时代中国特色社会主义思想，坚定理想信念，坚守初心使命，忠于宪法、忠于国家、忠于人民，增强"四个意识"、坚定"四个自信"、做到"两个维护"的情况；带头践行社会主义核心价值观，恪守职业道德，遵守社会公德、家庭美德和个人品德等情况。

能。即能力或才能、才干、本领。全面考核适应新时代要求履职尽责的政治能力、工作能力和专业素养，重点了解政治鉴别能力、学习调研能力、依法行政能力、群众工作能力、沟通协调能力、贯彻执行能力、改革创新能力、应急处突能力等情况。

勤。指的是工作尽力尽责，勤奋不怠，甘于奉献。全面考核精神状态和工作作风，重点了解忠于职守，遵守工作纪律，爱岗敬业、勤勉尽责，敢于担当、甘于奉献等情况。

绩。指工作实绩。全面考核坚持以人民为中心，依法依规履行职位职责、承担急难险重任务等情况，重点了解完成工作的数量、质量、效率和所产生的效益等情况。

廉。指廉洁自律情况。全面考核遵守廉洁从政规定，落实中央八项规定及其实施细则精神等情况，重点了解秉公用权、廉洁自律等情况。

德、能、勤、绩、廉，是相互联系和相互渗透的整体。考核时要注意：①全面考核德、能、勤、绩、廉，不能偏废任何一方；②在全面考核的基础上，以德为首，以绩为重。德绩两项必须同时为优，才能评为优秀。

参照《公务员法》第36条规定，监狱人民警察的考核分为平时考核、专项考核和定期考核等方式。定期考核以平时考核、专项考核为基础。

根据《公务员平时考核办法（试行）》规定，平时考核是对监狱人民警察日常工作和一贯表现所进行的经常性考核，一般按照个人小结、审核评鉴、结果反馈等程序进行。平时考核结果分为好、较好、一般和较差四个等次。对平时考核结果为好等次的民警，以适当方式及时予以表扬，可以按照有关规定给予物质奖励。对平时考核一贯表现优秀的民警，在选拔任用、职务职级晋升、评先奖优等方面优先考虑。对平时考核结果为一般等次的民警，及时谈话提醒。对平时考核结果为较差等次的民警，及时批评教育，必要时进行诫勉。发现存在违纪违法问题的，按照有关纪律和法律法规处理。平时考核结果与年度考核结果挂钩。年度考核确定为优秀等次的，应当从当年平时考核结果好等次较多且无一般、较差等次的民警中产生。当年平时考核结果均为好等次的，年度考核可以在规定比例内优先确定为优秀等次。当年平时考核结果一般、较差等次累计次数超过一半的，年度考核原则上应当确定为基本称职或者不称职等次。当年平时考核结果均为较差等次的，年度考核可以直接确定为不称职等次。平时考核结果记入监狱人民警察年度考核登记表。对年度考核为优秀等次的民警进行公示时，应当公示其当年平时考核结果等次。

专项考核是对监狱人民警察完成重要专项工作，承担急难险重任务和关键时刻的政治表现、担当精神、作用发挥、实际成效等情况所进行的针对性考核，可以按照了解核实、综合研判、结果反馈等程序进行，或者结合推进专项工作灵活安排。

定期考核采取年度考核的方式，是对监狱人民警察一个自然年度内总体表现所进行的综合性考核，在每年年末或者翌年年初进行。

参照《公务员法》第38条规定，监狱人民警察考核结果分为优秀、称职、基本称职和不称职4个等次。

确定为优秀等次应当具备下列条件：思想政治素质高；精通业务，工作能力强；责任心强，勤勉尽责，工作作风好；圆满完成年度工作任务，工作实绩突出；清正廉洁。

确定为称职等次应当具备下列条件：思想政治素质较高；熟悉业务，工作能力较强；责任心强，工作积极，工作作风较好；能够完成本职工作；廉洁自律。

监狱人民警察有下列情形之一的，应当确定为基本称职等次：思想政治素质一般；履行职责的工作能力较弱；责任心一般，工作消极，或者工作作风方面存在明显不足；能基本完成本职工作，但完成工作的数量不足、质量和效率不高，或者在工作中有较大失误；能基本做到廉洁自律，但某些方面存在不足。

监狱人民警察有下列情形之一的，应当确定为不称职等次：思想政治素质较差；业务素质和工作能力不能适应工作要求；责任心缺失，工作不担当、不作为，或者工作作风差；不能完成工作任务，或者在工作中因严重失误、失职造成重大损失或者恶劣社会影响；存在不廉洁问题，且情形较为严重。

监狱人民警察有受相应处分等特殊情形的，按照有关规定参加年度考核，不确定等次。

三、监狱人民警察的考核程序

监狱人民警察考核由其所在机关组织实施。党委（党组）承担考核工作主体责任，组织（人事）部门承担具体工作责任。监狱机关在年度考核时可以设立考核委员会。考核委员会由本机关领导成员、组织（人事）部门、纪检监察机关及其他有关部门人员和公务员代表组成。

年度考核一般按照下列程序进行：

1. 总结述职。监狱人民警察按照职位职责、年度目标任务和有关要求进行总结，在一定范围内述职，突出重点、简明扼要填写公务员年度考核登记表。

2. 民主测评。对担任机关内设机构领导职务的监狱人民警察，在一定范围内进行民主测评。根据需要，可以对其他监狱人民警察进行民主测评。

3. 了解核实。采取个别谈话、实地调研、服务对象评议等方式了解核实监狱人民警察有关情况。根据需要，听取纪检监察机关意见。

4. 审核评鉴。主管领导对监狱人民警察表现以及有关情况进行综合分析，有针对性地写出评语，提出考核等次建议和改进提高的要求。

5. 确定等次。由本机关负责人或者授权的考核委员会确定考核等次。对优秀等次监狱人民警察在本机关范围内公示，公示时间不少于 5 个工作日。考核结果以书面形式通知本人，由监狱人民警察本人签署意见。

年度考核确定为优秀等次的，应当从当年平时考核、专项考核结果好的监狱人民警察中产生。

监狱人民警察对年度考核确定为不称职等次不服的，可以按照有关规定申请复核、申诉。

各监狱机关应当将年度考核登记表存入监狱人民警察本人干部人事档案，同时将本机关监狱人民警察年度考核情况报送同级公务员主管部门。

四、监狱人民警察的考核结果运用

年度考核结果作为调整监狱人民警察职位、职务、职级、级别、工资以及监狱人民警察奖惩、培训、辞退的依据。

监狱人民警察年度考核确定为优秀等次的，按照下列规定办理：①当年给予嘉奖，在本机关范围内通报表扬；晋升上一职级所要求的任职年限缩短半年。②连续 3 年确定为优秀等次的，记三等功；晋升职务职级时，在同等条件下优先考虑。

监狱人民警察年度考核确定为称职以上等次的，按照下列规定办理：①累计两年确定为称职以上等次的，在所定级别对应工资标准内晋升一个工资档次。②累计 5 年确定为称职以上等次的，在所任职务职级对应级别范围内晋升一个级别。③本考核年度计算为晋升职务职级的任职年限，同时符合规定的其他任职资格条件的，具有晋升职务职级的资格。④享受年度考核奖金。

监狱人民警察年度考核确定为基本称职等次的，按照下列规定办理：①对其进行诫勉，责令作出书面检查，限期改进。②本考核年度不计算为按年度考核结果晋升级别和级别工资档次的考核年限。③本考核年度不计算为晋升职务职级的任职年限；下一年内不得晋升职务职级。④不享受年度考核奖金。⑤连续 2 年确定为基本称职等次的，予以组织调整或者组织处理。

监狱人民警察年度考核确定为不称职等次的，按照下列规定办理：①本考核年度不计算为晋升职务职级的任职年限；降低一个职务或者职级层次任职。②本考核年度不计算为按年度考核结果晋升级别和级别工资档次的考核年限。③不享受年度考核奖金。④连续2年确定为不称职等次的，予以辞退。

监狱人民警察参加年度考核不确定等次的，按照下列规定办理：①本考核年度不计算为按年度考核结果晋升级别和级别工资档次的考核年限。②不享受年度考核奖金。③本考核年度不计算为晋升职务职级的任职年限；连续2年不确定等次的，视情况调整工作岗位。

五、监狱人民警察考核的相关事宜

新录用的监狱人民警察在试用期内参加年度考核，只写评语，不确定等次，作为任职、定级的依据。

调任或者转任的监狱人民警察，由其调任或者转任的现工作单位进行考核并确定等次。其调任或者转任前的有关情况，由原单位提供。

援派或者挂职锻炼的监狱人民警察，在援派或者挂职锻炼期间，一般由当年工作半年以上的地方或者单位进行考核，以适当方式听取派出单位或者接收单位的意见。

单位派出学习培训、参加专项工作的监狱人民警察，由派出单位进行考核，主要根据学习培训、专项工作表现确定等次。其学习培训、专项工作表现的相关情况，由学习培训和专项工作单位提供。

病、事假累计超过考核年度半年的监狱人民警察，参加考核，不确定等次。

监狱人民警察涉嫌违纪违法被立案审查调查尚未结案的，参加年度考核，不写评语、不确定等次。结案后，不给予处分或者给予警告处分的，按照规定补定等次。

受处分监狱人民警察的年度考核，按照下列规定办理：①受警告处分的当年，参加年度考核，不得确定为优秀等次；②受记过处分的当年，受记大过、降级、撤职处分的当年及第二年，参加年度考核，只写评语、不确定等次。

受党纪处分和组织处理、诫勉的监狱人民警察参加年度考核，按照有关规定办理。

受政务处分的监狱人民警察参加年度考核，不写评语、不确定等次。

同时受党纪处分、政务处分或者所在机关给予处分、组织处理的，按照对其考核结果影响较重的处分确定受处分影响期间考核结果。

监狱人民警察应当按照规定参加考核。对无正当理由不参加年度考核的民警，经教育后仍然拒绝参加的，直接确定其考核结果为不称职等次。

考核中发现监狱人民警察存在违纪违法问题线索的，移送纪检监察、司法机关处理。

《公务员考核规定》还规定，县级以上公务员主管部门负责本辖区内公务员考核工作的综合管理和指导监督，每年按照不少于机关总数10%的比例，对本辖区内各机关公务员考核工作进行核查了解。各监狱和监狱管理部门依照执行。

学习任务十六　监狱人民警察的奖惩

一、监狱人民警察奖惩的涵义

监狱人民警察的奖惩，是指监狱机关按照有关的法规、政策和规定，对监狱人民警察实施的奖励和惩罚。奖励，是指对政治素质过硬，工作表现突出，有显著成绩和贡献，或者有其他突出事迹的监狱人民警察个人、集体，依据规定给予的奖励。奖励是以正激励的方式满足监狱人民警察物质和精神的需要，从而调动其工作积极性，使其潜在能力得到最大限度发挥的一种管理方法。对在工作中有过失和违纪行为的监狱人民警察予以处分和处罚称为惩处。惩处是以负强化的方式，对监狱人民警察的错误行为予以制止和预防，以警诫他人，实现规范民警行为的一种管理方法。

监狱人民警察的奖惩必须严格按照现行的法律法规执行，执行奖惩的主要法律法规和制度规定有：《公务员法》《公职人员政务处分法》《中国共产党纪律处分条例》《监察法》《监察法实施条例》《人民警察法》《监狱法》《公务员奖励规定》《行政机关公务员处分条例》《监狱和劳动教养机关人民警察违法违纪行为处分规定》等。

二、监狱人民警察的奖励

（一）奖励的条件

《公务员奖励规定》第5条规定，公务员、公务员集体有下列情形之一的，给予奖励：①忠于职守，积极工作，勇于担当，工作实绩显著的；②遵纪守法，廉洁奉公，作风正派，办事公道，模范作用突出的；③在工作中有发明创造或者提出合理化建议，取得显著经济效益或者社会效益的；④为增进民族团结，维护社会稳定做出突出贡献的；⑤爱护公共财产，节约国家资财有突出成绩的；⑥防止或者消除事故有功，使国家和人民群众利益免受或者减少损失的；⑦在抢险、救灾等特定环境中做出突出贡献的；⑧同违纪违法行为作斗争有功绩的；⑨在对外交往中为国家争得荣誉和利益的；⑩有其他突出功绩的。

参照《公务员法》《公务员奖励规定》《人民警察法》《司法部关于司法行政系统工作人员奖惩暂行办法（试行稿）》等规定，监狱人民警察个人和集体，在符合条件的情形下，可以被授予相应等级的奖励。

监狱人民警察个人凡坚持四项基本原则，努力学习，积极工作，遵纪守法，作风正派，并有下列表现之一者，应给予奖励：①忠于法律和制度，忠于人民利益，忠于事实真相，不徇私利，不畏艰苦，在工作中成绩显著者；②深入调查研究，认真总结经验，勇于改革创新，对开展工作新局面做出较大贡献者；③努力学习科学文化知识，钻研业务，有理论突破，有发明创造，勇于改革或提出合理化建议，对改进工作、提高效率有较大贡献者；④一贯坚持原则，办事公道，作风正派，敢于同违法乱纪、玩忽职守不正之风作斗争，事迹突出者；⑤勤勤恳恳，任劳任怨，在艰苦环境下忠于职守，做出显著成绩者；⑥在宣传法制、解决纠纷、改造罪犯工作中表现突出，成绩显著者；⑦在预防和制止犯罪、排除各种不安全因素、防止事故、保卫国家和人民生命财产的紧急关头，舍己为公、舍己为人，事迹突出者；⑧保卫国家机密、维护国家，有较大贡献者；其他方面成绩显著，应予奖励者。

监狱人民警察集体有下列事迹之一的，应当给予奖励：①在监狱工作中，团结协作，不怕艰苦，为维护国家安全和监狱秩序作出突出成绩的；②在处置狱内突发事件时，行动迅速，措施得当，有显著效果的；③在监狱管理中，基础工作扎实，防范措施严密，认真落实综合治理社会治安各项措施，有显著成绩的；④在社会主义精神文明建设中，文明执法，文明服务，文明办事，文明管理，有显著成绩的；⑤在抢险救灾中，充分发挥战斗集体的作用，不惧艰险，团结奋战，为抢救国家财产和人民生命财产作出突出贡献的；⑥坚持依法从严治警方针，强化教育、管理，认真落实目标岗位责任制，全面加强队伍建设，推动监狱管理工作取得显著成绩的；⑦严格执法，廉洁奉公，敢于同违法违纪行为作斗争，成绩显著的；⑧在工作中有发明创造、技术革新、重要理论问题或实际问题研究成果，取得显著成绩的；⑨密切联系群众，关心群众疾苦，为群众排忧解难，提供社会服务，成绩显著的；⑩在其他方面有突出成绩或重大贡献的。

上述规定较为宏观，在具体实施奖励时，还需结合业务实际和具体的事迹材料，认真研究，反复比较、对照，切实做到公正、合理。

（二）奖励的种类

《公务员奖励规定》第6条规定，对公务员、公务员集体的奖励分为：嘉奖、记三等功、记二等功、记一等功、授予称号。

1. 对表现突出的，给予嘉奖；
2. 对做出较大贡献的，记三等功；
3. 对做出重大贡献的，记二等功；
4. 对做出杰出贡献的，记一等功；

5. 对功绩卓著的，授予"人民满意的公务员""人民满意的公务员集体"等称号。

（三）奖励的程序

对监狱人民警察实施奖励是重要的日常管理工作，必须严格按照规定的程序操作。奖励的一般程序是：奖励的提出、奖励的申报与审批；奖励结果的公布、奖励材料归档。

1. 对符合奖励条件的个人和集体，由所在单位民主推荐，集体研究，提出奖励申报意见；

2. 人事（组织）部门认真核实申报对象的事迹材料，征求相关部门意见后，提出奖励审核意见；

3. 人事（组织）部门以所在单位名义签署授予何种奖励、奖励的理由、具体事迹材料，有关证明材料、群众座谈会记录等，报审批机关审批。

不同等级的奖励，审批的机关也不相同。人民警察个人和集体的嘉奖由县以上警察机关审批；个人和集体三等功，由地市警察主管机关审批；个人二等功、一等功、集体二等功，由省（自治区、直辖市）警察主管机关审批；个人一等功、集体一等功由警察最高警察管理机关审批；授予个人和集体荣誉称号，由最高警察管理机关审批或最高警察管理机关审核、报国务院批准。

4. 批准机关应当在一个月内完成审核、审批工作。对下级警察机关的奖励审核、审批，批准机关在收到奖励申报材料两个月内完成审核、审批工作。

对拟实施奖励的个人和集体，奖励申报、审核、批准机关的人事（组织）部门应当征求本级警察机关纪检监察、法制和相关业务部门的意见；对拟实施奖励的个人，必要时，按照干部管理权限征得主管机关同意，征求纪检机关（监察部门）和有关部门意见。

5. 对拟记三等功以上奖励的个人和集体，除涉密等特殊情况外，应当逐级在一定范围内进行公示，公示时间原则上不少于7个工作日。

6. 对个人和集体实施奖励的决定，以奖励批准机关行政首长签署命令的形式下达。行政首长空缺时，以奖励批准机关印发决定的形式下达。

7. 对个人和集体实施奖励的决定应当及时宣布，并举行简约、俭朴的授奖仪式，必要时，可以召开表彰会。对集体和个人的奖励实施后，奖励命令、审批表和其他有关材料存入机关文书档案，个人奖励审批表同时存入本人档案。

三、监狱人民警察的惩处

监狱人民警察的惩处又称惩罚、处分，是指运用行政手段制裁违法、违纪的监狱人民警察。行政处分，是指具有惩罚权限的监狱机关对监狱人民警察违反行政纪律行为的制裁，它带有处罚的性质，属于组织内部行政行为。

（一）监狱人民警察行政处分的种类

《公职人员政务处分法》规定，政务处分的种类为：警告、记过、记大过、降级、撤职、开除。政务处分的期间为：警告，6个月；记过，12个月；记大过，18个月；降级、撤职，24个月。政务处分决定自作出之日起生效，政务处分期自政务处分决定生效之日起计算。

《人民警察法》第48条第2款规定，监狱人民警察的行政处分为警告、记过、记大过、降级、撤职、开除六种。

1. 警告。是指监狱人民警察犯有一定错误或有过失时，监狱对其进行警示、告诫的一种行政处分形式。警告的期间一般为6个月。

2. 记过。是指当监狱人民警察实施了过错行为时，监狱对其过错行为进行登记的一种行政处分形式。该行政处分形式一旦实施，就会对监狱人民警察当年的评先、评优等资格产生直接影响，记过的期间一般为12个月。

3. 记大过。是指当监狱人民警察实施了过错行为时，监狱对其过错行为进行登记后，并记入个人档案的一种行政处分形式。该行政处分形式一旦实施，会影响到监狱人民警察当年的评先、评优资格，影响其晋升工资、职务，并对其政治前途产生影响。记大过的期间一般为18个月。

4. 降级。是指行政机关对违反国家有关法律、法规和政策的监狱人民警察，给予降低职务或级别的一种行政处分。

5. 撤职。是监狱按照法定程序和法定条件，对违反国家有关法律、法规和政策的监狱人民警察，向有管辖权的人事部门提出撤销其现任职务的处分，经审批同意后，执行撤销监狱人民警察担任职务的一种行政处分。监狱人民警察受撤职处分的，同时降低级别和职务工资。

6. 开除。是指对违反有关法律法规、有关规定的监狱人民警察，根据法定事由，经过法定程序，由法定机关作出开除公职的一种处分。开除意味着监狱和监狱人民警察之间的法定关系完全消失。

监狱人民警察在受处分期间不得晋升职务和级别，其中受记过、记大过、降级、撤职处分的，同时不得晋升工资档次。

除以上六种主要处分形式外，《人民警察法》第48条第2款还规定："……对受行政处分的人民警察，按照国家有关规定，可以降低警衔、取消警衔。"第48条第3款规定："对违反纪律的人民警察，必要时可以对其采取停止执行职务、禁闭的措施。"第49条规定："人民警察违反规定使用武器、警械，构成犯罪的，依法追究刑事责任；尚不构成犯罪的，应当依法给予行政处分。"

监狱人民警察在受处分期间不得晋升职务和级别，其中受记过、记大过、降级、撤职处分的，同时不得晋升工资档次。

(二）惩处的条件

《公职人员政务处分法》第 5 条规定，给予公职人员政务处分，应当事实清楚、证据确凿、定性准确、处理恰当、程序合法、手续完备。

惩处的条件是指监狱人民警察应受处分或纪律制裁的某种行为。关于惩处的条件，在《公务员法》《公职人员政务处分法》《监察法》《监察法实施条例》《中国共产党纪律处分条例》《人民警察法》《行政机关公务员处分条例》《司法部关于司法行政系统工作人员奖惩暂行办法（试行稿）》《监狱和劳动教养机关人民警察违法违纪行为处分规定》等中有具体的标准。综合分析法律法规，对监狱人民警察实施惩处必须同时具备以下两个条件，缺一不可：第一，必须有违纪情况，应当承担纪律责任的行为。如违反《人民警察法》第 22 条所列举的 12 项纪律、第 49 条关于违反规定使用武器、警械的规定的行为。这是给予监狱人民警察行政处分的前提条件。第二，有违法行为但尚未构成犯罪，或虽构成犯罪但依法不追究刑事责任而必须承担违纪责任的，如贪污、盗窃、行贿受贿数额没有达到标准或依法不追究刑事责任的行为。这是给予监狱人民警察行政处分的实质条件。

监狱人民警察机关对于违反纪律的人员给予行政处分时，要本着严肃和慎重的态度，根据所犯错误的事实、性质、情节、危害和后果，参照本人的一贯表现和对错误的认识程度，不同情况，区别对待。具体要求是：

1. 对于违反纪律，使国家、集体和人民的利益遭受一定损失，仍然可以担任现任职务的人员，可分别给予警告、记过、记大过、降低工资级别的处分；

2. 对于严重违反纪律，使国家、集体和人民的利益遭受严重损失和在干部群众中造成不良影响，不宜继续担任现任职务，或不宜在现任岗位上工作的人员，可给予降级或撤职的处分；

3. 对于严重违法乱纪、失职，屡教不改，不适合继续在警察部门工作的人员，可给予开除公职的处分；

4. 降低警衔、取消警衔不是独立的处分种类，而是附加或附属的处罚措施，因而不能独立使用，而应结合具体种类的处分使用；

5. 作为共产党员或共青团员的民警因违反纪律给予行政处分时，可以根据党章、团章的规定，给予党纪、团纪处分。

（三）监狱人民警察处分的程序

监狱人民警察实施违法违纪行为，应当承担纪律责任的，由任免机关或者监察机关按照处理权限依法给予处分。处分的程序和不服处分的申诉，依照《中国共产党纪律处分条例》《监察法》《公务员法》《公职人员政务处分法》《行政机关公务员处分条例》等有关法律法规的规定办理。处分的实施程序一般分为立案、调查、公布调查结果、提出处理意见、审批、执行六个阶段。

1. 立案。监狱机关发现监狱人民警察有违纪违法行为需要查处时,根据规定,按照管理权限或案件管理范围,履行立案审批手续,列为处分案件。

2. 调查。监狱机关要对立案案件展开调查,听取各方面的意见,做好谈话笔录和证言笔录,查清违纪违法情况。

3. 公布调查结果。调查结束后,在一定范围内公布调查结果,允许本人申辩,允许别人为之辩护。

4. 提出处理意见。在此基础上认真核实材料,提出处分意见,呈报审查机关。

5. 审批。审批机关收到材料后,认真审核,作出处分规定。

6. 执行。将处分决定交由受处分的监狱人民警察,由其签署意见。如拒绝,单位应注明;受处分的监狱人民警察如对处分不服,在接到处分决定的1个月内可向处理机关申请复议,并可向上一级领导机关或行政监察机关提出申诉。经过复议和申诉,原处分确属不当的,应该予以撤销。但在复议和申诉期间,不停止对原处分决定的执行。

监狱机关发现所属人员违反纪律、应给予行政处分时,必须迅速处理,不得无故拖延。一般应从发现错误之日起,半年内处理完毕。如果情节复杂或有其他特殊原因,也不得超过一年。

(四) 处分的解除

为了体现治病救人的原则,参照国家公务员惩处制度的有关规定,对监狱人民警察的处分除开除以外的行政处分,在处分期间有悔改表现的,并且没有再发生违纪行为的,处分期满后,由作出处分的机关解除处分并以书面形式通知本人。其中,受警告、记过处分的,半年内解除处分;受记大过处分的,1年内解除处分;受撤职处分的,2年内解除处分。监狱人民警察在受处分期间有特殊贡献的,可以提前解除处分。

解除处分一定要做到手续齐备,先由本人写出书面申请,然后经所在机关讨论通过,报原处分机关批准后方可执行。解除处分后,晋升和奖励不再受影响。

学习任务十七　监狱人民警察职务的任免

一、监狱人民警察的任职

监狱人民警察职务的任免,是监狱人民警察任职与免职的统称。任职,是指任免机关根据有关规定和任职的条件、要求,通过法定的程序和手续,任用监狱人民警察担任某一职务。

我国公务员领导职务实行选任制、委任制和聘任制，公务员职级实行委任制和聘任制。选任制是指通过选举的形式选拔所需公务人员的一种方式。委任制是指由任免机关在权限范围内任命委派人员担任一定职务的任用方式。聘任制公务员是指以合同形式聘任、依法履行公职、纳入国家行政编制、由国家财政负担工资福利的工作人员。按照规定，机关聘任公务员，主要面向专业性较强的职位，确有特殊需要的，也可以面向辅助性职位。

我国监狱人民警察的职务任免主要采用委任制，部分职务也可以采用选任制和聘任制。

（一）监狱人民警察任职的形式

监狱人民警察的任职形式有：初任、调任、升任、降任、转任、复任、兼任七种。

1. 初任。即对新录用的监狱人民警察试用合格后的最初任用，对试用期满后考核合格的监狱人民警察要确定相应的职务、级别；对考核不合格的，可延长半年或1年试用期。延长期满后考核仍不合格的，可视具体情况确定职务或予以辞退。

2. 调任。即对从监狱系统外调入或公开选拔进入监狱系统工作的监狱人民警察的任用。

3. 升任。即对较低职务升为较高职务的监狱人民警察的任用，它是高级职位选拔人选的主要途径。升任主要有两种形式：①外补制，即监狱中高级职位出现空缺时，从外部选拔适当的新人补用；②内补制，即空缺的位置由本部门职位较低的监狱人民警察升任。

4. 降任。即将较高职务降为较低职务的监狱人民警察的任用。

5. 转任。即对监狱系统内部跨部门、跨单位的平职转换的监狱人民警察的任用。

6. 复任。即对因停职或休职、离职（学）的监狱人民警察复出后的任用。

7. 兼任。即对除担任现有职务之外还担任其他职务的监狱人民警察的任用。确因工作需要，允许个别监狱人民警察经任免机关批准兼职，但对此有较为严格的限制。

（二）监狱人民警察任职的程序

1. 提名。在组织、群众推荐和个人自荐的基础上，提出拟任职人选。
2. 考察。任免机关人事部门对所管辖级别的拟任职人选进行考核或了解。
3. 讨论。任免机关人事部门对所管辖的拟任人选，集体讨论决定是否任职。
4. 任命。任免机关发布任职令，颁发任命书，并在一定范围内公布结果。

二、监狱人民警察的免职

监狱人民警察免职，是指任免机关根据有关法律规定和免职条件的要求，通过法定的程序和手续，免除监狱人民警察所担任的一定的职务。

（一）监狱人民警察免职的种类

监狱人民警察的免职包括程序性免职和单纯性免职两种。

程序性免职是指委任在职监狱人民警察新的职务之前，同时免除其原来所担任的职务。这里的免职不是目的，而是任用监狱人民警察担任新领导职务。

单纯性免职是指以免除现任职务为目的的免职。如下列原因引起的免职：因降低职务，免去原职务；因转任其他职务，免去原职务；因退休、退职或调出，免去原职务；因机构精简致使领导职位减少而不能留任，因年度考核不称职及不能胜任现职，等等。

（二）监狱人民警察免职的程序

1. 提议。由所在单位、上级或其他有关机关（如纪检、监察机关）提出拟免职人员的建议。

2. 审核。任免机关人事部门对拟免职人员的免职事由进行审核。

3. 审批。任免机关对拟免职人员集体讨论决定是否免职。

4. 免职。任免机关发布免职命令，并在一定范围内公布。

监狱人民警察有下列情形之一的，其职务自然免除，可不再办理免职手续，由所在单位报任免机关备案：受到刑事处罚或者劳动教养的；受到撤职以上处分的；被辞退的；法律、法规及有关章程有其他规定的。

学习任务十八 监狱人民警察的交流制度

一、监狱人民警察交流制度的涵义

监狱人民警察的交流制度，是指监狱人民警察的主管机关通过一定的行政措施和手段推进监狱人民警察队伍进行内外流动和内部流动的制度，即监狱人民警察有目的、有计划地进行横向或纵向的、定期或不定期的调换任职。

实施监狱人民警察交流制度，能够促进监狱人民警察的培养锻炼，可以开阔监狱人民警察的视野，丰富阅历，交流信息，多深入群众，掌握真实情况，挖掘其职业潜力，创造新的成绩；能够合理配置人才，通过交流使监狱人民警察队伍的组合得到优化，实现优势互补；能够促进廉政建设，通过交流改变因在一个职位上长期任职而受到不良人际关系的影响，从制度上摆脱关系网的羁绊，使他们能够秉公办事，大胆工作；也能够解决监狱人民警察的实际困难。如夫妻长期两地分居情况，在不影响工作的前提下，通过交流，将二者交流到同一地区工作，解决二人的实际困难等。

二、监狱人民警察交流制度的内容

监狱人民警察交流,包括队伍内部的交流,即在公务员队伍内跨地区、跨部门的交流和在同一部门内的不同职位之间的交流;也包括与外部其他公务部门的人员进行交流。在内部的交流即转任,不涉及监狱人民警察身份变化,只是职务关系发生变更;而外部交流调任,则涉及人员身份变化;此外,还包括挂职锻炼这种特殊的交流形式,在机关内、机关外均可进行,但均不改变公务员身份,也不改变其行政隶属关系,只是临时改变其工作关系。

(一)监狱人民警察转任制度

转任是指监狱人民警察因为工作需要或者其他正当理由而在监狱系统内部进行平级调动。监狱人民警察转任有两个原因,一个是因工作的需要,一个是依据个人的申请。因工作需要的转任,是指监狱及其主管机关根据工作的需要,凭借行政隶属关系,用行政命令性手段使监狱人民警察在监狱系统内部进行调动。依据个人申请的转任,是监狱人民警察个人有转任的正当理由而主动提出申请,经有关部门批准后进行的转任调动。

在实践中,需要适用转任的情形有五个方面:在监狱系统内部调剂人才余缺;为合理使用人才进行职位调整;通过转任方式解决人民警察个人的实际困难,如夫妻两地分居等;为基层单位和边缘、艰苦地区选派所需人员;为上级领导机关选调有基层经验的领导后备人才和业务骨干。转任交流后,监狱人民警察的职务关系发生变更,行政机关内部的隶属关系发生变更,但并不涉及职务关系的产生和消灭,监狱人民警察的身份不变。

(二)监狱人民警察调任制度

监狱人民警察调任制度包括调入和调出。

监狱人民警察的调入是将监狱系统以外的工作人员调入监狱系统任职。其适用的范围是,从监狱系统以外的其他国家机关、党群机关以及企业、事业单位的工作人员中,选拔符合条件的优秀人才进入监狱系统担任领导职务或者助理调研员以上的非领导职务。对于从监狱系统之外调入的人员有两点要求:①必须经过严格考核。了解准备调入的人员是否具备调入后拟任职务所要求的政治思想水平、工作能力以及相应的资格条件。②经过培训后才能正式任职。通过对人民警察进行行政管理知识、符合职务要求的专门业务知识与技能的培训,以便监狱人民警察任职后能立即进入角色,有效地开始工作。

监狱人民警察的调出是指需调出的监狱人民警察的所在单位与其将要调入的组织协商"调出"的事宜,如果不存在其他组织接受调出人员,该调出制度即不存在。

(三)监狱人民警察挂职锻炼

挂职锻炼是培养、锻炼监狱人民警察的一项重要措施。监狱人民警察的挂职锻炼是指监狱管理机关有计划地选派在职监狱人民警察在一定时间内到基层单位或者企业、事业单位担任一定职务。在挂职锻炼期间，不改变与原机关的人事行政关系。挂职锻炼的对象是年轻、缺乏实践经验的监狱人民警察，挂职的方向主要是业务相近的基层单位。挂职锻炼的期限一般为1~2年，期满后仍回原单位任职。

（四）监狱人民警察轮换制度

轮换是监狱系统内部的一种经常化、制度化的人员行政管理方式。轮换是指监狱系统对担任领导职务和某些特殊性质职位的非领导职务的人民警察，有计划地进行职位轮换。轮换包括本部门、本单位内不同职位的轮换，本系统上下级机关之间的职位轮换及不同部门之间的职位轮换。

监狱人民警察轮换的对象包括：①担任监狱管理机关和监狱处级领导职务以及监狱科级领导职务的监狱人民警察，通过轮换可以提高他们的素质和宏观能力决策水平。②某些工作性质特殊的非领导职务的监狱人民警察，如财务、人事、监察、管教、供销等部门，由于工作性质特殊，不能长期在一个岗位任职，通过轮换的方式转岗。除以上两种人员之外，还可以结合实际情况，把一般人员列入轮换的对象。

三、监狱人民警察岗位交流的原则

（一）工作需要原则

根据工作需要进行人才交流，是衡量每一项交流工作是否必要、是否合理、是否成功的最根本的标准。它要求，监狱人民警察的交流必须紧紧围绕并服从和服务于监狱管理工作的需要，在决定进行某项交流、与什么人员进行交流、在什么时间进行交流、交流什么职位等事项时，首先应考虑工作是否需要，如何更有利于监狱管理工作。

（二）合理性原则

监狱人民警察的岗位交流必须按照法定的条件、措施、程序和规划进行。例如要有岗位的缺位，要有具备这个岗位要求能力的人员，要有合适的交流手段等。

（三）计划性原则

监狱人民警察交流应有计划、有组织地进行，以不影响工作的正常开展为前提，要保持部门内人员的相对稳定和工作的连续性。在具体工作中，要协调好职业群体结构、对应的素质要求和警察个体的职业规划等，从整体上理顺岗位交流与人事管理的其他工作，保证能迅速地建立协调关系，加快工作效率。

（四）适才所需原则

监狱人民警察由于受教育程度、知识结构、兴趣爱好以及成长背景等方面因素的影响，导致每个人的思想、性格不同，从而也形成业务专长和工作能力的差异。而与之相适应的职位，由于工作性质、难易程度和责任大小等方面的不同，而形成任职条件上的不同需求。成功的交流工作，就是要最大限度地将每个监狱人民警察调动到最适合发挥专长的职位上，从而达到适才所需、人尽其才的目的和效果。

学习任务十九　监狱人民警察的辞职

一、监狱人民警察辞职的涵义

《公务员辞去公职规定》第 2 条第 1 款规定，公务员辞去公职，是指公务员依照法律、法规规定，申请终止与任免机关的任用关系。监狱人民警察的辞职，是监狱人民警察依照法律法规规定，申请终止与任免机关的任用关系辞去现任职位。实行监狱人民警察以自愿为前提的辞职制度，有助于保障监狱人民警察的合法权益，增强监狱人民警察任职的自主权。

监狱人民警察的辞职，有如下特点：

（一）自愿

辞职的原因是监狱人民警察本人出于某种现实的考虑和权衡，不愿意继续留在监狱人民警察队伍中，是自己作出的选择。

（二）法定性

辞职必须经过一定的法定程序，一般除本人申请外，还需报任免机关审批后方可生效，不允许擅自离职。

（三）权利保障

辞职是监狱人民警察的一项权利，除国家明文规定的一些特殊情况不准辞职外，每个监狱人民警察都有权根据自己的意愿和实际情况提出辞职，选择其他职业。

（四）享有法定待遇

辞职的监狱人民警察享有法定的辞职待遇。监狱人民警察辞职后，可以按照有关规定获得各种人事关系证明，享有在规定的范围内重新获得职位的权利，其工龄可以连续计算。

二、监狱人民警察自愿辞职、引咎辞职和责令辞职

根据《公务员法》《公务员辞去公职规定》《党政领导干部辞职暂行规定》等法律法规，监狱人民警察辞职包括自愿辞职、引咎辞职和责令辞职。

（一）自愿辞职

自愿辞职，是监狱人民警察因个人原因，出于某种现实的考虑和权衡，自己

做出离开监狱人民警察队伍的选择，向人事（组织）部门提出申请，自愿辞去现任领导职务或公职。

1. 自愿辞职条件。自愿，是监狱人民警察辞去公职的基本条件。监狱人民警察自愿辞职，要提出书面申请，写明自愿情况、辞职原因、辞职诉求等，向任免机关提供自己辞职的必要信息。辞职虽然是监狱人民警察自愿的行为，但也并非完全的单方行为。《公务员辞去公职规定》第6条规定了公务员不得批准辞去公职的5种情形：①未满国家规定的最低服务年限的。2008年7月16日施行、2019年4月24日修订的《新录用公务员任职定级规定》规定，新录用公务员在机关服务年限最低5年（含试用期）。②在涉及国家秘密等特殊职位任职或者离开上述职位不满国家规定的脱密期限的。这里的特殊职位，是指保密法规定的"经管国家秘密事项"的工作岗位。秘密事项包括国家事务重大决策中的秘密事项、国防建设和武装力量活动中的秘密事项、国家经济和科学技术中的秘密事项。"脱密期"有原则性规定，如在以上特殊职位工作不满最低服务年限的，一般是指5年（含试用期）。③正在接受审计，或者重要公务尚未处理完毕且须由本人继续处理的。这里的"重要公务"，是指与国家或者机关的重大利益密切相关的公务活动。在实践中存在这样的现象，某个民警承担或参加某项重要工作，该项工作未完成时，如果中途换人，有可能影响工作全局，损害国家利益。在这种情形下，监狱人民警察也不得辞职。④正在接受纪律审查、监察调查，或者涉嫌犯罪，司法程序尚未终结的。这一规定是为了防止违法违纪的监狱人民警察以辞职来逃避责任。⑤法律、行政法规规定的其他不得辞去公职的情形。这项是兜底条款，为进一步完善辞去公职制度留下了余地，但同时也表明，对人民警察辞职的限制性条件只能由法律、行政法规来进行规定，以便于更好地保护监狱人民警察的利益。

2. 自愿辞职程序。监狱人民警察自愿辞职是一种法律行为，《公务员辞去公职规定》第7条规定，公务员辞去公职，按照下列程序办理：①本人向任免机关提出书面申请，填写《公务员辞去公职申请表》。担任县处级副职以上领导职务或者二级调研员及相当层次以上职级的，应当一并报告个人有关事项。②组织人事部门审核，重点审核公务员是否具有不得辞去公职或者辞去公职后的从业限制情形，并征求其所在单位和纪检监察机关、保密等部门的意见。同时，提醒其严格遵守从业限制规定，告知违规从业须承担的法律责任。③任免机关审批，作出同意或者不同意辞去公职的批复。同意辞去公职的，应当同时免去其所任领导职务、职级。其中，对需要进行经济责任审计的，应当事先按照有关规定进行审计。④任免机关将批复送公务员所在单位和申请辞去公职的公务员。⑤同意辞去公职的，办理公务交接手续。⑥将同意辞去公职的批复和《公务员辞去公职申请表》等存入本人人事档案,同时将批复送同级公务员主管部门备案。

(二) 引咎辞职

引咎辞职是指党政领导干部因对于工作存在过失而负起责任、自己主动辞去现任职务。监狱人民警察引咎辞职,是指因工作严重失误、失职造成重大损失或者恶劣社会影响的,或者对重大事故负有领导责任的,由本人提出辞去领导职务的行为。引咎辞职,是监狱人民警察领导自我追究过失责任的一种形式。

1. 引咎辞职条件。监狱人民警察具有下列情形之一的,应当引咎辞职:①因工作失职,引发严重的群体性事件,或者对群体性、突发性事件处置失当,造成严重后果或者恶劣影响,负主要领导责任的;②决策严重失误,造成巨大经济损失或者恶劣影响,负主要领导责任的;③在抗灾救灾、防治疫情等方面严重失职,造成重大损失或者恶劣影响,负主要领导责任的;④在安全工作方面严重失职,连续或者多次发生重大责任事故,或者发生特大责任事故,负主要领导责任的;连续或者多次发生特大责任事故,或者发生特别重大责任事故,负主要领导责任、重要领导责任的;⑤因管理不当,监督不严,所辖工作连续或者多次发生重大事故、重大案件,造成巨大损失或者恶劣影响,负主要领导责任的;⑥用人严重失察、失误,影响恶劣,负主要领导责任的;⑦疏于管理监督,致使班子成员或者下属连续或多次出现严重违纪违法行为,造成恶劣影响,负主要领导责任的;⑧对配偶、子女、身边工作人员严重违纪违法知情不管,造成恶劣影响的;⑨有其他应当引咎辞职情形的。

2. 引咎辞职程序。参照《党政领导干部辞职暂行规定》第16条,监狱人民警察领导干部引咎辞职应当经过下列程序:①监狱人民警察领导干部按照干部管理权限,以书面形式向党委(党组)提出辞职申请。辞职申请应当说明辞职原因和思想认识等。②组织(人事)部门对辞职原因等情况进行了解审核,并提出初步意见。审核中应当听取纪检机关(监察部门)的意见,并与干部本人谈话。③按照干部管理权限,党委(党组)集体研究,作出同意辞职、不同意辞职或者暂缓辞职的决定。党委(党组)应当自接到干部引咎辞职申请3个月内予以答复。党委(党组)的决定应当及时通知干部所在单位和干部本人。④任免机关在同意干部引咎辞职后,应当将干部引咎辞职情况在一定范围内公布。⑤党委(党组)作出同意辞职决定后,按照有关规定办理辞职手续。

(三) 责令辞职

责令辞职是指相关部门认为领导干部表现不佳、不适宜继续担任当前职位而责令其辞去职务。监狱人民警察任职期间的表现,经党委(党组)及其组织(人事)部门认定其已不再适合担任现职的,或者应当引咎辞职的本人不提出辞职的,可以通过一定程序责令其辞去现任领导职务。责令辞职实际上是组织上对不再适合担任现职的领导成员的一种组织处理。参照《党政领导干部辞职暂行规定》第20条，监狱人民警察领导干部责令辞职应当经过下列程序：①党委（党组）作出责令监狱人民警察领导辞职的决定，以书面形式通知本人，指派专人与本人谈话。②被责令辞职的监狱人民警察若对组织决定不服，可以在接到责令辞职通知后15日内，向作出决定的党委（党组）提出书面申诉。党委（党组）接到申诉后，应当及时组织人员进行核查，并在1个月内作出复议决定。复议决定以书面形式通知领导本人。③监狱人民警察应当在首次接到责令辞职通知后15日内，或者在接到复议决定后3日内向任免机关提出书面辞职申请。④按照干部管理权限，做出辞职的决定，在一定范围内公布。⑤按照有关规定办理辞职手续。⑥被责令辞职的领导干部不服从组织决定、拒不辞职的，予以免职或者提请任免机关予以罢免。

三、关于监狱人民警察辞职的管理与纪律

依据《公务员辞去公职规定》《党政领导干部辞职暂行规定》等规定，监狱人民警察辞去公职后，不再具有公务员身份，自批准之日的次月起停发工资，社会保险按照有关规定执行。辞去公职后，原所在机关应当自批准之日起2个月内将其人事档案转递至相应的人事档案工作机构、公共就业和人才服务机构或者本人户籍所在地社会保障服务机构。具体按照人事档案工作有关规定办理。本人应当配合转递人事档案，未予配合的，其后果由本人承担。监狱人民警察辞去公职后重新就业的，在计算工作年限时，其辞去公职前在机关的工作年限合并计算。监狱人民警察辞职后，两年内不得在与本人原工作业务直接相关的企业、营利性事业单位和外商驻华机构任职。在监狱人民警察辞去公职工作中，对有不按照规定的条件和程序审核、审批以及从业限制管理等情形的，予以责令纠正；根据情节轻重，依规依纪依法追究负有责任的领导人员和直接责任人员责任。未予批准辞职的情况下，监狱人民警察可申请复核或者提出申诉。复核、申诉期间不停止该人事处理的执行。

学习任务二十　监狱人民警察的辞退

一、监狱人民警察辞退的涵义

《公务员辞退规定》第2条规定，公务员辞退，是指机关依照法律法规规定，解除与公务员的任用关系。辞退是监狱人民警察管理的一项重要人事制度。监狱人民警察的辞退，是指监狱管理机关对已不具备监狱人民警察条件，不适合在监狱人民警察机关继续工作的人员，解除其与监狱人民警察机关任用关系的一项人

事行政管理措施。实行监狱人民警察的辞退制度，能够充分体现优胜劣汰，有助于形成"能上能下、能进能出"的人员管理制度，保障单位的用人自主权，保证监狱人民警察队伍的优化和活力，促进监狱人民警察不断提高自身素质。

辞退是监狱机关的一项权力，可视情况单方面决定解除其所属监狱人民警察的隶属关系，而无需征得被辞退者的同意。由于辞退的严肃性，辞退必须具备法定的事由，且经过法定的程序。非因法定事由和非经法定程序，不得辞退监狱人民警察。辞退是一种中性行为，没有明显的惩戒性。辞退后单位与被辞退者即脱离关系。

二、监狱人民警察辞退的情形

依据《人民警察法》《公务员法》《公务员辞退规定》《党政领导干部辞职暂行规定》《司法行政机关人民警察辞退暂行办法》等规定，辞退监狱人民警察情形有：

（一）应当辞退的情形

《公务员辞退规定》第6条规定，公务员有下列情形之一的，予以辞退：①在年度考核中，连续2年被确定为不称职的；②不胜任现职工作，又不接受其他安排的；③因所在机关调整、撤销、合并或者缩减编制员额需要调整工作，本人拒绝合理安排的；④不履行公务员义务，不遵守法律和公务员纪律，经教育仍无转变，不适合继续在机关工作，又不宜给予开除处分的；⑤旷工或者因公外出、请假期满无正当理由逾期不归连续超过15个工作日，或者1年内累计超过30个工作日的。

（二）多次违纪或完不成任务辞退的情形

《司法行政机关人民警察辞退暂行办法》第4条规定，司法行政机关人民警察有下列情形之一，经多次批评教育仍不改正，或者经培训仍不合格的，应当予以辞退：①作风散漫，纪律松弛，经常迟到早退或者上班时间经常办私事的；②遇事推诿，消极怠工，工作不负责任的；③酗酒滋事或者经常酗酒的；④私自将警械、制式服装、警衔标志、警官证转借、赠送非人民警察的；⑤文化、业务素质低，不适合在司法行政机关人民警察岗位上继续工作的。

（三）严重违纪辞退的情形

《司法行政机关人民警察辞退暂行办法》第5条规定，司法行政机关人民警察有下列情形之一，错误比较严重又不宜给予行政开除处分的，应当予以辞退：①殴打或者纵容他人殴打罪犯、劳教人员的；②侮辱罪犯、劳教人员的；③利用罪犯、劳教人员提供劳务谋取私利的；④私自为罪犯、劳教人员传递信件或者物品的⑤非法将监管罪犯、劳教人员的职权交予他人行使的；⑥不执行上级决定和命令的；⑦在执行公务中贪生怕死，临阵脱逃的；⑧违反规定使用武器、警械的；⑨索要、收受、侵占罪犯、劳教人员及其亲属财物的；⑩接受当事人及其代理人请客送礼的；⑪从事营利性的经营活动或者受雇于个人、组织的；⑫诬告他人，压制和打击报复检举人、控告人的；⑬道德败坏、生活腐化的。

（四）不得辞退的情形

《公务员法》第89条、《公务员辞退规定》第7条、《司法行政机关人民警察辞退暂行办法》第6条，从保障人民警察的健康权，保护妇女合法权益的角度出发，对监狱人民警察具有下列情形之一的，做出不得辞退的规定：①因公负伤致残并被确认丧失工作能力的；②患病或者负伤，在规定的医疗期内的；③女性公务员在孕期、产期、哺乳期内的；④法律、行政法规规定的其他不得辞退的情形。

三、监狱人民警察辞退的程序

为了保证监狱人民警察的权利和辞退工作的正当性、严肃性，辞退监狱人民警察需要履行严格的程序。

《公务员辞退规定》第8条规定，辞退公务员，按照下列程序办理：①所在单位在核准事实的基础上，提出建议并填写《辞退公务员审批表》报任免机关。②组织人事部门审核。③任免机关集体讨论，审批并作出辞退决定。对拟辞退且按照规定需要进行经济责任审计的，应当事先对其进行审计。任免机关根据有关规定可以直接作出辞退决定。县级以下机关辞退公务员，由县级公务员主管部门审核并报县级党委审批后作出决定。④作出辞退决定的，应当向被辞退公务员送达《辞退公务员通知书》，告知辞退依据和理由，同时将辞退决定送呈报单位。⑤办理公务交接手续。⑥将《辞退公务员审批表》和辞退决定等存入本人人事档案，同时将辞退决定送同级公务员主管部门备案。

任免机关在办理公务员辞退时，对正在接受审计、纪律审查、监察调查，或者涉嫌犯罪，司法程序尚未终结的，暂缓审批。《辞退公务员通知书》应当在作出辞退决定后10个工作日内送达本人。

四、监狱人民警察辞退的其他事宜

（一）辞退的申诉

被辞退的监狱人民警察对辞退决定不服，可以按照规定申请复核或者提出申诉。复核、申诉期间不停止辞退决定的执行。

（二）办理工作交接手续

被辞退监狱人民警察办理公务交接手续，应当自《辞退公务员通知书》送达之日起10个工作日内完成。所在单位应当收回其使用的枪支、警械、警用标志、工作证件、警官证和其他警用物品。对拒不办理公务交接手续的，撤销辞退决定，给予开除处分。被辞退人员无理取闹、扰乱机关工作秩序，殴打、侮辱、诽谤有关人员，属于违反治安管理行为的，依照《治安管理处罚法》予以处罚；

构成犯罪的，依法追究刑事责任。

（三）关于就业要求

监狱人民警察被辞退后，可从事新的职业，但5年内不准被重新录用到国家行政机关、监狱部门。

五、监狱人民警察辞退的管理和纪律

参照《公务员辞退规定》，监狱人民警察被辞退后，不再具有公务员身份，其所任领导职务、职级自然免除，自作出辞退决定之日的次月起停发工资。被辞退监狱人民警察原系涉密人员的，应当按照有关规定进行脱密期管理。监狱人民警察被辞退后，原所在机关应当自作出辞退决定之日起2个月内将其人事档案转递至相应的人事档案工作机构、公共就业和人才服务机构或者本人户籍所在地社会保障服务机构。具体按照人事档案工作有关规定办理。本人应当配合转递人事档案，未予配合的，其后果由本人承担。被辞退监狱人民警察已参加失业保险的，根据国家有关规定享受失业保险待遇；未参加失业保险的，领取辞退费。其他社会保险按照有关规定执行。

辞退费由接收人事档案的相关服务机构按月发放。原所在机关应当在人事档案转出后15个工作日内，将辞退费一次性拨付。相关服务机构发放确有困难的，由原所在机关按月发放。监狱人民警察被辞退前连续工作满1年以上的，自被辞退的次月起发放辞退费。辞退费发放标准为监狱人民警察被辞退时所任领导职务、职级对应的基本工资。辞退费发放期限根据被辞退监狱人民警察在机关的工作年限确定。工作年限不满2年的，按照3个月发放；满2年的，按照4个月发放；2年以上的，每增加1年增发1个月，但最长不得超过24个月。

在辞退监狱人民警察工作中，对有滥用职权、徇私舞弊、打击报复、弄虚作假等行为的，区别不同情况，予以责令纠正或者宣布无效；根据情节轻重，依规依纪依法追究负有责任的领导人员和直接责任人员责任。

学习任务二十一　监狱人民警察的退休

一、监狱人民警察退休的涵义

监狱人民警察的退休，是指监狱人民警察达到一定年限和规定的年龄，或丧失工作能力，按规定退出工作岗位，享受相应的政治、经济待遇，国家给予基本保障并妥善安置的一种人事管理制度。

监狱人民警察机关实行退休制度，使民警退休后老有所养、老有所依有了法律保障，体现了社会主义制度的优越性。这个制度的实施，使在职民警免去了后顾之忧，积极在岗工作；同时也理顺了监狱人民警察的出口环节，促进人员更新，实现新老交替，有利于监狱人民警察队伍保持旺盛的生命力。

监狱人民警察退休包括应当退休、提前退休和延缓退休。

二、监狱人民警察应当退休

应当退休，即法定退休，即达到法定的最高退休年龄或符合一定的身体条件，由任免机关命令其退休。

（一）应当退休的条件

应当退休的条件是：男性警察年满60周岁，女性警察年满55周岁；或者警察丧失工作能力的，如因公（工）或因病致残丧失了工作能力的情形。凡符合上述条件之一的警察应当退休。

（二）应当退休的程序

凡达到法定最高退休年龄或丧失工作能力的警察，无需本人申请和有关机关批准，一律由所在单位和任免机关在法定退休年龄的当月通知本人，并为其办理退休手续。

三、监狱人民警察提前退休

提前退休，即自愿退休，是监狱警察根据有关规定的年龄和工龄，具备资格后，自愿申请的退休。

（一）提前退休条件

参照《公务员法》第93条规定，当监狱人民警察在岗位工作一定时间后，尊重本人意愿，符合下列条件之一的，由本人提出申请，经任免机关批准，可以自愿退休：工作年限满30年的；男性警察年满55周岁，女性警察年满50周岁，且工作年限满20年的；符合国家规定的可以提前退休的其他情形的。其中符合提前退休的其他情形规定，如公安机关对从事基层一线执法执勤工作满25年或者在特殊岗位、艰苦边远地区从警满20年的人民警察，在本人自愿，任免机关批准，可以提前退休。

（二）提前退休程序

符合"提前退休"条件的，先由本人提出退休申请，所在单位审核，报经任免机关批准后，办理退休手续。如果本人提出退休申请，而任免机关不予批准的，应及时做好解释工作，本人应继续在工作岗位上执行任务。

四、监狱人民警察延缓退休

延缓退休，指国家根据需要，允许少数特殊岗位的人员或具有特殊业务专长的人员，如高级专家、骨干教师或有专长的科技人员，在其达到一般退休年龄后，仍继续工作一段时间。

（一）延缓退休条件

因工作特殊需要，身体强健，可以胜任工作的，在本人自愿的基础上，经任免机关批准可延缓退休。但延缓退休的时间不能太长，一般以不超过5年为宜。为使监狱人民警察退休制度化、法制化，延缓退休必须从严掌握。

（二）延缓退休程序

延缓退休的，确有工作需要事由，与本人协商其也表示自愿在职的，经任免机关批准后可延缓退休。在延缓工作期间，按照在职的岗位标准进行授权和给予待遇。

五、监狱人民警察退休后的管理

（一）监狱人民警察退休后的待遇

《公务员法》第94条规定，"公务员退休后，享受国家规定的养老金和其他待遇，国家为其生活和健康提供必要的服务和帮助，鼓励发挥个人专长，参与社会发展"。监狱人民警察退休后享受政治待遇和生活待遇。政治待遇是国家给予监狱人民警察退休后的社会政治地位和应享有的各种政治权利，如参加政治学习、参加党的组织生活、享有选举权和被选举权等。生活待遇包括享受退休金和其他生活补贴等，以及养老、医疗、住房和丧葬等政策和保险福利待遇。

（二）监狱人民警察退休后的管理

监狱人民警察退休后，为使他们在生活上有保障，精神上感到充实，需要强化各种管理和服务。具体讲，一是要加强组织领导。核心是要健全管理机构，配备专职或兼职管理人员，建立可行的管理制度，做到有人抓、有人管。二是政治上有人关心爱护，鼓励他们发挥余热，老有所为。三是生活上有人照顾，尽量解决他们生活中的实际困难，做到老有所养。四是多开展适合老同志的有益活动，丰富他们的晚年生活，使他们老有所乐。

> 讨论事例

【事例六】

阅读《××省2021年度统一考试录用公务员公告》（节选），思考如下问题：

（1）招录监狱人民警察的程序包括哪些环节？

（2）监狱人民警察院校的应届毕业生，具备什么条件方能报考？招录程序有哪些？

××省2021年度统一考试录用公务员公告（节选）

根据公务员法和公务员录用有关规定，××省公务员局将组织实施全省2021年统一考试录用一级主任科员及以下和其他相当职级层次公务员工作。现将有关事项公告如下：

一、录用计划

全省共计划录用公务员及参照公务员法管理的机关（单位）工作人员7901人。具体招考职位及有关要求等见附件。

二、报考条件

（一）报考者应当具备以下条件

1. 具有中华人民共和国国籍。

2. 18周岁以上、35周岁以下（1985年2月至2003年2月期间出生）。

3. 拥护中华人民共和国宪法，拥护中国共产党领导和社会主义制度。

4. 具有良好的政治素质和道德品行。

5. 具有正常履行职责的身体条件和心理素质。

6. 具有符合职位要求的工作能力。

7. 具有大学专科及以上文化程度（其中普通高等院校在读的2021年应届毕业生应当于2021年7月31日前取得毕业证）。

8. 具备拟录用职位要求的其他资格条件。其中专业条件按照教育部和国务院学位办下发的《普通高等学校高等职业教育（专科）专业目录》《普通高等学校本科专业目录》《研究生人才培养学科目录》执行，具体按以下原则掌握：职位专业要求为专业（学科）门类的，即该门类所包含的专业和学科均符合要求；专业要求为专业类或一级学科的，即该专业类或一级学科所包含的专业或二级学科均符合要求；对于专业目录、学科目录中没有具体对应的自设学科（专业）和境外留学专业，参照主要课程、研究方向、学习内容和职位专业需求等综合判断。

9. 具备法律法规规定的其他条件。

（二）招考职位要求

报考者必须具备相应的基层工作经历。基层工作经历，是指在县级及以下党政机关、国有企事业单位、村（社区）组织及其他经济组织、社会组织等工作的经历。在军队团和相当团以下单位工作的经历，退役士兵在军队服现役的经历，可视为基层工作经历。基层工作经历起始时间按照有关政策规定界定。基层工作经历计算时间截至2021年2月。参加工作之后的全日制学习时间不计入基层工作经历时间。

招考职位要求面向服务基层项目人员的，报考者须是服务期满、考核合格的我省大学生村干部或我省招募的参加高校毕业生"三支一扶"计划、志愿服务西部计划、志愿服务贫困县计划、农村义务教育阶段学校教师特设岗位计划人员，以及在部队服役满5年的我省退役大学生士兵。我省招募的参加"政府购岗"计划、农技特岗计划、特招医学毕业生计划服务期满考核合格人员，也可报考面向服务基层项目人员定向招考的职位。在脱贫县（原国家连片特困地区重点县、国家扶贫开发重点县和省定扶贫开发工作重点县）的县、乡（镇）事业单位工作满5年的事业编制人员和本县退役士兵，可报考本县面向服务基层项目人员定向招考的职位。

招考职位要求面向退役大学生士兵的，报考者须是按照国家招生计划统一录取的普通高等院校毕业生从我省入伍，服现役期满退役的士兵（含毕业学年入伍并在服役期间取得学历的）；按照国家招生计划统一录取的普通高等院校学生在校期间从我省入伍，服现役期满退役后复学取得学历的退役士兵；从我省入伍，服现役期间取得国家承认的大专以上学历的退役士兵。

（三）不得报考要求

现役军人、普通高等院校在读的非2021年应届毕业生、在职公务员和参照公务员法管理的机关（单位）工作人员，不得报考。

因犯罪受过刑事处罚的人员、被开除中国共产党党籍的人员、被开除公职的人员、被依法列为失信联合惩戒对象的人员，在各级公务员招考中被认定有舞弊等严重违反录用纪律行为的人员，公务员和参照公务员法管理的机关（单位）工作人员被辞退未满5年的，以及法律、法规规定不得录用为公务员的其他情形的人员，不得报考。

报考者不得报考录用后即构成公务员法第74条所列情形的职位，也不得报考与本人有夫妻关系、直系血亲关系、三代以内旁系血亲关系以及近姻亲关系的人员担任领导成员的用人单位的职位。

三、信息发布及咨询（略）

四、报名办法和有关要求（略）

（一）网络报名

1. 提交报名申请及初审
2. 报名确认
3. 打印准考证

（二）有关要求

五、考试

（一）笔试

1. 笔试包括行政职业能力测验和申论两科，每科满分均为100分。
2. 笔试成绩＝行政职业能力测验成绩×50% + 申论成绩×50%。

（二）面试

根据拟录用职位人数与参加面试人数1∶3的比例，按照笔试成绩从高分到低分的顺序，确定参加面试的人员。

面试采取结构化面试方式，主要测试履行职位职责所要求的基本素质和能力，满分 100 分。

（三）专业能力测试

专业能力测试根据职位需要采取适当方式进行，满分为 100 分。

（四）考试总成绩

考试总成绩 = 笔试成绩 + 面试成绩。

进行专业能力测试的职位，考试总成绩 = 笔试成绩×100% + 面试成绩×80% + 专业能力测试成绩×20%。

六、体检（体能测评）和考察

根据拟录用职位，按照考试总成绩从高分到低分的顺序，等额确定参加体检和考察人选。

（一）体检（体能测评）

体检工作执行公务员录用体检的有关规定。报考人民警察职位的，还须执行人民警察录用体检的有关规定。体检不合格的，不能确定为考察人选。

（二）考察

考察按照好干部标准，根据招考职位的资格条件和要求进行。

考察工作突出政治标准，全面了解考察对象的政治素质、道德品行、能力素质、心理素质、学习和工作表现、遵纪守法、廉洁自律、职位匹配以及是否需要回避等方面的情况，重点了解考察对象的政治表现和政治倾向。

七、公示和录用（略）

根据考试总成绩和考察情况，择优确定拟录用人员。拟录用人员名单在考试录用公务员工作专用网站公示，公示期为 5 个工作日。

八、疫情防控（略）

九、纪律监督和责任追究（略）

十、特别提醒（略）

×× 省公务员局
2021 年 2 月 8 日

▽ 讨论案例

【案例四】

在警衔评定过程中，把握监狱人民警察的授衔对象，正确处理监狱人民警察的工龄核算、任职年限问题，对照职务、职级关系评定和管理警衔，是警衔实施中必须要面对的几个关键问题。下面几种情形，需要根据《人民警察警衔条例》和相关的规定，进行合理判断。

(1) 王警官，原在某部队服役，截止到2002年9月时，服现役12年，已任2年的副营职干部。其转业时被安排在某省级监狱，任命为副监区长。其在赴职前，收到监狱委派其加入驻村工作小组的通知，要求其直接到驻村地报到，6个月后，其驻村工作结束，他才到监区赴岗到任。

问题：监狱该如何评授他的警衔？

提示：在监狱人民警察队伍中，有一部分为军转干部，除了按照警衔条例的规定考虑他们的授衔条件外，他们的警衔评定还会遇到其他问题：

第一，按什么职务评授警衔。对军队转业干部，国家会根据地方工作需要和本人的德才条件，参照他们在军队的职务，分配适当工作，并确认人民警察职务。《人民警察警衔条例》第10条规定："人民警察警衔按照人民警察职务等级编制警衔授予。"据此，从军队转业的人民警察，均应按照现任人民警察职务等级评授警衔。

第二，任职时间的计算。有3种情形：①从军队转业时即确定了职务的，现任人民警察职务的时间，可以与转业前在军队担任的最后职务时间合并计算。②转业的军人在军队担任专业技术职务，到监狱系统仍然担任专业技术职务的，如果现任的人民警察专业技术职务是首任职务，并与转业前在军队担任的最后一任专业技术职务相同的，专业前后的任职时间可以合并，否则不能合并计算。③转业后有一段时间没有确定职务，虽然他们首任的人民警察职务的时间可以与转业前军队的最后职务时间合并，但未被确定职务的时间，要根据具体情况具体分析。凡属于组织原因的，可以计入现职时间；凡属于个人原因的，如不服从分配，病休等，不应计入时间。

第三，工作年限问题。转业军人工龄的计算，包括他参军的时间和参加人民警察工作的时间。但是如果该军人转业后和到监狱担任人民警察的时间不是衔接的，期间出现在家务农、社会务工，或与国家事业单位、公务机构没有形成正式任用关系的，这段时间应予以扣除。

(2) 刚入警的张某和李某是高中同学，他们去年考上了同一所监狱。当初，张某未能考上大学，他便一边打工一边参加自学考试，拿到了本科学位。而李某考上了当地的警校，完成了3年的学业，拿到了大专毕业证。实习期过去后，他们面临着评定警衔。他们发现，虽然他们同时来到了监狱，但在评授警衔过程中，细节上还是有所区别的，这些细节和他们所理解的现实条件有所出入。

问题：他们各自应为什么警衔？他们警衔的评授各自依据的是什么条件？

提示：关于毕业生担任人民警察，在确认工作年限的问题上，要具体问题具体分析：

第一，首次评授警衔时，全日制警察院校的毕业生和地方大专院校（包括自费生、走读生）的毕业生，其学习时间按照规定的学制计入工作年限；电视大学、函授大学、自学考试等非全日制的地方大专院校的毕业生，其学习期间不能计入工作年限。

第二，全日制警察院校、地方大专院校的肄业、结业生，如是组织选拔提前工作的，其在校学习时间可计入工作年限；因其他情况肄业、结业的，不能计入工作年限。

第三，从全日制警校中专毕业的，其在校学习时间可根据学制计入工作年限；从司法学校中专毕业的，如果是监狱管理专业的，其在校学习时间可计入，其他专业的不可以计入；其他全日制学校中专毕业的，不计入工作年限。

（3）陈××，1999年7月到省某监狱工作，分在第一监区担任一线民警，初次授衔为三级警司。在其参加工作3年时，他成功地处置了服刑人员哄闹监狱事件，而被从科员提拔为副监区长，此时，其警衔已晋升为二级警司。陈副监区长，年轻有为，在上任不到2年的时间里，其管理的服刑人员王某在他的支持下开发的技术创新项目又获得省级奖项，由此，陈副监区长在2004年7月被提升为监区长。可谓事业有成，佳讯不断。

问题：请描述该警官在其职务提升中警衔的变化情况。

提示：陈警官的警衔变化表现为晋职提前晋升。一次是由科员提拔为副监区长（副科级）产生的晋升；另一次是由副监区长提升为监区长（正科级）产生的晋升。

拓展学习

1. 选择一个监狱人民警察机构，了解它的部门和各部门之间存在的工作关系，理顺该单位的组织运作机制，将其描述出来。

2. 学习《人民警察法》第四章"组织管理"，了解组织管理的基本内容和要求；学习《监狱法》，认真阅读有关监狱人民警察管理体制的形式、监狱基层组织的构成和监狱人民警察组织管理相关内容；学习《公务员法》，对比一般公务员和监狱人民警察之间相同或不同的组织管理部分。

3. 学习《公务员平时考核办法（试行）》，了解公务员平时考核的程序和结果运用；学习《公务员考核规定》，了解公务员考核的内容和标准。

学习单元六 监狱人民警察的警务保障

【学习目标】
1. 了解监狱人民警察警务保障的概念和特征。
2. 理解监狱人民警察警务保障的功能。
3. 掌握监狱人民警察的法律保障。
4. 掌握监狱人民警察的社会保障和后勤保障。

学习任务二十二 监狱人民警察的警务保障概述

一、监狱人民警察警务保障的概念

警务,是指人民警察依法履行职务过程中的各项活动的总称。具体来说,警务活动是警察机关和人民警察为维护国家安全和社会秩序,保护公民合法权益,依照法律法规的规定所进行的各种活动的总称。《人民警察法》以专章规定了警务保障的内容,为研究警务保障提供了法律依据。警务保障有狭义和广义之分。狭义的警务保障,是指对警务活动的物质技术的支持和保证,也就是常说的人、财、物的保障。广义的警务保障,是指在人民警察依法执行职务时提供全方位的支持和保证,既有政治方面的保障、法律方面的保障、体制方面的保障,又有人力资源保障、经费保障、技术装备保障、社会环境保障等等。现代警务保障已从单一的物质条件保障向政治、法制、信息、技术等综合保障转变,是广义上的大警务保障。所以,警务保障既是政治工作和后勤工作,又是经济工作和服务工作。

监狱人民警察警务保障是指监狱人民警察在依法执行刑罚、改造服刑人员过程中,由国家、上级机关、有关部门以及公民依法应当提供的必要条件、帮助以及各方面的支持。根据《人民警察法》的规定,警务保障的内容是多方面的,既有警察执法等方面的法律保障,也有要求广大人民群众对警察依法执行职务给予配合和支持等方面的社会保障,还有对警察提供经费、设施、装备、社会福利等方面的后勤保障等。

二、监狱人民警察警务保障的特征

监狱人民警察警务保障是保证监狱人民警察依法履行职责、行使职权的一项重要法律制度，是《人民警察法》的重要组成部分，它具有以下特征：

（一）法定性

《人民警察法》对警务保障的原则、措施、内容、范围和条件等作了明确规定，《人民警察法》总则第 5 条规定了"人民警察依法执行职务，受法律保护"的原则，在第五章中（第 32～41 条）对警务保障内容作了具体规定。

（二）全局性

现代警务保障已不仅仅局限于物质经费保障，而是渗透于警务活动各个环节中的全面、综合保障，其涉及面广，内容丰富，保障的方式、措施多种多样。监狱人民警察警务保障工作要求以整体保障为主进行协调，局部服从整体，整体统领局部，力求使整体效果达到最优。也就是说，从全局出发，局部入手，统筹考虑，协调统一，从而达到最佳整体效能。因此，监狱人民警察警务保障工作要从监狱工作全局出发，协调好各个环节之间的关系，使各种保障相互支援、相互配合，以充分发挥警务保障的整体威力。

（三）多元性

警务活动的社会公共性质，决定了实施警务保障主体的多元化，各种社会主体都承担着警务保障的法定义务。其中，国家保障是基础，社会保障为辅助。警务保障的经费主要由国家和地方政府提供和给予；支持、协助警务人员依法执行职务，是公民和组织的一项法定义务，任何人都应当履行。

（四）层次性

现代警务保障在贯彻实施过程中着眼于各个不同层次、不同部门，结合各自实际情况抓好落实工作，使总的目标能够落到实处。监狱人民警察警务保障要求在宏观层次上坚决执行党和国家的路线、方针、政策和法律、法规以及司法部的决定、命令、指令等，并在实际贯彻中发挥主动性、创造性；在微观层次上，结合各地的实际情况，认真执行上级的各项决定，圆满完成各项保障任务。

（五）强制性

监狱人民警察警务保障规范除了对那些拒绝或阻碍警务人员执法的人员和行为有直接强制性的惩处外，还对各种社会主体规定了必须履行的义务，义务人不得以任何方式加以变更或违反。如人民警察对警令的执行，就具有强制性的特点。另外，警务保障的强制性较明显地体现在对妨碍警务活动的行为，采取强制的方法、手段予以排除的有关规定上。

（六）有效性

监狱人民警察警务保障要做到及时、持续、优质、高效，不搞形式主义，重在结合实际将各项保障落到实处，真正能够保证各项警务工作的顺利进行。目前我国正处于社会转型时期，各种社会矛盾错综复杂，在这种社会条件下，不仅刑事犯罪率居高不下，而且监狱在押犯的构成也呈现新的特点，这就要求监狱机关的警务工作必须灵活快速地反应，全面及时地保障，以圆满地完成执行刑罚、改造服刑人员的任务，维护社会的安全与稳定。

（七）动态性

随着社会经济的不断发展和科学技术的不断革新，社会治安形势、违法犯罪情况也在不断变化，警察机构可以利用的现代科技和装备也在不断更新，这就决定了监狱人民警察警务保障的内涵和标准也要随着时代的发展变化而赋予其新的内容，随时有效地实施调节，跟上现代化的步伐，以适应时代发展的需要。鉴于此，司法部近些年组织实施科技兴警战略，大力推进智慧监狱和信息化建设，提升现代科学技术在监狱中的应用水平，为监狱人民警察执法提供有力的技术支持。

三、监狱人民警察警务保障的功能

（一）国家保护功能

监狱人民警察警务活动，实质上是监狱机关及监狱人民警察为实现国家管理的目标，代表国家而实施的管理活动。因此，监狱人民警察警务保障必然体现国家保障的特性，具有国家保护的功能。此功能应当贯穿于警务保障的全过程，涉及警务保障的各个方面。

国家保护功能的具体发挥主要通过以下两种方式：①通过国家法律法规对警务保障的具体内容加以规定，使各社会主体明确其履行警务保障的责任和义务，以更好地实现各项警务保障；②通过国家和各级地方政府实施的各种警务保障措施和手段，保证警务活动的有效开展。

（二）群众参与功能

监狱人民警察必须始终遵循全心全意为人民服务的根本宗旨。监狱人民警察的警务活动与人民群众的利益息息相关，人民群众参与警务活动实践是我国警务活动的重要特色。公民和社会组织支持和协助监狱人民警察依法执行职务是其法定义务，必须履行，这是警务保障一项不可缺少的内容，说明了警务保障具有人民群众参与的功能。

（三）激励功能

监狱人民警察警务保障的重要目的之一就是调动监狱人民警察的工作积极性和主动性，培养敬业精神，使他们尽职尽责、积极主动地完成任务。监狱人民警察的工作特殊，依法履行职责时风险大，为了完成工作任务经常需要付出很大代价，有的民警甚至负伤、致残，还有的为此献出了宝贵的生命。因此，国家对监狱人民警察执法活动给予警务保障不仅使警务活动有了坚实的物质基础，使监狱人民警察的工作需要和生活需要有了法律上的保障，更重要的是使监狱人民警察感受到自己的社会责任感。同时，合理的物质利益保障条件，对促进监狱人民警察廉洁自律、严格执法,激励工作热情,提高工作效率,调动工作的积极性、主动性和创造性有着重要的作用。

四、建立健全警务保障制度的重要意义

警务保障是人民警察依法履行职责、行使职权的重要保证,对此,《人民警察法》和《监狱法》用专门的章节进行了论述,从思想上、组织上、法律上以及物质上等各方面给予明确规定,是监狱人民警察依法履行职责的重要法律制度,也是建立监狱人民警察警务保障制度的法律依据。

(一)警务保障是确保监狱人民警察依法执行职务的基础

监狱人民警察是国家意志的忠实执行者,代表国家行使职权。监狱人民警察担负着维护国家安全,维护社会治安秩序,保护公民的合法权益不受侵犯,正确执行刑罚,惩罚和改造罪犯,预防和减少犯罪的神圣使命。在依法履行职责时,往往面临着极其危险和复杂的环境,因此,国家必须以强大的人力、物力和财力支持和保护监狱人民警察依法执行职务。这就要求国家对监狱人民警察依法执行职务行为给予物质经费、技术条件等方面的保障。

(二)警务保障是监狱人民警察队伍建设的关键

要努力建设一支对党忠诚、服务人民、执法公正、纪律严明的监狱人民警察队伍,警务保障是关键。为了提高监狱人民警察的快速反应能力,保证在关键时刻打得赢,就应当积极为监狱人民警察队伍创造物质条件,配备相应的训练设施,改善办公条件,扎实推进办公场所标准化建设,提高办公自动化水平,逐步实现设施装备现代化,为执行刑罚、改造服刑人员奠定坚实的物质基础。《人民警察法》和《监狱法》从国家要保障监狱人民警察依法执行职务的立法指导思想出发,在思想上、组织上、法律上以及物质上对警务保障予以规定,强化了监狱人民警察队伍建设中的各项要素,尤其在经费、装备、待遇等方面,都给予高度的重视,这对建设一支高素质、革命化、正规化、专业化、职业化的监狱人民警察队伍非常关键。

(三)警务保障的法治化具有高度的个体激励作用

警务保障的内容既有执行职务的法律保障,也有事关监狱人民警察个体的工资、福利、装备、抚恤和优待的相关规定,是对监狱人民警察依法执行职务的认可和肯定,在一定程度上解除了监狱人民警察的后顾之忧,保证监狱人民警察认真履行职责,依法执行职务。

学习任务二十三　监狱人民警察的法律保障

一、监狱人民警察法律保障的涵义

监狱人民警察的法律保障是指国家运用法律的形式,通过法律法规对监狱人民警察依法执行职务行为的各项工作给予保障。

《人民警察法》《监狱法》《公务员法》赋予了监狱人民警察的职责和权限，如果没有法律强制力加以保障，监狱人民警察的职责和权限就很难实现。因此，法律保障是监狱人民警察依法执行职务的坚强后盾。

二、监狱人民警察法律保障的内容

（一）监狱人民警察依法执行职务，受法律保护

《公务员法》第 10 条规定："公务员依法履行职责的行为，受法律保护。"《人民警察法》第 1 条规定："为了……保障人民警察依法行使职权……制定本法。"第 5 条规定："人民警察依法执行职务，受法律保护。"《监狱法》第 12 条第 2 款规定："监狱的管理人员是人民警察。"第 5 条还规定："监狱的人民警察依法管理监狱、执行刑罚、对罪犯进行教育改造等活动，受法律保护。"这些规定是监狱人民警察执法活动的基本原则和警务法律保障的根据，既保证了监狱人民警察管理服刑人员有法可依，依法管理，又保证了监狱人民警察正常行使职权能够受到法律的保护。

监狱人民警察依法执行职务受法律保护包括以下几层涵义：

1. 监狱人民警察依法执行职务，受法律保护。即只要监狱人民警察依法执行职务，其行为就受法律保护，无论其执法行为的后果如何。但是，要受到法律保护，监狱人民警察的行为必须符合三个条件：①执行警务的主体必须是法定的监狱人民警察；②监狱人民警察警务行为必须符合法律规定和法定程序；③监狱人民警察的警务活动必须在职权范围内进行。只有以上三个条件同时具备的行为才是合法的、受法律保护的警务行为。

2. 监狱人民警察依法执行职务是一种职务行为。监狱人民警察依法履行职责、行使职权的行为是代表国家行使的，是监狱机关的行为，而不是代表个人行使的个人行为，因此，其行为的后果应由该监狱人民警察所在的监狱机关承担。

3. 监狱人民警察必须在职责权限范围内进行公务活动。监狱人民警察执行公务活动，必须在法律、法规规定的职责、职权范围内进行。《监狱法》规定，监狱人民警察履行的职责有：依法执行刑罚，惩罚罪犯；依法对监狱实施管理；对罪犯进行教育改造；组织罪犯进行生产劳动；对未成年犯进行特殊的教育改造；法律、法规规定的监狱及其人民警察的其他职责。法律法规未规定或超出法律法规规定范围的活动是违法的，不受法律保护。

监狱人民警察依法执行职务受法律保护，包含两方面的基本内容：①监狱人民警察完全依法执行职务，其后果不受法律追究。监狱人民警察的职责、权限是国家通过法律形式赋予的，其在履行职责、行使职权过程中，只要是完全依照现行法律法规规定的职责范围和法律赋予的权限执行职务，不论何时何地，也不论

发生什么变化，依法均不受法律追究。也只有完全依法执行职务时，其行为才受法律保护，如果丧失了合法的前提，不但监狱人民警察的执法行为得不到法律保护，而且还要追究其行为产生的各种后果，要求其承担相应的法律责任。②干扰监狱人民警察依法执行职务的，应当追究法律责任。任何机关、团体或个人都不得以任何理由非法干涉监狱人民警察依法执行职务，更不能利用特殊关系和特权非法阻挠。对拒绝或者阻碍监狱人民警察依法执行职务的，或对监狱人民警察依法执行职务行为进行威胁、打击报复的，要追究其法律责任，防范各类暴力袭警、暴力抗法等妨害执法的违法犯罪行为。对此，《监狱法》第58条规定，"辱骂或者殴打人民警察"的罪犯，监狱可以给予警告、记过或者禁闭等行政处罚，甚至可以依法追究行为人的刑事责任。

（二）监狱人民警察必须服从命令，听从指挥，保证警令畅通

警令，是指上级警察机关或者人民警察对下级警察机关或者人民警察依照法律规定所发出的执行警务的决定和命令。《人民警察法》第32条第1款规定："人民警察必须执行上级的决定和命令。"这是警察职务关系所确定的一项法定义务，作为监狱人民警察也必须履行该项义务，这是由监狱人民警察的性质、任务和工作特点决定的。该规定明确了监狱人民警察的内部指挥关系，可以制止违抗或不执行上级命令和决定的事件发生，防止工作拖拉，提高工作效率，体现了执行上级警令的严肃性和权威性。对这一规定可以从以下几个方面来理解：首先，监狱人民警察必须服从与警察职务关系、职责权限有关的决定和命令。其次，这里的决定和命令是由与监狱人民警察存在隶属关系的上级作出的。

1. 监狱人民警察必须服从命令、听从指挥的必要性。

（1）监狱人民警察的性质和任务决定了监狱人民警察必须服从命令，听从指挥。《人民警察法》第2条规定，人民警察的任务是维护国家安全，维护社会治安秩序，保护公民的人身安全、人身自由和合法财产，保护公共财产，预防、制止和惩治违法犯罪活动。作为监狱人民警察，除履行人民警察的共同职责以外，还要完成以下任务：①准确公正地执行刑罚和各项监管法规、制度，做好防控工作，防止服刑人员脱逃。②运用教育改造、劳动改造和狱政管理三大手段，对服刑人员实行惩罚和改造相结合、教育和劳动相结合的原则，将服刑人员改造成为守法公民。如果监狱人民警察对上级的决定和命令可执行可不执行的话，将上级关于服刑人员执行刑罚的决定和命令置之不理，就根本不可能完成法律所赋予的监狱人民警察的重担。

（2）监狱人民警察服从命令、听从指挥是监狱人民警察队伍革命化、专业化、正规化、职业化建设的要求，也是保障国家法律正确实施和警令畅通的要求。监狱人民警察是一支革命化、军事化、专业化、职业化的队伍，服从命令、

听从指挥是监狱人民警察队伍革命化、军事化、专业化、职业化的重要标志。上级（这里的"上级"，既包括监狱人民警察的上级监狱机关，也包括监狱人民警察所在机关的上级领导）的决定和命令是代表国家、根据宪法和法律的规定作出的。监狱人民警察只有忠于职守、服从命令，才能保障国家法律正确实施，保证国家的既定目标完成。只有做到令行禁止，才能真正提高监狱人民警察的工作效率，只有这样一只高效率、具有联动机制的监狱人民警察队伍，才能最大限度地体现为人民服务的最根本宗旨。

（3）监狱人民警察服从命令、听从指挥有着较强的法律保障。监狱人民警察必须以宪法和法律为活动准则，其上级在作出决定和发布命令时也必须在宪法和法律规定的范围内进行，这样才能保证监狱人民警察服从命令、听从指挥的合法性，从而也给执行命令的监狱人民警察提供一定的法律保障。同时法律还规定，监狱人民警察的上级作出错误的决定和命令的，其后果由作出决定和命令的上级负责，这为执行命令的监狱人民警察提供了进一步的法律保障。

2. 监狱人民警察对上级的指令有异议的处理。监狱人民警察服从上级的决定和命令虽是一项法定义务，但这种服从不是盲目的。《人民警察法》第32条第2款规定："人民警察认为决定和命令有错误的，可以按照规定提出意见，但不得中止或者改变决定和命令的执行；提出的意见不被采纳时，必须服从决定和命令；执行决定和命令的后果由作出决定和命令的上级负责。"

（1）法律赋予监狱人民警察对上级的指令发表自己意见的权利。监狱人民警察可以按照规定对自己认为存在错误的上级的决定和命令提出意见，这样做有利于及时发现和纠正错误，防止造成不良影响和不应有的损失。决定和命令是否真正存在错误，这仅是监狱人民警察的主观认识，是法律赋予他们的一项提出异议权。同时，异议必须按照法定程序提出。

（2）监狱人民警察依法对上级的指令提出异议后，不得擅自中止或者改变决定和命令的执行。在对上级的决定和命令提出异议的同时，决定和命令仍应不折不扣地执行，不得中止或改变。这是因为：①警务活动具有其特殊性、时效性和应急性等特点；②监狱人民警察认为决定和命令有错误是基于个人的认识和判断，不一定准确；③职务服从是监狱人民警察的法定义务。

（3）监狱人民警察提出的意见存在是否被采纳的问题。如果被采纳，则可以停止或改变决定和命令的执行；如果没有被采纳，则必须继续执行决定和命令，这是警令畅通的必要保证，是监狱人民警察高度组织纪律性的体现。

（4）监狱人民警察提出的意见未被采纳时，该决定和命令执行的后果由作出决定和命令的上级负责，而不是由直接执行的监狱人民警察负责。该规定区分了监狱人民警察与其上级的责任，对于那些执行决定和命令存有疑虑的民警来说，这解除了他们的心理负担，可以放心地去执行上级的命令，有利于保障统一指挥，警令畅通，更好地完成各项任务。

（三）监狱人民警察有权拒绝执行超越其职责范围的指令

《人民警察法》第 33 条规定："人民警察对超越法律、法规规定的人民警察职责范围的指令，有权拒绝执行，并同时向上级机关报告。"这是对警察职务服从范围的界定，主要是针对政府和其他机关或个人对监狱人民警察职务所进行的非法干涉。监狱人民警察职务服从的范围仅限于法律法规规定的警察职责范围，对于超出其职责范围的指令，其有权拒绝执行。

实践中，超出监狱人民警察职责范围的指令主要有以下两种情形：①监狱人民警察上级作出的指令，主要包括上级司法机关和上级警务人员作出的指令。例如上级作出的超出其管辖范围的指令、违反法定程序的指令等。②其他非警察部门和非警务人员作出的指令，这里主要指各级人民政府及政府部门和领导人员作出的指令。对于这些超越其职责范围的指令，监狱人民警察有权拒绝执行，同时，应当向其所属的上级机关报告。

学习任务二十四　监狱人民警察的社会保障

一、监狱人民警察社会保障的涵义

监狱人民警察的社会保障，是指公民和组织应当积极协助、支持监狱人民警察依法执行职务，且这种行为受法律保护。

我国《宪法》明确规定，"中华人民共和国的一切权力属于人民"，"中华人民共和国公民有维护祖国的安全、荣誉和利益的义务"，"人民依照法律规定，通过各种途径和形式，管理国家事务，管理经济和文化事业，管理社会事务"。监狱人民警察的执法活动，不仅需要自身有良好的素质，还需要有一个民主、法治、和谐的社会环境，更需要人民群众的积极支持和通力协助。加强警民联系是监狱工作长期坚持群众路线的具体实践，体现了执法工作中一贯实行的专门机关与群众路线相结合的原则，要求监狱人民警察必须同人民群众保持密切的联系。我们必须认识到，人民群众既是社会发展的基本力量，又是警察活动的重要保障。

二、监狱人民警察社会保障的内容

（一）公民和组织有义务支持和协助监狱人民警察依法执行职务

1. 支持和协助监狱人民警察依法执行职务是公民和组织的法定义务。《宪法》第 33 条第 4 款规定："任何公民享有宪法和法律规定的权利，同时必须履行宪法和法律规定的义务。"《人民警察法》第 34 条规定："人民警察依法执行职务，公民和组织应当给予支持和协助……"由此可见，支持和协助警察依法执行职务，是公民和组织应尽的义务。

警察的工作职责正是为了维护公民和组织的权利和利益，保护公民和组织的合法权益和生命财产安全免受不法分子侵害。公民和组织对于人民警察依法执行职务的行为给予支持和协助，归根到底还是维护其自身利益。监狱人民警察依法执行职务需要有关部门和其他社会主体的支持和协助，需要得到广大人民群众的支持和协助，这是监狱人民警察依法执行职务的基础和保证。

2. 公民和组织支持和协助监狱人民警察依法执行职务的法律依据。《人民警察法》第 34 条规定："……公民和组织协助人民警察依法执行职务的行为受法律保护。对协助人民警察执行职务有显著成绩的，给予表彰和奖励。公民和组织因协助人民警察执行职务，造成人身伤亡或者财产损失的，应当按照国家有关规定给予抚恤或者补偿。"《监狱法》第 44 条规定："监区、作业区周围的机关、团体、企业事业单位和基层组织，应当协助监狱做好安全警戒工作。"《监狱法》第 68 条规定："国家机关、社会团体、部队、企业事业单位和社会各界人士以及罪犯的亲属，应当协助监狱做好对罪犯的教育改造工作。"为了维护法律的尊严，切实保障监狱人民警察执行职务活动的正常进行，《国务院办公厅转发司法部、公安部关于严禁冲击监狱和劳改、劳教场所意见的通知》中明文规定，任何组织和个人不得以任何理由冲击监狱和劳改、劳教（现称为强制戒毒机关）场所；任何组织和个人不得侵占监狱和劳改、劳教单位使用的土地、矿山等资源及监管设施和设备、产品等。由此可见，人民群众支持和协助司法工作得到了充分的法律保障，这些保障，有助于监狱人民警察协同群众阵营，全面地完成人民赋予的任务和职责。通过法律的方式确认公民和组织支持和协助监狱人民警察依法执行职务的这个义务，再次体现了国家对监狱人民警察执行职务的有力保障。

3. 公民和组织支持和协助监狱人民警察依法执行职务的必要性。我国是社会主义国家，监狱人民警察的权力是人民群众赋予的，同时监狱人民警察利用这些权力为人民服务。因此，当代表国家和人民利益的监狱人民警察在执行职务时，任何公民和组织均应无条件地给予支持和协助。只有取得人民群众的支持，充分发挥人民群众的主人翁责任感，才能使监狱人民警察的各项工作落到实处。同时，为了充分调动和保护人民群众同危害国家安全、破坏社会秩序的违法犯罪行为作斗争的积极性，将公民和组织同危害国家的行为作斗争纳入法律保护范围之内，才能真正提高公民维护国家利益的自觉性和主动性，从而为监狱人民警察依法执行职务提供保障。

4. 公民和组织支持和协助监狱人民警察依法执行职务的内容。公民和组织支持和协助监狱人民警察依法执行职务，具体内容比较广泛，包括物质上的支持和协助，如为警务活动提供交通工具、通信工具设施等；也包括精神上的鼓励与支持，如通过舆论弘扬正气、在道义上提供帮助等；还包括行为上的支持和协助，即当监狱人民警察执行职务需要支持和协助时，应挺身而出，以自己的实际行动提供帮助，如为监狱人民警察提供人力、物力帮助，提供抓捕逃犯的线索等。

5. 公民和组织支持和协助监狱人民警察依法执行职务受法律保护。根据《人民警察法》第34条第1款的规定，公民和组织协助人民警察依法执行职务的行为受法律保护。协助人民警察依法执行职务的行为是正当行为，符合法律的规定，因此而产生的后果不受法律追究。同时，任何人对公民和组织的协助行为不得非法干涉，更不允许进行威胁、报复，否则将追究其法律责任，以保障支持和协助人员的安全。

6. 公民和组织支持和协助监狱人民警察依法执行职务的有关奖励和补偿规定。根据《人民警察法》第34条第1款的规定，对协助人民警察执行职务有显著成绩的，给予表彰和奖励。为了充分调动人民群众同违法犯罪行为作斗争的积极性，鼓励和提倡人民群众在警察遇到困难或有危难需要救助时挺身而出，法律规定对协助人民警察执行职务取得显著成绩者给予表彰和奖励，对见义勇为的先进事迹给予大力宣传，授予荣誉称号，予以表彰和奖励。这是对协助监狱人民警察依法执行职务行为的肯定性的社会评价，是国家给予公民和组织的荣誉，具有积极的舆论导向作用。

根据《人民警察法》第34条第2款的规定，公民和组织因协助人民警察执行职务，造成人身伤亡或者财产损失的，应当按照国家有关规定给予抚恤或者补偿。这是为公民和组织的协助行为提供制度上的保障，以消除公民和组织的后顾之忧。公民和组织在协助监狱人民警察依法执行职务过程中，难免会造成一定的人身伤亡和财产损失，理应得到国家相应的抚恤或者补偿。否则，不利于保护和提高人民群众协助人民警察依法执行职务的积极性。

（二）拒绝、阻碍监狱人民警察依法执行职务的行为，要承担相应的法律责任

《人民警察法》第35条规定，对拒绝或者阻碍人民警察依法执行职务的行为，给予治安管理处罚或刑罚处罚。给予治安管理处罚的行为包括：

1. 公然侮辱正在执行职务的人民警察的行为。"公然侮辱"是指使用语言、文字、图画、动作或者其他方法公开侮辱正在执行职务的人民警察的人格的行为。

2. 阻碍人民警察调查取证的行为。调查取证是人民警察的一项重要工作，

是执行职务的重要组成部分。对于监狱人民警察来说，当服刑人员出现违法违纪行为时，经常需要调查取证，以查清事实正确认定案件。阻碍人民警察调查取证，就会妨碍案件的正确认定和处理。

3. 拒绝或者阻碍人民警察执行追捕、搜查、救险等任务进入有关住所、场所的行为。为了能及时抓捕违法犯罪分子，查获证据，法律赋予人民警察进入有关住所、场所的权利，任何人不得阻碍或拒绝。

4. 对执行救人、救险、追捕、警卫等紧急任务的警车故意设置障碍的行为。"设置障碍"是指设置路障、进行拦截等，使警车无法行驶，从而达到阻碍人民警察依法执行职务的目的。

5. 有拒绝或者阻碍人民警察执行职务的其他行为。以暴力、威胁方法实施上述规定的行为，构成犯罪的，依法追究刑事责任。

上述规定同样适用于拒绝或者阻碍监狱人民警察依法执行职务行为时应当承担的法律责任。

（三）监狱人民警察的警用标志、制式服装和警械、证件受法律保护

1. 监狱人民警察的警用标志、制式服装和警械、证件是监狱人民警察身份的标志。《人民警察法》第36条第1款规定："人民警察的警用标志、制式服装和警械，由国务院公安部门统一监制，会同其他有关国家机关管理，其他个人和组织不得非法制造、贩卖。"监狱人民警察的警用标志、制式服装和警械、证件是监狱人民警察的身份标志，也是法制统一的象征，这些专用物品的制造、管理、持有和使用有着严格的规定，是监狱人民警察依法执行职务的权威性的法律保证。

2. 警用标志、制式服装、警械、证件为人民警察专用，不得非法佩戴。根据《人民警察法》第36条第2款的规定："人民警察的警用标志、制式服装、警械、证件为人民警察专用，其他个人和组织不得持有和使用。"监狱人民警察的警用标志、制式服装、警械、证件只有国家正式在编的监狱人民警察才能使用和持有，禁止任何其他组织和个人制造、非法持有和使用这些警察专属物品。这种规定对维护监狱人民警察良好形象具有重要作用。同时，有利于人民群众进行监督，保证执法质量。

3. 对非法制造、贩卖、持有、使用人民警察警用标志、制式服装、警械、证件的处罚。根据《人民警察法》第36条第3款的规定，如非法制造、贩卖、持有、使用人民警察警用标志、制式服装、警械、证件的，由公安机关没收这些警察专属物品，处15日以下拘留或者警告，可以并处违法所得5倍以下的罚款；构成犯罪的，依法追究刑事责任。

学习任务二十五　监狱人民警察的后勤保障

一、监狱人民警察后勤保障的涵义

监狱人民警察后勤保障，是指国家为了保障监狱人民警察完成任务而提供的经费、设施、装备、物资等物质和技术条件。

随着社会的发展、科技的进步，以及国内外形势的变化，监狱人民警察工作面临巨大的压力与挑战。仅以狱内在押犯构成来看，传统的财产型犯罪、暴力型犯罪的数量呈现出不断上升的趋势，并占据了犯罪构成的绝对多数；涉毒、涉黑、涉恶、高科技犯罪、跨国犯罪及职务犯罪等在绝对数量上有所增加，且这些在押犯的情况复杂，主观恶性较深，社会危害性较大，增加了监狱的危险性和安全防范的难度，也加剧了监狱人民警察改造服刑人员的难度。这些复杂的情况，要求监狱人民警察的技术装备必须现代化，基础设施及相应经费必须得到保障，以便能够迅速、有效地打击违法犯罪活动，用科学手段监管改造服刑人员，提高改造质量。

二、监狱人民警察后勤保障的内容

（一）监狱人民警察的经费保障

1. 监狱人民警察的经费保障的法律依据。《人民警察法》第 37 条规定："国家保障人民警察的经费。人民警察的经费，按照事权划分的原则，分别列入中央和地方的财政预算。"本规定主要从以下 3 个方面理解：①人民警察的经费由国家承担；②人民警察的经费列入中央和地方的财政预算；③中央和地方具体承担经费的比例按照事权划分的原则来确定。所谓事权划分原则，是指按照承担警务活动的权限划分经费拨付的原则，即承担国家警务的经费，由中央政府财政部拨付；承担地方警务的经费，由地方政府财政部门拨付；承担国家警务和地方警务共同事项的，由中央和地方政府财政部门按比例分担。

《监狱法》第 8 条规定："国家保障监狱改造罪犯所需经费。监狱的人民警察经费、罪犯改造经费、罪犯生活费、狱政设施经费及其他专项经费，列入国家预算。国家提供罪犯劳动必需的生产设施和生产经费。"以上规定为监狱人民警察的经费保障提供了法律依据。

2. 监狱人民警察的经费保障的具体内容。

（1）监狱人民警察经费，是指监狱人民警察为履行其职务所需的各项经费，主要包括工资、公务费、培训费、工勤人员经费等。

（2）服刑人员改造经费，是指监管、教育和劳动改造服刑人员所需的经费，主要包括教育改造费、劳动改造费和狱政管理费、服刑人员医院经费等。

（3）服刑人员生活费，是指保证服刑人员基本生活所需的各项经费，主要包括伙食费、被服费、零用钱、医药费等。

（4）监狱的生产设施与生产经费，是指监狱对服刑人员实际劳动改造而组织的生产活动所需的各项经费，主要包括固定资产投资和流动资产投资。

（二）监狱基础设施建设保障

1. 监狱基础设施的内涵。监狱基础设施，是指监狱为有效执行刑罚，确保监管改造安全而依法建造、设置和配备的建筑、器材、装置和用品等各种专用物质的总称。《人民警察法》第38条规定："人民警察工作所必需的通讯、训练设施和交通、消防以及派出所、监管场所等基础设施建设，各级人民政府应当列入基本建设规划和城乡建设总体规划。"这一规定可以从以下两方面来理解：

（1）界定了基础设施的范围。具体包括：通讯设施、训练设施、交通设施、消防设施、派出所设施及监管场所设施等。其中，通讯设施主要包括有线通讯设施、无线通讯设施和图像通讯设施；训练设施主要包括人民警察体能和技能训练所需的体育场馆及各种专门设备，如汽车、摩托车及用于训练的警械具等训练工具；交通设施主要包括交通信号、控制系统设施以及车辆等；消防设施主要包括消防队的设置、城市消防栓的分布等有关灭火的基本设备；监管场所主要包括看守所、拘留所、监狱（包括未成年犯管教所）等。

（2）人民警察的基础设施建设，各级人民政府应当将其列入基本建设规划和城乡建设总体规划。也就是说，人民警察工作所需的通讯、训练设施和交通、消防以及派出所、监管场所等基础设施建设，应由各级人民政府的财政承担，这项开支应当列入各级政府的基本建设规划和城乡建设总体规划。

2. 监狱基础设施的建设。监狱基础设施的配置和使用，是监狱执法活动不可缺少的外部条件，为监狱人民警察顺利完成惩罚和改造服刑人员的任务提供必要的物质基础和保证。因此，做好监狱基础设施的建设工作是十分重要的任务。

监狱基础设施的建设需要资金的投入，这部分由国家保障，属于监狱基本建设投资，主要包括：①狱政基本建设投资，即监狱监舍、禁闭室、围墙等建设资金；②监狱办公设施投资，指监狱为有效地指挥、领导与管理对服刑人员的改造工作而需建设的办公楼、会议室、接待室、监控中心、通讯中心等及其附属设施的投资；③特殊学校基本建设投资，指对服刑人员进行法律、技术文化知识教育和教学楼及其配套设施投资；④服刑人员医院基本建设投资，指为建设服刑人员医院包括特殊病犯（如精神病医院）所需要的房屋等建设物及其附属设施投资；⑤监狱人民警察宿舍投资，指为民警居住、生活而建设、购置的房屋及其附属设施投资；⑥武装看押部队的营房投资，指为驻监狱武警部队建设房屋及其附属设施投资；⑦监狱人民警察训练设施、通讯设施、交通设施等的投资也属于监狱基本建设投资的一部分。以上投资应列入国家或地方投资拨款计划，由相应的投资管理部门予以投资。

3. 做好监狱基础设施的管理工作。监狱基础设施是开展监狱工作的基础。近年来，社会的迅猛发展、科技的不断进步，为监狱基础设施的完善和发展提供了机会。现代化办公设施的使用、监管改造设施的建设、狱政管理设施的完善等，确实为监狱人民警察工作带来了诸多便利条件，但同时也增加了管理的难度。因此，科学的管理和维护对设施的充分利用十分重要：①树立全局意识，重视建设规划。监狱基础设施建设固然重要，但要统筹安排，避免重复建设，充分利用监狱基本建设资金。②加强设施管理，提高使用效率。首先，进一步加强管理制度规范化。明确监狱基础设施的操作规程及管理办法，制定统一的管理标准。其次，落实岗位责任制。要求各部门积极主动地维护好各项监狱基础设施，使其处于良好的管理和使用状态，延长它们的使用寿命，最大限度地发挥其使用价值和积极功效。

（三）监狱人民警察的装备保障

1. 监狱人民警察装备的涵义。监狱人民警察装备是监狱人民警察为了有效地对服刑人员执行刑罚，防范和制止服刑人员的破坏活动，确保监狱安全而配备的警械、武器、交通与通讯工具等各种专用器材的总称。它是监狱及监狱人民警察完成执行刑罚、惩罚犯罪活动所必需的基本物质技术装备，其范围主要包括：武器、警械具以及从事指挥、追逃等各项工作的交通、通信设施。

理解监狱人民警察装备的涵义时需要注意以下两点：①监狱人民警察装备是依法配备的装备。监狱人民警察装备具有明确的法定性，国家有关法律法规对监狱人民警察装备的种类、数量、配备对象、使用条件、管理办法等均有明确具体的规定。②监狱人民警察装备有严格的使用条件。警察装备由国家专门机关统一监制，统一配发，统一管理，除人民警察依法配发和使用外，其他任何个人都不得随意制造、买卖和使用。即使是依法配备了装备的监狱人民警察，在使用装备时也必须严格按照现行法律法规的要求进行，尤其是对警械、武器的使用，法律规定了非常严格的条件，以保障民警履职安全。

2. 做好监狱人民警察装备的保障工作。警用装备的配备应当坚持保障必需、不断完善、实用高效、安全可靠的原则。《人民警察法》第39条规定："国家加强人民警察装备的现代化建设，努力推广、应用先进的科技成果。"这里需要推广的现代化是指通信装备现代化、指挥管理技术现代化、报警系统现代化、警用特种车辆现代化等。

装备建设是监狱人民警察队伍实力的重要组成部分，是提高工作效率、增强队伍的快速反应能力的物质基础。监狱装备和设施共同构成了监狱对服刑人员实施惩罚和改造所必要的特殊的执法环境。它们对服刑人员具有一种有形的威慑力量,可以有效地制止服刑人员脱逃及其他违反监规纪律现象的发生,同时,在控制服刑人员的骚乱、暴动、越狱等特殊事件和保证监狱人民警察、武装警察部队、服刑人员以及其他人员的人身安全等方面都具有非常重要的意义。

(四)监狱人民警察的工资、福利和抚恤、优待保障

根据规定,监狱人民警察的工资、福利、抚恤优待、保险、退休金以及录用、培训、奖励等所需经费,应当列入财政预算,予以保障。

1. 监狱人民警察的工资待遇。《人民警察法》第40条规定:"人民警察实行国家公务员的工资制度,并享受国家规定的警衔津贴和其他津贴、补贴以及保险福利待遇。"《公务员法》第79条规定:"公务员实行国家统一规定的工资制度。公务员工资制度贯彻按劳分配的原则,体现工作职责、工作能力、工作实绩、资历等因素,保持不同领导职务、职级、级别之间的合理工资差距。国家建立公务员工资的正常增长机制。"第80条规定:"公务员工资包括基本工资、津贴、补贴和奖金。公务员按照国家规定享受地区附加津贴、艰苦边远地区津贴、岗位津贴等津贴。公务员按照国家规定享受住房、医疗等补贴、补助。公务员在定期考核中被确定为优秀、称职的,按照国家规定享受年终奖金。公务员工资应当按时足额发放。"国家在制定监狱人民警察工资制度时,考虑到监狱人民警察工作的性质和特殊性,按照监狱人民警察工资略高于行政机关工作人员的思路,确认了监狱人民警察实行国家公务员工资和警衔工资相结合的工资制度。监狱人民警察的整体工资主要由以下几部分组成:

(1)基本工资。基本工资是指监狱人民警察的职务职级工资,它是按照大体维持监狱人民警察本人的基本生活标准而决定的。各职务层次、各级别的监狱人民警察实行相同的基础工资,有利于保障监狱人民警察及其家庭的基本生活。基本工资同时按照监狱人民警察的资历和能力确定。

(2)津贴工资。津贴是对监狱人民警察在特殊劳动条件下或工作环境下,付出额外劳动消耗和生活费用支出所给予的适当补偿,它是工资的一种表现形式,目的在于弥补监狱人民警察工资的不足,更好地贯彻公平合理的工资分配原则,充分调动监狱人民警察的工作积极性。津贴工资主要包括地区附加津贴、艰苦边远地区津贴、岗位津贴、值勤岗位津贴、特殊病服刑人员专管民警岗位津贴、司法助理员岗位津贴和警衔津贴等。其中,警衔津贴是国家的法定津贴,按照不同的警衔级别确定不同的标准,监狱人民警察根据自己的警衔,享受相应的津贴补助数额。警衔津贴是监狱人民警察工资的一种补充的形式。

(3)补贴工资。补贴工资是主要考虑监狱人民警察的生活中应当支付的各项费用,由于受监狱人民警察的工资水平的限制,可能增加监狱人民警察的负

担，而由国家予以补助的部分工资。主要包括住房补贴、医疗补助、法定工作日之外加班补贴等，这部分工资随着社会经济发展阶段和市场的变化而变化。

（4）奖金。监狱人民警察在定期考核中被确定为优秀、称职的，按照国家规定享受年终奖金。这是按照监狱人民警察的工作成绩确定的一种工资形式，且为每年一次性发放。

监狱人民警察工资待遇保障的重要意义体现在：①合理的工资是监狱人民警察及其家庭生活的主要来源，是改善和提高他们生活水平的重要条件。②合理的工资可以调动监狱人民警察的工作积极性和主动性。给予合理的工资报酬，使监狱人民警察认识到国家对自己工作的肯定，从而树立一种责任感和荣誉感，激励他们更加努力地钻研业务，不断提高工作能力，全身心地投入到本职工作中来，积极主动地完成各项工作任务。③合理的工资还可以促进监狱人民警察清正廉洁。

2. 监狱人民警察的福利待遇。监狱人民警察的福利待遇是国家和单位为解决监狱人民警察生活方面的共同需要和特殊需要，对监狱人民警察所给予的经济上的帮助和生活上的照顾。根据《公务员法》第 82 条及相关法律的规定，监狱人民警察的福利主要包括：福利费制度、探亲制度、困难补助制度、取暖补助制度、交通费补贴制度、年休假和婚丧假等制度。

福利与工资不同，它是根据需要和可能所提供的，而工资则必须按照按劳分配的原则执行；福利有货币和实物等多种形式，而工资只采取货币形式。

实行监狱人民警察福利制度的意义有以下几个方面：①有利于增强监狱人民警察队伍的吸引力；②有利于解除监狱人民警察的后顾之忧；③有利于提高监狱人民警察的工作积极性；④有利于进一步促进监狱人民警察队伍的廉洁与稳定。

3. 监狱人民警察的抚恤和优待。《公务员法》第 83 条第 2 款规定，公务员因公牺牲或者病故的，其亲属享受国家规定的抚恤和优待。抚恤是指监狱人民警察在职期间因公致伤、致残或牺牲以及病故时，对其本人或家属给予的物质上的帮助或精神上的安抚。可以享受抚恤的家属一般包括受抚恤监狱人民警察的配偶、子女和其他有抚养关系的亲属。优待是指对监狱人民警察在工作和生活等方面给予良好的待遇、照顾或提供优先。

监狱人民警察的抚恤和优待，是国家社会保障制度的重要组成部分之一。其主要内容是国家对因公伤残、因公死亡的监狱人民警察及其家属进行优抚，体现党和国家对监狱人民警察及其家属的关怀和爱护，对监狱人民警察的特殊地位及其为国家作出的贡献给予肯定，使广大民警感受到党和政府的关怀，全身心地投入到监狱事业的改革发展中，这对鼓舞民警士气，支持监狱人民警察队伍建设，促进警政警民团结，维护国家的稳定具有重要的意义。

《人民警察法》第 41 条规定："人民警察因公致残的，与因公致残的现役军人享受国家同样的抚恤和优待。人民警察因公牺牲或者病故的，其家属与因公牺牲或者病故的现役军人家属享受国家同样的抚恤和优待。"由此可见，监狱人民警察的抚恤和优待是参照现役军人的标准执行的，现役军人所享受的抚恤和优待，是国家抚恤优待制度中最优厚和最高等级的抚恤优待。根据《人民警察抚恤优待办法》第 7 条规定："人民警察死亡被评定为烈士、被确认为因公牺牲或者病故的，其遗属依照本办法规定享受抚恤。"第 11 条第 3 款规定："省（自治区、直辖市）直属监狱和司法行政戒毒场所人民警察因公牺牲，由省（自治区、直辖市）司法行政机关审查确认，由同级人民政府民政部门复核，实施监督。"

监狱人民警察抚恤优待的具体内容包括：

（1）监狱人民警察死亡抚恤优待。监狱人民警察死亡的，根据死亡的性质确定为烈士、因公牺牲、病故三种情形。人民警察死亡被评定为烈士的，依照《烈士褒扬条例》的规定发给遗属烈士褒扬金，其标准为烈士牺牲时上一年度全国城镇居民人均可支配收入的 30 倍。监狱人民警察死亡后，根据其死亡性质和本人死亡时的月工资标准（基本工资和警衔津贴）发给其遗属一次性抚恤金，其标准是：烈士、因公牺牲的，为上一年度全国城镇居民人均可支配收入的 20 倍加本人 40 个月的工资；病故的，为上一年度全国城镇居民人均可支配收入的 2 倍加本人 40 个月的工资。对符合享受定期抚恤金条件的监狱人民警察烈士遗属，由遗属户籍所在地的县级人民政府民政部门发给定期抚恤金。

（2）监狱人民警察伤残抚恤优待。根据监狱人民警察伤残的性质可认定为因战致残、因公致残。伤残的等级，根据监狱人民警察劳动功能障碍程度和生活自理障碍程度确定，由重到轻分为 1~10 级。伤残人民警察，按照伤残等级享受伤残抚恤金。伤残抚恤金由发给其伤残证件的县级人民政府民政部门发给，其标准按照《军人抚恤优待条例》规定执行。

（3）获得荣誉称号和立功（含死亡后追记、追认功勋）的监狱人民警察死亡抚恤优待。《人民警察抚恤优待办法》规定，获得荣誉称号和立功（含死亡后追记、追认功勋）的人民警察死亡后，按以下比例增发一次性抚恤金：①获得党中央、国务院授予英雄模范荣誉称号的，增发 35%；②获得中央政法机关及省级党委、政府授予英雄模范荣誉称号的，增发 30%；③立一等功的，增发 25%；④立二等功的，增发 15%；⑤立三等功的，增发 5%。多次获得荣誉称号或者立功的，按照其中最高等级奖励的增发比例，增发一次性抚恤金。离退休人民警察死亡，增发一次性抚恤金的按上述规定执行。烈士的一次性抚恤金、增发一次性抚恤金，由颁发烈士证书的县级人民政府民政部门发放；因公牺牲、病故人民警察的一次性抚恤金、增发一次性抚恤金，由所在单位的县级以上政法机关发放。

讨论事例

【事例七】

近几年发生在监狱的几起骇人听闻的杀害监狱人民警察越狱逃跑的案件，引起了监狱和监狱管理部门的反思。他们对监狱的安全防范工作重新定位，提出了很多种现代技术装备的引进和管理的思路：①严把进出口关。将监狱的大门、旁门和与外界直接有通道的会见室，都列入监管的重点。②技术手段的全方面运用。室内外的监控、监听，民警识别卡等系统全面上线。③人员防范制度强化。民警的值班制度、点对点管理制度及警服的管理，都列入关注范畴。

问题：如果要满足以上技术装备的配置和管理方法的创新，你认为需要提供什么保障才能实现？这些保障工作属于警务保障的哪个方面？它们通过什么渠道提供给监狱？

拓展学习

1. 学习《人民警察法》第五章"警务保障"，了解人民警察警务保障的内容、保障方式。

2. 通过你对监狱工作的了解和现代的信息传播渠道，你认为在监狱工作中，会不会出现人民警察的依法执法行为得不到保障的情形？谈谈你对完善监狱人民警察警务活动法律保障的看法。

3. 香港惩教署有一支防暴队伍——应急支援组。它成立于20世纪90年代，拥有400多名队员。其职责是平时执行例行押解工作，若监狱发生严重冲突时，应急支援组在第一时间抵达现场增援。经录用的队员要接受10个星期的训练课程，包括学习押解、自卫术、防暴控制及抑制技巧。应急支援组队员装备有头盔、防毒面具、坚韧的防刀背心、注满催泪气体的枪械、钢靴、钢护胫。谈谈你对香港惩教署的做法的看法。对此，你认为是否有可借鉴之处？

学习单元七 监狱人民警察的执法监督

【学习目标】
1. 了解执法监督的涵义、重要意义、原则和法律依据。
2. 掌握执法监督的主体、形式及其在执法监督中的作用和手段。
3. 掌握对监狱人民警察执法权力监督的方法。

学习任务二十六 监狱人民警察的执法监督概述

一、监狱人民警察执法监督的涵义

人民警察的执法监督,是指由法律授权的机关以及公民和社会组织,对人民警察执行职务的活动及人民警察机关内部对执法活动和遵纪情况所进行的监察、督促、检查和纠正的行为。对监狱人民警察的执法进行监督的目的,是为了保障监狱人民警察依法行使职权,履行职责,制约监狱人民警察违法行使权力,达到端正监狱人民警察的纪律与作风的目的。

人民警察监督有广义和狭义之分。狭义的警察监督,是指警察机关内部上下级之间和警察机关内部专设的机构对所属警务人员履行职责、行使职权和遵守纪律的情况进行视察和督导。广义上的警察监督包括以下两个方面:①外部监督,包括执政党、权力机关、监察机关、检察机关、审判机关、社会团体、公民对警察的监督;②政府系统的行政监督,包括上级和本级的监督、行政监察机关的监督、审计监督和其他监督。

司法部印发的《关于新形势下加强司法行政队伍建设的意见》,提出:"切实推进执法执业监督。建立与司法行政工作运行机制相适应的监督体系,根据监狱管理、戒毒管理、社区矫正管理等职责,分类制定干警权力清单和责任清单,确保司法行政队伍执法依法依规、责权明晰、公正公平。深入推进执法规范化建设,加强执法检查和警务督察,着重加强对重点岗位、关键要害部门和重点执法环节的督察,特别是加强对监狱戒毒人民警察依法履行职责、行使职权和遵守纪律情况的监督,进一步规范执法行为,提高执法水平。深化政务公开和狱(所)务公开,健全完善执法监督员制度,做到'阳光执法'。健全问责机制,完善执法责任追究制度，认真落实领导干部和司法行政机关内部人员干预司法的记录、通报和责任追究规定，坚持问责必严，以问责常态化促进司法行政干警履职到位。扎实推进执法监督信息化，充分运用现代信息技术加强执法管理和监督，配备执法记录仪等单警装备，实现执法全过程记录留痕。"

二、监狱人民警察执法监督的法律依据

执法监督的法律依据包括《宪法》《公务员法》《人民警察法》《监狱法》《监察法》《刑事诉讼法》等法律中的相关规定。

（一）《宪法》的规定

我国《宪法》明确规定"中华人民共和国的一切权力属于人民"，"一切国家机关和国家工作人员必须依靠人民的支持，经常保持同人民的密切联系，倾听人民的意见和建议，接受人民的监督，努力为人民服务"。坚持群众原则，是形成严密和强有力监督体系的客观需要。监督的目的是为了维护人民群众的根本利益，监督的真正力量也孕育在人民群众之中。

"全心全意为人民服务"是人民警察的根本宗旨，这是由国家的社会主义性质所决定的。人民警察依法代表国家行使职权，其行为是代表广大人民群众的根本利益，应当自觉接受人民群众的监督。正因如此，党的十八大报告指出："加强党内监督、民主监督、法律监督、舆论监督，让人民监督权力，让权力在阳光下运行。"党的十九大报告进一步指出："要加强对权力运行的制约和监督，让人民监督权力，让权力在阳光下运行，把权力关进制度的笼子。"党的二十大报告指出："严格公正司法……深化司法体制综合配套改革，全面准确落实司法责任制，加快建设公正高效权威的社会主义司法制度，努力让人民群众在每一个司法案件中感受到公平正义。"

（二）《公务员法》的规定

《公务员法》第 57 条规定，"机关应当对公务员的思想政治、履行职责、作风表现、遵纪守法等情况进行监督，开展勤政廉政教育，建立日常管理监督制度。对公务员监督发现问题的，应当区分不同情况，予以谈话提醒、批评教育、责令检查、诫勉、组织调整、处分。对公务员涉嫌职务违法和职务犯罪的，应当依法移送监察机关处理"。第 58 条规定，"公务员应当自觉接受监督，按照规定请示报告工作、报告个人有关事项"。

（三）《人民警察法》的规定

《人民警察法》第 3 条规定："人民警察必须依靠人民的支持，保持同人民的密切联系，倾听人民的意见和建议，接受人民的监督，维护人民的利益，全心全意为人民服务。"第 42 条规定："人民警察执行职务，依法接受人民检察院和行政监察机关的监督。"第 43 条规定："人民警察的上级机关对下级机关的执法

活动进行监督,发现其作出的处理或者决定有错误的,应当予以撤销或者变更。"第44条规定:"人民警察执行职务,必须自觉地接受社会和公民的监督……"第46条规定:"公民或者组织对人民警察的违法、违纪行为,有权向人民警察机关或者人民检察院、行政监察机关检举、控告。……对依法检举、控告的公民或者组织,任何人不得压制和打击报复。"这就要求人民警察必须转变执法观念,增进同人民群众的感情,提高服务意识,坚决维护群众的合法权益,自觉接受人民群众的监督。

(四)《监狱法》的规定

《监狱法》第6条规定:"人民检察院对监狱执行刑罚的活动是否合法,依法实行监督。"

(五)《监察法》的规定

《监察法》第3条规定:"各级监察委员会是行使国家监察职能的专责机关,依照本法对所有行使公权力的公职人员(以下称公职人员)进行监察,调查职务违法和职务犯罪,开展廉政建设和反腐败工作,维护宪法和法律的尊严。"第15条、16条具体规定了被监察的人员范围和监察事项。

(六)《刑事诉讼法》的规定

《刑事诉讼法》第276条规定:"人民检察院对执行机关执行刑罚的活动是否合法实行监督。如果发现有违法的情况,应当通知执行机关纠正。"

三、监狱人民警察执法监督的原则

监狱人民警察执法监督的原则是贯穿于执法监督活动之中,用于指导和规范监督主体依法实施监督行为的基本准则。其主要基本原则有:

(一)维护人民利益原则

维护人民利益原则,是指所有监督活动都必须以维护人民群众的根本利益为出发点,最大限度地保护人民群众的利益不受侵犯。坚持维护人民利益的原则,不仅强调监督主体要本着为人民负责的精神,认真开展监督活动,把违背人民利益的一切言论和行为作为监督的对象,坚持批评、纠正一切危害人民利益的行为;而且强调在监督活动中,必须以人民利益为最高标准来处理监督过程中发现的问题,把维护人民群众的利益作为监督活动的行为准则和评价标准。

(二)法治原则

法治原则,指对监狱人民警察的执法监督,必须依照法律赋予的职权和法律规定的程序实施监督活动。监督活动的法制原则主要包括:①监督主体在监督时必须依照国家宪法、法律法规赋予的监督权力,依法开展监督工作;②监督主体在依法行使监督权力时,必须依照法定程序进行,保证监督程序和方式、步骤合法。只有坚持监督的法治原则,才能克服监督的随意性和盲目性,确保监督活动有效实施。

(三) 经常性与广泛性原则

由于监狱惩罚与改造服刑人员工作的特殊性，监狱人民警察的执法行为每时每刻都在进行，随时随地都在发生变化。因此，要保证监狱人民警察的执法行为都能严格依法办事，就必须把执法监督看作一项经常性的任务而不是临时性的措施。同时，监狱人民警察的执法行为覆盖面广，涵盖监管改造、教育改造和劳动改造三大领域，包括收监、减刑、假释、暂予监外执行、加刑、释放等刑罚执行活动的诸多环节，渗透到狱政管理、教育改造的各项活动中，形成了一个相当完整的且不断与外界进行交流的开放性的系统，必须对这一系统及其全过程进行广泛的监督，不能存在监督的"盲点"和"死角"。为此需要在司法行政改革中对执法监督体制进行不断完善，坚持问题、目标、结果三个导向，加快构建司法行政执法司法制约监督体系。建立完善党的绝对领导的监督体系；建立完善刑事执行制约监督体系；建立完善行政执法制约监督体系；建立完善服务管理行为监督体系；建立完善促进司法公正制约监督体系。

(四) 公开原则

监督公开原则，是指监督主体在行使监督权时，除涉及国家机密、个人隐私和商业秘密外，必须依据一定的法律和程序，将监督活动的有关事项向监督对象和社会公开。监督的公开原则包括：

1. 事先公开监督职权的依据。即监督主体应将作为行使监督权的依据在没有实施监督前，向社会以及被监督人公开展示。

2. 公开监督决定过程。即监督主体应当将监督形成的过程、监督的有关事项，向被监督人和社会公开。

3. 公开监督结果。即监督主体通过实施监督行为，最终作出监督决定之后，监督主体应当将监督决定的内容以法定形式向被监督人和社会公开。

(五) 确定性和有效性原则

各执法监督主体的监督权必须按法律确定的监督职责、范围、权限、方式和手段行事，不能随意更改和任意使用。同时又要认识到无论何种监督，其结果都有一定的影响力，有的还具有强制性，因此，在行使监督权时必须着眼于实效，以促进刑罚的正确执行，不断提高改造质量。在监督活动中坚持实效原则，要注重提高监督主体自身各方面的素质，包括提高监督主体的政治素质、思想道德素质、心理素质、业务素质和法律素质。同时，在提高综合素质的同时，也要努力提高监督主体运用法律进行监督的能力。

四、监狱人民警察执法监督的作用

1. 加强执法监督是国家民主与法治建设的基本要求。党的十八大报告指出，

"健全权力运行制约和监督体系","坚持用制度管权管事管人,保障人民知情权、参与权、表达权、监督权,是权力正确运行的重要保证"。党的十九大报告进一步指出:"扩大人民有序政治参与,保证人民依法实行民主选举、民主协商、民主决策、民主管理、民主监督;维护国家法制统一、尊严、权威,加强人权法治保障,保证人民依法享有广泛权利和自由。"党的二十大报告强调指出:"我们要健全人民当家作主制度体系,扩大人民有序政治参与,保证人民依法实行民主选举、民主协商、民主决策、民主管理、民主监督,发挥人民群众积极性、主动性、创造性,巩固和发展生动活泼、安定团结的政治局面。"

高度的社会主义民主与健全的社会主义法治是我国现代化建设的目标之一,而完善的监督体系则是高度的社会主义民主与健全的社会主义法治的保障。监狱人民警察担负着执行刑罚和改造服刑人员的重要职责,他们的执法水平不仅是衡量我国法治建设水平的一个重要指标,而且关系到整个社会的稳定和安宁。切实加强对监狱人民警察执法活动的监督,针对服刑人员减刑、假释、暂予监外执行等容易滋生执法问题的领域、环节,细化监狱人民警察执法行为规范,可以阻止或抑制警察权的专断,纠正各种违法现象,有利于提高党和政府上的形象和在人民心目中的地位,更好地维护广大人民的根本利益,维护社会稳定,促进我国社会主义民主和社会主义法治国家的建设。

2. 加强执法监督是正确执行刑罚和改造罪犯的需要。党的二十大报告指出,"严格公正司法。公正司法是维护社会公平正义的最后一道防线。"监狱人民警察担负着依法管理监狱、执行刑罚和教育改造罪犯,维护社会稳定的重要职责。监狱工作是刑事司法的最后环节,是维护社会公平正义的最后保障,监狱人民警察是公正司法"最后一道防线"的守护者和捍卫者。一方面,通过监督,可以及时发现和纠正监狱人民警察执法中的错误。法律赋予了监狱人民警察重要而又广泛的权力,但每个人的知识水平、认识能力、思想品德等因素不同,在执法中难免出现认识上的偏差或错误,甚至出现违法犯罪现象。通过对监狱人民警察的执法监督,可以及时发现和纠正执法过程中可能出现或已经出现的错误,提高监狱人民警察的执法水平。另一方面,对监狱人民警察执法水平的评价和反馈,特别是对监狱人民警察的执法对象和他们的亲属以及社会效果和影响,这种外部的社会的监督可以更好的提高监狱人民警察的执法水平、执法能力,保证刑罚的正确执行和改造质量的提高。

3. 加强执法监督是促进监狱人民警察队伍勤政、廉政建设的需要。监狱人民警察的执法环境有一定的封闭性,不便于外部的监督,容易滋生腐败。所以,对监狱人民警察的监督不仅必要,而且要不断加大监督的力度。要深入开展行政监督,着力加强对监狱单位和监狱人民警察的执法监察、廉政监察和效能监察,注重发挥审计、法治监督检查、行政复议和应诉、信访、警务督察等部门的作用，增强监督工作的合力。

学习任务二十七　监狱人民警察执法的外部监督

一、国家权力机关监督

国家权力机关监督，是指我国各级人民代表大会及其常务委员会，按照国家宪法和有关法律的规定，依法对国家行政、监察、审判、检察机关实施宪法、法律的监察、调查、纠正、处理行为。党的二十大报告明确提出，要"支持和保证人大及其常委会依法行使立法权、监督权、决定权、任免权，健全人大对行政机关、监察机关、审判机关、检察机关监督制度，维护国家法治统一、尊严、权威"。

我国权力机关监督是由人民代表大会及其常务委员会作为监督主体进行监督，是最高国家机关监督。国家权力机关监督是我国国体、政体和国情的必然要求，是发展社会主义民主、健全社会主义法治，保障人民管理国家、具体行使管理国家权力的重要途径。

（一）国家权力机关监督的方式

根据我国宪法和有关法律法规的规定，从改革开放以来人大及其常委会政治监督工作的实践看，国家权力机关的监督主要有以下四种方式：

1. 立法监督。全国人大及其常委会通过制定的有关法律，赋予人民警察应有的权力，并用法律来规范警察执行职务时的行为准则。立法监督是对人民警察的宏观监督。

2. 工作监督。各级人民代表大会常务委员会均设立了专门行使法律监督职能的委员会，代表本级人民代表大会常务委员会对有关执法机关及其工作人员（包括人民警察）的执法行为进行工作监督。实施工作监督的过程主要通过行使了解权、处置权和制裁权等权利来实现。

3. 质询和询问。各级人民代表大会常务委员会通过质询和询问，了解人民警察机关贯彻、执行、遵守法律的情况，追究、纠正失职行为，督促查处违法现象。

4. 视察。各级人民代表大会常务委员会可以通过有关专门委员会的视察或调查，对警察机关的执法活动进行监督，如：改变或撤销不适当的决议、决定和命令；罢免或撤销国家机关工作人员；受理人民群众的来信来访和申诉控告；等等。

(二) 国家权力机关监督的内容

全国人大及其常委会对被认为与宪法、法律相抵触的国务院的行政法规、决定和命令，国务院各部委的命令和规章，以及下级人大及其常委会的决议进行监督；对被认为与宪法、法律相抵触的审判机关和人民检察机关的司法批复、解释以及对有关案件的判决、裁定和决定进行监督。

国家权力机关对监狱机关及其监狱人民警察实施监督的具体内容是：①在人大开会期间，人大代表有权向本级人民政府及有关工作部门就监狱问题提出质询和询问，经一定程序，有关部门必须在会议上负责答复或说明；②各级人大常委会有权改变或者撤销本级和下级人民政府制定、颁布的与宪法、法律相抵触的有关监狱工作的行政法规和不适当的决定、指示和命令；③各级人大及其代表有权视察和检查监狱工作；④各级人大及其代表有权检查监狱机关制定和颁布的有关法律执行的情况；⑤各级人大常委会均设有信访机构及其专职人员，负责受理公民对于国家工作人员（监狱人民警察）违法、失职、侵权行为的申诉、控告和检举；⑥组织特定问题的调查委员会，处理某些特殊性或专门性的问题。

二、监察机关的监督

2018年3月23日，中华人民共和国国家监察委员会在北京成立。中华人民共和国国家监察委员会是最高监察机关。国家监察委员会由全国人民代表大会产生，负责全国监察工作。主要职责是维护党的章程和其他党内法规，检查党的路线方针政策和决议执行情况，对党员领导干部行使权力进行监督，维护宪法法律，对公职人员依法履职、秉公用权、廉洁从政以及道德操守情况进行监督检查，对涉嫌职务违法和职务犯罪的行为进行调查并作出政务处分决定，对履行职责不力、失职失责的领导人员进行问责，负责组织协调党风廉政建设和反腐败宣传等。

(一) 监察委员会的性质地位

《宪法》第123条规定："中华人民共和国各级监察委员会是国家的监察机关。"《监察法》第7条第1款规定"中华人民共和国国家监察委员会是最高监察机关"，第3条规定"各级监察委员会是行使国家监察职能的专责机关"。监察委员会是实现党和国家自我监督的政治机关，其不是行政机关、司法机关。在国家权力结构中设置监察机关，专责对履行公权力的公职人员进行监督，同纪委合署办公，既是党的机构，又是国家机构，实现党性和人民性的高度统一。

监察委员会通过日常的监督执纪、派驻监督和巡视监督等，实现党内监督和国家监察的统一，推动监督监察常规化、常态化，把人大监督做实做细，强化人大作为国家权力机关的监督职能。

(二) 监察委员会的监督范围

监督对象覆盖了所有党组织和党员。构建国家监察体系，对党内监督覆盖不到或者不适用于执行党的纪律的行使公权力的公职人员依法实施监察,使监察对象由"狭义政府"转变为"广义政府",补齐行政监察范围过窄的"空白",解决反腐败力量分散问题,真正把权力关进制度笼子,确保党和人民赋予的权力用来为人民谋利益。

监狱人民警察作为国家公职人员,显然需要接受监察委员会的监督,并且在思想意识上要提高认识,自觉接受监督,任何人的权力行使都必须受到监督。对监狱人民警察的监督,应当深入推进执法规范化建设,加强执法检查和警务督察,着重加强对重点岗位、关键要害部门和重点执法环节的督察,特别是加强对监狱戒毒人民警察依法履行职责、行使职权和遵守纪律情况的监督。

(三) 监察委员会的工作方式

依据《监察法》规定,监察委员会的工作方式包括监督、调查、处置。

1. 监督。各级监察机关对公职人员依法履职、秉公用权、廉洁从政从业以及道德操守情况进行监督检查。这里的监督主要是日常的监督执纪。这就要求监狱机关根据管理职责,制定民警权力清单和责任清单,确保司法行政队伍执法依法依规、责权明晰、公正公平。

2. 调查。各级监察机关对涉嫌贪污贿赂、滥用职权、玩忽职守、权力寻租、利益输送、徇私舞弊以及浪费国家资财等职务违法和职务犯罪进行调查。调查人员采取讯问、询问、留置、搜查、调取、查封、扣押、勘验检查等调查措施,均应当依照规定出示证件,出具书面通知,由二人以上进行,形成笔录、报告等书面材料,并由相关人员签名、盖章。

3. 处置。监察机关根据监督、调查结果,依法作出如下处置:①对有职务违法行为但情节较轻的公职人员,按照管理权限,直接或者委托有关机关、人员,进行谈话提醒、批评教育、责令检查,或者予以诫勉;②对违法的公职人员依照法定程序作出警告、记过、记大过、降级、撤职、开除等政务处分决定;③对不履行或者不正确履行职责负有责任的领导人员,按照管理权限对其直接作出问责决定,或者向有权作出问责决定的机关提出问责建议;④对涉嫌职务犯罪的,监察机关经调查认为犯罪事实清楚,证据确实、充分的,制作起诉意见书,连同案卷材料、证据一并移送人民检察院依法审查、提起公诉;⑤对监察对象所在单位廉政建设和履行职责存在的问题等提出监察建议。监察机关经调查,对没有证据证明被调查人存在违法犯罪行为的,应当撤销案件,并通知被调查人所在单位。在监狱管理中需要健全问责机制,完善执法责任追究制度,坚持问责必严,以问责常态化促进监狱人民警察履职到位。

三、人民检察院的监督

检察机关监督是指我国人民检察院为维护社会主义法治的统一,通过行使法律赋予的监督权，对国家机关及其工作人员和全体公民遵守宪法和法律的情况实施的专门性监督。

《宪法》和《人民检察院组织法》均明确规定，中华人民共和国人民检察院是国家的法律监督机关。人民检察院的检察监督是一种法律监督，是解决立法、执法之间协调发展的重要环节。党的二十大报告提出要"加强检察机关法律监督工作"，同时强调对包括检察机关在内的司法权力这一整体也要进行监督，指出要"规范司法权力运行，健全公安机关、检察机关、审判机关、司法行政机关各司其职、相互配合、相互制约的体制机制。强化对司法活动的制约监督，促进司法公正"。

（一）检察监督的特征

1. 法定性。人民检察院的法律监督是由国家宪法和法律明确规定的，只有使监督主体、监督形式、监督手段、监督后果法定化，才能有效地达到监督的目的。

2. 专门性。人民检察院作为国家法律监督机关，依法履行专门法律监督职责。人民检察院通过专门性的法律监督达到维护国家法治的统一目的。从发展趋势来看，我国的检察监督仍将随着社会主义法治化进程的深入而得到不断的加强和充实。

3. 监督对象的特定性。人民检察院监督的对象和内容主要是警察机关、检察机关、人民法院的执法内容和程序。警察机关及人民警察的所有执法活动，均属于人民检察院法律监督的对象。

（二）检察机关对监狱人民警察的监督内容

人民检察院对看守所、监狱关押服刑人员，监狱及劳动改造机关的管理教育人员的执法活动是否合法进行监督。根据《监狱法》《看守所条例》规定，监狱、看守所受人民检察机关的监督。具体监督内容有：①对监狱的收监活动是否合法实行监督；②对监狱处理罪犯的申诉、控告、检举材料是否合法实行监督；③对监狱批准罪犯暂予监外执行是否合法实行监督；④对监狱提请的减刑、假释建议是否合法实行监督；⑤对监狱释放罪犯是否合法实行监督；⑥对监狱使用戒具和武器是否合法实行监督；⑦对监狱的狱内案件的侦查活动是否合法实行监督；⑧对监狱人民警察个人的职务犯罪和非职务犯罪实行监督。

（三）监督方式

人民检察院对监狱机关的执法活动实行监督，可以采取听取情况介绍，调阅有关文件和档案材料，列席有关会议，召开座谈会、调查会，进行个别谈话，实地查看等形式和方法进行检察，发现问题时应及时提出纠正意见。

四、社会及公民的监督

社会及公民监督是指在社会系统中，由不具有国家权力的人民政协、社会团体、组织舆论和人民群众等社会力量，运用法律所赋予的监督权利，对执政党和国家机关及工作人员的行为进行的监督活动。

（一）社会及公民的监督的特点

社会及公民的监督在我国的监督体系中具有鲜明的特点。

1. 监督主体的非国家权力性。社会及公民监督主要是通过各民主党派在政协会议上的提案、人民团体和组织的批评和建议、新闻媒体、网络舆论对不正之风的揭露和谴责以及人民群众通过信访、检举、控告等方式，实现对警察机关及人民警察执法行为的监督。

2. 监督主体的广泛性。社会及公民监督包括各民主党派、人民团体和组织、新闻媒体及人民群众对警察机关及人民警察执法行为的监督。

3. 监督的多样性。公民可以以口头或书面形式反映、揭露问题，可以通过提案、组织的批评和建议、申诉、控告、检举等方式进行监督。

（二）社会及公民监督的内容

1. 人民政协的监督。党的十九大报告指出："人民政协工作要聚焦党和国家中心任务，围绕团结和民主两大主题，把协商民主贯穿政治协商、民主监督、参政议政全过程，完善协商议政内容和形式，着力增进共识、促进团结。"党的二十大报告中进一步提升了人民政协的作用，指出"发挥人民政协作为专门协商机构作用，加强制度化、规范化、程序化等功能建设，提高深度协商互动、意见充分表达、广泛凝聚共识水平，完善人民政协民主监督和委员联系界别群众制度机制。"中国人民政治协商会议是在中国共产党的领导下，由各民主党派、工商联和各人民团体，包括各民族各界的代表人士组成的最广泛的爱国统一战线组织。政治协商、民主监督、参政议政是其主要职能。其中，民主监督职能就是对国家宪法、法律和法规的实施，重大方针政策的贯彻执行，国家机关及其工作人员的工作等，通过建议和批评的方式进行监督。它主要通过提建议案，列席或参加各级人大或人大常委会、政协各专门委员会同政府对口部门召开的联席会议，以及进行专题调研与视察等方式，对监狱及监狱人民警察进行监督。

2. 社会团体和其他社会组织的监督。社会团体是指由若干成员为了共同目的而自愿组成的社会组织，如工会、妇联、各种协会、学会、商会等。其他社会组织是指除国家机关、企事业单位、社会团体以外的组织，如村民委员会、居民委员会等。这些社会团体和其他社会组织遍布城乡各地、社会各阶层，其最大特点是联系群众广泛，能了解各方面群众的意愿。他们在服刑人员的帮教以及刑满释放安置等方面，能够做许多的工作，也能了解一些情况。他们对监狱机关及其人民警察的监督，可以采取批评、建议、控告、检举等形式。

3. 新闻舆论监督。新闻舆论监督是人民群众行使社会主义民主权利的有效形式，其主要监督方式有报道、评论、讨论、批评、发内参等，但其核心是公开报道和新闻批评。新闻舆论监督是针对社会上某些组织或个人的违法、违纪、违背民意的不良现象及行为，通过报道进行曝光和揭露，抨击时弊、抑恶扬善，以达到对其进行制约的目的。由于大众传媒在信息传递上具有公开、传播及时、覆盖面广的特点，特别是互联网信息技术在高速发展，这就为广大普通民众参与舆论监督提供了物质和技术保障。网络技术引领了传播方式的飞跃，带来了传播技术的解放，实现了传播内容的生动性和传播方式的灵活性。表现形式的多样化使舆论监督报道更为形象、直观、立体化，增强了感染力和影响力。一旦有违法行为和丑陋现象发生，将会产生巨大的社会影响。良好的舆论监督可以起到公开透明的作用。但同时也要注意新媒体的负面效应。在当今时代发展下，新闻媒体监督渠道以及舆论监督范围越来越大，在推动社会和谐、政府作为、法治建设以及民事问题解决等方面发挥着重要作用，同时在很大程度上保障了公民的监督权以及知情权等合法权益。

4. 公民监督。《宪法》第41条第1款规定："中华人民共和国公民对于任何国家机关和国家工作人员，有提出批评和建议的权利；对于任何国家机关和国家工作人员的违法失职行为，有向有关国家机关提出申诉、控告或者检举的权利……"同时第2款还规定："对于公民的申诉、控告或者检举，有关国家机关必须查清事实，负责处理。任何人不得压制和打击报复。"《人民警察法》第46条第1款规定："公民或者组织对人民警察的违法、违纪行为，有权向人民警察机关或者人民检察院、行政监察机关检举、控告。受理检举、控告的机关应当及时查处，并将查处结果告知检举人、控告人。"

尽管服刑人员是被改造对象，但他们的合法权利仍然受到法律保护，其对监狱及监狱人民警察也可以依法进行监督，有权对其违法行为依法进行控告和检举。对此，《监狱法》第7条第1款规定："罪犯的人格不受侮辱，其人身安全、合法财产和辩护、申诉、控告、检举以及其他未被依法剥夺或者限制的权利不受侵犯。"第23条规定："罪犯的申诉、控告、检举材料，监狱应当及时转递，不得扣压。"第47条规定："……罪犯写给监狱的上级机关和司法机关的信件，不受检查。"这些规定，为保证服刑人员的合法权利提供了法律保障。为此，要完善服刑人员刑释前谈话、绿色信箱等制度，畅通申述举报途径，接受服刑人员的监督。

同时，公民对监狱机关及其人民警察的执法监督，还包括服刑人员的家属对监狱机关和监狱人民警察执法活动的监督。他们有权依法对监狱机关及其人民警察的执法活动提出批评、建议、控告和检举。监狱机关应当主动向他们介绍情况、宣传政策、征求意见，并认真对待合理合法的批评或实事求是的检举、控告。

学习任务二十八　监狱人民警察执法的内部监督

一、监狱人民警察内部监督的特点

监狱人民警察执法的内部监督和外部监督，构成了监狱人民警察的执法监督体系，二者缺一不可。在监督过程中，内部监督具有和外部监督不同的特点：

1. 直接性。监狱人民警察在执法活动中如果出现违法违纪现象，内部有关机构就可以直接进行监督，不像外部监督那样需要一定的过程或者只有通过一定的机关或部门才能进行监督。

2. 及时性。内部监督的机构和人员，是由监狱人民警察组成的，他们了解监狱人民警察的职责和任务，熟悉有关法律规定和执法的程序，容易发现违法及执法不当的行为，对出现的问题能够及时发现和提出，有利于及时纠正，避免形成更大的错误或使工作遭受更大的损失。

3. 易改性。由于内部监督多是上下级机关之间以及领导与下属之间的领导关系，一旦上级发现下级对某个问题有错误处理或决定，有权立即撤销或变更，或者督促下级纠正，这种监督有利于及时改正错误。长期以来，我国监狱机关为了加强监狱人民警察队伍的革命化、正规化、专业化、职业化建设，全面推进严格规范公正文明执法，充分发挥自身的职能作用，十分重视加强对执法活动的内部监督。

二、监狱人民警察内部监督的形式

（一）纪检监督

纪检监督，是指中国共产党党内的纪检监督。党内监督的实质，就是我们党按照全面从严治党的要求进行自我约束和自我完善，保证自身机体健康，保证人民赋予的权力始终用来为人民谋利益。2016年10月27日，党的十八届六中全会通过《中国共产党党内监督条例》，是深入推进全面从严治党的重要举措。这是一部十分重要的党内法规，对党内监督的指导思想、基本原则、监督主体、监督内容、监督对象、监督方式等重要问题作出规定，为新形势下强化党内监督提供了根本规则。

中国共产党是执政党，是中国特色社会主义事业的领导核心，中国共产党的各级组织对执法机关贯彻党的路线、方针、政策，遵守国家法律进行全面监督是实现党对国家领导的一种重要方式，它主要通过党的各级纪律检查机关，对在执法机关中工作的党员，特别是担负主要领导工作的党员干部进行监督，促使他们坚定地执行党的路线、方针、政策，模范地遵纪守法。

党的各级纪律检查委员会是党内监督的专责机关，履行监督执纪问责职责，加强对所辖范围内党组织和领导干部遵守党章党规党纪、贯彻执行党的路线方针政策情况的监督检查。纪律检查机关必须把维护党的政治纪律和政治规矩放在首位。

党内监督必须把纪律挺在前面，运用监督执纪"四种形态"，经常开展批评和自我批评、约谈函询；党纪轻处分、组织调整的成为违纪处理的大多数；党纪重处分、重大职务调整的成为少数；严重违纪涉嫌违法立案审查的成为极少数。建立健全党中央统一领导，党委（党组）全面监督、纪律检查机关专责监督、党的工作部门职能监督、党的基层组织日常监督、党员民主监督的党内监督体系。监狱作为国家的专政机构，着重强调政治意识、政治纪律方面的要求，铸就绝对忠诚的政治品格。监狱人民警察在执法工作中，应明确职责权限，公开权力运行过程和结果，健全不当用权问责机制，让权力的行使更加透明。

按照党的十九大部署，监察委员会同党的纪律检查机关合署办公，实现对所有行使公权力的公职人员监察全覆盖，既进一步增强了党对反腐败工作的集中统一领导，也有利于党的意志通过宪法和法律实施并使党员尤其是领导干部严格遵守宪法和法律。监察委员会的设立，对于强化党内监督，解决一些党员存在的作风不严不实、顶风违纪时有发生的现象，加强对权力行使的制约，有效减少腐败存量、遏制腐败增量，推动党风廉政建设走上良性发展轨道，营造风清气正的党内政治生态，实现干部清正、政府清廉、政治清明必将发挥重要作用。党的二十大报告中着重指出：只要存在腐败问题产生的土壤和条件，反腐败斗争就一刻不能停，必须永远吹冲锋号，坚持不敢腐、不能腐、不想腐一体推进，以零容忍态度反腐惩恶，决不姑息。

（二）上级对下级的监督

上级对下级的监督，是指监狱的上级机关对下级机关，本单位、本部门领导对下属人民警察的监督。《公务员法》第57条规定，"机关应当对公务员的思想政治、履行职责、作风表现、遵纪守法等情况进行监督，开展勤政廉政教育，建立日常管理监督制度。对公务员监督发现问题的，应当区分不同情况，予以谈话提醒、批评教育、责令检查、诫勉、组织调整、处分。对公务员涉嫌职务违法和职务犯罪的，应当依法移送监察机关处理"。《人民警察法》第43条对自上而下的执法监督作了明确的规定："人民警察的上级机关对下级机关的执法活动进行监督，发现其作出的处理或者决定有错误的，应当予以撤销或者变更。"

自上而下的监督形式主要有：①通过请示报告制度实行监督。上级机关从下级机关的请示报告中了解情况、发现问题，进行监督。②通过部署重大任务实行监督。下级机关在执行重大任务时，上级机关在完成过程中实施指导和监督。③实行统计监督，即通过统计报表制度和重点调查、典型调查、抽样调查等形式中发现问题，实行监督。④通过党的纪律检查委员会对人民警察中党员执行法律、法规和纪律的情况进行检查监督。⑤通过监狱行政监察机构实行监督。

（三）下级对上级的监督

下级对上级的监督，是指监狱系统的下级机关对上级机关，人民警察对本单位、本部门领导的监督。《公务员法》规定公务员享有"对机关工作和领导人员提出批评和建议""提出申诉和控告"等权利，赋予了监狱人民警察对上级监督的权利。监狱的下级或人民警察对上级机关或领导的指示、批复、决议、决定、决策等，认为有不当或错误时，可以提出批评或建议；对领导的官僚主义和不正之风，人民警察有权抵制，并进行批评；对于领导人员的严重违法违纪行为，人民警察还可以采取申诉、控告、检举的形式向上级机关或部门进行揭发。

三、加强警务督察工作，推动监狱人民警察队伍正规化建设

警务督察工作是司法行政机关管理监狱人民警察的特殊表现形式，也是纪检监察工作在监狱领域的主要体现。2006年，司法部颁发了《关于加强警务督察工作的意见》，进一步明确了警务督察的任务和工作职责，规定了警务督察的范围，包括：重要警务部署、措施、活动的组织实施情况；监狱、戒毒所突发事件处置情况；监狱、戒毒所规范执法情况；警察执勤现场履行岗位职责情况；警察严格执纪、文明执法和遵守警容风纪情况；警察使用武器、警械及警用车辆、警用标志的情况。

监狱警务督察作为司法行政警务督察制度的重要内容之一，是指警务督察机构及其工作人员依照有关规定，对监狱人民警察依法履行职责、行使职权和遵守纪律的情况进行的约束、监督、纠正和保障，是确保监狱执法工作公正、文明、廉洁，监狱管理规范有序的有效措施之一。警务督察要贯彻依法管警、从严治警的方针，坚持惩戒与教育相结合、定期督查与日常督查相结合。督察工作人员必须坚持以事实为根据，以法律法规为准绳，依法履行职责、行使职权。要采取随警督察、重点督察和专项督察等不同方式，深入执法、执勤工作现场了解情况，发现问题。在对问题的处理上，可以采取批评教育、予以制止、带离现场、移交主管部门、提出处理建议等方式处理，灵活的处理方式能够及时制止苗头性问题，将其导入正常轨道。

推行警务督察制度，是贯彻落实从严治警方针的重要举措，是促进实现队伍建设目标的重要手段，同时也是规范警察公正执法和监狱权力有序运行的必要途径，对于不断强化监狱人民警察队伍革命化、专业化、正规化建设，实现依法治警、从严治警具有重要的意义。在监狱系统内部，推进警务督察规范化建设，是当前以及今后相当时期内面临的一项十分重要而又迫在眉睫的任务。

近年来，全国司法行政系统高度重视、大力加强警务督察组织机构建设，健全完善督察考核、培训、执法规范、经费保障及装备配备标准等一系列配套规章制度，为督察工作健康运行提供了制度保障。改革创新，积极推进警务督察工作，在三级督察机构全覆盖、督察工作运行规范化、督察工作信息化等方面取得了重大突破。各级警务督察机构在抓好随警督察、重点督察、专项督察的同时，积极创新派驻督察、交叉督察、网上督察等方式方法，进一步提高了督察效能。

讨论事例

【事例八】

自1999年7月司法部下发《监狱系统在执行刑罚过程中实行"两公开、一监督"的规定（试行）》以来，全国监狱系统积极开展狱务公开工作，司法部为此也下达了《关于在监狱系统推行狱务公开的实施意见》。在该意见中，要求监狱公开的内容有：监狱的性质、任务和宗旨；罪犯法定的权利和义务；罪犯收监的规定；罪犯考核、分级处遇的条件和程序；罪犯通信、会见的规定；罪犯行政奖励的条件、程序和结果；罪犯行政处罚的条件、程序和结果；罪犯减刑、假释或又犯罪处理的条件、程序和结果；罪犯暂予监外执行的条件和程序；罪犯离监探亲的条件和程序；罪犯申诉、控告、检举的处理；罪犯生活卫生的管理；罪犯的教育改造；监狱人民警察的法定权利、义务和纪律。

允许通过以下方式公开：①借助新闻媒体。监狱管理机关可以通过报刊、广播、电视等媒体公布狱务公开的要求和内容，宣传狱务公开的做法及其成效。对狱务公开过程中的重要活动，可以通过召开新闻发布会、组织新闻单位来监狱采访等形式进行重点宣传。②运用狱内宣传手段。监狱可以通过设立狱务公开专栏，运用监狱报、狱内广播、闭路电视等媒体公布狱务公开的内容，在服刑人员生活区、会见室等场所设置举报箱。③开展狱务咨询。各级监狱机关要开设狱务公开咨询电话，建立健全监狱机关领导的接待日制度，及时接待有关咨询来访；完善信访制度，做到件件有记录，事事有回复。各地还可以根据狱务公开工作需要，主动开展街头咨询活动。④印发《狱务公开手册》。各级监狱机关要把《狱务公开手册》，作为社会了解监狱的重要的书面宣传材料。《狱务公开手册》应作为服刑人员入监教育教材，纳入服刑人员入监教育内容。要使每名服刑人员、来监探视的家属、来监考察的社会各界人士能够得到《狱务公开手册》。

这种狱务公开的形式，增加了社会监督的透明度，使社会监督的作用发挥得更加充分。

问题： 通过学习，你认为社会监督体系主要是由哪些部分构成的？社会监督在构建对监狱人民警察的监督体系中起到了什么作用？

拓展学习

1. 学习《人民警察法》第六章"执法监督"部分，了解人民警察执法监督的内容、执法监督的部门等知识。

2. 以"正确处理自律与他律关系，自觉接受外在监督"为主题，开展主题班会，讨论如何做一个自觉、自省、谦逊的监狱人民警察。

学习单元八　监狱人民警察的法律责任

【学习目标】
1. 了解监狱人民警察法律责任的概念、特征和意义。
2. 掌握监狱人民警察法律责任的构成和追究原则。
3. 掌握监狱人民警察法律责任的种类。
4. 理解监狱人民警察法律责任的适用。

学习任务二十九　监狱人民警察的法律责任概述

一、监狱人民警察法律责任的涵义

法律责任，有广义和狭义。广义指任何组织和个人均所负有的遵守法律，自觉地维护法律的尊严的义务。狭义指违法者对违法行为所应承担的具有强制性的法律上的责任。法律责任分为：刑事法律责任、民事法律责任、行政法律责任、经济法律责任、违宪责任和国家赔偿责任。监狱人民警察的法律责任也有广义和狭义之分。广义指监狱机关及监狱人民警察在执行刑罚、惩罚犯罪、改造服刑人员活动中，由于违反法纪或者不履行法定义务所应承担的具有制裁性的法律后果。狭义指监狱人民警察个人在执行刑罚、惩罚犯罪、改造服刑人员活动中，由于违反法纪或者不履行法定义务所应承担的具有制裁性的法律后果。监狱人民警察的法律责任包括行政法律责任、刑事法律责任和侵权赔偿责任。

根据有关法律法规的规定，监狱人民警察法律责任的构成必须具备以下四个要件：

（一）责任主体要件——监狱人民警察及其所在的机关

承担监狱人民警察法律责任的主体包括监狱人民警察及其所在的监狱机关。监狱人民警察法律责任与其特殊身份有着紧密联系，专指监狱人民警察因违反相关法律法规而应承担的否定性的法律后果，其他公民和组织的违法行为不适用警察法所规定的警察法律责任内容。其中，国家赔偿责任由监狱机关承担，行政法律责任和刑事法律责任由责任者监狱人民警察个人承担。

（二）责任内容要件——在职务活动中实施了违法违纪行为

法律责任具有内在逻辑性，即存在前因与后果的逻辑关系。监狱人民警察承

担法律责任的前提和直接根据,必须是其在执行职务、行使职权过程中实施了违法违纪行为。应从以下几点理解:①必须实施了违反法律、法规或规章的行为,即违法违纪行为,多数违法违纪行为属于作为行为,但也有不作为行为。②违法违纪行为必须是在执行职务活动中实施的,且与监狱人民警察身份或职务行为紧密相连。监狱人民警察不是以其身份而违法违纪或者在非职务过程中违法违纪的,应当以普通公民的身份来承担民事责任或刑事责任,而不是以监狱人民警察的身份承担法律责任。③监狱人民警察在履行职责过程中所违反的法律、法规或规章,必须是现行有效的有关监狱人民警察工作的法律、法规或规章以及行政机关的决定和命令。现行有效的法律、法规或规章及行政机关的决定和命令约束监狱人民警察的执法行为,当监狱人民警察在执行职务过程中出现了与之相违背的情形,给国家、公民或组织造成损害的,就必须承担法律责任。如果不是违反有关监狱人民警察工作的法律、法规或规章的行为,就不能构成监狱人民警察的法律责任。

(三) 责任结果要件——职务上的违法违纪行为给国家、公民或组织的利益或合法权益造成损害

损害结果可以是对人身的损害、财产的损害、精神的损害,也可以是其他方面的损害。有的违法违纪行为是给国家利益造成了危害,有的则是给公民或组织的合法权益造成了损害,也有的可能既损害了国家利益又损害了公民合法权益。

(四) 主观要件——存在主观过错

主观过错,是指人民警察在实施违法行为或违纪行为时的主观心理状态,包括故意和过失两种。监狱人民警察实施违法违纪行为,在主观上要么是出于故意,要么是出于过失。故意,是指行为人明知自己的行为会发生危害社会的结果,并且希望或者放任这种结果发生的心理态度。过失,是指行为人应当预见自己的行为可能发生危害社会的结果,因为疏忽大意而没有预见,或者已经预见而轻信能够避免,以致发生这种结果的心理态度。

以上四个要件是构成监狱人民警察法律责任的必备要件,且必须同时具备,否则,就不能构成监狱人民警察的法律责任。

二、监狱人民警察法律责任的特点

(一) 法定性

监狱人民警察的法律责任不同于政治责任、道义责任等社会责任,其责任的内容和形式是由法律明确规定的,如《监狱法》第14条第2款规定:"监狱的人民警察有前款所列行为,构成犯罪的,依法追究刑事责任;尚未构成犯罪的,应当予以行政处分。"《人民警察法》第48条第3款规定:"对违反纪律的人民警察,必要时可以对其采取停止执行职务、禁闭的措施。"《人民警察法》第50条

规定:"人民警察在执行职务中,侵犯公民或者组织的合法权益造成损害的,应当依照《中华人民共和国国家赔偿法》和其他有关法律、法规的规定给予赔偿。"

(二) 特定性

特定性,即承担责任的主体是特定的,是监狱人民警察。多数责任是监狱人民警察个人承担;少数责任主体是监狱人民警察机关,如国家赔偿责任。

(三) 强制性

强制性,即法律责任的追究是由国家强制力实施或者潜在保证的。监狱人民警察的法律责任是一种由警察人员实施的违法违纪行为引起的法律后果,这种后果是依赖国家的强制力量强制违法违纪者向国家承担的。如果没有国家强制力做后盾,法律责任的追究是难以实施和实现的。

(四) 多元性

多元性,即追究责任的机关具有多元性。追究法律责任的权力只能由国家授权的机关依法行使,其他任何组织和个人均无权行使这项权力。依法有权追究监狱人民警察法律责任的机关包括:国家监察机关、国家权力机关、国家行政机关、司法机关、监狱人民警察所在的监狱机关、监察部门、警务督察机构等。

(五) 多样性

多样性,即人民警察法律责任的种类是多样的。从《人民警察法》第七章的规定看,人民警察的法律责任包括:行政处分、刑事处分、警纪处分(如降低警衔、取消警衔、停止执行职务、禁闭)、赔偿损失。由此可见,监狱人民警察的法律责任的种类是多样的,包括行政责任、刑事责任、侵权赔偿责任。

三、监狱人民警察法律责任的追究原则

追究违法违纪的监狱人民警察的责任,有利于明确责任划分,确认违法违纪主体由于违法违纪行为给自己和国家造成的伤害,是以达到预防和减少违法违纪行为为目的的,并不是单纯地为了惩处违法违纪者。因此,在追究监狱人民警察责任时,要把握如下原则:

(一) 责任法定原则

追究违法违纪的监狱人民警察的法律责任,是一种严肃的法律行为,必须依法进行,主要包括以下内容:①作为一种否定性的法律后果,法律责任应当由相应的法律法规预先规定。法律责任首先表示一种因违反法律上的义务(包括违约等)关系而形成的责任关系,它是以法律义务的存在为前提的。违法违纪行为发生后,应当按照事先规定的性质、范围、程度、期限、方式追究违法违纪者或相关人的责任。追究监狱人民警察法律责任的依据主要包括《刑法》《监察法》《监察法实施条例》《公务员法》《公职人员政务处分法》《行政机关公务员处分

条例》《国家赔偿法》《人民警察法》《监狱法》《监狱和劳动教养机关人民警察违法违纪行为处分规定》等。②追究法律责任的机关是法定的。依法有权追究监狱人民警察法律责任的机关主要包括国家监察机关、国家权力机关、国家行政机关、司法机关等,其他任何组织和个人均无权追究监狱人民警察的法律责任。③严格依照法定的程序进行。追究监狱人民警察法律责任时,不仅要严格执行实体法的相关规定,同时还要严格执行程序法,严格按照相关程序法的规定进行。

(二) 因果联系原则

因果联系原则是法律责任归责的一个重要原则。主要包括以下内容:①在认定行为人违法责任之前,应当首先确认行为与危害或损害结果之间的因果联系,这是认定法律责任的重要事实依据。②在认定行为人违法责任之前,应当首先确认意志、思想等主观方面因素与外部行为之间的因果联系,有时这也是区分有责任与无责任的重要因素。③在认定行为人违法责任之前,应当区分这种因果联系是必然的还是偶然的,直接的还是间接的。

(三) 责任自负原则

在现代社会每个人都是独立的个体,在法律上具有独立的地位,因此,在追究法律责任时要遵循责任自负原则。对于监狱人民警察在职务活动中的违法违纪行为,在追究其法律责任时,只限于追究违法违纪者本人,不能株连或变相株连他人。当然,责任自负原则也不是绝对的,在某些特殊情况下,会产生责任转移承担问题。

(四) 责任相称原则

责任相称原则的基本含义是:法律责任的大小、处罚的轻重应当与违法违纪行为的轻重(危害性大小)相适应,做到"罪责均衡""罚当其罪"。责任相称原则,具体包括:①法律责任的性质应当与监狱人民警察的违法违纪行为的性质相适应。不同性质的违法违纪行为表明了不同的社会危害性程度,决定了法律责任的不同性质和大小。②法律责任的种类和轻重应当与监狱人民警察的违法违纪行为的具体情节相适应。同一性质的违法或违纪行为,其具体情节不同,所表现出的社会危害程度是不同的,因而在适用法律责任的种类和承担责任的轻重方面就应有所不同。③法律责任的轻重和种类与实施违法违纪行为的监狱人民警察之主观恶性相适应。行为人主观上的过错程度、平时品行及其事后态度等因素,对法律责任的具体归结是有影响的。

四、建立监狱人民警察法律责任制度的意义

法律、法规在明确监狱人民警察职责、权利和义务的基础上,进一步规定监狱人民警察的法律责任,明确其违法违纪的后果,这对依法管警、从严治警和保证监狱人民警察依法正确履行职权,具有十分重要的意义。

(一) 保证监狱人民警察按照监狱法律法规的规定履行义务、遵守纪律

法律责任是一种否定性评价,是一种不利法律后果,具有惩罚功能、预防功能等。法律义务和纪律依赖于责任的保障,如果失去了这种保障,义务的实现、纪律的遵守将失去最起码的拘束力。因此,建立监狱人民警察法律责任制度,可以促使监狱人民警察自觉履行义务,严格遵守纪律,保障法律法规得到贯彻实施,实现法的价值。

(二) 促使监狱人民警察依法执行职务、行使职权,保障公民、法人和其他组织的合法权益

监狱人民警察的性质和任务的特殊性,决定了国家赋予其相应的特殊职责、权限,这些职权与公民、法人和其他组织的合法权益密切相关。因此,这些职权行使得合法、得当,就可以有效地惩治各种违法犯罪活动,保护公民、法人和其他组织的合法权益,否则,就会侵犯公民、法人和其他组织的合法权益。建立监狱人民警察法律责任制度,可以使监狱人民警察的权力体系在法制的轨道上运行,确保按照法定权限和程序行使权力,防止出现滥用职权现象,以保证公民、法人和其他组织及服刑人员的合法权益。

(三) 有利于加强监狱人民警察队伍建设

法律赋予监狱人民警察在执行职务的过程中行使一定的权力,监狱人民警察的素质及其管理水平、执法水平,直接关系到广大人民群众的切身利益,影响到监狱机关的威信和形象。建立监狱人民警察法律责任制度,严明政纪法纪,起到了预先告知和警示的作用,这可以促使广大监狱人民警察不断增强法律意识和法治观念,提高监狱人民警察队伍的整体素质及管理水平和执法水平,达到从严治警和纯洁监狱人民警察队伍的目的。

(四) 加强国家对监狱人民警察队伍的管理和公民的监督

法律责任制度的建立,有利于加强国家对监狱人民警察队伍的管理,加强公民、法人和其他组织及全社会对监狱人民警察执法活动的有效监督,这有利于密切警民关系,促进社会和谐发展,树立监狱人民警察的良好形象。

学习任务三十 监狱人民警察的行政法律责任

一、监狱人民警察行政法律责任的涵义

行政责任是指因违反行政法规定或因行政法规定而应承担的法定的不利后果。在法律规定的范围内,行政责任通常包括行政处分和行政处罚两种。

行政处分，是指根据法律或国家机关、企业事业单位、社会团体的规章制度规定，由国家机关、企业事业单位和社会团体按行政隶属关系，给予有轻微违法失职行为尚不够刑事处罚或违反内务纪律的所属人员的一种制裁性处理。有时也称"纪律处分"。它是行政公务人员最主要的法律责任，是对行政公务人员职务身份的制裁，是一种内部行为和责任方式。《公务员法》第61条第1款规定，公务员因违纪违法应当承担纪律责任的，依照该法给予处分或者由监察机关依法给予政务处分。2020年6月20日，第十三届全国人民代表大会常务委员会第十九次会议通过《公职人员政务处分法》，自2020年7月1日起施行。这是新中国成立以来第一部全面系统规范公职人员惩戒制度的国家法律。《公职人员政务处分法》规定，政务处分的种类为：警告、记过、记大过、降级、撤职、开除。

行政处罚，是指国家行政机关或者其他行政主体对实施违反行政管理秩序的行为但尚不构成犯罪的公民、法人及其他组织，依照法律、法规或者规章规定给予行政制裁的具体行政行为。行政处罚的适用对象是作为行政相对方的公民、法人或其他组织，属于外部行政行为和责任形式。行政处罚的种类包括：警告、通报批评；罚款、没收违法所得、没收非法财物；暂扣许可证件、降低资质等级、吊销许可证件；限制开展生产经营活动、责令停产停业、责令关闭、限制从业；行政拘留；法律、行政法规规定的其他行政处罚。

监狱人民警察行政法律责任，是指监狱人民警察在执行刑罚、改造服刑人员过程中，违反了国家法律的规定而承担的责任。它是对监狱人民警察违反行政纪律行为的一种制裁，属于内部的行政行为，不包括行政处罚这种外部责任形式。

二、监狱人民警察行政法律责任的形式

根据《公务员法》《公职人员政务处分法》《监察法》《人民警察法》《监狱法》等有关法律的规定，监狱人民警察的行政法律责任包括行政处分，警纪处分，停止执行职务、禁闭的适用，监狱人民警察"六条禁令"、司法部"六个决不允许"、司法部"六个一律"等的特殊规定。

（一）行政处分

监狱人民警察的行政处分，是指监察机关或者任免机关对实施违法违纪行为的监狱人民警察，依照法定权限和程序实施的一种行政惩戒措施。它具有以下特征：①监狱人民警察的行政处分是一种内部行政惩戒措施，它不同于行政处罚；②监狱人民警察的行政处分是一种独立的法律责任，即是一种由法律、法规、规章规定的纪律责任；③监狱人民警察的行政处分是由其行政违法违纪行为所引起的法律后果。

关于行政处分的内容已在学习单元五学习任务十六"监狱人民警察的奖惩"

部分进行了阐述，其结论是：根据《中国共产党纪律处分条例》《监察法》《监察法实施条例》《公务员法》《公职人员政务处分法》《人民警察法》《行政机关公务员处分条例》《监狱和劳动教养机关人民警察违法违纪行为处分规定》的相关规定，监狱人民警察因违法违纪，应当承担纪律责任的，由任免机关或者监察机关按照处理权限依法给予处分。行政处分的种类包括警告、记过、记大过、降级、撤职、开除六种。

（二）警纪处分

警纪处分包括降低警衔、取消警衔，这是对人民警察的一种特殊惩戒措施。

1. 降低警衔。降低警衔是指对受到行政处分或者违反警纪情节严重的人民警察的警衔予以降低一级的处分。《人民警察法》第48条第2款规定："……对受行政处分的人民警察，按照国家有关规定，可以降低警衔……"《人民警察警衔条例》第21条规定"人民警察违犯警纪的，可以给予警衔降级的处分"，同时规定"人民警察警衔降级不适用于二级警员"。

2. 取消警衔。取消警衔是指对因违法犯罪受到一定处罚或者因违纪被开除公职的人民警察，将其警衔取消，使其不再具有人民警察身份，不再享有警衔津贴的一种处分。《人民警察法》第48条第2款规定，对受行政处分的人民警察，按照国家有关规定，可以取消警衔。《人民警察警衔条例》第22条第1、2款规定："人民警察被开除公职的，其警衔相应取消。人民警察犯罪，被依法判处剥夺政治权利或者有期徒刑以上刑罚的，其警衔相应取消。"第3款规定："离休、退休的人民警察犯罪的，适用前款的规定。"《人民警察警衔工作管理办法》进一步规定："人民警察被依法判处刑罚、拘役、管制、免予起诉、免予刑事处分和被劳动教养的，或者被开除公职、警籍、党籍的，其警衔相应取消，警衔标志和授衔命令证书均应收缴。"

（三）停止执行职务、禁闭的适用

《人民警察法》第48条第3款规定："对违反纪律的人民警察，必要时可以对其采取停止执行职务、禁闭的措施。"停止执行职务和禁闭都不是一种行政处分，而是在必要的情况下对违法违纪的人民警察所采取的临时性措施。

1. 停止执行职务。停止执行职务，是指为制止、查处人民警察违纪行为，预防事故，对违反纪律的人民警察在一定期限内停止其执行职务活动的行政措施。

《公安机关实施停止执行职务和禁闭措施的规定》第3条规定，人民警察有下列行为之一的，可以对其采取停止执行职务的措施：拒不执行上级公安机关和领导的决定、命令或者违抗命令不服从指挥，可能造成严重后果的；涉嫌泄露国家秘密、警务工作秘密的；弄虚作假、隐瞒案情，包庇、纵容违法犯罪活动的；

刑讯逼供或者体罚、虐待犯罪嫌疑人、被告人和罪犯，情节比较严重的；涉嫌敲诈勒索或者索取、收受贿赂的；违反规定使用武器、警械，造成严重后果的；违法实施处罚或者收取费用，造成恶劣影响的；接受当事人及其亲属或者代理人请客送礼，数额较大，造成恶劣影响的；从事营利性的经营活动或者应聘、受雇于任何个人、组织搞营利性经营活动，不听制止的；玩忽职守，不履行法定义务，造成严重后果的；其他违反纪律的行为有必要采取停止执行职务措施的。停止执行职务的期限为15天至3个月。

人民警察被停止执行职务期间，其所在单位应对其加强管理和教育；督促其协助配合有关部门进行调查，对涉嫌违反纪律的行为写出检查，或者作出解释和说明；可视情况安排适当的与其原任职务无关的工作。人民警察在被停止执行职务期间，除特殊情况外，不得离开居住地；因特殊情况需要外出的，应向对其执行停止执行职务的督察机构报告，并得到批准。

2. 禁闭。禁闭，是指对违反纪律的人民警察在一定时间内限制其自由的惩戒措施。《公安机关实施停止执行职务和禁闭措施的规定》第6条规定，人民警察有下列行为之一并不听制止，可能造成恶劣影响的，可以对其采取禁闭的措施：违抗命令，不服从指挥，可能造成严重危害的；涉嫌泄露公安工作秘密或者为犯罪嫌疑人通风报信的；威胁、恐吓、蓄意报复他人的；殴打他人或者唆使他人打人的；酗酒滋事，扰乱工作秩序和公共秩序的；其他有必要采取禁闭措施的。禁闭的期限为1天至7天。

对被停止执行职务或者禁闭的人民警察，应当收回其枪支、警械和执行职务的有关证件。

对违反纪律的监狱人民警察，可参照上述规定，决定对其是否采取停止执行职务、禁闭的措施。

（四）违反监狱人民警察"六条禁令"、司法部"六个决不允许"、司法部"六个一律"的特殊规定。

司法部《监狱人民警察六条禁令》，具体内容如下：严禁殴打、体罚或者指使他人殴打、体罚服刑人员；严禁违规使用枪支、警械、警车；严禁索要、收受服刑人员及其亲属的财物；严禁为服刑人员传递、提供违禁物品；严禁工作期间饮酒；严禁参与赌博。违反上述禁令者，视其情节轻重予以相应纪律处分或者辞退，构成犯罪的，依法追究刑事责任。即一旦违反"六条禁令"，无论是否造成严重后果，都要视情节轻重给予警告、记过、记大过、降级、撤职、开除等行政处分或辞退以及由有关党组织作出相应的党纪处分。构成犯罪的，还要依法追究刑事责任。

司法部对全国监狱系统人民警察提出了在"三个任何"条件下的"六个决

不允许"要求，进一步规范了监狱人民警察职业操守和纪律底线。在任何形式、任何场合、任何理由下，决不允许在执行公务中擅自离岗；决不允许违规发布、传播监狱工作信息；决不允许给罪犯提供、使用移动通讯工具；决不允许接受罪犯及其家属的财物和请吃；决不允许在罪犯计分考核等执法管理中弄虚作假；决不允许执行公务时饮酒。

司法部出台"六个一律"规定：凡是私带违禁物品给罪犯戒毒人员的，一经查实，是干警的一律开除，是工人的一律解除劳动合同，是外协人员的一律废止外协合同，此类案件一律上报省局并向驻地检察机关通报，涉嫌犯罪的一律移送司法机关，负有管理、检查、督察责任的人员隐情不报、压案不查的一律就地免职并追究责任。

学习任务三十一　监狱人民警察的刑事法律责任

一、监狱人民警察刑事法律责任的涵义

刑事责任是指行为人因其犯罪行为所必须承受的，由司法机关代表国家所确定的否定性法律后果。它是最严厉的一种法律责任。

监狱人民警察的刑事法律责任有广义和狭义之分。广义的监狱人民警察刑事责任，是指监狱人民警察违反刑事法律规范，实施违反刑法规定、构成犯罪的行为所应依法承担的法律后果。就是说，监狱人民警察在非职务活动中实施危害社会的行为构成某种犯罪的，也应当依法追究刑事责任。例如，监狱人民警察故意放火焚烧公私财物，危害公共安全的，应依法承担放火罪的刑事责任；监狱人民警察违反交通运输管理法规，发生重大事故，致人重伤、死亡或者使公私财产遭受重大损失，危害公共安全的，应依法承担交通肇事罪的刑事责任；等等。狭义的监狱人民警察刑事责任，是指监狱人民警察在执行职务活动中，实施违反刑法规定、构成犯罪的行为所应依法承担的法律后果。例如，监狱人民警察对罪犯实施刑讯逼供，情节恶劣的，应承担刑讯逼供罪的刑事责任；殴打、体罚、虐待罪犯，情节严重的，应追究其虐待被监管人罪的刑事责任；等等。本学习单元所讲的是建立在执法过程中的狭义的监狱人民警察刑事法律责任。

狭义的监狱人民警察刑事责任具有以下方面的特征：①犯罪主体必须是监狱人民警察；②监狱人民警察的犯罪行为与其履行的职务有一定的联系；③监狱人民警察的违法违纪行为必须与危害结果之间存在着内在的因果关系；④监狱人民警察的刑事责任由其个人承担。

二、监狱人民警察刑事法律责任的内容

《监狱法》第14条第1款规定，监狱的人民警察不得有下列行为：①索要、

收受、侵占罪犯及其亲属的财物；②私放罪犯或者玩忽职守造成罪犯脱逃；③刑讯逼供或者体罚、虐待罪犯；④侮辱罪犯的人格；⑤殴打或者纵容他人殴打罪犯；⑥为谋取私利，利用罪犯提供劳务；⑦违反规定，私自为罪犯传递信件或者物品；⑧非法将监管罪犯的职权交予他人行使；⑨其他违法行为。第14条第2款规定，监狱的人民警察有上述所列行为，构成犯罪的，依法追究刑事责任；尚未构成犯罪的，应当予以行政处分。《监狱和劳动教养机关人民警察违法违纪行为处分规定》第7~19条对应予行政处分的各种违法违纪情形作了具体的列举。对上述规定可归纳和分析如下：

1. 有下列行为之一，致使公共财产、国家和人民利益遭受重大损失的，构成《刑法》第397条规定的滥用职权罪或其他犯罪：①违反规定办理罪犯收监的；②扣压、销毁罪犯申诉、控告、检举材料，或者向被举报人透露举报情况的；③违反规定办理罪犯离监探亲、特许离监的；④为罪犯奖惩提供虚假材料的；⑤私带罪犯离开监狱的；⑥擅自安排罪犯会见的；⑦违反规定允许罪犯携带、使用通讯工具等违禁品或者为其传递违禁品的；⑧发生罪犯脱逃逃跑或者其他事故，不及时上报或者隐瞒不报的；⑨违反规定将管理罪犯的职权交予他人行使的，这种情形也可以构成《刑法》第397条规定的玩忽职守罪；⑩违反规定转借、赠送、出租、抵押警用车辆、警车号牌、警服、警用标志或者证件的；⑪为谋取私利，利用罪犯提供劳务的。

2. 有下列行为之一，致使公共财产、国家和人民利益遭受重大损失的，构成《刑法》第397条规定的玩忽职守罪或其他犯罪：①因工作失职致使罪犯伤残、死亡或者脱逃、逃跑的，其中，因工作失职致使罪犯脱逃，造成严重后果的，构成失职致使在押人员脱逃罪；②因工作失职致使发生罪犯聚众闹事、斗殴等监狱内重大案件或者群体性事件的；③因工作失职致使发生罪犯集体食物中毒或者感染传染病等重大疫情的；④因工作失职致使发生安全生产、环境污染等重大事故的，这两种情形也可以构成重大责任事故罪、重大劳动安全事故罪、污染环境罪；⑤在值班、执勤时擅离岗位的；⑥因工作失职致使违禁品进入监狱的；⑦拒绝执行上级依法作出的决定、命令，或者在执行任务时不服从指挥的。

3. 殴打、体罚、虐待或者指使、纵容他人殴打、体罚、虐待罪犯，情节严重的，构成《刑法》第248条规定的虐待被监管人罪；致人伤残、死亡的，以故意伤害罪、故意杀人罪定罪从重处罚。

4. 刑讯逼供或者使用暴力逼取证人证言的，构成《刑法》第247条规定的刑讯逼供罪或暴力取证罪；致人伤残、死亡的，以故意伤害罪、故意杀人罪定罪从重处罚。

5. 侮辱罪犯的人格，情节严重的，构成《刑法》第246条规定的侮辱罪。

6. 包庇或者纵容罪犯从事犯罪活动的，构成《刑法》第 310 条规定的包庇罪等。

7. 私放罪犯逃离监狱的，构成《刑法》第 400 条第 1 款规定的私放在押人员罪。

8. 违反规定办理罪犯减刑、假释、暂予监外执行也可能构成犯罪，对不符合减刑、假释、暂予监外执行条件的罪犯，予以减刑、假释或者暂予监外执行的，构成《刑法》第 401 条规定的徇私舞弊减刑、假释、暂予监外执行罪。

9. 对罪犯超期禁闭的，若超期禁闭的时间超过 24 小时，可能会涉嫌构成《刑法》第 238 条规定的非法拘禁罪。

10. 违反规定利用或者插手监狱的基建等工程招投标、政府采购，为本人或者特定关系人牟取不正当利益的，可能会涉嫌构成《刑法》第 385 条规定的受贿罪等。

11. 索取、接受、侵占罪犯及其亲属财物的，可能会涉嫌构成《刑法》第 385 条规定的受贿罪、第 270 条规定的侵占罪、第 274 条规定的敲诈勒索罪。

12. 违反规定办理监狱机关人民警察录用、考核、任免、奖惩、调任、转任的，可能会涉嫌构成《刑法》第 418 条规定的招收公务员徇私舞弊罪或第 397 条规定的滥用职权罪等。

13. 非因工作需要携带枪支进入监区或者生产场所，携带枪支饮酒，情节严重的，会涉嫌构成《刑法》第 130 条规定的非法携带枪支危及公共安全罪。

14. 有其他违反公务用枪管理使用规定行为的，例如，依法配备公务用枪的人员和单位，违反枪支管理规定，非法出租、出借枪支的，构成《刑法》第 128 条第 2 款规定的非法出租、出借枪支罪。

15. 违反规定转卖警用车辆、警车号牌、警服、警用标志或者证件，情节严重的，构成《刑法》第 281 条规定的非法买卖警用装备罪。

16. 违反规定使用警械、武器，造成不应有的人员伤亡、财产损失的，可能会构成《刑法》第 232 条规定的故意杀人罪或《刑法》第 275 条规定的故意毁坏财物罪。

17. 违反规定发表反映监狱、劳动教养工作内容的言论或者传播反映监狱、劳动教养工作内容的录音、录像、图片、文字等，如果涉及国家秘密且情节严重的，构成《刑法》第 398 条规定的故意泄露国家秘密罪或过失泄露国家秘密罪，以及《刑法》第 111 条规定的为境外窃取、刺探、收买、非法提供国家秘密、情报罪。

18. 酒后驾驶机动车，造成严重后果的，即发生重大事故，致人重伤、死亡或者使公私财产遭受重大损失的，构成《刑法》第 133 条规定的交通肇事罪。如果是在道路上醉酒驾驶机动车的,构成《刑法》第133条之一规定的危险驾驶罪。

追究监狱人民警察刑事法律责任时应该注意以下几点:①监狱人民警察的违纪行为尚未构成犯罪的,只能追究其行政法律责任,主要是给予行政处分;②监狱人民警察的违纪行为是否构成犯罪,不仅要看是否具备犯罪的属性,而且要分析该违纪行为是否符合《刑法》所规定的某罪的犯罪构成;③要坚持适用刑法面前人人平等的原则,对于监狱人民警察的非违纪行为构成犯罪的,同样要依法追究其刑事责任。

三、追究监狱人民警察刑事法律责任的程序

追究监狱人民警察刑事责任时,应当按照《刑事诉讼法》规定的程序进行,主要包括以下几个诉讼阶段:

(一)立案

立案是指公安机关、人民检察院发现犯罪事实或者犯罪嫌疑人,或者公安机关、人民检察院、人民法院对于报案、控告、举报和自首的材料,以及自诉人起诉的材料,按照各自的管辖范围进行审查后,决定作为刑事案件进行侦查或者审判的一种诉讼活动。

(二)侦查

侦查是指刑事诉讼中的侦查机关为了证实犯罪和查获犯罪嫌疑人,依法进行的专门调查工作和采取有关强制性措施的活动。专门调查工作,包括讯问犯罪嫌疑人、询问证人、被害人、勘验、检查、搜查、查封、扣押物证、书证、鉴定,以及技术侦查措施。刑事诉讼中的强制措施,包括拘传、取保候审、监视居住、拘留和逮捕。

(三)起诉

在刑事诉讼中,起诉是指人民检察院或者被害人以及依法有权请求人民法院确认刑事责任是否存在和适用刑罚权对犯罪进行惩罚的团体或个人,以书面或口头的方式对犯罪人提出指控,要求人民法院对犯罪事实进行确认并追究犯罪人刑事责任的行为。我国刑事起诉分为自诉和公诉两种。

(四)审判

刑事诉讼中的审判,是指人民法院依法对刑事案件进行审理和裁判的诉讼活动。审理,是指人民法院采取开庭的形式在控辩双方的参加下,对案件的事实、证据进行全面的调查、核对,并听取诉讼双方对案件事实和适用法律的意见。裁判,是指人民法院以法庭审理查明的事实为根据,以法律的有关规定为准绳,对案件的实体问题和某些程序问题作出处理决定。

(五)执行

执行是指法定执行机关将人民法院已经发生法律效力的判决、裁定付诸实施

的活动。法定的执行机关包括人民法院、公安机关、监狱、看守所、县级司法行政机关社区矫正机构。

学习任务三十二　监狱人民警察的侵权赔偿责任

一、监狱人民警察侵权赔偿责任的涵义

侵权赔偿责任，是指行为人因侵权而造成他人财产、人身和精神的损害，依法应承担的以给付金钱或实物为内容的责任方式。监狱人民警察的侵权赔偿责任，是指监狱人民警察或其所在的机关在执行职务中，因违法违纪行为，侵犯公民、法人或其他组织的合法权益，造成损害而应当承担的赔偿责任。

监狱人民警察的侵权赔偿责任是国家赔偿责任的一部分，其构成要件包括：

（一）行为主体必须是监狱机关及其成员

非监狱机关和监狱人民警察的职务行为不能引起监狱人民警察的侵权赔偿责任。

（二）实施了违法行为

根据《国家赔偿法》的规定，构成国家赔偿须有违法行为存在。监狱人民警察在执行职务活动中行使职权的行为违法，是构成侵权赔偿的一个必要条件。如果行使职权的行为合法，即使给他人造成了损害，也不成立侵权赔偿责任。

（三）有损害后果

如果仅有监狱人民警察的违法违纪行为，而并未造成对合法权益的损害后果，则不构成侵权赔偿责任。损害包括人身损害和财产损害，但不包括可能造成的损害和仅仅造成危险的情况。并且，要求该损害后果必须是由监狱人民警察违法行使职权的行为造成的，否则，不能构成监狱人民警察的损害赔偿责任。

（四）损害后果是在监狱人民警察执行职务过程中产生的

监狱人民警察执行职务是代表国家行使职权，所以，其行为产生的损害后果由国家承担。如果是执行职务以外的其他行为违法，造成的损害后果只能由行为人本人负责，国家不承担赔偿责任。

明确监狱人民警察侵权赔偿的构成要件，可以准确地判断监狱机关及其成员的行为是否需要由国家承担赔偿责任，正确解决国家赔偿问题。

二、监狱人民警察侵权赔偿责任的法律依据

（一）《宪法》

《宪法》第41条第3款规定："由于国家机关和国家工作人员侵犯公民权利而受到损失的人，有依照法律规定取得赔偿的权利。"

(二)《行政处罚法》

《行政处罚法》第7条第2款规定:"公民、法人或者其他组织因行政机关违法给予行政处罚受到损害的,有权依法提出赔偿要求。"该法第80条和第81条还规定,行政机关使用或者损毁查封、扣押的财物,对当事人造成损失的,应当依法予以赔偿;行政机关违法实施检查措施或者执行措施,给公民人身或者财产造成损害,给法人或者其他组织造成损失的,应当依法予以赔偿。

(三)《国家赔偿法》

《国家赔偿法》第2条规定:"国家机关和国家机关工作人员行使职权,有本法规定的侵犯公民、法人和其他组织合法权益的情形,造成损害的,受害人有依照本法取得国家赔偿的权利。本法规定的赔偿义务机关,应当依照本法及时履行赔偿义务。"

(四)《人民警察法》

《人民警察法》第50条规定:"人民警察在执行职务中,侵犯公民或者组织的合法权益造成损害的,应当依照《中华人民共和国国家赔偿法》和其他有关法律、法规的规定给予赔偿。"

三、监狱人民警察侵权赔偿的方式

赔偿的方式,是指赔偿义务机关承担赔偿责任时所采用的形式。《国家赔偿法》第32条规定:"国家赔偿以支付赔偿金为主要方式。能够返还财产或者恢复原状的,予以返还财产或者恢复原状。"由此可见,国家赔偿的方式有:支付赔偿金、予以返还财产或者恢复原状三种方式,其中,支付赔偿金为主要方式。这三种方式可以单独适用,也可以在某些情况下并用。

此外,《国家赔偿法》中对精神赔偿作出了规定。《国家赔偿法》第35条规定:"有本法第三条或者第十七条规定情形之一,致人精神损害的,应当在侵权行为影响的范围内,为受害人消除影响,恢复名誉,赔礼道歉;造成严重后果的,应当支付相应的精神损害抚慰金。"

四、监狱人民警察侵权赔偿的法律责任

由于监狱机关及其警务人员的执法活动既有行政管理方面的,又有刑事司法方面的,拥有行政管理权和刑事司法权,所以,监狱人民警察行使职权侵犯公民、法人和其他组织的合法权益造成损害的,既可能涉及行政侵权赔偿,也可能涉及刑事侵权赔偿,还可能涉及民事赔偿。

(一)行政侵权赔偿

行政侵权赔偿,是指监狱人民警察在行使行政职权时,侵犯到受害人的财产和人身权时产生的赔偿。

1. 行政赔偿的范围。根据违法行为侵害的客体不同,可将行政赔偿分为监

狱人民警察行使职权侵犯人身权的赔偿和监狱人民警察行使职权侵犯财产权的赔偿两大类。

根据《国家赔偿法》第3条的规定，行政机关及其工作人员在行使行政职权时有下列侵犯人身权情形之一的，受害人有取得赔偿的权利：①违法拘留或者违法采取限制公民人身自由的行政强制措施的；②非法拘禁或者以其他方法非法剥夺公民人身自由的；③以殴打、虐待等行为或者唆使、放纵他人以殴打、虐待等行为造成公民身体伤害或者死亡的；④违法使用武器、警械造成公民身体伤害或者死亡的；⑤造成公民身体伤害或者死亡的其他违法行为。由于监狱机关不具有行政拘留权，因此，上述五种情形除违法拘留外，均适用于监狱机关及其监狱人民警察。

关于侵犯财产权的国家赔偿，根据《国家赔偿法》第4条的规定，适用于监狱及其监狱人民警察的内容有：当监狱及其监狱人民警察有由于违法行为造成财产损害的其他情形时，需要承担行政赔偿责任。

根据《国家赔偿法》第5条的规定，属于下列情形之一的，国家不承担赔偿责任：①监狱人民警察实施的与行使职权无关的个人行为。监狱人民警察只有在行使职权时违法侵害公民、法人和其他组织合法权益造成损害的，才产生国家赔偿责任。如果实施了与监狱管理职权无关的个人行为，即使造成严重后果，也不产生国家赔偿责任，而只能由实施侵权行为的监狱民警个人承担责任。例如，民警在度假时与人斗殴致人伤害，在购物时与他人发生争端等，都与职权无关，后果由自己承担。②因公民、法人和其他组织自己的行为致使损害发生的。在这种情形下，损害的发生是由损害人自己的行为引起的，与监狱机关及其民警执行职务的行为没有直接的关系，所以，即使行政行为可能违法，但是国家仍然不承担赔偿责任。③法律规定的其他情形。如制定行政法规、规章或者监狱管理机关制定、发布具有普遍约束力的决定、命令等抽象行政行为；监狱及监狱管理机关发布对其工作人员的奖惩、任免决定的行政行为；在执行职务时发生意外事件或者由于第三者的过失；等等。这些行为即使侵犯了他人的人身权或财产权，国家也不承担赔偿责任。

2. 行政赔偿中的国家追偿权。国家追偿权，是指国家机关工作人员在执行职务过程中，因故意或重大过失或者其他法定情形，损害公民、法人或其他组织的合法权益，国家对赔偿请求人承担赔偿责任后，应当要求有过错的国家机关工作人员承担部分或全部的赔偿费用的法律制度。它是国家对国家机关及其工作人员监督权的一部分，即追偿权。

根据《国家赔偿法》第16条第1款的规定，监狱人民警察违法行使狱政管理权侵犯公民、法人和其他组织的合法权益造成损害，其主观上有故意或者重大过失的，赔偿义务机关赔偿损失后，应当责令其承担部分或者全部赔偿费用。

（二）刑事侵权赔偿

这是指监狱机关及其警务人员因违法行使刑罚执行权或其他刑事司法职权，侵犯受害人人身权和财产权，由国家依法给予受害人赔偿。监狱人民警察行使刑事司法权，是指监狱人民警察行使狱内侦查、监狱管理等职权。根据其违法违纪行为侵犯的客体不同可分为两种：①在行使刑事司法职权时侵犯人身权利引起的损害赔偿；②在行使刑事司法职权时侵犯财产权利引起的损害赔偿。

1. 刑事赔偿的范围。根据《国家赔偿法》的规定，监狱人民警察在刑事司法活动中的赔偿，也分为侵犯人身权的赔偿和侵犯财产权的赔偿两大类。

《国家赔偿法》第17条中适用于监狱机关及其监狱人民警察刑事赔偿的内容有：①刑讯逼供或者以殴打、虐待等行为或者唆使、放纵他人以殴打、虐待等行为造成公民身体伤害或者死亡的；②违法使用武器、警械造成公民身体伤害或者死亡的。

《国家赔偿法》第18条中适用于监狱机关及其监狱人民警察刑事赔偿的内容有：监狱机关及其监狱人民警察在行使刑事侦查权时违法对财产采取查封、扣押、冻结、追缴等措施的，受害人有取得赔偿的权利。如果监狱及其监狱人民警察在侦查罪犯狱内犯罪的案件时，查封、扣押、冻结、追缴了与案件无关的财产或者是案外人的财产，或者未按法律规定妥善保管或使用的，或者宣告无罪后仍然查封、扣押、冻结的，均属于违法，造成损害的，受害人有取得赔偿的权利。

当公民的现实状态与监狱人民警察的执行职务过程无直接关系，比如，《国家赔偿法》第19条规定的在公民自己故意作虚假供述，公民自伤、自残等故意行为致使损害发生等情况下，监狱人民警察不承担刑事赔偿责任。

2. 刑事赔偿中的国家追偿权。在刑事赔偿中，国家追偿的范围较小，追偿的对象仅限于对国家赔偿责任的产生有主观故意的司法机关工作人员。根据《国家赔偿法》第31条第1款规定，监狱人民警察在刑事司法活动中有下列情形之一的，赔偿义务机关赔偿损失后，应当向监狱人民警察追偿部分或者全部赔偿费用：刑讯逼供或者以殴打、虐待等行为或者唆使、放纵他人以殴打、虐待等行为造成服刑人员身体伤害或者死亡的；违法使用武器、警械造成服刑人员身体伤害或者死亡的；在处理案件中有贪污受贿、徇私舞弊、枉法裁判行为的。

（三）民事赔偿

这是指监狱人民警察在执行职务中，侵犯公民、法人或其他组织的合法的民事权益，造成损害的，受害人有权获得的赔偿。如监狱人民警察在驾驶警车执行任务中，不慎造成了人员伤亡的，民警就要承担赔偿责任。

> 讨论案例

【案例五】

服刑人员李×称自己眼睛有病，向与自己关系较密切的民警石×请假，要求外出看病。石×请示了监区长，监区长同意石×带领服刑人员李×就近去A市看病。石×擅自让李×一人去A市，李犯乘机脱逃。

问题：民警石×应承担什么法律责任？为什么？

【案例六】

某日，服刑人员理发员熊×约了3名服刑人员准备报复服刑人员沈×，民警张×知道后说："你们不要搞，等他以后犯在我手上让我来搞他。"熊×说："张干事你不要管，我们自己去解决。"民警张×没有制止，并说："要搞就早点搞，等一下天就黑了。"结果熊×等4人将沈×殴打致死。

问题：民警张×在这起案件中应承担什么责任？

【案例七】

服刑人员宋×就餐时，与食堂炊事员发生争吵，继而大闹食堂，动手打人。经教育无效后，值班民警用绳索将其捆了起来。三天后，宋×右臂成间裂性骨折，遂提出控告。医院检查证实，捆绑不可能造成间裂性骨折，但宋×一口咬定是捆绑造成的，并提出保外就医的要求。

问题：在这起事件中，值班民警的处置是否妥当？为什么？

【案例八】

服刑人员李×私自窜队，值班民警发现后，对李×提出严肃批评，但李×不服，当面顶撞值班民警，引起服刑人员的围观。值班民警当场宣布，罚李×挑水10担，泼洒活动场地，以示惩戒，并责成服刑人员小组长梁×监督李×挑水。挑水中，李×与梁×发生争执，相互对骂，值班民警发现后将李×捆绑起来。李×回监舍后，怀恨在心，伺机报复梁×，乘梁×熟睡之际，手持木棒照梁×头部猛砸两下，造成梁×重伤。

问题：请组织讨论以下问题：①值班民警的执法行为是否妥当？②值班民警对梁×受伤是否应承担责任？

【案例九】

服刑人员陈×借故生病不出工，带班民警林×对服刑人员小组长说："陈×连续两天装病不出工，该帮助帮助了。"服刑人员小组长吴、李二人迅速跑到监舍，对陈×说："林队长叫我们来帮助你，平时我们说你，你还顶嘴。"随即二人对陈×一顿猛打，后送医院抢救无效，陈×死亡。

问题：对这起死亡事故民警林×是否要承担责任？请组织讨论。

> 拓展学习

1. 学习《人民警察法》第七章"法律责任",了解人民警察法律责任的规定。

2. 学习资料:监狱人民警察违反规定使用警械、武器的法律责任——根据《人民警察法》《人民警察使用警械和武器条例》《监狱法》等法律、法规整理。

监狱人民警察违反规定使用警械、武器的法律责任

根据《人民警察法》和《人民警察使用警械和武器条例》等法律法规的规定,人民警察在执行职务过程中依法有权使用警械和武器。

《监狱法》规定,监狱遇有特殊情形时可以使用戒具;人民警察和人民武装警察部队的执勤人员遇有特殊情形时,非使用武器不能制止的,按照我国家有关规定,可以使用武器。《监狱劳动教养人民警察着装管理规定》第11条规定,人民警察着装执行公务时,应当按照规定携带必要的警械装备。但是,监狱人民警察在使用戒具、警械和武器时,必须严格按照上述法律法规的规定进行。关于警械和武器的使用规定,监狱人民警察必须严格遵守,不得违反。否则,就是严重的违纪违法行为,要根据不同情形依法追究其法律责任。

人民警察违反规定使用戒具、警械、武器主要有以下两种情形:一是在不应使用警械、武器时使用警械、武器,如对于脱逃或拒捕的罪犯不需要使用武器就能制止的却使用了武器;二是使用戒具、警械、武器超过必要限度,如在对方有畏惧表示后仍然开枪射击,在对方的犯罪行为得到制止后仍不停地使用警棍、催泪弹等警械,在加戴戒具的法定情形消失后仍然不解除戒具,等等。

《人民警察法》第49条规定:"人民警察违反规定使用武器、警械,构成犯罪的,依法追究刑事责任;尚不构成犯罪的,应当依法给予行政处分。"《人民警察使用警械和武器条例》第14条规定:"人民警察违法使用警械、武器,造成不应有的人员伤亡、财产损失,构成犯罪的,依法追究刑事责任;尚不构成犯罪的,依法给予行政处分;对受到伤亡或者财产损失的人员,由该人民警察所属机关依照《中华人民共和国国家赔偿法》的有关规定给予赔偿。"

据此,人民警察违反规定使用警械和武器的法律责任有以下三种:

1. 刑事责任。人民警察违法使用警械、武器,造成不应有的人员伤亡、财产损失,构成犯罪的,应当负刑事责任。人民警察违法使用警械或武器可能构成的犯罪主要有故意杀人罪、故意伤害罪、过失致人死亡罪、过失致人重伤罪、故意毁坏财物罪、刑讯逼供罪、非法拘禁罪等。另外,依法配备、配置枪支、弹药的人民警察在保管、使用枪支、弹药中如果违反刑法规定,还可能会构成私藏枪支、弹药罪,非法出租、出借枪支罪,丢失枪支不报罪,非法携带枪支、弹药危

及公共安全罪，等等。

2. 行政责任。人民警察违法使用警械、武器，造成不应有的人员伤亡、财产损失，尚不构成犯罪的，由人民警察机关或监狱机关依法给予行政处分，如警告、记过、记大过、降级、撤职、开除，还可以降低警衔、取消警衔。

3. 赔偿责任。人民警察违法使用警械、武器，对受到伤亡或者财产损失的人员，由该人民警察所属机关依照《国家赔偿法》的有关规定给予赔偿。这里的赔偿既有行政赔偿，也有刑事赔偿，都由该人民警察所属的机关作为赔偿义务机关，代表国家向受到伤亡或者财产损失的人进行赔偿，然后按照《国家赔偿法》的有关追偿规定，责令责任人员承担部分或者全部赔偿费用。

另外，人民警察依法使用警械、武器，造成违法犯罪分子伤亡或者财产损失的，不负法律责任。但是，如果造成无辜人员伤亡或者财产损失的，应由人民警察机关给予补偿。《人民警察使用警械和武器条例》第15条规定："人民警察依法使用警械、武器，造成无辜人员伤亡或者财产损失的，由该人民警察所属机关参照《中华人民共和国国家赔偿法》的有关规定给予补偿。"这里的补偿，是国家补偿，它与国家赔偿最主要的区别是二者的性质不同：国家补偿是基于国家机关及其工作人员合法行使职权造成的损失；国家赔偿则是基于国家机关及其工作人员的违法行为造成的损失。由于目前我国还没有专门的有关国家补偿的法律法规，所以《人民警察使用警械和武器条例》规定参照《国家赔偿法》的有关规定给予补偿。

下 编

监狱人民警察职业素养

学习单元九　监狱人民警察的素质要求

【学习目标】
1. 了解新时代监狱人民警察素质的基本内涵及加强监狱人民警察队伍素质建设的意义。
2. 理解和掌握监狱人民警察的素质要求。
3. 理解和掌握监狱人民警察领导的素质要求。
4. 掌握提高新时代监狱人民警察队伍素质的途径。

学习任务三十三　监狱人民警察的素质

一、监狱人民警察的素质结构

素质是人的基本品质，决定人的外在表现，是先天遗传和后天教化共同作用的产物。通常意义上，人们把素质分为三类八种。三类素质是指自然素质、心理素质和社会素质。八种素质则是指政治素质、思想素质、道德素质、业务素质、审美素质、劳技素质、身体素质、心理素质。

素质结构，一般而言就是构成一个人素质的各种要素的有机结合，是人的素质的综合体现。实践表明，素质结构的形成需要通过或借助于素质教育和实践。素质教育的价值取向是使个人（个体）学会认知、学会做人、学会交往、学会生存，最终成为一个"完整"的人。监狱人民警察是监狱管理工作的主体，他们集执法、管理、教育等多种任务于一身，既是国家刑罚的执行者，又是监狱的管理者，同时还是服刑人员这一特殊群体的教育者，肩负着惩罚与改造服刑人员、维护社会稳定和推动经济发展的光荣而神圣、艰巨而繁重的任务。只有建立合理的素质结构体系，才能够确保监狱人民警察素质教育贴近监狱工作实际，符合监狱执法工作需要，符合社会进步发展需要，更好地优化监狱人民警察的素质结构，并进一步提高新时代监狱人民警察队伍的整体素质。

在监狱各项工作中，队伍建设是根本，也是保障。监狱人民警察素质的高低，直接关系到人民警察队伍建设和监狱事业的兴衰成败。我们要切实提高政治站位，强化政治担当，大力推进监狱人民警察队伍革命化、正规化、专业化、职业化建设，把具有法学、教育学、心理学、管理学、社会学与信息科学等相关专业教育背景的人才充实到监狱，不断优化民警队伍结构和人才素质结构，培养建设一支结构合理、素质全面的监狱人民警察队伍，充分发挥监狱职能，完成国家和人民赋予的重要任务和神圣使命，以高素质的监狱人民警察队伍，公平公正的执法水平，确保全面依法治国战略部署的贯彻落实，为维护国家安全、社会大局稳定、促进社会公平正义、保障人民安居乐业做出新的贡献。

二、监狱人民警察素质的基本内容

要完成党和人民赋予的神圣使命，监狱人民警察必须具备良好的素质。政治素质、业务素质、身体素质（警务实战技能）、心理素质以及文化素质的科学培育与有机统一，是监狱人民警察必备的合理的素质结构。按照平安中国、法治中国建设战略部署要求，根据近年来开展的全国政法队伍教育整顿、扫黑除恶专项斗争和司法部开展的执法大培训、岗位大练兵活动内容安排，结合监狱工作实际，监狱人民警察素质的基本内容应当包括：

（一）良好的政治素质

《人民警察法》第26条明确规定，人民警察应当具有良好的政治、业务素质和良好的品行。所谓政治素质，是指个体从事社会政治活动所必须具备的基本条件和基本品质，它是个人政治思想、政治方向、政治立场、政治观点、政治态度和政治信仰的综合表现。

良好的政治素质包括：①坚定的政治立场和正确的政治方向。加强党对监狱工作的绝对领导，是监狱工作的首要任务。监狱人民警察要始终保持头脑清醒，深刻领悟"两个确立"的决定性意义，增强"四个意识"、坚定"四个自信"、做到"两个维护"，不断提高政治判断力、政治领悟力、政治执行力，更加紧密地团结在以习近平同志为核心的党中央周围，高举中国特色社会主义伟大旗帜，忠于国家、忠于人民、忠于法律，更好地担负起中国特色社会主义事业建设者、捍卫者的神圣使命。②较高的政治理论素养和政策水平。政治理论素养和政策水平是体现一个人的政治素质的标准之一，也是衡量一个人工作能力和工作水平高低的主要依据。我国社会主义事业进入新时代迈上新征程，监狱人民警察要时刻紧紧把握时代脉搏，及时掌握服刑人员改造动态，全面正确理解贯彻执行党和国家监狱工作的法律法规、方针政策，认真学习马列主义、毛泽东思想、邓小平理论、"三个代表"重要思想、科学发展观、习近平新时代中国特色社会主义思想，不断丰富自我、完善自我、提高自我。③笃定的理想信念和实践担当。打铁必须自身硬，监狱人民警察作为执法者、管理者、教育者，要深刻领会习近平新时代中国特色社会主义思想的世界观和方法论，更好用党的创新理论武装头脑、指导实践。不断加强党性修养锻炼，牢固树立正确的世界观、人生观、价值观，把强烈的爱党爱国热情转化为推进新时代中国特色社会主义事业发展的强大动力。勤于实践，敢于担当，坚决同违法违纪行为和不良习气作斗争，坚决捍卫宪法和法律权威，捍卫国家和人民利益，大力弘扬法治精神和伟大建党精神，履职尽责，秉公执法，奋力推进新时代全面依法治国和监狱工作高质量发展。

（二）过硬的业务素质

业务素质是从业人员从事某项、某种特殊专业（职业）所需要的特定的常识、能力等有关知识的综合素质，是保障业务工作正常开展的基础。监狱人民警察的业务素质主要包括：①熟悉国家的法律法规。从监狱工作实际来看，监狱人民警察作为国家法律法规的执行者、捍卫者，必须率先学法、知法、懂法，只有认真自觉学习《宪法》《刑法》《刑事诉讼法》《监狱法》《人民警察法》等与监狱工作密切相关的法律法规，认真落实全面依法治国战略部署要求，才能够确保依法执法，依法治监，依法办事。②熟悉监狱管理工作规章制度。监狱人民警察要从监狱工作实际出发，认真钻研刑罚执行、狱政管理、教育改造（心理矫治）、生活卫生、劳动生产、考核奖惩等相关业务常识，熟练组织开展各项监督管理、教育改造工作，凡事做到行有规矩，管有制度，负有责任，维护正常的监管秩序。③熟练掌握、准确运用监管改造服刑人员所需的各种岗位基本技能。以深化全国政法队伍教育整顿和司法部开展岗位练兵活动为契机，努力提升执行刑罚过程中的组织指挥能力、现场管理能力、"三课"教育能力、语言表达能力、心理咨询矫正能力、应急处置能力、公文处理能力、信息舆情控制能力、现代办公能力、突发事件防控能力等各种技能。

（三）健康的身体素质及过硬的警务实战技能

党的二十大报告指出，推进健康中国建设，把保障人民健康放在优先发展的战略位置。健康是一个人生存、生活的前提和保障，健康的身体素质是个人最基本的素质，对监狱人民警察来说尤为重要。监狱人民警察集教育者、管理者、执法者等多种角色于一身，承担的工作任务重、压力大、风险高，没有健全的体魄和良好的身体素质，就失去了做好本职工作的最起码的条件。各监狱要通过各种方式途径加强对民警的生理品质及健康状态的关注，强化民警身体机能、运动素质、运动能力及适应能力的培训。此外，由于执法工作的特殊性、工作对象的复杂性，监狱人民警察还存在着很大的职业危险，面临的威胁往往具有突发性和致命性。因此，除了要有良好的身体素质外，监狱人民警察还应具备过硬的警务实战技能。要通过素质教育、岗位练兵等活动，持之以恒、行之有效地强化体能、技能训练，强化警务技能、处突防暴应急能力训练，确保广大监狱人民警察形成具有强健的体魄和过硬的自卫擒敌技能，这样才能在实战时不仅能够取得胜利，还能最大限度地保护自己，避免和减少无谓的伤亡，维护监狱安全与社会稳定。

(四) 良好的心理素质

据世界卫生组织（WHO）的定义，心理健康是指心理完好的状态，具体表现为个体能够恰当地应对生活的压力，实现自身的潜力，自在地学习和投入地工作，对社会做出贡献。良好的心理素质是人的全面素质中的重要组成部分，一般包括：健康的自我认知、情绪情感、意志品质和人格气质等方面的品质。监狱人民警察作为教育改造服刑人员的主体，在促使服刑人员认罪悔罪、改恶向善方面起着举足轻重的作用。良好心态，可以使监狱人民警察工作效率和质量大大提高，也会对服刑人员的改造起到有益的推动作用。由于职业的特殊性，监狱人民警察长期处于高风险、高压力、高强度工作环境中，容易导致心理健康水平下降，影响正常生活，也不利于工作效率的提高。另外，由于监狱工作对象的特殊性，监狱人民警察心理健康状况不佳，会带来比其他从业人员更加严重的后果。如监狱人民警察长期处于焦虑状态，就会产生遇事不够冷静，或者产生过激反应，或者处理问题的方法简单粗暴等，体罚或变相体罚、虐待服刑人员，从而导致服刑人员产生误解甚至抵触的心理和过激行为，降低改造服刑人员的质量，造成不良社会影响。还有，心理健康状况不好的人民警察，会产生职业倦怠、人际关系不协调、身体健康受损等不良现象，削弱幸福指数与职业荣誉，严重影响到监狱人民警察的生活、学习、工作等。因此，良好的心理素质是监狱人民警察必备的条件之一，是做好监狱执法工作的前提条件，是保质保量完成刑罚执行任务的重要保障。

(五) 合理的文化素质

文化素质，是指个体适应环境及做好本职工作所必须具备的文化基础知识和相关专业知识。其中，基础知识是奠定监狱人民警察素质结构的基石。较高的文化素养与专业知识是监狱人民警察知识结构的核心，也是区别于其他行业、专业领域人才知识结构的主要标志。

目前，监狱人民警察队伍中有相当一部分民警是从本科院校及司法警官职业学院毕业的，他们接受过良好的高等教育，尤其是专业技能教育，有一定的专业知识技术能力。然而，社会的不断发展变化对监狱工作的要求越来越高，监狱的职能也发生了新的变化。随着全面依法治国战略的推进，监狱已不再是过去单纯监禁关押罪犯的场所，担负着将服刑人员改造成为遵纪守法公民、自食其力的社会主义建设者的重要职能。一方面，监狱工作具有极强的专业性和改造手段的多样性，现代监狱人民警察需要接受掌握的知识量越来越多，知识面越来越广，知识点越来越新。如执法要求越来越高，管理要求越来越严，教育要求越来越精，监督要求越来越广等等。另一方面，服刑人员的构成日益复杂，暴力型犯罪、惯犯、累犯、团伙犯、流窜犯、涉毒涉黑、高智商以及高学历职业犯罪呈现出快速增长之势；心理精神因素在各种刑事犯罪中的发生上也占了越来越重要的位置，运用心理学、伦理学、精神病学、教育学、社会学、信息学等专业知识对监狱服刑人员进行心理矫治已成为重要的改造手段。如当前服刑人员中出现的许多问题都带有明显的时代特征，要把这些带有明显时代特征的服刑人员改造成为遵纪守法的公民，预防和减少重新犯罪，就要求监狱人民警察必须具备法学、心理学、行为学、教育学、社会学、信息科学等各种专业知识，才能够更好地完成所肩负的惩罚与改造罪犯的光荣而又艰巨的任务。因此，新形势下，监狱人民警察应当通过教育、培训、实践等形成"T+"型的合理的文化素质结构，进而从横向方面拓宽监狱人民警察的岗位知识面，从纵向方面强化监狱人民警察的专业知识，充分发挥中华优秀传统文化的涵养功能，先进科学文化示范引领作用，从根本上把服刑人员改造成为守法公民，更好地适应教育改造工作的需要，适应监狱行刑规范的需要，适应监狱人民警察全面发展的需要。

三、监狱人民警察素质提高的途径

（一）刻苦学习，丰富知识

2013年3月1日，习近平总书记在庆祝中央党校建校80周年大会上讲话时指出，我们的干部要上进，我们的党要上进，我们的国家要上进，我们的民族要上进，就必须大兴学习之风，坚持学习、学习、再学习，坚持实践、实践、再实践。全党同志特别是各级领导干部都要有加强学习的紧迫感，都要一刻不停地增强本领。监狱人民警察作为国家公务员和法律工作者，必须顺应社会发展和监狱工作现代化的要求，积极营造创建学习型的监狱机关、争做学习型的监狱人民警察氛围。

1. 有计划地开展政治理论学习，提升监狱人民警察的理论水平。政治理论是监狱人民警察思想的风向标，是秉公执法的导航仪，监狱机关每年应当根据国内外形势和社会发展变化、队伍建设状况和监狱工作实际，制订详细的政治理论学习计划，充分利用新媒体传播平台，通过会议、专题辅导、讲座、自学、集中学习、讨论等方式，引导、督促、帮助监狱人民警察进行政治理论宣传教育与学习培训，不断提高全体监狱人民警察的政治理论水平，打牢忠诚于党、忠于祖国、忠于人民的坚实思想基础。

2. 有组织地进行法律法规和国家刑事政策学习，不断提高监狱人民警察的法律意识和法治理念。结合形势发展，各监狱应当定期、不定期地及时组织监狱人民警察立足监狱工作实际，系统学习《宪法》《刑法》《刑事诉讼法》《民法典》《监狱法》《人民警察法》《公务员法》《公职人员政务处分法》《监察法》等法律法规；根据岗位分工，适时组织学习讨论监管安全、刑罚执行、狱政管理、教育改造、安全生产、卫生防疫等法规制度，全面提高广大监狱人民警察依法办事、秉公执法能力,进一步落实全面推进依法治国战略部署,提高教育改造质量和执法水平。

3. 以开展主题鲜明的专题教育活动为契机,坚定监狱人民警察的政治信仰及政治立场。政治素质的提高,除了不断进行理论学习外,还要创造和利用各种专题教育活动,如"三严三实""两学一做""不忘初心牢记使命""全国政法队伍教育整顿""党史学习教育"等教育实践活动,不断寻找理论与实际的结合点,用主题教育活动来检验理论学习的成效,增强学习的效果。进一步培养监狱人民警察敏锐的政治鉴别力,坚定的政治立场及政治信仰,祛除痼疾,铸魂扬威,确保对党绝对忠诚、对监狱工作的绝对忠诚。

4. 重视和加强中华优秀传统文化和科学文化知识学习,努力提高全体监狱人民警察的文化知识水平。毛泽东同志早在1944年就指出:"没有文化的军队是愚蠢的军队,而愚蠢的军队是不能战胜敌人的。"习近平总书记强调:没有文明的继承和发展,没有文化的弘扬和繁荣,就没有中国梦的实现。现代社会,科学文化知识是一切工作的基础,新时代的监狱人民警察不仅要具有精湛的法律知识,还要具备相当广博的综合文化知识,依法正人,以文化人,把罪犯改造成守法公民。同时还要教给他们一技之长,掌握一定的技能知识,成为中国特色社会主义事业的有用之才,这就要求监狱人民警察必须具备一定的现代科学技能素质。监狱在组织服刑人员劳动生产时,一定要有计划地对服刑人员进行职业技术培训和再就业培训。监狱人民警察的技能状况决定了服刑人员刑满后就业能力的大小,因此,要通过多种手段(如选送部分民警到高等院校短期培训,邀请专家、技术人员来单位传授技术等)提高监狱人民警察的现代科技水平与技能素质,从而帮助服刑人员增长的劳动技能,提高回归社会后的谋生能力,为预防和减少重新犯罪,实现社会大局稳定奠定坚实的基础。

(二)努力实践,增长才干

监狱工作是一项实践性很强的执法工作,需要监狱人民警察具有丰富的实践经验和良好的技能才干。从监狱工作实际来看,无论是对罪犯执行刑罚、狱政管理、教育改造,还是组织服刑人员开展劳动生产、考核奖惩、生活卫生、文体活动等,都离不开一定的实践环节、实践条件和实践环境。司法实践中,服刑人员这一特殊群体中,文化水平、法律意识、价值观念、改造表现、家庭状况等差异性比较大,更要求监狱人民警察通过不断的、丰富的刑罚执行、狱政管理、教育改造、考核奖惩等工作实践,形成较高的能力素质。

1. 通过实践,提高组织管理能力。近年来,监狱押犯的成分发生很大变化,危安、涉黑、涉枪、涉毒等罪犯呈增长趋势,暴力犯罪、团伙犯罪、职务犯罪、金融犯罪、跨国犯罪不断增加,服刑人员的文化程度逐年提高。面对新的问题,要求监狱人民警察必须系统掌握组织管理学知识，在管理和教育改造实践中充分发挥管理者、组织者、促进者、帮助者、指导者的功能，科学合理实施分类管理、分类教育、分级处遇，组织和管理好各类服刑人员，维护正常的监管秩序。

2. 通过实践，提高教育改造能力。教育改造是监狱改造服刑人员的基本手段，也是治本攻心之策，"三课"教育是服刑人员教育改造的重点。实践中，通过多种渠道培训后，广大监狱人民警察的理论水平普遍得到了提高，但实践效果并不突出。特别是从事服刑人员教育改造所需要的政治学、教育学、心理学、社会学、法学等自然科学和社会科学知识远非纸上谈兵能够奏效的，需要积极投身工作实践，并通过一系列司法实践活动才能够转化为教育改造能力，增强教育改造效果。如服刑人员的政治教育要开展得有声有色，就必须将教育内容与国内外形势和社会生活实际紧密结合，摆脱空洞的、灌输式的说教。服刑人员的文化教育不能只是走过场图形式，唯入学率、到课率、及格率等机械数字，应看实际应用、实践能力的培养。对于技术技能教育，监狱人民警察更应做到"打铁必须自身硬"，要率先通过实践掌握相应的技能，实现从理论到实践的升华，从而有效地组织服刑人员开展生产劳动实践，使他们在劳动实践中悔过自新，掌握一技之长，学会谋生技能。

3. 通过实践，提高调查观察能力。"纸上得来终觉浅，绝知此事要躬行。"调查研究是监狱人民警察开展工作的基础，调查研究离不开实践、离不开观察。在管理和教育改造服刑人员实践当中，可能会遇到服刑人员脱逃、暴狱、自杀、凶杀、劫持人质以及自然灾害等各种异常、突发情况，监狱人民警察要时刻具有敏锐的观察力和科学的思维能力，要善于捕捉稍纵即逝的现象和寻找反映事物本质的蛛丝马迹，沉得下，盯得准，看得全，动得快，不断总结经验教训，做到防患于未然。特别是对服刑人员的教育改造，更要求监狱人民警察做到"脑勤、眼勤、嘴勤、脚勤"，善于察言观色、勤于分析思考、勇于攻坚克难，务求脚踏实地，做到因人施教、对症下药，切实提高服刑人员教育改造工作的针对性与实效性。

4. 通过实践，提高写作能力。习近平总书记在全国宣传思想工作会议上要求，宣传思想干部要不断掌握新知识、熟悉新领域、开拓新视野，增强本领能力，不断增强脚力、眼力、脑力、笔力。这"四力"中的"笔力"就是指写作能力，司法实践中，监狱工作有大量的应用文书需要制作和写作，无论是收监、释放、减刑、假释、离监探亲、保外就医等法律事务，还是行政管理及其经济活动，都需要相应的司法文书、行政公文和经济文书，而文书的质量不仅反映了监狱人民警察的语言文字表达能力，而且反映了监狱管理水平和执法水平。可以说，应用文书是一面镜子，是监狱人民警察日常执法与管教工作情况的纪录，会如实反映监狱人民警察的综合水平。当前，大部分监狱人民警察的写作能力还有待通过不断实践进一步加强和提高。

5. 通过实践，提高言语表达能力。在监狱执法与教育改造服刑人员活动中，需要一定的口语技巧、谈话技巧、演讲技巧和询问技巧。谈话教育是一门科学，也是一门艺术，不同的谈话教育，其教育效果是截然不同的。个别刚参加工作的监狱人民警察首次找服刑人员谈话，不知如何开口，甚至一些从事管教工作多年的老民警也感觉到有时词不达意，究其原因，有些是思维能力不强、文字功底差，有些是没有掌握一定的归纳分析、言语表达技巧。因此，监狱人民警察要认真学习业务知识，特别是口才学知识，立足监狱工作实际，多总结经验，多实践锻造，不断掌握提高言语表达技巧的要领。

（三）加强培训，全面提高

《公务员法》第67条明确规定了公务员培训的种类：初任培训、任职培训、专门业务培训和在职培训。《人民警察法》第29条规定："国家发展人民警察教育事业，对人民警察有计划地进行政治思想、法制、警察业务等教育培训。"根据有关法律规定和监狱人民警察队伍建设发展实际，各监狱必须定期、不定期地组织开展监狱人民警察的教育培训工作，不断提高监狱人民警察的整体素质，更好地适应新形势下的监狱管理工作和提高服刑人员改造质量的需要。

1. 加强政治理论培训。通过系统培训，系统掌握马列主义、毛泽东思想、邓小平理论、"三个代表"重要思想、科学发展观、习近平新时代中国特色社会主义思想，始终把握正确方向，深刻领悟"两个确立"的决定性意义，不断提高政治判断力、政治领悟力、政治执行力，始终做"两个维护"的忠诚践行者，自觉做到忠诚核心、拥护核心、跟随核心、捍卫核心。培训的内容主要包括大力加强理论武装，抓好中国特色社会主义理论体系特别是习近平新时代中国特色社会主义思想的学习，弘扬以伟大建党精神为源头的中国共产党人精神谱系，深入开展社会主义核心价值观宣传教育，深化爱国主义、集体主义、社会主义教育，持续抓好党史、新中国史、改革开放史、社会主义发展史宣传教育等。

2. 加强法律法规培训。监狱是国家的刑罚执行机关，通过培训，了解、掌握监狱工作相关法律法规，切实提高广大监狱人民警察学法、知法、懂法、守法和运用法律政策的能力及解决实际问题的能力。培训内容主要包括《宪法》《监察法》《刑法》《刑事诉讼法》《监狱法》《民法典》《公务员法》《公职人员政务处分法》《人民警察法》《安全生产法》《突发事件应对法》《保守国家秘密法》《禁毒法》《中国共产党政法工作条例》《政府信息公开条例》及人民警察使用警械和武器条例等。通过培训，促使监狱人民警察认真学法、自觉守法、秉公执法，自觉运用法治思维和法治方式，依法做好服刑人员的收监、申诉、减刑、假释、离监探亲、通信会见、生活卫生、考核奖惩、死亡、重新犯罪及释放等工作，提高执法质量与水平。

3. 加强监狱工作有关规定培训。为保障监狱执法工作规范公正文明，中央政法委、司法部和全国各省、市、自治区监狱管理部门相继出台了一系列规范监狱管理、加强监狱人民警察队伍建设的规定和制度。这些规章制度主要有：《新时代政法干警"十个严禁"》，《监狱劳教人民警察职业道德准则》，《监狱劳教人民警察职业行为规范》，《监狱和劳动教养机关人民警察违法违纪行为处分规定》，监狱人民警察"六条禁令"，司法部"六个决不允许"，司法部"六个一律"等，这些规定涵盖刑罚执行工作全过程各环节。通过培训，让监狱监狱人民警察系统掌握监狱工作有关规定和制度，切实提高运用监狱工作方针政策、规章制度的能力，确保监狱管理各项工作科学化、制度化、规范化，做到管有规章，行有规矩，令行禁止。

4. 加强舆情宣传培训。近年来无论是"表哥"的"下课"，还是"房叔"的"落马"，都是在网络舆情反腐战役上收缴的"战利品"。在当今时代发展下，新闻媒体监督渠道以及舆论监督范围越来越大，在推动社会和谐、政府作为、法治建设以及民事问题解决等方面发挥着重要作用。通过培训，促使监狱人民警察了解现代传媒技术的应用和运作，按照"三同步"要求，能够正确、及时、有效地应对社会舆论舆情，积极开展正面宣传和引导活动，树立监狱机关公正执法、监狱人民警察践行宗旨的良好形象，提高监狱工作的社会影响力。各监狱应当结合国际国内形势、监狱工作任务，组织监狱人民警察进行现代传媒技术、舆情处置、新闻宣传等培训，进一步宣传国家的法律法规和党的监狱工作方针政策，接受社会监督、群众监督、舆论监督，提高监狱人民警察的职业荣誉感，提高监狱工作的社会公信力。

5. 加强信息化实战应用培训。按照2018年司法部《关于加快推进"智慧监狱"建设的实施意见》和《"数字法治、智慧司法"信息化体系建设实施方案》部署要求，全国监狱系统要坚持"统一标准、统一平台"的原则，大力加强监管、执法、教育、警务信息化建设应用，全面提高监狱工作信息化水平，为维护监狱持续安全稳定、促进公正严格执法、提高教育改造质量作出积极贡献。通过培训，促使监狱人民警察熟练应用现代化办公设备来开展工作，掌握监狱现有的现代化信息手段应用技能，熟练应用网络技术开展有关工作。按照科技兴警、科技兴监战略要求，各监狱应以智慧监狱建设为契机，加强计算机技术、多媒体制作、网络监控、智能报警、电子门禁、数据采集、狱情研判等培训，充分利用局域网、互联网、大数据等开展监狱执法信息网络管理、监控，监狱执法活动网上监督，执法质量网上考核等，提升执法效率，提高执法水平。

6. 加强应对突发事件和应急处置培训。面对当前复杂多变的国际国内形势，各监狱应当居安思危，通过经常性、仿真性的培训和演练，不断强化监狱人民警察熟悉相关规定，熟记本单位应急处突预案，牢记自己在各预案中的职责，掌握应急处置要领，切实提高预警防范和处置突发事件的能力。面对近年来发生的内蒙古"10·17"袭警越狱案、云南"5·2"罪犯驾车越狱脱逃案、辽宁凌源监狱"10·04"脱逃案、吉林监狱"10·18"脱逃案，以及抗击"非典"、新冠病毒等诸多类型突发事件，各监狱要大力完善突发事件预警应急预案，加强人防、物防、技防、联防一体化建设，重点开展对服刑人员脱逃、暴狱、骚乱、哄监闹事、劫持人质、自杀、凶杀、纵火、群体斗殴等狱内突发事件和狱外不法分子围攻监狱、服刑人员家属缠闹监狱等事件的有针对性的应急处置培训，以及传染病、食物中毒、流行病、瘟疫、安全生产事故、自然灾害等突发事件的防范处置。通过实战演练培训，提高监狱的抗变抗疫能力，提高监狱人民警察的应对应变能力，防患于未然，为打造平安监狱、构建和谐社会奠定基础。

7. 加强岗位技能培训。监狱工作的内容广、范围大、事务杂、任务重，从罪犯收监开始到刑满释放为止，期间涉及监狱与公、检、法、司、武警等政法部门的相互配合，牵涉与社会党政机关、企事业单位、学校家庭的协调联系，就监狱自身而言，从刑罚执行、狱政管理、教育改造，到劳动生产、生活卫生、考核奖惩、文体活动等，都需要监狱与社会各部门相联系，需要监狱内部各职能部门相配合。通过采取集中培训和分散培训、课堂培训和实战培训相结合等形式，切实做到：①提高监狱政治工作岗位领导干部的培养、选拔、任用干部的能力；提高组织人事管理的能力；提高组织培训教育的能力；提高做好群众工作的能力；提高查办案件的能力。熟练掌握党的建设、干部任用、人事管理、宣传教育、警务督察、纪检监察、劳资管理等政策法规，坚持原则，热情服务，秉公办事，务实高效。②提高管理教育岗位监狱人民警察的组织管理服刑人员的能力；提高依法办事能力；提高教育改造的能力；提高分析判断的能力；提高狱内侦查的能力。熟悉管教岗位职责，掌握监狱、监区、分监区建设的常规业务与技能，依法执行刑罚，强化狱政管理，优化教育改造，加强狱内侦查，做好生活卫生管理，维护正常监管秩序，确保教育改造质量。③提高劳动管理岗位监狱人民警察的生产经营能力；掌握业务洽谈能力；具备经济分析能力；提高安全生产管理能力；具备生产项目评估审查能力。熟练掌握依法经营、安全生产、生产项目准入、评估、审查等法律法规、业务知识与技能，确保安全生产无事故，充分发挥劳动生产的矫治功能。④提高行政后勤岗位监狱人民警察的调查研究能力；提高公文写作能力；提高沟通协调能力；具备监狱规划基建管理能力；具备理财能力和后勤保障能力，为监狱各项业务工作正常运转提供服务保障。熟练掌握信息采集、理论调研、政策法规研究、公文处理、安全保卫、保密工作、信访接待、基建规划管理、财务会计、后勤保障等业务知识与技能,认真负责,热情周到,密切协调,积极主动为监狱各项工作的稳定发展创造有利条件。⑤提高领导岗位监狱人民警察的宏观决策能力;增强科学管理能力、统筹协调能力;提高依法行政能力;提高应急处置能力;提高综合调研能力和舆论引导能力,把握监狱工作正确方向,推动监狱事业沿着法制化、科学化、社会化目标全面发展。通过组织各种方式的培训,熟练掌握现代管理、科学决策知识,统筹协调监狱各种关系,协调班子成员和上下级之间的关系,协调内部关系等,把握监狱各类突发事件预防、应急处置方案,准确判断,正确指挥,抓好舆情分析判断,加强与媒体沟通联系,积极做好宣传教育工作。同时,作为监狱领导还应当参加相应的分管岗位知识技能的学习,发挥领导干部的模范带头作用,引领监狱事业健康发展。

8. 加强警容风纪和警体技能培训。近年来,随着人民警察警礼服的列装,监狱人民警察队伍的良好形象得以充分展示,荣誉感、归属感和使命感进一步提升。按照人民警察警容风纪管理和警体技能训练要求,通过系统培训,规范着装,注重礼仪,养成良好的仪容举止,树立新时代监狱人民警察的良好形象。通过严格教育、严格训练、严格管理、严格纪律,着力培养监狱人民警察具备:①强壮的体格,以增强对服刑人员的威慑力。②良好的体能,以适应紧张的工作,艰苦的环境。③充沛的精力,以胜任 8 小时内外的工作、甚至 24 小时处于高度警惕状态。④较强的适应力,以更好顺应复杂工作环境、特殊工作对象。⑤敏捷的反应力,监狱工作是富有创造性和挑战性的工作,监狱人民警察必须具备敏锐的感知力、丰富的思维方式和敏捷的反应能力,才能应付监狱发生的各种突发事件。⑥坚定的意志力,能够应对监狱面对各种艰难困苦、连续作战甚至长期作战所需要的坚强意志。根据监狱工作性质、监狱人民警察职业特点,警体技能训练的内容包括队列训练指挥、擒敌技术、查缉战术、车辆驾驶、武器警械使用等。

四、监狱人民警察素质提高过程中存在的问题

党的十八大以来,全国监狱系统坚决贯彻习近平总书记对政法工作的指示批示精神,坚持新时代全面从严治党管警要求,以提高队伍战斗力、凝聚力、向心力为着力点,以践行习近平新时代中国特色社会主义思想为落脚点,以强化宗旨意识为目的,通过深入开展"两学一做""不忘初心牢记使命"主题教育、全国政法队伍教育整顿和党史学习教育等活动,不断加强监狱人民警察队伍革命化、正规化、专业化、职业化建设,队伍建设日趋规范,整体素质不断提高。但面对纷繁复杂的监狱工作实践,也存在一些问题。

(一)思想政治教育形式化,工作穿透力不强

习近平总书记指出:深入推进全面从严治党,必须把加强思想政治教育放在

首位,教育引导党员干部补足精神之"钙",铸牢思想之"魂"。在监狱各项工作当中,思想政治工作占有十分重要的地位,是一切工作的生命线,历来为各部门高度重视,并列入监狱工作重要议事日程。但司法实践中,也有部分监狱人民警察片面存在着"重视业务学习,轻视政治理论学习""追求文凭学习,忽视钻研政治理论"等问题和现象,导致某些民警政治观念淡薄,理想信念不够坚定,一遇到具体的问题无所适从,缺乏正确的政治方向与敏锐的政治判断能力。媒体报道,近年来查处的吴爱英、傅政华、卢恩光等领导干部贪腐犯罪,以及"孙小果案""郭文思案"暴露出的违规违法"减假暂"背后的司法腐败问题,警示监狱领导干部和监狱人民警察队伍思想政治教育、警示教育等工作亟需进一步加强。还有一些民警长期不注重政治理论学习,在处理一些工作时,盲目决策,主观臆断,造成不应有的工作失误。

(二)监管工作责任压力大,部分警察体力透支严重、警务实战技能与实际工作不相匹配

监狱人民警察作为国家重要的专政工具,是一支着装带枪、半军事性质的武装力量,招之即来、来之能战、战之能胜、纪律严明、作风优良是对这支队伍的职业要求。监狱人民警察必须具有健康的体魄和良好的警务实战技能,才能胜任工作需要。然而,全国各监狱面临的主要问题是,由于基层警力严重不足和工作要求的不断提高,监狱人民警察超负荷工作普遍存在。"两眼一睁,忙到熄灯"是监狱人民警察日常生活的真实写照。据某监狱统计表明:基层有60%以上的同志年均出勤在350天以上;80%的基层民警每月工作25个工作日以上;每天工作10小时以上的民警占65%。长期的高风险、高压力作业,对民警的体力、脑力、心理都产生了严峻的考验,一些民警难以适应,甚至出现英年早逝现象,在一定程度上削弱了队伍整体战斗力。同时,随着监狱人防、物防、技防、联防"四位一体"防范体系的建立和逐步完善,多数监狱连续多年保持安全稳定状况,致使部分监狱领导和民警产生了麻痹思想,对监狱的安全稳定缺乏足够的重视,盲目乐观,对狱内改造与反改造斗争的长期性、隐蔽性、复杂性、尖锐性没有清醒的认识,导致个别民警在执法工作中警惕性不高,自我保护意识不强,处突防变能力弱化,增加了遭到犯罪分子袭击的可能性,导致了某些不必要的伤亡。据报道,2021年仅全国公安机关有261名民警、131名辅警因公牺牲,监狱民警遭到罪犯暴力抗法袭击同样值得警惕警醒。如2009年内蒙古某监狱"10·17"袭警越狱案、2021年4月发生的四川某监狱备受媒体关注的"狱内袭警第一案",2022年8月5日河北某监狱2名民警遇袭案等等。血的教训警示我们,如果没有良好的身体素质作保证,没有必要的自我保护意识,不掌握同服刑人员作斗争的一定的擒敌技能,就会危及民警的自身安全,危害监狱与社会的

稳定发展。

（三）从优待警落实不到位，监狱人民警察心理健康状况不容乐观

有人说：监狱人民警察拿的是 8 小时的工资，干的是 12 小时的工作，负的是 24 小时的责任。从心理学原理来看，监狱的特殊地理环境、特殊的工作性质、特殊的管理对象等极易导致监狱人民警察的心理健康状况不佳。有学者使用SCL-90、16PF、EPQ 等对监狱人民警察的心理进行研究后发现，监狱人民警察多数都存在着一些心理问题，最为明显的是焦虑、人际敏感、躯体化、抑郁、敌意等，健康状况总体不佳。调查表明，约有70%的民警处于高焦虑、高压力、亚心理健康状况中，尤其是一线民警，其焦虑程度、压力水平明显偏高，心理健康水平明显偏低。究其原因主要有：①职业要求高。对服刑人员而言，监狱人民警察是政府的化身，是国家法律政策的执行者，必须具有一定的威严性，而且要尽量避免出现各种影响自身形象和单位声誉的不恰当言行。②社会及服刑人员家属对监狱人民警察的期望也越来越高，要求监狱人民警察具备高水平的业务素质和道德修养，能将所有的服刑人员全部改造成为守法公民和有用之才。③监狱"三防""五无"等硬性指标，无形中会使监狱人民警察产生一定的职业压力，产生焦虑在所难免。加之监狱工作强度、风险大，紧张度高，民警的休息调整时间不足、收入不高、社会地位低等，都在一定程度上影响或损害了监狱人民警察的心理健康。

（四）个别民警敬业精神不强，业务素质较低，工作效率不高

掌握必要的业务知识，具有较强的业务能力是做好监狱工作的必要条件，也是推动监狱工作全面科学发展的动力。但个别民警认为自己端上了铁饭碗，吃的是皇粮，生活有保障，可以高枕无忧，混天度日，上进心不强，习惯于固步自封、墨守成规，一味用传统的经验和办法处理问题。还有一些年轻民警，受过高等教育，具有一定的理论水平，但安于现状，缺乏爱国敬业精神和开拓创新意识，在监狱实际工作中，不善于、不勤于钻研业务，不能够很好地将所学理论与实际工作有机地结合起来，不能把知识灵活地运用到工作中去，对一些顽危犯、惯累犯、暴力犯、流窜犯、"法轮功"邪教等服刑人员的教育改造，办法不多；面对狱内越狱脱逃、自杀凶杀等突发事件时，束手无策，不知如何应对。尽管这是极个别现象，但它的危害不可低估，它不仅损坏了监狱人民警察形象，也阻碍了监狱事业的正常发展。

学习任务三十四　监狱人民警察领导的素质

一、监狱人民警察领导素质的涵义

领导者的素质，是指在先天禀赋的生理和心理基础上，经过后天的学习和实

践锻炼而形成的在领导工作中经常起作用的那些基础条件和内在要素的总和。在领导科学理论的研究中，人们一般把领导者的素质分为政治素质、思想素质、道德素质、文化素质、业务素质、身体素质、心理素质，以及领导和管理能力等。

从监狱工作实际来看，监狱人民警察领导的素质一般应当包括政治思想、文化知识、领导能力、思想作风、年龄体质等方面。《公务员法》《人民警察法》等规定了人民警察领导职务的任职条件，即必须具备大专以上文化程度，具有法律知识，具有一定的政法工作实践经验和组织管理能力。

监狱工作的性质、刑罚执行的内容、服刑对象的特点、监狱人民警察队伍组织建设的需要，决定了监狱人民警察领导的素质必须具有极其丰富的内涵，才能够团结和带领全体监狱人民警察模范执行国家法律法规，全面贯彻党的监狱工作方针政策，依法治监、依法管警、依法准确执行刑罚，教育改造服刑人员，引领监狱工作高质量发展，开创监狱事业新局面。

二、监狱人民警察领导选拔任用条件

根据《公务员法》《人民警察法》《监狱法》《党政领导干部选拔任用工作条例》《2019—2023年全国党政领导班子建设规划纲要》等规定，结合监狱工作实际，监狱人民警察领导必须信念坚定、为民服务、勤政务实、敢于担当、清正廉洁，具备下列基本条件：

1. 自觉坚持以马克思列宁主义、毛泽东思想、邓小平理论、"三个代表"重要思想、科学发展观、习近平新时代中国特色社会主义思想为指导，努力用马克思主义立场、观点、方法分析和解决实际问题，坚持讲学习、讲政治、讲正气，牢固树立政治意识、大局意识、核心意识、看齐意识，坚决维护习近平总书记核心地位，坚决维护党中央权威和集中统一领导，自觉在思想上政治上行动上同党中央保持高度一致，经得起各种风浪考验；

2. 具有共产主义远大理想和中国特色社会主义坚定信念，坚定道路自信、理论自信、制度自信、文化自信，坚决贯彻执行党的理论和路线方针政策，立志改革开放，献身现代化事业，在社会主义建设中艰苦创业，树立正确政绩观，做出经得起实践、人民、历史检验的实绩；

3. 坚持解放思想，实事求是，与时俱进，求真务实，认真调查研究，能够把党的方针政策同本地区本部门实际相结合，卓有成效地开展工作，落实"三严三实"要求，主动担当作为，真抓实干，讲实话，办实事，求实效；

4. 有强烈的革命事业心、政治责任感和历史使命感，有斗争精神和斗争本领，有实践经验，有胜任领导工作的组织能力、文化水平和专业素养；

5. 正确行使人民赋予的权力，坚持原则，敢抓敢管，依法办事，以身作则，艰苦朴素，勤俭节约，坚持党的群众路线，密切联系群众，自觉接受党和群众的批评、监督，加强道德修养，讲党性、重品行、作表率，带头践行社会主义核心价值观，廉洁从政、廉洁用权、廉洁修身、廉洁齐家，做到自重自省自警自励，反对形式主义、官僚主义、享乐主义和奢靡之风，反对任何滥用职权、谋求私利的行为；

6. 坚持和维护党的民主集中制，有民主作风，有全局观念，善于团结同志，包括团结同自己有不同意见的同志一道工作。

三、监狱人民警察领导的素质内容

（一）政治素质

优良的政治素质是监狱人民警察领导素质的核心。政治素质是指各级领导干部在政治、思想、纪律、作风、精神、品德等各个方面内在的素养品质。它在领导干部素质结构中处于核心地位，是首要的必备条件。

政治素质的核心就是政治纪律和政治规矩，要坚持不懈用习近平新时代中国特色社会主义思想凝心铸魂，毫不动摇地坚持党对监狱工作的绝对领导，深刻领悟"两个确立"的决定性意义，增强"四个意识"、坚定"四个自信"、做到"两个维护"，确保在任何时候任何情况下都坚决听从习近平总书记命令、服从党中央指挥。坚定不移贯彻总体国家安全观，主动防范化解风险，坚决维护国家政治安全和社会大局稳定，努力以高水平安全保障高质量发展。忠实履行好监狱机关新时代使命任务，更好地为全面建设社会主义现代化国家、全面推进中华民族伟大复兴保驾护航。

从监狱工作司法实践来看，监狱领导的政治素质主要是"四有"：一有坚定不移的政治信念。即在监狱管理工作中坚持正确的政治方向、政治立场、政治观点，坚定正确的政治信仰与追求，保持高度的政治纪律性和政治鉴别力、政治敏锐性。二有民主团结的工作作风。监狱领导要坚持党的民主集中制，带头贯彻执行中国共产党党章，坚持走群众路线，尊重和重视群众的意见，善于做好群众的思想政治教育工作。同时，监狱领导班子要做到"五同"：班子同心、成员同德、目标同向、工作同步、困难同上。克服"一言堂"，同时避免"单干户"。三有实事求是的工作态度。监狱领导在处理监狱各项工作时，都要从实际出发，要讲实话、办实事、求实效，坚决反对浮夸风和形式主义。四有积极进取的精神状态。监狱工作是一项艰巨、复杂、长期的工作，监狱领导必须严于律己，以身作则，只有对党无限忠诚，对事业无限热爱，才能在工作中刻苦钻研，精益求精。

（二）能力素质

良好的能力素质是监狱人民警察领导素质的基石。习近平总书记强调指出，要把能力建设作为一项重要任务，全面提高政法干警职业素养和专业水平。从落实"治本安全观"目标要求来看，新时期监狱领导干部应当着力提升以下几种能力：

1. 要切实提高教育改造服刑人员的能力。各级监狱领导干部应当始终坚持《监狱法》，坚持"惩罚与改造相结合、以改造人为宗旨"的监狱工作方针，坚持认真贯彻落实"治本安全观"，转化思维，更新观念，进一步端正监狱工作指导思想，把改造人放在第一位，不断提高教育改造质量，最大限度地预防和减少重新违法犯罪。要大力加强思想道德教育、法治教育、文化和职业技术教育、罪犯心理矫治工作等，进一步改进和完善教育改造措施，不断提高教育改造的针对性、实效性。建立健全与"治本安全观"要求相适应的工作机制，积极探索新形势下教育改造服刑人员工作的特点和规律，创新教育改造服刑人员的方式方法，不断提高教育改造质量，为构建和谐社会提供保障。

2. 要切实提高保持监狱持续安全稳定的能力。监狱是国家的刑罚执行机关，监狱人民警察是国家法律的执行者，是社会公平正义的维护者。监狱领导干部要树立确保监管安全的"首位意识"，大力加强安全稳定长效机制建设，切记安全无小事，进一步健全安全稳定工作机制和领导责任机制，构建全方位、多层次的安全防范系统，确保监狱持续安全稳定。

3. 要切实提高监狱执法的能力。监狱领导干部应当全面贯彻习近平法治思想，牢固树立社会主义法治理念，坚持依法治国、依法行政，进一步端正执法思想，切实解决好为谁掌权、为谁执法、为谁服务的问题，打牢执法为民的思想基础。在监狱管理各项工作当中，进一步规范执法行为，深入开展"强化监规纪律，净化改造环境"专项治理活动，狠抓执法制度建设，针对人民群众反映强烈的执法问题，抓住最容易发生问题的关键岗位和重点环节，建立规范的内部执法工作程序和执法责任制，确保监狱工作各方面都依法办事，有章可循，提高监狱执法的规范化和公信力。

4. 要切实提高监狱内部规范管理的能力。无规矩不成方圆。监狱各级领导干部要率先垂范，以身则，严格落实监狱管理制度，进一步规范监区基层基础工作，形成一套系统、规范、科学、有效的管理流程，突出加强重点环节管理，加强督促检查，抓好监狱工作各项规章制度的落实。切实加强统筹协调，统筹执法、管理、教育各项工作，统筹业务建设、队伍建设和保障能力建设，加强与政法部门和其他有关部门的沟通协调，围绕"治本安全观"，努力实现监狱工作全面、协调、可持续发展。

5. 要切实提高创新发展的能力。党的二十大报告指出：必须坚持科技是第一生产力、人才是第一资源、创新是第一动力，深入实施科教兴国战略、人才强国战略、创新驱动发展战略，开辟发展新领域新赛道，不断塑造发展新动能新优势。面对新形势，要求监狱领导必须要有新作为，干出新成绩，开创新局面。面对新形势、新机遇、新挑战以及监狱工作中出现的新情况、新问题，监狱领导干部必须不断强化创新意识，学会从新的视角、新的思路研究新情况，分析新问题，采取新举措，取得新进展。

6. 要切实提高抓班子带队伍的能力。火车跑得快，全靠车头带。监狱各级领导干部应当切实抓好领导班子建设，坚持民主集中制，加强领导班子的团结，讲党性、重品行、作表率，发挥模范带头作用。牢记习近平总书记训词精神，切实加强监狱人民警察队伍建设，坚持政治建警、依法管警、从严治警、素质强警、从优待警、科技兴警，全面提高监狱人民警察政治业务素质。大力加强反腐倡廉建设，健全本单位惩治和预防腐败体系，深入开展反腐倡廉教育，认真学习《宪法》《监察法》，自觉遵守《中国共产党章程》《中国共产党廉政准则》《中国共产党纪律处分条例》，认真落实党风廉政建设责任制，做到党政同责、一岗双责，强化对权力的监督制约，加大违法违纪行为查处力度，促进党风、政风、警风进一步好转。领导干部要严于律己、以身作则，在廉洁自律方面做好示范和表率，自觉接受各方面的监督。大力加强党性修养和作风养成，始终牢记"三个务必"，带头发扬艰苦奋斗的传统，带领广大监狱人民警察忠诚履职，做好工作，力争做到"建一流班子，带一流队伍，创一流业绩"。

（三）业务素质

业务素质是监狱人民警察，特别是监狱领导在从事监狱工作实务中所具备的素质。主要包括：

1. 执行刑罚方面。在执行刑罚方面，监狱领导要具备依法执行刑罚，提高教育改造服刑人员水平的能力。监狱领导要带头以习近平法治思想为引领，始终坚持"惩罚与改造相结合，以改造人为宗旨"的监狱工作方针，始终把改造人、造就守法公民放在第一位，不断提高教育改造质量，最大限度地预防和减少重新违法犯罪。严格公正司法，牢记防止干预司法"三个规定"，依法依规做好罪犯的收监、释放、减刑、假释、暂予监外执行，严格标准，规范流程。大力加强思想道德教育、法治教育、文化和职业技术教育、服刑人员心理矫治工作等，进一步改进和完善教育改造措施，不断提高教育改造的针对性、实效性。建立健全与"治本安全观"要求相适应的工作机制，依法准确执行刑罚，严格遵守法定程序，加强"狱务公开"，积极探索新时代监狱执法工作的特点和规律，创新教育改造服刑人员的方式方法，不断提高执法水平和教育改造质量。

2. 安全防范方面。在安全防范方面，具有维护监狱安全稳定的首位工作意识。监狱是国家机器之一，是刑罚执行的场所，始终处在各种社会矛盾激烈斗争的前沿，处在改造与反改造矛盾的较量斗争之中。司法实践表明，越狱、袭警、斗殴、凶杀等恶性案件与食品安全、生产安全等危险风险常常伴随监管改造方方面面，地震、火灾、"非典"、"新冠"等自然灾害和重大传染性疾病往往突如其来，防不胜防。监狱领导干部必须坚定不移贯彻总体国家安全观，深刻领会维护国家安全和社会稳定的目标任务，以监管安全为天职，坚持稳定压倒一切，居安思危，以时时放心不下的责任感抓好人防、物防、技防、联防工作，认真落实各项安全制度，夯实安全稳定各项基础，进一步健全完善安全稳定工作机制和领导责任机制，加大对各种突发事件应急处置预警和演练工作力度，构建全方位、多层次的安全防范系统，确保监狱持续安全稳定。

3. 依法办事方面。党的二十大报告指出，全面依法治国是国家治理的一场深刻革命，关系党执政兴国，关系人民安康幸福，关系党和国家长治久安。严格公正司法，深化司法体制综合配套改革，全面准确落实司法责任制，加快建设公正高效权威的社会主义司法制度，努力让人民群众在每一个司法案件中感受到公平正义。监狱工作是刑事司法的最后环节，是社会公正的最后保障，监狱人民警察是司法公正的最后"守门人"。在依法办事方面，树立习近平法治思想、坚定社会主义法治理念是监狱各级领导干部做好依法治监的保障。监狱各级领导应当努力践行"忠诚、为民、公正、廉洁"的政法干警核心价值观，发挥领导干部示范带头作用，做尊法学法守法用法及依法办事、秉公执法的标杆表率，进一步端正执法思想，切实解决好为谁掌权、为谁执法、为谁服务的问题，打牢执法为民的思想基础。进一步规范执法行为，深入开展"规范执法行为，促进执法公正"专题教育实践活动，狠抓执法制度建设，结合近两年开展的"全国政法队伍教育整顿"与"扫黑除恶"专项斗争，针对人民群众反映强烈的执法问题，抓住最容易发生问题的关键岗位和重点环节，建立规范的内部执法工作程序和执法责任制，确保监狱工作各方面都有章可循，提高监狱执法的规范化和公信力。

4. 科学管理方面。在科学管理方面，监狱各级领导要切实提高监狱内部正规管理的能力。按照贯彻落实科学发展观和习近平新时代中国特色社会主义思想的要求，监狱领导要率先学习最新科学知识，用先进科学思想武装头脑，加快监狱现代化建设步伐，严格落实监狱管理规章制度，进一步规范监狱、监区基层基础工作，依法办事，科学决策，形成一套系统、规范、科学、有效的管理流程，突出加强重点环节管理，加强督促检查，科学认识服刑人员，科学评价改造质量和执法水平。切实加强统筹协调，统筹执法、管理、教育各项工作，统筹业务建设、队伍建设和保障能力建设，加强与政法部门和其他有关部门的沟通协调，以"治本安全观"为统领，努力实现监狱工作全面、协调、可持续发展。

5. 开拓创新方面。在监狱工作开拓创新方面，监狱各级领导应当积极响应党中央关于全面深化改革的各项部署，不断强化创新意识，用新的视角、新的思路研究监狱执行刑罚、改造罪犯当中出现的新情况,分析新问题,采取新举措,取得新进展。当前要积极推进"智慧监狱"建设步伐,推进监狱减刑假释办案中心与信息化平台建设,提升能力,形成合力,确保刑罚执行工作高效能高质量发展。坚持一切从实际出发,创造性地开展工作,加快新时期监狱人民警察队伍专业化职业化建设研讨,加强落实"治本安全观"、监狱经费保障、监企分开、收支分开、规范运行以及布局调整等有关问题的深层次调研,积极进行监狱分级、服刑人员分类以及心理矫正、"智慧监狱"建设等问题的实践探索,确保各项工作都能取得实实在在的效果。

6. 团结协作方面。以深化全国政法队伍教育整顿为契机,勇于自我革命、刮骨疗毒,彻底铲除"六大顽瘴痼疾",凝心聚力。监狱各级领导要切实提高抓班子带队伍、驾驭全局的能力。要坚持以人为本,积极抓好监狱、监区学习型组织团队建设,凝练团队精神,鼓舞士气,激励斗志。要认真抓好班子组建,坚持民主集中制,加强领导班子的团结,讲党性、重品行、作表率,发挥模范带头作用。要切实加强队伍建设,反对拉帮结派,勾心斗角,坚持政治建警、依法管警、从严治警、素质强警、从优待警、科技兴警,全面提高监狱人民警察的事业心、责任感和向心力。同时,监狱各级领导应当积极主动做好与公、检、法、司、武警等政法部门以及驻地党政机关、社会有关部门的沟通协调关系,理顺本系统上下级、各部门之间的关系,形成合力,勤力同心,齐抓共管,确保监狱工作顺利开展。

讨论案例

【案例十】

会见室是监狱面向社会的窗口,是联系社会的纽带。某日,民警小王负责会见室的接待工作。一位老人带着一名4岁的孩子,会见服刑的儿子。办理会见时,小王就发现老人的脸色不好,所以一直对他特别关注。办好会见手续后,小王给老人倒了杯热水,热情地与老人交谈,安慰老人监狱会改造好他的儿子的,并告诉老人若家里有困难,监狱可以帮助。小王发现老人一直神色犹疑,双手总是下意识地捂住胸口。看着老人去会见时,小王还有点担忧。于是,他有意走近老人,观察他和儿子的会见。突然间,他发现老人悄悄地从怀里拿出一个瓶子,小王的第一反应是情形不对,出于职业敏感,小王以极快的速度冲到老人跟前,在老人正欲吃什么的时候,他将瓶子夺了过来。老人看着瓶子已经在小王的手里,不由得放声大哭。会见室里的人目睹了这个过程,起了小小的骚乱。值班民警立即带走了会见的服刑人员,并安抚前来会见的其他人。此时,医务室的刘医生也赶过来,他给老人家检查了身体,确定无事后,抱起了哭着的孩子,开始对老人进行劝慰。小王向赶来的张副监狱长汇报情况：老人携带农药，准备服药自杀，由于发现及时，农药被抢夺了下来。

时近中午，张副监狱长将老人请到民警餐厅，由有二级心理咨询资格的刘医生陪同。他们一边吃饭，一边和老人唠家常，一边询问情况。慢慢地，老人的情绪平复了下来，为儿子担忧、为生计发愁、对孙子愧疚的心情，由于倾诉而得到了些许的缓解。看着刘医生6岁的女儿和自己4岁的孙子正玩得开心，老人终于露出了一丝的微笑。监狱后来派车将老人送回了家里，并及时把老人和孩子平安的消息转告了正服刑的老人的儿子。在得知监狱对老人的细心照料后，他很是感动，向民警保证，自己一定好好改造，争取早日出狱。老人在家的二儿子知道父亲在监狱发生的一切后，给监狱送来了一面匾额，上面写着金光闪闪的"向高素质的监狱人民警察致敬"几个字。

每当走过大厅，看到这面匾额，民警小王、刘医生、张副监狱长都会露出微笑，心里给自己暗暗加油，我们会做得更好！

这样的事情，不是每天都会在监狱发生，但是每个民警依然会以自己职业的敏感、责任、热爱、奉献，对待自己每一天平凡而朴素的工作。

问题：通过这个案例，你认为一个优秀的监狱人民警察需要具备什么素质？如何把自己培养成有这样素质的人？监狱人民警察队伍是个什么样的群体？这个群体需要什么样的领导者？

拓展学习

1. 阅读《监狱领导干部应当把一碗水端平》资料，思考如下问题：

（1）对于陈寿之言，你是如何理解的？有何启示？

（2）作为一名监狱领导干部，怎样才能够保证一碗水端平？

监狱领导干部应当把一碗水端平

在监狱工作中，大家都希望领导能够把一碗水端平，而现实中一碗水不可能端得很平。这里面有领导者个人的素质和水平问题，更有诸多客观原因，因为工作和生活中领导者个人不是孤立的，而是生活在复杂的社会大环境中，总会有方方面面的关系，如朋友、亲戚、同学、战友、老乡、领导等，要学会妥善处理好这些关系。陈寿在《三国志·蜀书·诸葛亮传》中曾言："尽忠益时者，虽雠必赏；犯法怠慢者，虽亲必罚；服罪输情者，虽重必释；游辞巧饰者，虽轻必戮。"

2. 阅读《毕业生警世案例——态度决定一切》资料，思考如下问题：

（1）作为一名监狱人民警察，你是用什么态度看待监狱工作的？

（2）为什么说"有了好的态度，才能有好的行动，才能成为真正的人才"？

毕业生警世案例——态度决定一切

某年7月，重庆理念科技产业有限公司招聘了21名大学生。在随后不到4个月的时间里，该公司陆续辞退了其中的20名本科生，仅仅留下了一名大专生。据该公司人事部反映，这些大学生被辞退的主要原因是他们的自身素质和道德修养不能胜任公司的需求。

看到这则短短数言的消息，人们不禁要问：这些"孩子"到底怎么了？

据报道说，被辞退的20名大学生，尽管原因各异，但从根本上看，是他们自身素质和道德修养欠佳所致。第一批被公司除名的是来自某重点大学计算机系的两名高材生，他们在外出与客户谈完生意后，将价值3万多元的设备遗失在出租车上。面对经理的批评，他们振振有词："对不起，我们是刚毕业的学生。学生犯错是常事，你就多包涵吧。"第三名被开除的是一名上班经常迟到、在工作时间上网聊天的大学生，经多次警告无效后，被公司开除。其余的十几名本科生也在接下来的三个多月里，陆续离开了公司。惟一没有被公司"炒掉"的是一名女大专生，因为只有这个女生懂得"自己的言行必须符合公司的正当利益，要对自己的前途负责，首先是对自己所在单位负责、对工作负责"。她的工作记录本上写着两个字：用心！的确，用心的工作态度让这位勤奋和谦逊的女大专生"笑"到了最后。

20名大学生被辞退，这样的事例比较极端。它给我们带来的思考是多层面的。比如作为用人单位，招聘时应严格把关，考察求职者的德与才；引进大学生后，要加强管理与教育，使他们及早适应新的岗位。

而就大学生而言，更应该从这起事件中汲取一些教训。让人费解的是，在对待自身素质、道德修养方面，有一些人持无所谓的态度，显出与年龄不符的"晚熟"。殊不知，在德与才之间，德始终是第一位的，良好的道德情操是决定一个人成才的关键，任何时候都不可等闲视之。

国足原主教练米卢说：态度决定一切。因此，对待学习，需要有一个认真的学习态度；对待工作，也应该有一种积极的工作态度。选择一个怎样的态度来面对社会，是大学生们日后能否成才的第一步。

学习单元十　监狱人民警察的职业道德规范

【学习目标】
1. 了解监狱人民警察职业道德的特点和作用。
2. 掌握监狱人民警察核心价值观的内容。
3. 掌握监狱人民警察职业道德规范的具体要求。
4. 了解监狱人民警察职业道德修养的途径和方法。

学习任务三十五　监狱人民警察的职业道德概述

一、监狱人民警察职业道德的涵义

职业道德是职业行为的价值标尺，体现了监狱工作对监狱人民警察的基本要求，体现出监狱人民警察应有的职业责任和担当。监狱人民警察职业道德是指监狱人民警察在执行刑罚、惩罚与改造罪犯的职业活动中应当遵循的道德准则和规范的总和。准则又称为行为准则，是行为或道德所遵循的标准原则；规范是职业行为应当遵守的基本要求。主要包括两层意思：①监狱人民警察职业道德是在监狱人民警察执行刑罚、惩罚与改造罪犯这一特定职业活动中的行为准则和规范。它是共产主义道德在这一特定职业生活中的特殊表现，反映着职业行为调整的特殊方面，又带有具体的监管改造活动的特征。②监狱人民警察职业道德所调整的对象，包括监狱人民警察之间在执行职务过程中发生的道德关系，监狱人民警察在执行职业责任和义务时同服刑人员之间的道德关系，以及监狱人民警察因职业活动的需要同社会其他个人或集体以及整个社会发生的道德关系。当然，在上述各种道德关系中，大量存在和经常发生的是监狱人民警察和服刑人员之间的关系，它是监狱人民警察职业道德的主要内容。

司法部 2011 年 9 月 13 日颁布了《监狱劳教人民警察职业道德准则》和《监狱劳教人民警察职业行为规范》。《监狱劳教人民警察职业道德准则》将监狱人民警察职业道德准则概括为：热爱祖国，对党忠诚；执法公正，管理文明；教育为本，安全为先；廉洁守纪，敬业奉献。《监狱劳教人民警察职业行为规范》对监狱人民警察严格、公正、廉洁、文明、规范执法，正确履行宪法和法律法规赋予的职责提出了应当遵守的基本要求。2016年12月28日,司法部印发《关于新形势下加强司法行政队伍建设的意见》,明确提出:进一步健全完善司法行政干警职业道德准则和职业行为规范,加强职业伦理和职业操守教育,完善职业道德评价机制,使广大干警养成崇尚法治、恪守良知、理性公允的职业品格。

2019年10月,中共中央、国务院印发《新时代公民道德建设实施纲要》,明确提出新时代公民道德建设的总体要求是:"要以习近平新时代中国特色社会主义思想为指导,紧紧围绕进行伟大斗争、建设伟大工程、推进伟大事业、实现伟大梦想,着眼构筑中国精神、中国价值、中国力量,促进全体人民在理想信念、价值理念、道德观念上紧密团结在一起,在全民族牢固树立中国特色社会主义共同理想,在全社会大力弘扬社会主义核心价值观,积极倡导富强民主文明和谐、自由平等公正法治、爱国敬业诚信友善,全面推进社会公德、职业道德、家庭美德、个人品德建设,持续强化教育引导、实践养成、制度保障,不断提升公民道德素质,促进人的全面发展,培养和造就担当民族复兴大任的时代新人。"

二、监狱人民警察职业道德的形成和发展

监狱人民警察职业道德是崭新的职业道德,是在惩罚改造罪犯的实践中产生的,它有自己形成和发展的历史。概括地说:它萌发于中国共产党领导下的新民主主义革命时期,形成和发展于社会主义革命和建设时期。

新中国诞生前的28年,是我党领导各族人民为取得新民主主义革命胜利而浴血奋斗的28年。早在第一次国内革命战争时期,我党创立了革命组织和革命根据地,建立了自己的政权机关,人民司法机关也就随之出现了。此后,在土地革命战争时期,革命根据地工农民主政权设立了临时司法机关,其裁判部下设了看守所、劳动感化院;抗日战争时期设有看守所、监狱和劳动生产所、劳作队;解放战争时期解放区内设有看守所、监狱、自诉院、拘留所等。战斗在这一特殊战线的司法工作人员就是监狱人民警察的先驱,他们在党的领导下,怀着极大的革命热情和崇高的革命理想,使对罪犯的关押改造工作随着人民政权的建立和发展,从无到有、从小到大,逐步形成和完善起来,积累了丰富的经验,为今天的监管改造工作打下了良好的基础。他们把我党奉行的马列主义、毛泽东思想,把我党的革命路线、方针政策,把我军的优良传统和作风,创造性地应用到对罪犯的监管和改造工作中去,形成了走群众路线、实事求是、调查研究、严守纪律、敌我分明、立场坚定、任劳任怨、不怕牺牲、讲究人道、以理服人、执法公正、赏罚分明、忠诚勇敢、廉洁奉公等优秀的思想作风和道德品质。这些优秀思想作风和道德品质就形成了革命时期的监狱人民警察职业道德。

新中国成立后,随着社会主义国家政权的建立和巩固,监管改造工作体制也随之建立和发展。从中央到地方,建立了中央、大行政区、省、署、县五级监管管理体制，从事监管工作的监狱人民警察迅速增加，形成了以惩罚改造罪犯为己任的职业队伍，并形成了共同的职业理想及职业道德要求。从此，新中国成立前初步形成的监狱人民警察职业道德开始向规范化和成熟化方向发展。1956年以后，我国监管改造事业已建立和巩固。党中央对监狱人民警察的队伍建设和思想建设非常重视，在品德和纪律方面提出了明确的要求。例如，《公安机关人民警察内务条令》《公安人员八大纪律十项注意》《监狱、劳改队管教工作细则》以及"从严治警"的方针等。这些规定对监狱人民警察职业道德要求的规范化和完善化具有决定性的重要意义。

当我们国家进入了一个新的历史时期后，监管改造的对象已发生了新的变化，出现了一些新的情况。押犯中，绝大多数出身于劳动人民的家庭，如何将他们中的绝大多数改造成为守法公民，已成为监狱人民警察职业道德的新要求。监狱人民警察在职业活动中，要根据新形势、新任务的要求，注意改变职业活动方式，对服刑人员做耐心细致的教育、感化、挽救工作，认真组织他们学政治、学文化、学技术、学科学，关心他们的吃、穿、住、医疗、卫生，为他们创造良好的改造条件，促进其思想转化。要求监狱人民警察在职业活动中做到：像父母对待患了传染病的孩子、医生对待病人、老师对待犯了错误的学生那样，做耐心细致的教育、感化、挽救工作。树立起为改造服刑人员服务、为改造服刑人员成为新人而勇敢献身的职业道德理想，在依法严格监管的前提下，立足于教育人、改造人、挽救人，用新的职业道德行为，调整与服刑人员的改造与被改造、教育与被教育的关系。

"惩罚和改造相结合，以改造人为宗旨"的监狱工作方针，凸显了监狱人民警察工作是一项艰巨、细致而复杂的工作。其主要表现在工作对象的复杂性、危险性、危害性、社会影响的日益多方面性和社会责任重大等方面，这样的工作性质和特点决定了从事这一职业道德的监狱人民警察在主观上要高标准、严要求，客观上要符合社会发展的需要，而监狱人民警察职业道德是监狱长期发展积淀下来的一种职业文化，它调节着监狱人民警察的职业行为，推动着监狱人民警察不断进行自我修养、培育职业精神。

三、监狱人民警察职业道德的作用

（一）促进监狱人民警察道德素质的提高

监狱人民警察道德素质是监狱人民警察素质的一部分。监狱人民警察素质包括政治素质、业务素质、身体素质以及作为它们的基础的思维素质和文化素质等。

监狱人民警察职业道德是监狱人民警察道德素质的核心和灵魂，监狱人民警察道德主要是对监管改造事业的情感、理想、责任、义务、职业良心、职业纪律观念等的综合反映。而这些又都是监狱人民警察职业道德的基本内容，是监狱人民警察职业道德的要求和规范。很明显，监狱人民警察职业道德的提高就是对监狱人民警察道德素质的直接促进。它的促进作用具体体现在三个方面：

1. 有助于培养监狱人民警察高度的职业责任感和强烈事业心。职业责任感是一种高尚的职业道德情感，也是做好本职工作的基本条件或前提。这种情感不会自发产生，而是来自于接受党的教育，来自于对职业价值的认识程度。监狱人民警察职业道德能够帮助监狱人民警察自觉遵守社会主义道德，加深对职业价值的认识，培养深厚的职业情感，形成高度的职业责任感。

事业心也称为职业理想，是一种把职业当成事业去执着追求的职业信念。监狱人民警察的事业心就是坚信自己从事的改造服刑人员、造就新人的工作是崇高而伟大的事业，为了这一事业的成功和发展，献出自己的毕生精力。责任感和事业心都是一种内在的驱动力和鞭策力，是监狱人民警察献身事业的动力源，它催人奋斗不止，自强不息。监狱人民警察职业道德正是通过树立和培养监狱人民警察高度的责任感以及强烈的事业心来促进监狱人民警察道德素质的提高。

2. 有助于树立职业荣誉感和职业义务观念。监狱人民警察职业道德明确了监狱人民警察职业的社会价值，并在此基础上通过对监狱人民警察的道德教育，培养形成监狱人民警察的职业荣誉感，即从事监管改造工作的光荣感、自豪感。《新时代公民道德建设实施纲要》，提出"推动践行以爱岗敬业、诚实守信、办事公道、热情服务、奉献社会为主要内容的职业道德，鼓励人们在工作中做一个好建设者"。

司法部《2016—2020年监狱戒毒人民警察队伍建设规划纲要》提出，建立健全监狱戒毒人民警察宣誓制度，组织广大警察开展入职晋级授衔、重要政治活动宣誓，规范宣誓仪式，切实提高职业自豪感。探索建立监狱戒毒人民警察职业荣誉制度，广泛开展尊崇职业荣誉教育，提高职业荣誉感。

监狱人民警察道德规范有助于监狱人民警察树立崇高的义务观念。社会主义社会各行业之间是相互服务的，这就要求从业人员必须为他人为社会尽一定的义务。监狱人民警察从事的职业更要求具备这种义务观念，明确地意识到自己在特殊岗位上为社会、为现代化建设事业尽义务是崇高的、无条件的。可见职业荣誉和义务观念的培养和树立同样离不开监狱人民警察职业道德的教育和修养。

3. 有助于监狱人民警察遵守道德规范和掌握善恶评价标准。监狱人民警察职业道德原则和若干规范使监狱人民警察明确了应当怎样，不应当怎样。同时它也是监狱人民警察道德行为评价的标准和尺度。这就使监狱人民警察的职业行为有规可循、有矩可蹈，对他人对自己有尺可度，养成良好的职业道德习惯。监狱人民警察职业群体也将形成良好的道德舆论和道德风气，使"道德法庭"深入人心，使追求更高的精神境界成为监狱人民警察职业道德修养的目标，从而使监狱人民警察队伍的职业道德素质和精神境界向更高水平发展。

党的二十大报告指出，"我们要坚持走中国特色社会主义法治道路，建设中国特色社会主义法治体系、建设社会主义法治国家，围绕保障和促进社会公平正义，坚持依法治国、依法执政、依法行政共同推进，坚持法治国家、法治政府、法治社会一体建设，全面推进科学立法、严格执法、公正司法、全民守法，全面推进国家各方面工作法治化"。加强监狱人民警察职业道德建设，对"坚持全面依法治国，推进法治中国建设"具有十分重要的意义。监狱人民警察的职业道德水平直接关系到法律以及党的监狱工作方针政策能否正确贯彻执行，监狱人民警察的职业道德状况直接影响我国监狱机关乃至党和政府与人民群众的关系，监狱人民警察的职业道德修养对贯彻以德治国与依法治监的方略具有不可忽视的作用。

（二）促进服刑人员改造质量的提高

监狱人民警察职业道德对于协调各种关系，提高工作效率和工作质量，完成各项工作任务，尤其是对提高服刑人员改造质量有着重要作用。

监狱人民警察职业道德能够调整职业活动中的各种关系，正确处理和妥善解决职业活动中的各种矛盾。首先是调整内部关系，即不同职责的监狱人民警察之间、上下级之间，以及公、检、法三机关之间的关系。这些关系的正常处理更离不开监狱人民警察职业道德的要求和规范，也就是把职业活动统一在道德要求和规范之下，否定和摒弃不道德职业行为。其次是调整外部关系，主要指与服刑人员的关系，包括与服刑人员家属的关系。这些关系的正常处理更要靠职业道德的要求和规范的践行。与外部的关系也包括与社会的关系，如与当地政府及有关经济部门的关系，这方面的关系，如果出现不正常也离不开监狱人民警察职业道德的调整。通过监狱人民警察职业道德对内部和外部各种矛盾关系的调整，才能提高监狱人民警察的个体素质，才能发挥监狱人民警察整体的力量和功能，才能保障党关于监管改造工作方针政策的顺利贯彻执行，从而有力地提高改造质量。

（三）促进监狱人民警察自觉抵制和克服职业不正之风

监狱人民警察职业道德的作用还突出表现在对职业不正之风的自觉抵制和克服。职业不正之风是监狱人民警察在履行职责时表现出的特权思想以及利用各种方便条件谋取私利的不良作风。职业不正之风主要有以下表现：①特权思想，认为自己是"小社会"，有管服刑人员的大权，又是经济实体，有财权，有相对独立性，易形成特权思想，因此不能正确处理与外部的关系；②借职业之便谋私利，让服刑人员为自己干私活，收受贿赂，甚至贪赃枉法；③民主意识薄弱；④违背政策不讲人道，言行粗野，有旧狱警习气；等等。这些不正之风在不同的单位不同程度地存在着，是我们必须加以纠正的。

监狱人民警察职业道德，能使监狱人民警察明确自己的责任和义务，增强事业心和荣辱感，明确在职业行为上应当干什么，不应当干什么，明确监狱人民警察职业行为的善恶标准，形成良好的道德舆论，从而提高监狱人民警察对职业不正之风进行抵制的自觉性。对已经存在的不正之风，监狱人民警察职业道德会予以纠正，使监狱人民警察队伍形成良好的职业道德风尚。

学习任务三十六　监狱人民警察的核心价值观

一、政法干警核心价值观的涵义

在我国，政法队伍的主体是政法机关的公职人员，主要包括最高人民法院、最高人民检察院、公安部、司法部、国家安全部的法官、检察官、公安干警、司法干警、国家安全干警等。在和平年代，政法机关和政法队伍是安全秩序的直接捍卫者，也是国家公平正义的最后一道防线。政法机关是党领导的人民民主专政的工具，是保障经济社会发展的国家机器。

核心价值观，是指在一个社会、一个行业、一个部门、一个团体中居于统治地位的、起支配作用的核心理念，其对其成员的思想道德和行为方式起着主导作用。党的二十大报告指出，"广泛践行社会主义核心价值观。社会主义核心价值观是凝聚人心、汇聚民力的强大力量"，"坚持依法治国和以德治国相结合，把社会主义核心价值观融入法治建设、融入社会发展、融入日常生活"。按照中共中央关于推进社会主义核心价值体系建设的要求，总结政法各单位的探索实践，政法干警核心价值观概括起来就是"忠诚、为民、公正、廉洁"。它鲜明地回答了什么是政法干警的政治本色、宗旨理念、价值追求、基本操守等问题。"忠诚、为民、公正、廉洁"是党和人民对政法干警队伍的基本要求，是中国特色社会主义司法制度的内在灵魂，是社会主义核心价值体系在政法领域中的集中体现。政法干警核心价值观是政法文化之魂，与社会主义法治理念一脉相承又各有侧重，是政法干警必须自觉坚持的共同价值取向，是共同的精神支柱和必须遵循的行为准则。

忠诚，就是忠于党、忠于国家、忠于人民、忠于法律，这是政法干警的政治本色，是政法干警核心价值观的基石，是为民、公正、廉洁的前提。政法队伍肩负着维护国家政治安全、确保社会大局稳定、促进社会公平正义、保障人民安居乐业的职责任务，必须始终做到政治上清醒坚定、忠诚可靠。"忠诚"作为前进道路上的价值标尺和行动指针，它要求政法干警必须把握好正确的政治方向、价值取向、工作导向,永葆对党忠诚的政治本色,努力实现让党放心、让人民满意。

为民,就是把以人民为中心作为新时代政法工作的根本立场,始终把人民放在心中最高位置,切实做到执法为民,这是政法干警的宗旨理念,是政法干警核心价值观的根本,是政法工作的出发点与落脚点,是我们党全心全意为人民服务根本宗旨和"立党为公、执政为民"执政理念在政法工作中的具体体现。为民的价值观念,鲜明回答了政法工作"相信谁、依靠谁、为了谁"以及"为谁执法、靠谁执法、怎样执法"等根本问题。它要求政法干警要切实解决"权从何来、为谁司法、为谁服务"的根本立场问题,把人民群众的需要作为第一选择,把人民群众满意作为第一标准,坚持以人为本、执法为民,把实现好、维护好、发展好最广大人民根本利益作为政法工作的出发点和落脚点,真正把重民生、排民忧、解民难作为确立工作思路、制定政策、谋划改革、加强自身建设的依据,真正使政法工作符合民情、体现民意、服务民生、赢得民心。要努力把案件办得更好些,让群众感受到更多公平正义。

公正,就是公正执法司法、维护社会公平正义,这是政法干警的价值追求,是政法工作的生命线。公正是职业要求,司法制度是维护社会公平、正义的最后一道防线,是法律永恒的价值追求。我们党领导的革命、建设和改革事业中始终贯穿着对公正的不懈追求。中国特色社会主义制度优越性的一个重要方面,就在于能够更好地体现和实现社会公平。政法机关唯有严格执法、公正司法,才能获得权威和公信力,也才能完成党和人民赋予的光荣使命。它要求政法干警坚持秉公执法司法,以事实为根据、以法律为准绳,实体公正和程序公正并重,实现法律效果、社会效果、政治效果的统一。

廉洁,就是清正廉明、无私奉献,这是政法干警的基本操守,是政法干警践行忠诚、为民、公正价值观念的保证。公生明、廉生威。廉洁是政法工作的最基本要求,是人民警察的立身之本和职业道德底线,承载着人民群众对政法工作的深切关注和殷切期待。执法如山,守身如玉,坚如钢,清如水。这是14亿人民对政法干警的新要求、新期待。它要求政法干警要始终保持高尚的精神追求和道德情操,坚持严于律己、清正廉洁,老老实实做人、干干净净做事,时刻警惕权力、金钱、美色的诱惑,坚决抵制各种贪赃枉法、徇私舞弊行为,坚决同一切腐败行为作斗争,一身正气、两袖清风,真正做到为民、务实、清廉。

"忠诚、为民、公正、廉洁"共同构成政法干警核心价值观,是相互制约、互为条件、不可分割的有机统一整体。忠诚是基石,为民是根本,公正是生命线,廉洁是保证。政法干警核心价值观明确规定了政法干警的根本价值取向和行为准则,既体现了政法工作的优良传统,又赋予了新的时代内涵;既反映了现实的迫切需要,又可以最大限度地促进和形成全体干警的共识。政法干警必须全面理解,一体遵行。

二、政法干警核心价值观是社会主义核心价值体系在政法领域中的集中体现

社会主义核心价值体系是社会主义制度的内在精神和生命之魂,是现阶段我国广大人民群众所要树立的世界观、人生观、价值观和道德观的有机整体。马克思主义指导思想,中国特色社会主义共同理想,以爱国主义为核心的民族精神和以改革创新为核心的时代精神,社会主义荣辱观,构成社会主义核心价值体系的基本内容。社会主义核心价值观是当代中国精神的集中体现,社会主义核心价值观是当代中国精神的集中体现,是凝聚中国力量的思想道德基础。党的二十大报告指出:"以社会主义核心价值观为引领,发展社会主义先进文化,弘扬革命文化,传承中华优秀传统文化,满足人民日益增长的精神文化需求,巩固全党全国各族人民团结奋斗的共同思想基础,不断提升国家文化软实力和中华文化影响力。""弘扬以伟大建党精神为源头的中国共产党人精神谱系,用好红色资源,深入开展社会主义核心价值观宣传教育,深化爱国主义、集体主义、社会主义教育,着力培养担当民族复兴大任的时代新人。"构建政法干警核心价值观,是社会主义核心价值体系在政法队伍的生动实践。

社会主义核心价值体系是政法干警核心价值观的基础和前提。社会主义核心价值体系鲜明地回答了在新的历史条件下,我们党用什么样的精神旗帜团结带领全国人民开拓前进、中华民族以什么样的精神风貌屹立于世界民族之林的重大问题。社会主义核心价值体系,反映了我国社会主义基本制度的本质要求,渗透于经济、政治、文化、社会建设的各个方面,在所有社会主义价值目标中处于统领和支配地位。

政法干警核心价值观是社会主义核心价值体系在政法领域中的集中体现。社会主义核心价值体系的基本内容,落实到政法领域,集中体现为忠诚、为民、公正、廉洁的价值观念。"忠诚"和"廉洁"是对所有公务人员的基本要求,"公正""为民"则更能体现法律职业伦理中独特价值。政法干警核心价值观是社会主义核心价值体系内容的细化和丰富,既有效体现了社会主义核心价值体系的一般要求,又充分反映了政法工作特色和政法干警思想实际,是普遍性与特殊性的统一。开展政法干警核心价值观教育,是对社会主义核心价值体系建设的有力推动。

三、监狱人民警察要做践行政法干警核心价值观的表率

政法干警核心价值观,一旦深深扎根于政法干警的头脑之中,就会内化成自己的思想观念和价值追求,并最终外化为一种自觉的职业行为习惯,转化为推动政法工作的强大精神动力。各级监狱机关和广大监狱人民警察要认真践行政法干

警核心价值观,为推动和保障社会主义文化大发展大繁荣,维护国家安全和社会稳定,保障人民安居乐业,做出新的更大贡献。

践行政法干警核心价值观,必须端正思想认识,找准结合点、着力点,充分发挥职能作用,推动和保障社会主义文化大发展大繁荣;必须注重实际效果,把政法干警核心价值观贯穿于执法司法活动全过程,促进司法行政工作科学发展,保障国家长治久安和人民安居乐业。

(一)践行政法干警核心价值观,推动和保障社会主义文化大发展大繁荣

《中共中央关于深化文化体制改革推动社会主义文化大发展大繁荣若干重大问题的决定》,全面总结了党领导文化建设的成就和经验,深刻分析了文化建设面临的形势和任务,明确提出了推进文化改革发展的指导思想、重要方针、目标任务、政策举措,充分体现了我们党对世情、党情的准确判断和对文化建设规律的科学把握,是当前和今后一个时期指导我国文化改革发展的纲领性文件。

政法文化是社会主义文化的重要组成部分,政法机关和政法干警是社会主义文化大发展大繁荣的建设者、保障者。政法干警核心价值观是政法文化的基础和根本。践行政法干警核心价值观,推动和保障社会主义文化大发展大繁荣,必须找准政法工作与文化建设的结合点、着力点,充分发挥职能作用。一要推动社会主义法治文化建设。不断提高执法司法能力和水平,为增强全社会法律意识和法治观念作出表率;继承发扬我国优秀的法律文化传统和群众工作的政治优势,在执法办案中注意融法理情于一体,积极促进和谐文化建设;深入开展法治宣传教育,增强全民法治观念,努力使尊法学法守法用法在全社会蔚然成风;创造更多体现政法干警核心价值观的政法文化精品,让人民群众在强烈的情感共鸣中,增进对政法工作和政法队伍的了解、理解和支持。二要创造健康向上的文化发展环境。努力维护规范、健康、有序的文化市场秩序;依法保护文化工作者的合法权益,促进各类文化市场主体公平竞争;深入开展"扫黄打非"专项行动,坚决扫除黄赌毒等社会丑恶现象,净化社会文化环境。三要依法维护国家文化安全。增强政治意识和政权意识,严密防范、依法处置敌对势力通过思想文化渗透进行破坏活动;完善政法舆论引导机制,提高政法舆论引导水平,为做好政法工作、维护社会稳定创造良好的舆论环境。四要促进全社会诚信建设和公共道德建设。深化司法体制和工作机制改革,推进执法司法规范化建设,加大执法司法公开和监督的力度,在加强执法司法公信建设上取得突破性进展;发挥政法机关对社会道德的保护和引导作用,在执法司法活动中把法律评价与道德评价有机结合起来,使执法司法的过程成为惩恶扬善的过程。

(二)践行政法干警核心价值观,维护国家安全和社会稳定

当今世界,和平与发展仍然是时代主题,但国际敌对势力对我国实施西化、

分化的战略一刻也没有停止，千方百计进行渗透颠覆分裂破坏活动。政法领域一直是他们渗透的重点。监狱工作被推到了国际人权斗争的前沿，面临着新的考验，监狱工作维护国家安全和社会稳定的任务十分繁重。构建高水平社会主义市场经济体制进入攻坚时期，随着改革创新深入推进，社会经济成分、组织形式、就业方式、利益关系和分配方式日益多样化，社会不和谐不稳定的潜在因素明显增多，既有矛盾和新的矛盾相互叠加，现实社会与虚拟社会相互影响。监狱人民警察维护国家安全和社会稳定的斗争更加尖锐复杂，服务经济社会发展大局的任务更加艰巨繁重。

监狱人民警察要认真践行核心价值观，进一步坚定信心、牢记使命，围绕中心、服务大局，忠于职守、服务群众，把各项工作做得更好。要坚持政治统领，强化理论武装，统筹"两个大局"，胸怀"国之大者"，牢记初心使命，勇于担当作为，奋力推进新时代全面依法治国和监狱工作高质量发展。要坚持党的领导，把握正确方向，深刻领悟"两个确立"的决定性意义，不断提高政治判断力、政治领悟力、政治执行力，始终做"两个维护"的忠诚践行者。要高举思想旗帜，着力在学深悟透坚定理想信念、融会贯通准确理解把握、忠实践行推动事业发展上下功夫，始终做习近平新时代中国特色社会主义思想的坚定信仰者。要忠诚履职尽责，深入学习贯彻习近平法治思想，全力维护国家政治安全和社会大局稳定，始终做法治中国建设的积极推进者。要践行为民宗旨，坚持法治为了人民、依靠人民、造福人民，始终做人民群众利益的忠实守护者。要培育优良作风，练就过硬本领，坚持求真务实，弘扬斗争精神，始终做担当尽责的勇毅奋斗者。要从严管党治警，坚持自我革命，推进标本兼治，永葆清廉本色，始终做清正廉洁的率先垂范者。总之，通过牢固树立和大力践行政法干警核心价值观，严格执法、公正司法，履行好维护国家政治安全、确保社会大局稳定、促进社会公平正义、保障人民安居乐业的职责任务，努力创造安全的政治环境、稳定的社会环境、公正的法治环境、优质的服务环境，增强人民群众获得感、幸福感、安全感。

学习任务三十七　监狱人民警察的职业道德规范

学习情境一　立场坚定界限分明

一、立场坚定、界限分明的涵义

立场坚定、界限分明，就是以维护工人阶级和劳动人民的根本利益为立足点，对各种社会问题或社会生活事件抱以科学的态度，爱憎分明，坚定正确的政治方向。监狱作为人民民主专政的国家机器，担负着维护党的执政地位、维护国家安全、维护人民利益，确保社会大局稳定的首要政治任务，能否坚持正确的政治方向，事关中国特色社会主义的兴衰成败。党的二十大报告指出："马克思主义是我们立党立国、兴党兴国的根本指导思想。实践告诉我们，中国共产党为什么能，中国特色社会主义为什么好，归根到底是马克思主义行，是中国化时代化的马克思主义行。拥有马克思主义科学理论指导是我们党坚定信仰信念、把握历史主动的根本所在。"立场坚定、界限分明，就是要求监狱人民警察要坚持以马克思列宁主义、毛泽东思想、邓小平理论、"三个代表"重要思想、科学发展观、习近平新时代中国特色社会主义思想为根本指导，牢固树立社会主义法治理念，做中国特色社会主义事业的建设者、捍卫者。

二、立场坚定、界限分明的具体要求

（一）坚定信念

1. 坚定信念的含义。信仰信念指引人生方向，引领道德追求。对于监狱人民警察队伍来说，就是坚持对马克思主义的坚定信仰、对中国特色社会主义的坚定信念，坚定道路自信、理论自信、制度自信、文化自信。在新时代，坚定信念，应着重突出以下几个方面：

（1）坚定高举中国特色社会主义伟大旗帜的信念。中国特色社会主义道路是实现社会主义现代化、创造人民美好生活的必由之路，中国特色社会主义制度是当代中国发展进步的根本制度保障，中国特色社会主义文化是激励全党全国各族人民奋勇前进的强大精神力量。党的二十大报告指出，"中国特色社会主义是实现中华民族伟大复兴的必由之路"，"坚持中国特色社会主义道路。坚持以经济建设为中心，坚持四项基本原则，坚持改革开放，坚持独立自主、自力更生，坚持道不变、志不改，既不走封闭僵化的老路，也不走改旗易帜的邪路，坚持把国家和民族发展放在自己力量的基点上，坚持把中国发展进步的命运牢牢掌握在自己手中"。监狱人民警察必须不断提高政治判断力、政治领悟力、政治执行力，更加紧密地团结在以习近平同志为核心的党中央周围，高举中国特色社会主义伟大旗帜，全面贯彻习近平新时代中国特色社会主义思想，认真履职尽责、勇于献身使命，坚持马克思主义基本原理不动摇，坚持党的全面领导不动摇，坚持中国特色社会主义不动摇，矢志不渝做中国特色社会主义事业的建设者和维护者。

（2）坚定共产主义远大理想。中国共产党自成立的那一天起，就把实现共产主义作为自己的最高理想。坚定的共产主义理想，是中国共产党人战胜任何艰难险阻的内在动力。党的二十大报告指出："加强理想信念教育，引导全党牢记党的宗旨，解决好世界观、人生观、价值观这个总开关问题，自觉做共产主义远大理想和中国特色社会主义共同理想的坚定信仰者和忠实实践者。"监狱人民警察处于反渗透、反颠覆、反分裂、反破坏斗争的最前沿，只有坚定共产主义理想，才能增强拒腐防变和抵御风险的能力，担当起党和人民赋予的神圣职责。要把共产主义远大理想与中国特色社会主义共同理想统一起来，把实现个人理想融入实现国家富强、民族振兴、人民幸福的伟大梦想之中。

（3）坚定用习近平新时代中国特色社会主义思想引领监狱工作新发展的信念。如何解放思想转换脑筋，坚定信念，用习近平新时代中国特色社会主义理论去构建司法工作特别是监狱工作整体发展战略，走出一条有中国特色的司法之路，适应未来惩治预防犯罪和构建高水平社会主义市场经济体制的要求，强化"中心"意识和整体功能，提高司法机关的综合战斗能力，更加自觉地服从、服务于经济建设，更加有效地维护社会政治稳定，是监狱工作的首要任务。在新时代，对共产主义的理想信念，集中表现在用新时代中国特色社会主义思想统一思想、统一意志、统一行动，把新时代中国特色社会主义思想转化为坚定理想、锤炼党性和指导实践、推动工作的强大力量，引领监狱工作新发展，充分发挥中国特色社会主义司法制度的优越性，增强人民群众获得感、幸福感、安全感，奋力推进新时代全面依法治国和监狱工作高质量发展，为全面建设社会主义现代化国家、全面推进中华民族伟大复兴提供有力法治保障。

（4）坚定监狱人民警察要讲政治的信念。坚持把政治建设摆在首位，把旗帜鲜明讲政治作为根本要求，把讲政治刻在心里、融进血脉，始终做政治上的明白人、老实人。要把握正确方向，深刻领悟"两个确立"的决定性意义，不断提高政治判断力、政治领悟力、政治执行力，始终做"两个维护"的忠诚践行者，自觉做到忠诚核心、拥护核心、跟随核心、捍卫核心。要严守党的政治纪律和政治规矩，决不允许公开发表与党中央决定不一致的言论，决不允许在贯彻执行中央决策部署上打折扣、做选择，决不允许搞非组织活动。面对重大政治考验必须旗帜鲜明、敢于亮剑，做中国特色社会主义事业的建设者和维护者；面对违反党性原则的行为必须敢于拒绝、坚决抵制，做党的事业和人民利益守护者；面对歪风邪气必须挺身而出、坚决斗争，做社会主义道德风尚引领者；面对诱惑干扰必须挺直脊梁、执法如山，做社会主义法治维护者；面对体制机制难题必须勇于改革、敢于创新，做改革的促进派和实干家。

2. 坚定信念的途径。

（1）强化科学理论武装，打牢坚定信念的思想理论基础。坚持以科学理论引领、用科学理论武装，是马克思主义政党区别于其他政党的本质特征，是我们党团结带领人民取得新民主主义革命、社会主义革命和建设伟大胜利的思想基础，也是党在新时期迎接新挑战、完成新使命的根本保证。只有强化理论武装，才能坚定主心骨、把稳"定盘星",始终坚持正确政治方向,坚定对马克思主义的信仰、对社会主义和共产主义的信念,才能掌握强有力的思想武器,深刻认识问题,科学分析问题,有效解决问题。只有全面彻底地学习理论、掌握理论,才能坚定自觉地接受理论、运用理论;只有正确自如地用中国理论认识中国现实、指导中国实践,才能将感性的了解认同内化为坚定的信仰信念、科学的思想方法。我们一定要加强马克思主义理论学习,特别是把学习习近平新时代中国特色社会主义思想作为终身课题和永恒课题,提高运用党的创新理论武装头脑、指导实践、推动工作的能力,增强贯彻执行党的基本路线的自觉性,增强政治立场的坚定性,经受各种严峻考验,使共产主义信念牢固建立在马克思主义科学理论基础之上。

(2)树立正确的人生观。人生观是一个人对人生意义的基本观点、基本看法,是对人为什么活着、怎样活着等根本问题的回答。毛泽东同志说过,人固有一死,或重于泰山,或轻于鸿毛。为人民利益而死,就比泰山还重;替法西斯卖力,替剥削人民和压迫人民的人去死,就比鸿毛还轻。中国共产党人坚持一切为了人民的人生观,把对社会尽责任、为人民作贡献作为实现人生价值的标准。监狱人民警察要通过加强自身修养,不断加强对人生观的改造,把党的事业和人民的利益作为最根本的出发点和落脚点,作为终生不懈的追求,认真行使执法权,正确处理公共利益与个人利益的关系,努力为党的事业、国家的发展、人民的利益贡献一切智慧和力量,从中实现人生的最大价值。

(3)立足本职,讲政治,讲法治,讲服务,把坚定的共产主义信念体现在社会实践中。坚定信念,必须把对共产主义崇高理想的追求,落实到自己的工作实践中。具体讲,就是要落实到依法对监狱进行管理中;落实到依法执行刑罚,惩罚改造罪犯中;落实到对服刑人员进行生产劳动改造中。只有将理想信念根植于监狱工作实践中,我们的信念才有厚实的土壤、牢固的根基,我们的信念才能不断地得到升华。

(二)对党忠诚

政法姓党是政法机关永远不变的根和魂。《中国共产党政法工作条例》规定,"政法工作是党和国家工作的重要组成部分,是党领导政法单位依法履行专政职能、管理职能、服务职能的重要方式和途径","政法单位是党领导下从事政法工作的专门力量,主要包括审判机关、检察机关、公安机关、国家安全机关、司法行政机关等单位",政法工作必须"坚持党的绝对领导,把党的领导贯彻到政法工作各方面和全过程"。司法部《监狱劳教人民警察职业行为规范》第4条规定:"忠于党。坚持中国共产党领导,始终与党中央保持高度一致,自觉维护中央权威。"在新时代,只有中国共产党才能团结带领全国各族人民全面建设社会主义现代化国家、全面推进中华民族伟大复兴。作为人民警察一员的监狱人民警察，要把对党忠诚作为第一位的政治要求，严格落实党对政法工作绝对领导的体制、制度和机制，忠诚使命、听党指挥。

监狱人民警察对党忠诚，就是始终坚持党对监狱工作的绝对领导，坚决服从中国共产党的领导，自觉维护党的执政地位，在思想上、政治上、行动上与党中央保持高度一致。

1. 服从党的领导。党的领导是我国宪法确定的一项基本原则。党是中国特色社会主义事业的坚强领导核心。当前，构建高水平社会主义市场经济体制进入攻坚时期，各种社会矛盾相互交织，社会稳定面临着复杂的形势，尤其需要坚持党的领导不动摇，确保社会稳定，保障改革开放事业顺利推进。党的二十大报告指出："中国特色社会主义最本质的特征是中国共产党领导，中国特色社会主义制度的最大优势是中国共产党领导，中国共产党是最高政治领导力量，坚持党中央集中统一领导是最高政治原则……"如果没有党总揽全局、协调各方的领导作用，政法工作就会举步维艰，政法机关就不可能完成所承担的重大历史责任和使命。监狱人民警察要深刻认识党的领导是监狱工作沿着正确方向前进最根本的保证，把党的绝对领导贯彻到监狱工作各方面各环节，确保党的基本理论、基本路线、基本方略在监狱机关得到不折不扣贯彻落实，确保"刀把子"牢牢掌握在党和人民手中。

2. 维护党的执政地位。党的执政地位是历史的选择、人民的选择。巩固党的执政地位、维护政治安全是国家和人民的根本利益所在，是政法机关的首要政治任务。政治安全的核心是政权安全。监狱人民警察维护党的执政地位，就是切实增强政权意识、大局意识、忧患意识、责任意识，永远忠于党的信仰、忠于党的组织、忠于党的理论路线和方略，自觉维护政权安全和政治稳定。

3. 与党中央保持高度一致。全面建设社会主义现代化国家、全面推进中华民族伟大复兴，关键在党。监狱人民警察要以党的二十大精神为指引，不断提高政治判断力、政治领悟力、政治执行力，更加自觉地维护习近平总书记党中央的核心、全党的核心地位，更加自觉地维护以习近平同志为核心的党中央权威和集中统一领导，坚定不移在思想上政治上行动上同以习近平同志为核心的党中央保持高度一致，坚持不懈用习近平新时代中国特色社会主义思想凝心铸魂，面对大是大非敢于亮剑，面对急难险重敢于挺身而出，用行动诠释忠诚，用担当彰显信仰，做到任何时候、任何情况下都坚决听从党的号令，永做党和人民的忠诚卫士。

（三）忠于祖国

司法部《监狱劳教人民警察职业行为规范》第 5 条规定："忠于祖国。坚持国家利益高于一切，自觉维护国家安全、荣誉和利益，维护国家统一和民族团结，同一切危害国家利益的言行作斗争。"忠于国家，是公民的法定义务，是公务员的重要职业道德规范，也是监狱人民警察的基本政治责任。我国《宪法》规定，公民有"维护国家统一和全国各民族团结""维护祖国的安全、荣誉和利益"的义务。《公务员法》《人民警察法》等法律规定，公务员、人民警察应当忠于国家，维护国家利益，不得散布有损国家声誉的言论，不得参加旨在反对国家的集会、游行、示威等活动。监狱人民警察忠于国家，就是热爱祖国，热爱中国特色社会主义，坚决维护国家的安全、荣誉和利益。

1. 热爱祖国。祖国是我们共同的家园，有了祖国才有了我们的一切，我们的前途。列宁指出："爱国主义就是千百年来巩固起来的对自己祖国的一种最深厚的感情。"爱国是一个公民应有的道德，也是中华民族的优良传统。正是由于对祖国的深切热爱，勤劳智慧的中华儿女共同开拓了辽阔的疆域，创造了辉煌灿烂的文化。监狱人民警察热爱祖国，既表现为爱祖国的大好河山、爱自己的骨肉同胞和爱祖国的灿烂文化，自觉认同、维护国家、民族的利益，更体现为忠实履行国家赋予的神圣职责，依法严厉打击危害国家安全、损害国家利益的违法犯罪活动，捍卫国家主权和民族尊严，反对民族分裂，维护国家统一和民族团结以及顺应历史潮流，改革弊政，励精图治，治国安邦，施利于民。

2. 热爱中国特色社会主义。中国特色社会主义是实现中华民族伟大复兴的必由之路，是历史的必然、现实的选择、未来的方向。在当代中国，爱国主义是热爱祖国与热爱中国特色社会主义的统一。习近平总书记指出："我国爱国主义始终围绕着实现民族富强、人民幸福而发展，最终汇流于中国特色社会主义。祖国的命运和党的命运、社会主义的命运是密不可分的。只有坚持爱国和爱党、爱社会主义相统一，爱国主义才是鲜活的、真实的，这是当代中国爱国主义精神最重要的体现。"监狱人民警察热爱中国特色社会主义，就是增强对中国特色社会主义的政治认同、理论认同、感情认同，坚定"四个自信"，真正把中国特色社会主义作为正确道路来坚持、作为科学理论来运用、作为伟大旗帜来高举、作为共同理想来追求；就是坚定不移地捍卫中国特色社会主义事业，把强烈的爱国热情转化为推进中国特色社会主义事业发展的强大动力，旗帜鲜明地同各种干扰、破坏行为作斗争，坚决捍卫社会主义政权，捍卫中国特色社会主义制度。

3. 把祖国利益放在高于一切的地位。监狱人民警察必须学会正确处理个人与集体、国家的关系，把个人的前途和命运与祖国的前途命运紧密联系在一起，把祖国利益放在高于一切的地位。国家利益、集体利益是个人利益的集中表现。强调国家利益和集体利益并不排斥个人利益。相反，国家要保障和维护个人利益。但当国家利益与个人利益出现矛盾的时候，应当以国家利益为重。在祖国需要的时候，不惜牺牲个人的利益乃至生命去捍卫祖国的独立、主权和领土完整。这是监狱人民警察忠于祖国、忠于职守的具体表现。因此，忠于祖国是对祖国的一种崇高感情，也是成就个人事业的一种精神动力。对国家强烈的"责任意识"不仅是监狱人民警察职业道德规范的具体要求，也是做好工作的基础，更是监狱人民警察政治思想觉悟的一种表现。

（四）忠于人民

司法部《监狱劳教人民警察职业行为规范》第 6 条规定："忠于人民。坚持以人为本、执法为民，坚定不移地维护人民群众合法权益，切实实现好、维护好、发展好最广大人民根本利益。"忠于人民，是政法工作的本质要求。人民性是政法机关的本质属性，是社会主义司法制度区别于资本主义司法制度的本质特征。我国的法院、检察院名称前面被冠以"人民"二字，我们的法官、检察官、警察被称为人民法官、人民检察官、人民警察，这绝不是文字上的无谓增加和修饰，而是要体现政法机关的人民属性。监狱人民警察忠于人民，就是尊重人民主体地位，对人民负责，受人民监督。政法机关是人民的勤务员，要坚持以人民为中心的根本思想，坚定人民立场，坚守为民宗旨，始终把人民对美好生活的向往作为政法工作的奋斗目标。

1. 尊重人民主体地位。人民群众是历史的主体，是社会物质财富和精神财富的创造者，是社会制度变革的决定性力量。毛泽东说："人民，只有人民，才是创造世界历史的动力。"来自人民、植根人民、服务人民，是我们党永远立于不败之地的根本，也是政法工作取得发展进步的根本。政法机关、政法干警天天与群众打交道，一举一动、一言一行，群众都会看在眼里，记在心里，工作搞得好不好，人民满意不满意是评判标准。尊重人民主体地位，就是把人民利益放在第一位，监狱人民警察要树立强烈的百姓情怀，情系群众、感恩群众、敬畏群众，真正把人民群众当主人、当亲人、当老师，努力从灵魂深处解决好为谁掌权、为谁执法、为谁服务这个根本问题，真正做到思想上尊重群众、感情上贴近群众、工作上依靠群众，真诚倾听群众呼声，真实反映群众愿望，真情关心群众疾苦，真正把执法为民各项工作做到群众心坎上，向广大群众传送党和政府的温暖。

2. 对人民负责。我国《宪法》第 2 条第 1 款规定："中华人民共和国的一切权力属于人民。"一切国家机关和国家工作人员必须依靠人民的支持，经常保持同人民的密切联系，倾听人民的意见和建议，接受人民的监督，努力为人民服务。监狱机关的执法权来自人民，用之于人民。监狱人民警察对人民负责，就是依法保障人民当家作主，保证人民依法实行民主选举、民主决策、民主管理、民主监督；就是正确行使执法司法权力，维护人民群众的合法权益。

3. 受人民监督。权力来源于人民，必须接受人民监督。监狱人民警察受人民监督，就是把人民答应不答应、满意不满意、高兴不高兴、赞成不赞成作为指引、评价、检验工作的最高标准，真正把评判权交给群众；就是牢固树立接受监督的意识，提高执法司法工作的透明度，保障人民的知情权、参与权、表达权、监督权，不断提高执法公开和司法民主的水平。

（五）忠于法律

司法部《监狱劳教人民警察职业行为规范》第 7 条规定："忠于法律。坚持依法治国基本方略，维护宪法和法律的统一、尊严和权威，维护社会公平正义，促进社会和谐，维护社会稳定。"忠于法律，是对监狱人民警察最直接的职业要求。我国法律是党的主张和人民意志的体现，是国家长治久安的保障。忠于法律与忠于党、忠于祖国、忠于人民在本质上是一致的。监狱人民警察忠于法律，就是用习近平法治思想武装头脑，坚持全面依法治国，尊崇宪法和法律，维护法律权威。

1. 用习近平法治思想武装头脑。思想是行动的先导，习近平总书记的法治思想是顺应实现中华民族伟大复兴时代要求应运而生的重大理论创新成果，是习近平新时代中国特色社会主义思想的重要组成部分。只有理论上清醒、信仰上坚定，才能保证政治上坚决。坚持全面依法治国，推进法治中国建设，前提是要用习近平法治思想武装头脑，持之以恒往深里走、往心里走、往实里走，做到入心入脑。特别是要深刻理解新时代坚持全面依法治国的重要性、怎样实行全面依法治国等一系列重要问题，切实增进中国特色社会主义法治体系的政治认同、思想认同、理论认同、情感认同，做到真学、真懂、真信、真用，自觉成为社会主义法治的忠实崇尚者、自觉遵守者、坚定捍卫者，围绕保障和促进社会公平正义，把习近平法治思想的要求落实到执法、司法、管理、服务等各个方面和工作的各个环节，为坚持全面依法治国、推进法治中国建设贡献力量。

2. 尊崇宪法和法律。宪法是治国安邦的总章程，法律是人民的基本行为准则。任何组织和个人都不得有超越宪法和法律的特权。监狱人民警察要强化宪法法律至上的理念，坚持以宪法为根本活动准则，自觉尊崇宪法、学习宪法、遵守宪法、维护宪法，履行好维护宪法尊严、保证宪法实施的职责使命。要强化严格依法履行职责行使权力的理念，坚持法无授权不可为、法定职责必须为，严格按照法律规定的权限、规则和程序行使权力，决不允许以言代法、以权压法、逐利违法、徇私枉法。

3. 维护法律权威。任何社会必须树立崇高的法律权威，没有法律权威就没有秩序。监狱人民警察维护法律权威，就是努力维护社会主义法制的统一和尊严，反对和抵制违反国家法律规定和法治原则的"土政策""土办法"，反对和抵制从保护本部门、本地区利益出发搞"你有法律、我有对策";就是严格执法司法,做到"有法必依、执法必严、违法必究",坚决抵制任何"以言代法""以权压法",坚决避免"选择性执法""随意性执法",提高司法权威和执法公信力。

学习情境二 严守纪律恪守规则

一、严守纪律、恪守规则的重要性

严守纪律、恪守规则,是人民警察的职业要求,也是职业道德的重要内容。纪律是一种带强制性的约束人们行为的规范,它是要求人们遵守在当时条件下已经确立的秩序、命令和职责的一种行为准则。监狱人民警察的纪律,是监狱机关为了正确履行党和人民赋予的职责,保证各项任务的完成,而规定每个民警在从事监狱工作过程中必须遵守的行为准则和应有的精神面貌。如前所述,监狱是国家的暴力机关,肩负的责任重、掌握的权力大、面临的诱惑多,必须全面加强纪律作风建设,用严明的纪律、过硬的作风推动各项工作措施落到实处。

1. 纪律是执行路线的保证。革命战争年代,纪律意味着团结,纪律意味着力量,纪律意味着胜利。新的历史条件下,我们党团结带领人民实现中华民族伟大复兴,同样要靠铁的纪律保证。只有严格遵守纪律,有铁的纪律作保障,人民警察才能有统一的思想和统一的行动,党的路线、方针和政策才能得到有效地贯彻和执行。反之,各自为政,各行其是,搞上有政策下有对策,有令不行有禁不止,就谈不上执行路线和政策。

2. 纪律出战斗力。加强纪律性,革命无不胜。毛泽东同志有一个著名论断:"路线是'王道',纪律是'霸道',这两者都不可少。"邓小平同志也说过:"我们这么大一个国家,怎样才能团结起来、组织起来呢?一靠理想,二靠纪律。"人民警察有了严格的纪律,才会有统一的意志,才有统一的反应和统一的思想,整个队伍才会协调一致,形成战斗集体,才能产生强大的凝聚力和向心力,提高执行力和战斗力。无论是什么队伍或是什么机关,都应当有一定的纪律,否则只能是一盘散沙。如果人人各自为战,容易造成纪律的松散,就不可能步调一致、团结一心。如果没有严格的纪律作保证,监狱人民警察很容易受到来自各方面的腐蚀和诱惑,容易削弱监狱人民警察队伍的战斗力,影响监狱人民警察队伍的纯洁性。只有严格的纪律才能提高监狱人民警察队伍战斗力。

二、监狱人民警察严守纪律的内容

(一)严守政治纪律

严守政治纪律,不发表、不传播不符合监狱人民警察身份的言论,不参加非法组织,不参加非法集会、游行、示威等活动。

(二)严守组织纪律

严守组织纪律,坚决执行上级决定和命令,服从领导,听从指挥,令行禁止。

(三)严守群众工作纪律

严守群众工作纪律,牢记全心全意为人民服务的根本宗旨,不得利用工作之便侵占和损害人民群众的利益;尊重服刑人员家属,对反映的问题和提出的合理要求,要认真对待,不得推诿扯皮、故意刁难。

(四)严守工作纪律

严守工作纪律,遵守各项工作规定,讲究工作质量和效率。严格执行《新时代政法干警"十个严禁"》、监狱人民警察"六条禁令"、司法部"六个一律"、司法部"六个决不允许"等纪律要求,坚决杜绝违反禁令行为。

(五)严守廉政纪律

严守廉政纪律,认真执行廉洁从政准则和廉洁自律规定,淡泊名利,防腐拒贿,自觉做到不与服刑人员家属发生非工作关系的往来,不接受可能影响公正执法的宴请、消费、娱乐等活动,不以个人名义经商办企业,不利用职权为亲友经商提供方便,不利用服刑人员的社会关系进行生产经营活动等。

(六)严守保密纪律

严守保密纪律,强化保密意识,自觉保守国家秘密,防止失密泄密。

三、加强监狱人民警察纪律建设的途径

(一)加强教育

监狱人民警察要遵守严格的纪律,养成良好的作风,首先要深入进行纪律教育,不断提高广大干警对加强组织纪律性重要意义的认识,牢固地树立群众观念、纪律观念、法制观念,这是监狱机关政治工作的一项长期的经常性的任务。

进行纪律教育,有多种办法。纪律教育作为思想政治教育的一项重要内容和不可缺少的组成部分,要经常布置,经常检查,使之经常化、制度化。可以每年集中进行几次系统的教育;可以针对纪律和作风方面出现的某些带倾向性的问题,及时通报情况,提出防范措施,防患于未然;可以抓住纪律和作风上出现的好的或坏的典型,进行表扬和批评,利用实例进行教育。特别要注意对新吸收人员的教育,使他们懂得监狱人民警察队伍纪律的重要意义和主要内容。加强纪律作风教育,对于政法院校来说,尤为重要。政法院校的根本任务是为政法队伍培养德才兼备的专门人才。今天政法院校的学生,几年后就是政法队伍的主力军,将成为政法队伍未来的骨干。所以,政法院校的学生纪律水平如何,对政法队伍的建设,有着极为重要的意义。

(二)严格管理

严格管理是防止违反警风警纪问题的发生,维护纪律,培养良好作风的一个

重要途径。主要措施是：

1. 建立制度。要维护严格的纪律，培养良好的作风，需要有具体的要求和措施，使干警有章可循。监狱人民警察队伍建设已经有了一些具体的规章制度，这些规定、要求，将会随着监狱工作和监狱人民警察队伍的发展，不断充实和完善。

2. 加强日常管理。有了制度，就要严格执行，加强经常性的管理工作，这是养成良好的警风警纪的关键环节。日常管理的内容、制度、规则和要求，在《人民警察法》《监狱法》中已作了详细规定，只有在日常管理上下功夫，才能及时纠正错误倾向，才能把遵守严格的纪律和养成优良作风作为监狱人民警察自觉的活动。

3. 定期整顿。就是在一定时期，对纪律和作风的状况进行系统的全面的检查和整顿。包括肯定成绩，找出差距，提出加强和改进的措施。

4. 严肃处理违法乱纪行为。就是对违反纪律、放松作风的行为进行追究，及时严肃地给予批评、制止，给予应有的处分，以维护纪律的严肃性。

（三）加强纪律检查和监督

加强纪律检查工作，建立专门的纪律检查机构，对于加强监狱人民警察队伍的纪律作风建设，占有重要地位，起着巨大作用。此外，强化对权力运行的制约，加强对监狱机关的监督，包括党的监督、国家权力机关的监督、监察机关的监督、人民检察院的监督、社会及公民的监督和司法机关内部自上而下和自下而上的监督等，也是加强监狱人民警察队伍纪律建设的重要途径。

（四）强化对监狱人民警察个体的要求

对监狱人民警察个体来说，要强化人民警察意识，遵守纪律要从一点一滴做起，要有坚强的意志和持之以恒的决心。由于监狱人民警察处于教育者的地位，是"矫治人类扭曲灵魂的工程师"，所以，对监狱人民警察来说任何一条纪律都是重要的，必须严格遵守。

要强化人民警察意识，时时刻刻想到自己是一名人民警察，自己的一言一行都代表国家和人民，要给服刑人员做出好的榜样，每当自己出现某种想法或想采取某种行动时，都要考虑到是否符合自己的身份，是否符合监狱人民警察纪律的要求，是否会给服刑人员带来消极影响。一般来说，监狱人民警察意识越强，就越能严格地遵守监狱人民警察纪律；如果监狱人民警察意识淡薄，就会纪律松弛，甚至违反纪律，受到惩罚。

严守纪律，必须时刻把纪律印在心里、刻在脑中，注重平时点滴养成，自觉接受纪律约束，在一点一滴中锤炼纪律意识。古人说，"不积跬步，无以至千里；不积小流，无以成江海"。知识积累是这样，严守纪律的道德品质的形成也是这样。从监狱人民警察的工作和生活实践来看，纪律的养成也要靠教养的积累，由量变到质变，逐渐养成遵守纪律的习惯，并付诸实践。严守纪律，需要有坚强的意志和毅力。如有的监狱人民警察家住在离监狱很远的地方，为了使服刑人员24小时不失控、不脱管，他们有时早上5点多就起床，凌晨3点多才下班，无论是刮风、下雨，还是下雪，从来不迟到、不早退。如果没有坚强的意志和毅力是不可能做到的。持之以恒，就是长期坚持，遵纪不能只坚持一阵子，要坚持一辈子。监狱人民警察要把严守纪律作为行为准则，融入日常生活的点点滴滴，从一件一件的具体小事做起，使其成为一种思维习惯、行为自觉。

学习情境三　一身正气清正廉明

一、一身正气、清正廉明的涵义

一身正气、清正廉明，就是指监狱人民警察在执法过程中要按原则办事，按公道办事，不为权、色、利所动。清正廉洁执法、维护社会公平正义，是政法工作的生命线，也是党和人民对政法队伍的永恒要求，执法队伍的清正廉明直接关系到党和国家的生死存亡。作为执法者，监狱人民警察每人手中都握有一定的权力，只有一身正气、清正廉明，为警清廉，掌权不谋私，才能在服刑人员中树立良好的形象，维护执法者的尊严，维护监狱机关良好的声誉。从清正廉明和秉公执法的关系来看，清正廉明是秉公执法的必要前提和保证，它是通过秉公执法表现出来的，秉公执法是清正廉明的结果。只有做到清正廉明，才能保证秉公执法的顺利实行。

二、一身正气、清正廉明的具体要求

（一）清正廉明的要求

廉明，本意是指人的行为品性正派，克勤克俭，清白高洁。古人云："不受曰廉，不污曰洁。"清正是指清白、公正、正直。清正廉明是指监狱人民警察在行使职权时，要一身正气，两袖清风，公正执法，刚直不阿，不徇私、不贪污、不受贿，始终保持高尚的情操和浩然正气。监狱人民警察要做到清正廉明，必须做好以下工作：

1. 牢固树立廉洁意识。加强对廉洁观念深刻内涵和重大价值的学习、理解，增强对廉洁观念重要性的认识。通过深入学习理解要使各级监狱机关及广大民警充分认识到清正廉明是监狱工作的总要求，认识到清正廉明是监狱机关"立警为公，执法为民"要求的具体体现，认识到清正廉明是党和政府以及人民群众对监狱执法工作的根本要求和强烈盼望，认识到清正廉明对加强社会主义民主、建设社会主义政治文明、构建和谐社会、坚持全面依法治国、推进法治中国建设的重大推动作用。要通过对清正廉洁观念的学习、理解，把维护清正廉洁的意识深深

铭刻在每一个监狱人民警察的头脑中,体现在执法实践中,把清正廉洁执法思想植根于每位民警,落实到每一个执法环节中,不断增强广大监狱人民警察清正廉洁执法的自觉性、主动性。

2. 要增强监狱人民警察法律至上观念,努力提高依法行政、依法办案的自觉性。广大监狱人民警察必须树立法律至上的观念,必须以人民利益为重,坚持对法律负责与对党负责、对人民负责的一致性,规范执法行为,强化执法监督,提高执法质量。坚决杜绝发生伤害群众感情、漠视群众疾苦、侵犯群众利益的行为。要从最基本的环节最细微的地方做起,切实做到在所有的工作和执法行为上充分体现公平和正义。坚持法律面前人人平等,不畏权贵、刚正不阿,秉公执法、廉洁奉公,努力做到不枉不纵,既不滥用职权、超越职权,也不能消极不作为,努力维护法律的权威和尊严。

3. 要加大反腐肃贪力度,严肃处理贪污腐败分子,提高自律意识。反腐肃贪一方面要通过教育,使广大监狱人民警察树立远大的理想,树立正确的人生观和价值观,自觉抵制只讲实惠,不讲思想,只要索取,不做奉献,只图享受,不思奋斗的错误倾向,坚持抵制拜金主义、享乐主义、极端个人主义思想的侵蚀,永远保持旺盛的革命斗志;另一方面,要加大力度,切实查处监狱系统的大案要案,严惩高墙内的腐败。通过事实来警示广大监狱人民警察,使其警钟长鸣,不断提高自律意识,提高执法的自觉性。

4. 要花大力气解决广大监狱人民警察的实际困难。解决监狱人民警察的实际困难是监狱人民警察职业道德建设的物质基础和生活保障,是提高队伍凝聚力、战斗力的必要保证。各级领导要从政治上、工作上、生活上关心爱护广大监狱人民警察。要经常深入基层,深入监区、了解一线民警的工作和生活情况,倾听群众的呼声,尽力解决他们在家庭住房、子女上学和家属就业等方面的实际困难,不断改善警察待遇和生活环境,尽力让广大监狱人民警察充分享受到近年来监狱改革的发展成果。要建立完善长效保障机制,包括经费保障机制、伤亡保险制度和医疗保险制度等,把从优待警的各项制度建立健全起来并落实到位。

(二) 克己奉公的要求

克己奉公是清正廉明的一个重要部分,是监狱人民警察职业活动的基本要求,监狱人民警察要做到清正廉明,必须严格要求自己,克制私欲,一心为公。监狱人民警察要做到克己奉公,应从以下几个方面抓起:

1. 牢固树立奉公意识。树立公仆思想,摆正人民警察同人民的关系。人民警察是人民的勤务员,这就要求人民警察在内心深处树立全心全意为人民服务的思想,甘当一名孺子牛。只有树立公仆思想,才能在群众危难之时挺身而出、排难抢险;在人民忧患之时解民所难、帮民所需、助民为乐,做到"先天下之忧而忧,后天下之乐而乐"。奉公意识应表现在工作上为民、利民、便民。人民警察的职业特点要求必须把人民的利益放在首位,各项工作都要以为民、利民、便民为出发点,坚决克服和纠正"门难进、脸难看、话难听、事难办"的现象。

2. 树立正确的权力观。不滥用权力,为人民掌好权、用好权。每一个监狱人民警察都要认识到:权力意味着职业责任,要用人民赋予的权力来对人民负责,为人民服务;权力体现着神圣使命,要学会正确使用权力,团结带领群众打击犯罪,维护治安,捍卫国家利益。如果只把权力当做满足个人私利的手段,私欲便像加入酵母的面团加速膨胀,在难填的欲壑面前,本该利用权力为人民服务的"公仆",就会忘记自己的神圣使命,堕落成凭借手中权力侵害国家和人民利益的蛀虫。监狱人民警察应当掌权为公,勤政为民,不辜负党和人民的信任与重托,为人民掌好权、用好权。

3. 廉洁自律,不以权谋私。监狱人民警察不论职务高低,权力大小,都是党、国家和人民利益的忠实维护者,都是人民的勤务员,应当严于律己,廉洁奉公,决不能利用工作和职务之便,为个人谋取私利。监狱人民警察除认真执行党中央、国务院关于党政干部廉洁自律的有关规定外,还必须执行中央政法委员会对政法干警廉洁自律的规定和司法部公布的司法干警廉洁自律的规定。

(三)防腐拒贿的具体要求

所谓防腐拒贿,是指监狱人民警察在执行公务时,自觉抵制来自各个方面的腐蚀,拒绝各种各样的贿赂。防腐拒贿是清正廉明的关键。

1. 保持高度的警觉,提高防腐拒贿的自觉性。每一个监狱人民警察都要对腐朽思想和生活方式保持高度的警觉,提高防腐拒贿的自觉性。要从自身做起,从日常工作、生活中的小事小节抓起,一举一动都应注意廉洁自律,时时处处都要自觉警惕和抵制各种腐蚀,遵守道德规范,严守职业纪律,绝不能见利忘义。

2. 广开监督渠道。要采取有力措施,增加有关政策、办事制度和办事结果的开放性和透明度,自觉接受有关部门和广大群众的监督,堵塞说情送礼的后门。

3. 健全防腐拒贿的规章制度。建立健全防腐拒贿的规章和制度,严肃查处弄权渎职、以权谋私的违法违纪行为,从法制上确保监狱人民警察清廉。对各种腐败分子,除受到道德谴责外,还要采用必要的党纪、政纪和法律的强制手段制裁。

(四)不沾不染的具体要求

不沾不染是指监狱人民警察在警务活动中,忠实地履行职责,坚持抵制不正之风的侵袭,自觉地抵制各种腐蚀,在物质、金钱、美色等诱惑面前,不动摇、不伸手,做到一尘不染,两袖清风。不侵占人民群众的利益,永葆洁身自好,一身正气。

监狱人民警察要做到不沾不染，就一定要站得稳、立得正，就要严于律己，增强"免疫力"，经得起各种诱惑和考验，见利不伸手、见钱不动心、见色不动情，走正道，不搞歪门邪道，以廉为荣、以贪为耻，保持"富贵不能淫、贫贱不能移、威武不能屈"的浩然正气，做一名信念坚定的人民卫士，永远保持一身正气、两袖清风的本色。

学习情境四 秉公执法严格执法

一、秉公执法、严格执法的涵义

秉公执法、公正司法是政法工作的生命线，是党和人民对政法工作的永恒要求，也是对监狱人民警察提出的必然要求。新形势下，人民群众对公正司法的期待不断提高，不仅要求执法司法的程序合法、高效透明；不仅关心自身合法权益的实现，而且要求全面参与、广泛监督。监狱人民警察唯有严格执法、公正司法，才能获得权威和公信力，才能完成党和人民赋予的光荣使命。

秉公执法是指出于公心，严格按照法律的规定行事。秉公执法的主要内容是不徇私情、不畏权势、严禁逼供、不枉不纵。其中，不徇私情，不畏权势，严禁逼供是前提，而不枉不纵是结果。严格执法是监狱人民警察的神圣职责。严格执法，就是要求监狱人民警察在职业活动中真正从党、国家和人民的利益出发，以事实为根据，以法律为准绳，有法必依，执法必严，违法必究，不折不扣地执行纪律，不能随意曲解法律或有意地钻法律的空子，正确履行法律规定的职责，真正做到执法不枉不纵。监狱人民警察只有坚持秉公执法，严格执法，才能维护社会主义法律的严肃性，才能为社会主义法律得以实施提供保障，并有效地维护社会秩序的稳定。

二、秉公执法的具体要求

（一）维护公平正义，坚持公正司法

监狱人民警察作为人民的守护者、法律的执行者，必须把维护公平正义作为始终不渝的价值追求，不断提升公正执法司法的能力和水平，把坚持全面依法治国、推进法治中国建设的任务落到实处。秉公执法、公正司法包括刚直不阿、执法如山，铁面无私、不偏不倚两个方面要求。

1. 刚直不阿、执法如山。监狱人民警察要始终牢记作为中国特色社会主义事业建设者、捍卫者的崇高使命，在执法司法活动中，做到"三个至上"（党的事业至上、人民利益至上、宪法法律至上）、"四个在心中"（党在心中、人民在心中、法律在心中、正义在心中），始终以人民利益、国家利益、社会利益为重，强化公平正义的理念，坚持把维护公平正义作为监狱工作的核心价值追求，严格执法公正司法，把每一个案件都办成经得起历史和实践检验的铁案，努力让人民群众在每一个案件中感受到公平正义，守住公平正义的最后一道防线。面对妨碍执法司法公正的各种影响和干扰，监狱人民警察要敢于坚持原则，刚正不阿、铁面无私、坚守住法律的底线，当好公平正义的"守门人"。

2. 铁面无私、不偏不倚。监狱人民警察要正确处理公与私的关系，摆正自己与他人、感情与法律的关系，排除个人利益对工作的影响，杜绝关系案、人情案、金钱案。在执法司法活动中，要自觉执行回避制度，从源头上防止把各种私利、偏见等带入工作，影响事件的公正处理。在办理过程中，要平等对待各方当事人，充分听取各方陈述，不偏听偏信，不先入为主，不掺杂个人感情喜好，不偏袒任何一方，做到"一碗水端平"，努力使每一次执法司法活动都成为克服偏私、维护公正的过程，每一执法案件的办理都让当事人信服、赢得群众信任。

(二) 坚持以事实为根据，以法律为准绳

以事实为根据，以法律为准绳，是我们党实事求是思想路线在执法司法活动中的具体体现。以事实为根据，就是执法司法活动必须忠实于事实真相，以客观存在的事实作为处理问题的根本依据；以法律为准绳，就是在查明事实的基础上，正确适用法律，做到有法必依、执法必严。

1. 严把证据关。证据是公正执法司法的基础，是认定事实的根据。没有严格的证据把关，就没有合法公正的处理结果。严把证据关，就是强化用证据说话、用事实说话的意识和能力。首先，要科学收集、审查证据。坚持全面、准确收集证据，严格遵守举证、质证和认证等程序规定，做到法律真实与客观真实的统一。其次，要正确判断、运用证据。对所有证据的事实性、关联性、合法性进行分析判断，做到严谨扎实、不错不漏。

2. 严把法律关。法律是政法机关行使职权的依据，也是作出判断的准则。目前，实践中公然违反法律、枉法裁判的情况已属少数，但因法律水平不高而错误理解和适用法律的情况还时有发生。把好法律关，必须深入调查研究，了解案件事实的内在本质和社情民意，综合分析性质类型、动机目的、手段方法、时空背景、行为后果、社会影响等方面因素，在法律规定范围内作出令人信服、公正合理的裁判和决定，提高执法司法公信力。

(三) 坚持实体公正和程序公正并重

实体公正是程序公正的结果和价值目标，程序公正是实现实体公正的有效途径和保障。正确处理实体公正和程序公正的关系，必须深刻理解二者的辩证统一关系，坚持二者并重，兼顾二者平衡。

1. 纠正重实体、轻程序的倾向。受传统因素、法律观念、认识水平等影响，一些民警的头脑中，重实体、轻程序的观念根深蒂固，认为只要实体正确，程序无所谓，从而在实践中规避程序、省略程序、架空程序，以致酿成大错。监狱人民警察必须充分吸取教训，深刻意识到程序关乎公正、关乎公信、关乎形象，不断强化对法律程序性规定的理解把握，不断提升按程序办事、按程序执法司法的能力水平。

2. 反对程序本位主义。程序的设置根本上是为了实现实体公正。重视程序绝不等于轻视实体，不能只管过程不问结果，更不能搞"程序独立""程序至上"。如果结果不公正，程序再完美、过程再精彩也不可能得到群众的认可和接受。监狱人民警察在执法司法活动中，既要严格遵守各项程序规则，又要杜绝为程序而程序的思想和做法。要立足我国国情，充分考虑普通群众对程序的认知水平和适应能力，运用好程序规则，达到促进实体公正的目的。

(四) 坚持法律效果、社会效果、政治效果的统一

法律效果，就是执法司法活动的过程和结果符合法律要求，有利于维护法制的统一、尊严和权威；社会效果，就是执法司法活动符合人民群众的愿望和要求，有利于促进经济发展和社会和谐稳定；政治效果，就是执法活动符合党和国家的大政方针政策，有利于巩固党的执政地位和维护国家的长治久安。坚持"三个效果"的统一，是近年来政法工作取得的重要经验，是中国特色社会主义司法制度本质属性的必然要求，是党和人民检验执法司法活动成效的重要标准，必须一贯坚持，始终遵守。

1. 正确化解矛盾纠纷。政法工作在很大程度上是解决纠纷、协调利益关系的工作。这就要求我们在执法司法过程中，必须深刻认识国情、社情，深刻认识执法办案目的，不能就案办案、机械执法。特别是当前发展不平衡不充分问题仍然比较突出，矛盾纠纷易发高发，政法机关要高度重视和深入推进大调解工作，纠正单打独斗的思想，综合运用政治、经济、行政、法律、教育等多种方式化解矛盾纠纷，使当事人切实感受到法律的尊严和权威，感受到政法机关和执法司法人员的无私公道，息诉罢访。

2. 宽严相济促进和谐。宽严相济是在长期执法司法实践中总结形成的基本刑事政策，其核心是不同情况区别对待，目标是既惩治犯罪又促进社会和谐，关键是做到"该宽则宽、当严则严、宽严相济、罚当其罪"。这一原则对行政执法和社会管理工作也具有重要参照意义。既不片面强调从严，以致打击过宽；也不片面强调从宽，以致打击不力。一方面，政法机关和政法干警要毫不动摇地坚持严厉打击刑事犯罪方针，对黑恶势力犯罪和杀人、抢劫、绑架等严重暴力犯罪活动，对那些恶习深重、罪行严重的暴力犯罪分子，必须依法严厉打击，以震慑犯罪、维护稳定。另一方面，要把打击与预防、惩治与挽救有机结合起来。对那些主观恶意较小、犯罪情节较轻、社会危害不大的初犯、偶犯、未成年犯、老年

犯，坚持教育、感化、挽救的方针，符合法律规定的实行刑事和解，依法从轻或减轻处理，使他们感受到司法的人文关怀，最大限度地增加和谐因素，最大限度地减少不和谐因素。

3. 积极主动应对舆论。近年来，一些重大敏感案件受到社会高度关注。在动态、开放、透明的信息化社会环境下，这些案件容易成为炒作的对象，如果不能依法公正处理，就会对执法司法权威和公信力造成严重冲击，甚至对党和国家的形象造成严重损害。监狱人民警察要牢固树立政治观念、法律观念、形象观念，在执法司法过程中注意分析研判社会舆论，加强舆情引导，打好政治仗、法律仗、舆情仗。要及时发布相关信息，公布事实真相，释疑解惑，防止形成舆情炒作热点；对舆情炒作，要完善预案、主动应对，做到"对炒作苗头第一时间发声，对热点问题第一时间回应，对不实信息第一时间澄清"，避免谣言惑众，扰乱人心；对恶意制造谣言、影响社会稳定的，要坚决依法予以处理。要加强与人民群众的和谐互动，积极吸收合理合法的意见建议，争取舆论支持，排除舆情干扰，为公正执法司法创造良好的舆论环境。

三、严格执法的具体要求

监狱及监狱人民警察是国家重要的执法力量，其一切职务活动都是执法活动，一言一行都是执行国家的法律、法规，代表国家行使国家警察权力。监狱人民警察执法活动的好坏，执法水平的高低，都关系到党和国家的形象和威信，影响着党和政府与人民群众的关系。监狱人民警察要严格执法，必须做到：

（一）强化法律意识，学法、知法、懂法

监狱人民警察要强化法律意识，增强法制观念，具有较高的法律素质和过硬的业务本领，做遵守、执行法律的模范，只有这样，才能准确地执行国家法律。监狱人民警察不仅要正确理解和全面贯彻执行党的监狱工作方针、政策，而且要熟悉惩罚改造罪犯的专门法律、法规，还要懂得与之相关的民商、经济等方面的法律、法规；不仅要准确地理解法律、法规的精神实质，而且要把执法与守法统一起来。因此，认真学法、真正懂法、严格执法和自觉守法，就成为监狱人民警察必备的业务能力之一。

（二）从对人民、对法律负责的立场和观点出发，不徇私情、办事公道

所谓办事公道，是指在处理一切事件中，按照有关法律、法规规定，该怎样处理就怎样处理，不受任何不良因素的影响。

监狱人民警察是同社会上的违法犯罪现象作斗争的一支重要的专门力量，是执法者。而违法犯罪是一种非常复杂的社会现象，它涉及社会上从事各种职业的人，涉及处于各种不同社会阶层的人。因此监狱人民警察在职业工作中就不可避免地遇到亲戚、朋友、同学、同事和一些有各种权势、有一定职位的人或他们的

亲友犯罪。这就要求监狱人民警察在"公"与"私"、"法"与"情"、"法"与"权"的面前做出明确的选择和回答，是以人民利益为重，不徇私情，不畏权势，严格秉公私法，还是以私情为重，徇私枉法，惧怕权势而因权废法，这是对广大监狱人民警察的严峻考验。我们的回答应该是不徇私情、不畏权势，铁面无私，严格秉公执法。在执法中处理好"情"与"法"的关系，做到不以情易法；处理好"权"与"法"的关系，做到敢于碰硬；处理好"钱"与"权"的关系，做到不搞权钱交易。

（三）正确适用法律，严格依法办事

监狱人民警察在履行刑罚执行、依法管理监狱、教育改造罪犯职权时，必须以事实为根据，以法律为准绳，既不冤枉一个好人，也不包庇任何一个坏人，严格地执行法律规定，该保护的要依法保护，该制裁的要依法制裁，使刑罚充分发挥保护人民、打击敌人、惩罚犯罪的作用，保证法律法规中所体现的人民意志得到实现。

监狱人民警察对待服刑人员要一视同仁，坚持在法律面前人人平等的原则。在处理问题上，坚持实事求是，对事不对人，在任何场合、任何时候，都应从工作、从公心出发。特别在服刑人员减刑、假释、暂予监外执行、奖惩等问题上，更应依照法律公正地处理，凡是符合法定的减刑、假释、暂予监外执行、奖励条件的，不管是谁，都应依法提请减刑、假释、暂予监外执行或者给予奖励；凡是不具备法定条件，不管后台有多硬，不管谁说情，都应坚决予以拒绝。

监狱人民警察在执法中唯一的标准就是"事实和法律"。那些徇私枉法，以权谋私，凭关系，凭人情，凭金钱执法的行为和现象是与秉公执法原则背道而驰的，也是严重的违法行为。同时，监狱人民警察还要正确履行法律规定的职责，不得侮辱服刑人员的人格，不得侵犯服刑人员的人身安全、合法财产和辩护、申诉、控告、检举等未被依法剥夺或限制的权利，保证正常的监管秩序和生产劳动纪律，促进服刑人员的改造转化，保证国家刑罚的执行。

学习情境五 任劳任怨 无私奉献

一、任劳任怨、无私奉献的涵义

任劳任怨就是监狱人民警察要在工作中勤勤恳恳、不怕辛苦、不计名利、不怕招人埋怨。监狱工作的特殊性决定了监狱人民警察必须具备任劳任怨的品德。监狱一般都位置偏僻、交通不便，文化生活条件差，特别是一线民警的工作场所环境普遍较差，监狱人民警察长期面对服刑人员，没有缓冲区和调整空隙，高高的狱墙将其隔成内外两个世界，距离人们的生活较远，给人的感觉是陌生、威严甚至神秘，要在这样的环境中把精力放在教育改造服刑人员身上，这就决定了任劳任怨、甘当无名英雄是监狱人民警察很突出的道德规范。

无私奉献是人民警察全心全意为人民服务的宗旨的具体表现。马克思主义认为，警察是人类社会发展到一定的阶段的产物，是伴随着法律的产生而产生的。任何警察都是从属于一定的阶级并为一定的阶级利益服务的。我国人民警察是为人民的利益而建立、为人民的利益而战斗的。无私奉献，要求监狱人民警察要始终把人民的利益看得高于一切，时时想着人民、处处为了人民，除了人民的利益，无任何特殊利益而言，要以实际行动对祖国、对人民尽责任、作贡献，在自己的岗位上使人生价值升华。

二、任劳任怨的具体要求

（一）服从组织分配，热爱监狱事业

理解监狱工作，热爱监狱工作，这是做好教育改造服刑人员的前提。常言道："热爱是最好的老师。"就是说，对一件事情有热爱，从做好这件事情中得到无限的乐趣，这种乐趣能驱动人们努力学习，把事情做好，就好像得到最好的老师指导一样见效。监狱人民警察所从事的工作，既需要渊博的知识，又需要有高尚的思想品德；既要付出艰苦的脑力劳动，又必须付出体力的消耗，有时甚至会付出生命。在监狱执法环境中，改造和反改造的矛盾仍十分尖锐，服刑人员自伤自残自杀等非暴力抗改行为时有发生。有的罪犯受到法律制裁后，把怨气对准警察，肆意诬告、造谣中伤、无理纠述、纠访。狱中再次犯罪的危险性较大，对抗警察的管理教育、袭击、辱骂民警，甚至恶性案件等暴力行为时有发生。监狱人民警察的劳动是艰辛的。监狱人民警察所从事的事业又是意义深远的和高尚的。没有监狱人民警察的辛勤付出，就没有社会的长治久安，就不能满足建设社会主义现代化国家事业的需要。把监狱人民警察从事的艰苦劳动和这种艰苦劳动对于社会长治久安的意义联系起来，就能感到监狱人民警察为此而付出的劳动是值得的，就会感到当一名监狱人民警察的光荣和自豪，从而培养起热爱本职工作的感情。有了这样热爱本职的深厚感情作内在基础，就会有克服困难的力量，就能在劳动的艰辛中体验到无穷的乐趣。所以说，真正要在监狱工作事业上有所作为，真正当好一名合格乃至出色的监狱人民警察，一个基本要求就是要热爱监狱人民警察职业，热爱自己的工作，在工作实践中培养起对本职工作的深厚感情。

（二）立足本职，多作贡献

监狱工作包括监狱行政管理、劳动改造、教育改造、经营管理、生活卫生、后勤供应等许多方面，日常事务十分繁杂。既要完成改造任务，又要完成生产任务，还要处理与改造有关的各种问题，白天带工收工、巡视工地，晚上下监室或监督服刑人员学习，处理当天未尽的工作，还有服刑人员来往信件的收发、日常生活用品和劳动用品的订购管理、亲属每月一次的探望，服刑人员身体、思想及生活状况等，每一个环节都关系到对服刑人员的改造效果。监狱人民警察决不可粗枝大叶，应付了事，而应不厌其烦，尽职尽责，多作贡献。

（三）吃苦耐劳，不计名利

监狱工作重大，从晨曦到日暮，从白天到黑夜，日夜奋战，工作时间长，教育改造服刑人员需要付出艰苦的劳动，由于警力资源配置、警力不足等因素，超负荷工作在一线民警中带有普遍性。监狱工作具有特殊性、突然性、不确定性和不可离岗性等特点，每天24小时都有民警在上班，一线民警平均每月要值8天到10天的班，还有大量的中心工作、阶段性工作和临时性工作。加之节假日、双休日往往是监管安全的重点防范期，2/3以上的一线民警无法安排休息，长期处于超负荷工作状态。监狱人民警察如不具备吃苦耐劳、不计名利的品德，是无法处理事业与家庭、生活与工作的矛盾的。在新中国监狱的历史发展中，有许多监狱人民警察，从事监狱工作几十载，始终战斗在穷山恶水的监狱工作第一线，他们为了新中国的监狱工作事业，无怨无悔，许多人奉献了青春终生，献了终生献儿孙，三四代人始终坚定不渝地战斗在监狱工作第一线，这种呕心沥血、不惧艰险的献身精神，成为新中国监狱人民警察之楷模。

三、无私奉献的具体要求

无私奉献的精神体现在监狱人民警察日常生活中的各个方面。一个有着良好道德素质的监狱人民警察，要安于清贫，耐得寂寞，不为名利所困，不为物欲所诱，不为权势丧志，兢兢业业、默默奉献，当个人利益与整体利益发生矛盾时，应自觉地以祖国和人民利益为重。

（一）在个人情感上要经得住寂寞的考验

监狱人民警察工作任务的艰巨性，工作任务的繁重性，在时间上的无起止性，在环境条件上的无选择性，在方式方法上的无规律性，决定了个人在情感方面必须做出较大的牺牲。当民族传统佳节到来时，举国欢庆，此时此刻，无数监狱人民警察坚守在没有硝烟的战场；当别人在花前月下与恋人互诉柔情的时候，监狱人民警察也许正在与罪犯作针锋相对的斗争；当别人坐在窗明几净、宽敞舒适的办公室里工作的时候，监狱人民警察也许正在穷乡僻壤、大漠荒滩中履行着职责；当别人在富丽豪华的酒店觥筹交错，在剧院欣赏艺术，享受人生的时候，监狱人民警察也许正在为解决服刑人员的生活问题、家庭问题、思想问题而费心劳神，高度紧张地忙碌着。

（二）在婚姻家庭上要经得起离怨别恨和不能尽孝的考验

监狱人民警察同社会上其他所有人一样，也要食人间烟火，也有七情六欲，也要承担供养妻儿老小的家庭义务。但是，特殊的使命，特殊的职业，使他们大都与家庭聚少离多，妻子生产丈夫不在身边，父母病重儿子不能尽孝，儿女患病父母无法尽责，等等。然而，监狱人民警察对亲人的爱，对家庭的爱，是与祖国和人民的爱紧紧融合在一起的，尽管他们对家庭、对亲人怀有深深的愧疚之情，但对祖国、对人民都是无愧的。

（三）在物质待遇上要经得起艰苦清贫的考验

目前我国正处于社会主义初级阶段，发展还不平衡不充分，尽管党和政府给予监狱人民警察极大的关心和帮助，但与一些行业、一些部门、一些人员相比，监狱人民警察各方面的待遇尤其是物资生活待遇确实有较大的差距。监狱人民警察的工作是清苦的，没有显赫的地位，没有丰厚的收入，有的干警为了事业默默奉献了几十年。应当肯定，金钱和物质是人们生活必不可少的，改革开放以来，党和国家着力解决人民群众所需所急所盼，让人民共享经济、政治、文化、社会、生态等各方面发展成果，有更多、更直接、更实在的获得感、幸福感、安全感，不断促进人的全面发展、全体人民共同富裕。作为一名监狱人民警察，要顾全大局，以国家和人民的利益为重，牢记"为人民服务"这个宗旨，树立正确的"物质利益观"，经得起艰苦的考验，决不能把自己束缚在物质"享受"之中，在物质利益面前永远保持清醒的头脑，不打败仗。

学习情境六　艰苦创业开拓进取

一、艰苦创业、开拓进取的涵义

艰苦奋斗精神是促进人类文明状态进步的先进思想，是进步的人生观、价值观、道德观的科学概括。热爱人生、追求真理、勇敢拼搏、吃苦耐劳、艰苦创业、勤俭节约是它的基本内涵。艰苦奋斗精神有三个基本特征：

（一）开拓性

开拓性指克服艰难困苦、开拓新的领域、创造新天地的精神和行为。艰苦奋斗、勤俭节约，是中华民族的优良传统，是共产党人的革命本色。前辈人的艰苦奋斗，为我们打下了较好的物质基础。但国家的强盛，民族的振兴，人民的幸福，社会主义和谐社会大厦的构建，仍需要我们去完成。我们仍然是创业者、开拓者，而不是享受者。党的二十大报告指出："从现在起，中国共产党的中心任务就是团结带领全国各族人民全面建成社会主义现代化强国、实现第二个百年奋斗目标，以中国式现代化全面推进中华民族伟大复兴。"这就要求我们必须树立远大的理想，即为中国特色社会主义和共产主义事业而奋斗终身。实践这个理想是一个漫长而艰巨的历史过程，需要我们为此长期艰苦奋斗。

（二）时代性

艰苦奋斗是伴随着人类的产生而产生的。人类从诞生那天起就开始了与大自然的搏斗。但由于生产力发展水平不同，环境不同，人的生活方式与观念不同，艰苦奋斗在不同的时代有不同的表现形式。

艰苦奋斗精神在当今时代的表现应该是：全面建设社会主义现代化国家，必须要把当今世界最先进的科学技术成果作为赶超的目标，虚心学习人类一切优秀的文明成果，并创造性地运用到中国的建设中；在构建高水平社会主义市场经济体制上，艰苦奋斗表现为坚持社会主义市场经济改革方向，坚持高水平对外开放，加快构建以国内大循环为主体、国内国际双循环相互促进的新发展格局；在日常工作生活中，艰苦奋斗要求清正廉洁，一尘不染，勤俭节约，物尽其用。由于物质条件的改善，人们的生活水平应当相应提高。我们不能要求人们过"苦行僧"式的生活，但绝不能丢掉艰苦奋斗精神。我们的消费水平应与个人收入相适应，国民的消费水平应与国力相适应。

（三）艰苦性

艰苦奋斗是一种不畏艰难困苦、不懈拼搏进取的精神。艰苦奋斗是个复合词，客观上反映了奋斗与艰苦的关系。要奋斗，必艰苦，必然付出一定的代价。我们所说的艰苦，是从物质生活和精神生活两方面来理解的。对此不同的时代有不同的要求。在战争年代，人们过清苦的生活是当时的客观条件决定的。今天，物质条件改变了，人们的生活应随之改善。艰苦奋斗是要提倡俭朴节约，但并不意味着降低人民群众的生活水平。因此，艰苦奋斗既不是应付贫穷局面的权宜之计，也不是自讨苦吃的"苦行僧主义"，更不是提倡"叫花子"精神，而是为实现伟大目标而勇于克服困难，坚持不懈地顽强奋斗。全面建设社会主义现代化国家、全面推进中华民族伟大复兴是一项前无古人的艰苦事业，必须在马克思主义指导下努力探索、艰辛开拓和创新发展。这些都需要我们长期坚持自力更生、艰苦奋斗，努力励精图治，迎接挑战。

二、艰苦创业、开拓进取的具体要求

监狱人民警察是国家工作人员，应当继承和发扬艰苦奋斗、勤俭节约的优良传统，勤俭工作、勤俭生活，保持劳动者的本色，树立人民公仆应有的形象。现在，我国各方面的条件比过去有明显改善，人民生活全方位改善，但因为工作环境和工作性质的特殊性，监狱人民警察的生活环境相对来说还比较差，监管改造工作仍然很艰苦，这无疑给教育改造罪犯工作带来了一定的难度。市场经济基础制度不完善、运行中的一些缺陷和社会上各种消极思潮的干扰，使得一些民警思想上出现波动，不同程度地产生失落感，不安心于监狱的工作，这是客观事实。这正是我们必须加大工作力度来解决的重要原因之一。

为推进监狱事业高质量发展，围绕保障和促进社会公平正义，全面推进严格执法、公正司法，建设更高水平的法治中国、平安中国，监狱人民警察必须埋头苦干、艰苦创业、开拓进取。经验告诉我们，只有不断地学习，积极的探索进取才是我们事业取得长足进步与发展的根本保障。监狱人民警察保持艰苦奋斗、开拓进取,就是在生活上艰苦朴素,不追求与自己身份和收入不相适应的物质享受,不摆阔气,不讲排场,坚决反对奢侈浪费,坚决克服拜金主义、享乐主义;在工作上勤奋努力、踏踏实实,认真细致、吃苦耐劳,努力形成艰苦创业、团结干事的工作氛围。

(一)我们必须保持和发扬勇于探索、开拓进取的创业精神

党的二十大报告指出:"我们从事的是前无古人的伟大事业,守正才能不迷失方向、不犯颠覆性错误,创新才能把握时代、引领时代。我们要以科学的态度对待科学、以真理的精神追求真理,坚持马克思主义基本原理不动摇,坚持党的全面领导不动摇,坚持中国特色社会主义不动摇,紧跟时代步伐,顺应实践发展,以满腔热忱对待一切新生事物,不断拓展认识的广度和深度,敢于说前人没有说过的新话,敢于干前人没有干过的事情,以新的理论指导新的实践。"全面建成社会主义现代化强国、实现第二个百年奋斗目标,以中国式现代化全面推进中华民族伟大复兴,必须坚定信心、锐意进取,深入推进改革创新,必须准备付出更为艰巨、更为艰苦的努力。

(二)我们必须保持和发扬廉洁奉公、多作贡献的奉献精神

廉洁奉公是艰苦创业、艰苦奋斗的本质特征,是正确处理党和政府同人民群众关系的基本准则,也是每一个监狱人民警察必须遵循的职业道德。坚持廉洁奉公,最主要的是牢固树立公仆意识。这就要求我们为了人民的利益吃苦在前,享受在后,多办实事,多办好事,多作贡献。

(三)我们必须保持和发扬埋头苦干、无私奉献的实干精神

空谈误国、实干兴邦。作为国家工作人员,监狱人民警察必须树立求真务实的作风,抵制和克服多谈少干、只说不干甚至指手画脚批评干的不良倾向。无论处于何种岗位,从事何种工作,都要有敬业精神,扎扎实实地去干工作。一旦盯准目标,就要努力实施。做到定一件,干一件,力争成功一件。不能雷声大,雨点小,或干打雷不下雨。反对形式主义,不搞花架子。

(四)我们必须保持和发扬艰苦朴素、量力而行的节俭精神

这既是我们党的一条重要方针,又是艰苦奋斗精神的一个重要内容。倡导这一原则,既要高速度,更要高效益。要坚持勤俭节约的原则,节省人力、物力和财力。要努力做到生活上艰苦朴素,建设上量力而行。在改革开放和现代化建设的每项工作上,都要艰苦创业,精打细算,用较少的人力物力办更多的事情,在新的形势下提倡艰苦奋斗,并不是不改善人们的生活条件,而是要求人们保持一种与国力相称、与国情相符、与本部门相符、与个人收入相适应的消费水平。

学习情境七 尊重人权管理文明

一、尊重人权、管理文明的涵义

尊重人权，就是要讲究人道，对服刑人员实行革命人道主义、摒除法西斯作风。它要求监狱人民警察尊重自己的教育改造对象——服刑人员的人格，要求把他们视为与自己在人格上完全平等的人来对待，而不能因为自己在教育改造过程与生活中居于主导地位或服刑人员在某些方面上与自己有差距而轻视他们，忽视其价值；或者仅仅把服刑人员视为自己的劳动对象，视之若物，而不是视之为人。具体体现在：服刑人员的恶习要改造，人格要尊重；服刑人员的腐朽思想要转化，合理要求要解决。就是说，既要对服刑人员执行刑罚，又要对他们实行社会主义人道主义。

管理文明，是指在服刑人员管理工作中，必须采用文明的管理方式和管理措施，切实保障服刑人员的合法权益，建立文明的管理环境，实现管理的文明化。司法部《监狱劳教人民警察职业道德准则》提出要"执法公正，管理文明"，《监狱劳教人民警察职业行为规范》第14条规定："尊重罪犯劳教（戒毒）人员人格，依法保障和维护罪犯劳教（戒毒）人员的人身安全、合法财产和辩护、申诉（述）、控告、检举以及其他未被依法剥夺或者限制的权利。"

费孝通先生以他社会学家的身份，阐释了监狱对于观察、了解社会的作用。他说："监狱是社会的窗口。有什么样的监狱就会有什么样的社会，监狱可以折射出社会的文明程度。"[1] 对服刑人员实行文明管理，这是由我国刑罚执行机关的根本性质决定的，也是服刑人员管理工作中必须坚持的一项重要原则。通过文明管理，继承和发扬我国监狱工作的优良历史传统，进一步树立文明进步的社会主义新型监狱的形象，使人们通过监狱这个窗口，真正了解中国，了解中国的监狱事业。文明的管理环境、文明的管理行为以及文明的管理制度，共同构成了一种特殊的"服刑人员管理文化"，它使得服刑人员管理的一切活动，具有说理的威力、感化的力量，从而成为保证和提高服刑人员改造质量的必要手段。

二、尊重人权、管理文明的具体要求

（一）科学文明管理

监狱人民警察应当以科学理论为指导，遵循服刑人员思想转化的客观规律，采用先进的管理制度，运用科学文明的管理手段和现代化的监管设施，对服刑人员实行监禁和管理。科学文明管理，是我国社会主义刑罚的重要标志，是我国社会主义制度优越性的重要体现，是社会主义人道主义原则在监狱管理中的具体运

---

[1]《费孝通社会学论文集》，天津人民出版社1985年出版。

用。它对于促进服刑人员思想转化，保障监管任务的顺利实现，有着十分重要的意义。为了实行科学文明管理，监狱人民警察要认真学习科学的管理理论知识，运用科学文明的方法管理服刑人员，不断提高管理水平。从监狱自身的实际出发，积极采用现代化技术手段，建立科学的管理制度，配备现代化的监管设施，加强监区文化建设，逐步改善服刑人员的物质生活条件。

(二) 严格执行生活卫生制度

严格执行生活卫生制度，保障服刑人员的生活和健康权益，杜绝狱内重大疫情发生。服刑人员的生活卫生制度包括：①生活制度，主要是作息管理、伙食管理、被服管理、监房管理以及服刑人员零用钱和日用品的管理等；②卫生制度，主要是公共卫生管理、个人卫生管理、疾病预防和治疗、劳动保护等。

我国监狱历来重视服刑人员的生活卫生管理。服刑人员在监狱服刑期间，依法享有维持正常生活的权利，他们的吃、穿、住、用等物质生活条件由国家予以保障。我国《监狱法》规定："罪犯的生活标准按实物量计算，由国家规定。"（第50条）"罪犯居住的监舍应当坚固、通风、透光、清洁、保暖。"（第53条）"监狱应当设立医疗机构和生活、卫生设施，建立罪犯生活、卫生制度。罪犯的医疗保健列入监狱所在地区的卫生、防疫计划。"（第54条）"监狱对参加劳动的罪犯，应当按照有关规定给予报酬并执行国家有关劳动保护的规定。"（第72条）这些规定为监狱做好服刑人员的生活卫生管理工作，提供了有力的法律保障，充分体现了我国监狱的社会主义人道主义精神，监狱人民警察应当严格执行，确保一切执法行为、执法环节都符合法律的要求。

(三) 严格遵守我国的监狱戒具使用制度

我们党和国家历来反对封建法西斯式的监管方式，严禁刑讯逼供，废止肉刑，严禁体罚或变相体罚服刑人员，严格规定了对服刑人员使用警戒具的条件和程序。依据有关监管法规的规定，凡加戴戒具的服刑人员，均不应再出工劳动。对女犯，除个别特殊情况外，也不得使用戒具。同时规定，对服刑人员使用戒具，必须经监狱主管领导批准。遇到服刑人员行凶制止无效等特殊情况时，应先加戴戒具，然后补报审批手续。使用戒具的时间，除死刑待执行的犯人外，一般为7天，最长不超过15天。并且不得把戴戒具作为惩罚服刑人员的手段。这充分体现了我国监狱戒具使用制度的社会主义人道主义精神。

(四) 做好服刑人员的教育工作

教育改造是我国监狱在刑罚执行过程中，对服刑人员强制实行的旨在使服刑人员心理和行为得到重塑的思想、文化和技术教育活动，具有法律强制性和矫正性。它的目的是改造人、造就人，通过系统的思想、文化和技术教育，使服刑人员的心理和行为得到矫正，将绝大多数的服刑人员改造成为自食其力的守法公民和社会主义建设的有用之才，以达到预防和减少犯罪的目的。思想教育是服刑人员教育工作的核心和首位工作，通过思想教育消除服刑人员的犯罪思想，转变服刑人员错误的世界观、人生观、价值观，使服刑人员树立正确的世界观、人生观、价值观，进而从本质上改造服刑人员。这需要监狱人民警察学习相关的教育知识理论，掌握服刑人员教育改造工作的规律，根据服刑人员的不同情况，采取相应的教育内容和方法，因人施教，进行有针对性的分类教育。同时，采用摆事实、讲道理、实事求是的方法，对服刑人员进行耐心细致的说服教育工作，处理问题要实事求是，公正廉明，发现错误及时纠正，不能以势压人，以惩罚代替教育。

学习任务三十八　监狱人民警察的职业道德修养

一、监狱人民警察的职业道德修养的涵义

道德修养是人的道德活动的一种重要形式，是指个人为实现一定的理想人格而在意识和行为方面进行的道德上的自我锻炼，以及由此达到的道德境界。职业道德修养，是指从事各种职业活动的人员，按照职业道德基本原则和规范，在职业活动中所进行的自我教育、自我改造、自我完善，使自己形成良好的职业道德品质。职业道德修养是一种自律行为，关键在于"自我锻炼"和"自我改造"。任何一个从业人员，职业道德素质的提高，一方面靠他律，即社会的培养和组织的教育；另一方面就取决于自己的主观努力，即自我修养。两个方面是缺一不可的，而且后者更加重要。

监狱人民警察职业道德修养是一种特殊的道德修养，是指监狱人民警察个人自觉按照国家的要求和公民道德、监狱人民警察道德原则、规范，在道德意识、道德情感、道德行为品性方面的自我教育、自我磨炼、自我改造的功夫、能力和水平。这就是说，监狱人民警察道德修养的范围是监狱工作领域，道德修养的主体是监狱人民警察，道德修养的准绳是公民道德和监狱人民警察职业道德的原则、规范，道德修养所要达到的目的是监狱人民警察道德行为、道德品质、道德情操和道德境界的提高。

二、监狱人民警察的职业道德修养的内容

按照《新时代公民道德建设实施纲要》要求，结合监狱工作实际，监狱人民警察职业道德修养的内容，主要有以下几方面：

（一）思想政治修养

思想政治修养是现代人素质的灵魂。良好的思想政治素质对一个人的成长和成功有重要的作用。所以加强思想政治修养，提高思想政治素质是对监狱人民警察的必要要求。

加强思想道德修养要从以下几方面努力：①加强理论修养。只有用科学的理论武装自己，才能方向明确、是非清楚。现实社会生活中，只有理论上的清醒与坚定，才能有思想政治上的清醒与坚定。理论修养，是思想政治修养的基础，是指导人生逐步形成科学的世界观和人生观的前提，对提高人们的思想素质具有重要的指导意义。马克思主义是科学的理论，是为实践所证明的科学真理，加强理论修养就是要加强马克思主义的理论修养。只有加强马克思主义的理论修养，特别是用马克思主义中国化的最新成果——习近平新时代中国特色社会主义思想武装头脑，才能增强政治上的认知能力，提高认知水平。②加强政治修养。政治修养对监狱人民警察掌握政治理论、培养政治品格、锻炼政治才能、提高思想政治素质、做精神文明的典范起着重要作用。政治修养一般包括政治意识、政治规矩、政治纪律、政治判断力、政治领悟力、政治执行力等方面的修养。加强新时代政治修养，必须着重在坚定政治方向、落实政治任务、强化政治担当上下功夫，最核心的要求是坚决做到"两个维护"。③加强爱国主义、集体主义修养。爱国主义是每个监狱人民警察必须具备的最起码的思想政治觉悟。爱国主义是精神生活的重要内容，对人们的思想行为产生强烈的影响，是监狱人民警察思想政治觉悟走向更高层次的出发点和基础，也是远大理想、生活目标升华的基础。当代中国大力弘扬伟大爱国主义精神，既要传承历史上中华民族爱国主义的优良传统，又要体现建设中国特色社会主义现代化国家、实现中华民族伟大复兴的时代任务。加强集体主义修养，就是要树立为人民服务的人生观、价值观，时刻把国家和人民利益放在心上，谈责任，讲担当，把自己有限的一生用在促进社会和人类的进步事业上，用在增进国家富强和人民幸福上。在工作和生活中，要增强集体观念，热爱集体、关心集体，珍惜和维护集体荣誉，积极为集体争创荣誉，搞好集体的团结，反对个人主义、小团体主义，反对一切损害集体利益的行为等。④培养社会责任感。每个人都有自己的人生责任，而社会责任是人生责任的核心和灵魂。在社会生活中，监狱人民警察必须对社会承担一定的职责。社会的责任感就是一个人对祖国、对民族、对人类的繁荣和进步，对他人的生存和发展所承担的责任感和使命感。由于所处的时代和社会地位不同，人们所承担的社会责任也不同。监狱人民警察担负着为祖国现代化建设保驾护航的责任，一定要有强烈的对其他人负责，对社会负责的责任感，不断实现人民群众对美好生活的向往。

（二）道德修养

不同社会、时代和阶级的道德修养有不同的目标、途径、内容和方法。监狱人民警察道德修养是指监狱人民警察根据一定的道德原则和规范来改造自己、教育自己,形成自己的道德品质,提高自己道德境界的一种道德实践活动。

道德修养本质上是自我修养,是一种自我改造、自我陶冶、自我解剖的活动。这种活动是通过对自己内心世界及其行为的反省、检查、吐故纳新,培养新的道德情感和道德信念。道德修养是通过提高对社会道德体系及其要求的认识,在社会实践中不断提高自身的道德选择能力、道德践行能力,不断地解剖自己、反省自己,不断地更新自我、超越自我和完善自我的过程。道德修养的内驱力来源于个人内在的道德需要。监狱人民警察所展开的自我批评和自我斗争,是由自我内在道德需要所启动的自主、自为、自觉、自愿的行为,而不是迫于某种外在的压力。

(三) 文化修养

文化是一个内涵丰富的概念,有多种理解。在个人的文化修养中,文化特指个人的科学文化素质,即指个人所拥有和掌握运用的科学文化知识状况。它包括个人所具有的自然科学知识、社会科学知识、思维科学知识等各科知识组成的知识结构,运用各科知识分析问题和解决问题的能力,以及个人在社会实践中对知识和能力的运用。

监狱人民警察加强个人的科学文化修养,就是提高个人的科学文化素质。具体说来就是要做到:①努力学习自然科学、社会科学和思维科学等方面的知识,用人类创造的科学文化知识来武装自己的头脑,夯实广博的知识基础,掌握精深的专业知识。②发展智力和能力,构建合理的知识智能结构。监狱工作的特殊性,决定监狱人民警察应同时具有教师的能力、医生的能力、警察的能力及家长的能力。③提高自身的科学文化素养,树立科学思想,弘扬科学精神。当今社会,科学技术突飞猛进,科学在社会发展中的作用越来越突出,随之产生的一些新问题也越来越多,导致了一段时间内反科学与伪科学等现象不绝于耳,大力弘扬科学精神尤为重要。科学精神的精髓是实事求是。科学精神提倡严肃认真、求真务实的科学态度和科学方法,提倡一丝不苟、精益求精、不断创新的工作作风。弘扬科学精神不是一句空话或套话,是实实在在地坚持科学态度,采取科学方法,不畏艰难险阻,勇于追求真理,不断进取创新。

(四) 心理修养

心理修养是指人在感知、想象、思维、观念、情感、意志、兴趣等多方面心理品质上的修养,其目的就是要达到心理健康。人生的幸福需要心理健康,事业的成功需要心理健康,现代社会生活更需要心理健康。

监狱人民警察应重视心理的修养,要做到:①树立正确的人生观,养成积极乐观的人生态度。在正确的人生观指导下,个人就能科学地对待社会、对待人生、对待自己所从事的监狱工作,从而使自己处于一种乐观进取的精神状态之中。这有利于监狱人民警察提高对心理冲突和挫折的承受力,防止心理障碍的发生,有利于保持心理健康。②积极发展与他人的交往,建立良好的人际关系。监狱人民警察在互助、友爱、热情、友好的人际关系中,能够乐观、开朗、积极、主动地生活,培养良好的心境。③正确地对待工作环境和客观地认识自己,建立良好的自我形象。监狱人民警察的先天生理素质是客观的,改造服刑人员的现实也是客观的,因此,监狱人民警察要能正确地认识自己的优、缺点,既不自傲,也不自卑,培养自尊、自信、自爱、自强的品格,保持健康心理。④培养多方面的兴趣爱好,养成健康的生活方式。爱好、兴趣广泛能增加生活情趣,放松紧张情绪,消除心理压力,有益身心健康,增进人际交往,使生活丰富多彩,使人生充满欢乐。⑤掌握心理调适方法,学会自我调节。监狱人民警察日常生活中喜、怒、忧、思、悲、恐、惊是人之常情,在这种情况下应及时疏导,采取科学的调适方法,学会自我调节。如可以运用自我激励法、言语节制法、合理宣泄法、注意转移法、目标升华法、行为补偿法等,能在必要时适当地调整自己的认识结构和情绪状态。这也是监狱人民警察自觉地锻炼意志品质,改善适应能力,保持心理健康所必需的。

(五) 审美修养

审美是监狱人民警察对美和美的事物的一种认识、一种感动、一种欣赏和评价。审美实践活动能通过各种美的形象来触发监狱人民警察的情感,以美感人、以情动人,从而起到潜移默化的感染和教育作用。正确的审美观、较高的审美能力和健康高尚的审美情趣,对人的全面发展有着十分深刻而有益的功用。美能冶情,美能启真,美能储善,美能塑形。审美作为一种道德修养和教育,它可以从情感、智力、道德等多方面培养人,促进人的个性全面、自由、和谐地发展。监狱人民警察幸福、完美的人生必然包括审美生活。因此加强监狱人民警察审美修养,即提高审美能力,提高对美的领悟力、鉴赏力,养成高尚、健康的审美情趣,是监狱人民警察提高自身素质的重要方面之一。

每个监狱人民警察都应该重视审美修养,要学习美学理论,培育正确的审美观念,从培养健康生活情趣入手,提高审美趣味,培养高雅的情趣。积极参加各种艺术表演、鉴赏活动,增强审美判断,提高审美判断能力,自觉地按照美的规律塑造自己,以此美化人生,美化社会,创造人类社会生活的美。

三、道德修养的途径

(一) 读书学习与认真思考

加强道德修养,基础在于学习教育。学习、思考是监狱人民警察进行道德修养不可逾越的必经途径,因为道德文化知识的获取和思想道德意识的提高,只有通过读书学习和认真思考才能达到。要引导监狱人民警察努力学习,提高理论素养,加强品性锤炼,在改造客观世界的同时不断改造主观世界,牢固树立马克思主义的世界观、人生观、价值观和正确的权力观、地位观、利益观,增强权为民所用、情为民所系、利为民所谋的自觉性,切实做到为民、务实、清廉。同时,通过教育,使广大监狱人民警察模范遵守社会公德、职业道德、家庭美德,以良好的道德风尚和人格力量为群众当好表率。在读书学习的同时,要开动脑筋积极思考,要把书本上的他人和前人的知识变成自己的思想观点,这就必须联系社会实际、联系自己的思想实际和工作生活实际,对书本上的理论知识在头脑中进行"去粗取精,去伪存真,由此及彼,由表及里"的分析、比较、鉴别的改造制作,即消化吸收的过程。否则,自己的道德思想意识就不能形成和提高。

(二) 参加社会实践和监狱工作实践

马克思主义强调实践是道德修养的基础,人只有在实践中,在对别人、对集体的关系中,才能判断自己行为的是非。积极参加社会实践和监狱工作实践,是监狱人民警察职业道德修养的根本途径。要加强实践锻炼,在维护公平正义、维护人民利益的挑战和考验中锤炼品格、坚持操守。

1. 道德修养必须同改造客观世界的社会实践相联系。共产主义思想道德修养的最终目的是培养共产主义新人,为实现共产主义远大理想服务。实现共产主义社会是最现实的社会变革实践,而脱离社会实践的"闭门思过""向内用功"的修养方法,不能清除剥削阶级旧道德,更不能推翻私有制,把社会推进到共产主义。监狱人民警察只有在改造客观世界及其道德关系的实践中,才能改造自己的主观世界,培养出共产主义道德品质来。

2. 社会和监狱工作实践是监狱人民警察个人道德品质形成的源泉。监狱法律是一门实践科学,监狱工作是实践性工作,监狱人民警察个人品质的培养是根据社会和监狱工作实践的需要和要求进行的。社会和监狱工作实践的发展,不断向监狱人民警察提出新的要求,提出必须具备的新的品质,促使监狱人民警察不断进行道德修养,培养自己新的道德品质。离开了社会和监狱工作实践,监狱人民警察道德修养无从谈起。

3. 社会和监狱工作实践活动是监狱人民警察道德修养的目的和归宿。道德修养本身不是目的而是手段,它的目的是为了使人们具有高尚的道德品质,从而更好地进行改造客观世界的实践活动。监狱人民警察进行道德修养,提高自己的道德觉悟,培养磨炼自己的道德品质,是为了公正执法,打击邪恶,惩治犯罪,保护人民,伸张社会正义。这是监狱人民警察道德修养的根本价值所在。

4. 社会和监狱工作实践是检验监狱人民警察道德修养的根本标准。监狱人民警察所汲取的道德文化知识是否正确,道德思想意识是否坚定,司法道德品质是否高尚,监狱人民警察道德修养的成效、好坏、水平的高低,只有经过社会和监狱工作实践才能得到验证、补充和修正。

5. 社会和监狱工作实践是推动监狱人民警察不断进行道德修养，不断提高道德水平的根本动力。人类社会实践是不断向前发展的，社会对人的道德要求是不断提高的，因而人们的道德修养也是永无止境的。"不矜细行，必累大德"。加强道德修养，提升精神境界不可能一蹴而就，更不可能一劳永逸。只要我们时时处处用法律法规、纪律规定、执业操守要求自己，检点自己，修正自己，提高自己，持之以恒，坚持不懈，坚定不移地加强道德修养，就一定能够以道德的力量去赢得群众的信任、成就事业的辉煌，在社会和监狱工作实践中不断升华自己的道德境界。

四、道德修养的方法

道德修养的方法很多，但由于每个人的职务、职责、生活经历、文化素养、兴趣爱好和所处的环境各不相同，所遇到的道德冲突各有差异，所以，监狱人民警察道德修养的方法也不可能千篇一律。从总体上看，应注意以下几个方面：

（一）认真学习掌握科学理论

马列主义、毛泽东思想和中国特色社会主义理论体系，是科学的世界观和方法论，既为监狱人民警察道德修养指明了正确方向，又为监狱人民警察道德修养提供了科学方法。

实践证明，只有在马列主义、毛泽东思想和中国特色社会主义理论体系指导下，监狱人民警察才能确立正确的人生观、价值观，才能树立崇高的理想和科学的信念，才能努力为人民服务，才能有爱祖国、爱人民、爱劳动、爱科学、爱社会主义等社会主义道德行为，从而逐步形成社会主义道德品质和习惯。离开中国特色社会主义理论体系的指引，道德修养就会迷失方向，甚至走上歧途。实践还证明，只有运用马列主义、毛泽东思想和中国特色社会主义理论体系的基本原理和科学方法，才能透过纷繁复杂的社会现象，看清社会现实生活中问题的实质，才能辨别真、善、美和假、恶、丑，才能正确而有效地进行道德修养。离开马列主义、中国特色社会主义理论体系的指导，道德修养将陷入唯心主义、形而上学的泥坑。总之，只有在马列主义、毛泽东思想和中国特色社会主义理论指导下，道德修养才有明确的目的和标准，才能达到预期的目标。

（二）正确开展批评与自我批评的方法

批评就是对别人的缺点或错误提出意见，自我批评是指对自己的缺点或错误进行自我揭露和剖析。监狱人民警察在实践和认识的反复循环中，由于受到主观和客观条件的限制，缺点和错误总是难免的，有缺点就要克服，有错误就要纠正，这就需要在实践中经常地、严格地、正确地开展批评与自我批评。

正确开展批评，一要端正批评的动机。批评动机是指开展批评的出发点和目的。正确的批评动机应当是从团结的愿望出发，以与人为善、治病救人、对被批评者负责的态度，开展批评。二要实事求是。批评别人既要有事实根据，又要全面地、历史地看问题，做到不夸大不缩小。三要讲究科学方法。批评应当是严肃的、诚恳的，不能简单生硬，也不能冷淡歧视，更不能用讽刺、挖苦的语言侮辱、伤害被批评者的人格和自尊心。不负责任的批评，不仅不能帮助人，而且往往会伤害人；不仅不能解决问题，而且常常会产生新的矛盾。最正确的方法应是和风细雨，以理服人，不扣帽子，不打棍子，分析要深刻、具体、透彻，令人心悦诚服。

正确开展自我批评，首先，要善于正确解剖自己，认识自己，使自己经常保持清醒的头脑，随时掌握自己思想变化的情况，及时觉察和发现自己各方面表现出来的缺点、错误或失误，这是自我解剖的基本条件。其次，要承认错误。公开承认错误，是改正错误的关键步骤，是求得大家帮助的必要条件。没有勇气或不想痛快地承认错误的人，也很少痛快地改正错误。再次，要勇于改正错误。如果说认识自己需要强调虚心，承认错误需要强调勇气，那么改正错误则要有毅力。一旦认识到缺点错误。就坚决果断地立即纠正，决不动摇。最后，坚持不懈和严格无情。用老一辈革命家谢觉哉的话讲，就是自己要经常"给自己打官司"，自己当"被告人"，自己当"律师"，自己当"法官"。监狱人民警察作为修养者，集律师、被告人、法官于一身，如果不能随时自我检查，反省自己的思想和言行，矛盾就会被掩盖，"官司"就打不赢，矛盾就不能向着有利于共产主义道德和监狱人民警察道德要求的方向转化。所以，要经常开展批评和自我批评。

（三）向先进人物学习的目标学习法

在道德修养中，学习先进人物的优良品质，是一个很重要的方法。孔子说："见贤思齐焉，见不贤而内自省也。"意思是说，见到高尚的人或高尚的行为，就产生一种向其看齐的欲望并付诸行动；见到品质恶劣的人或不良的行为，就反省一下自己是否也这样。见贤思齐，就是向先进学习，向榜样看齐。这对于我们监狱人民警察职业道德修养来说，非但不会例外，而且更显必要。先进人物是人类社会先进思想道德观点和行为规范的具体化和人格化，它使抽象的道德变成具体生动的人物形象，具有极大的感染力、吸引力和鼓动力，起着其他教育形式起不到的作用。

榜样的力量是无穷的。它给人们以教育，给人们以鞭策，如果说每个监狱人民警察都能按照自己的实际在心中树立几个高尚的道德楷模，制订修养要则，选择正确的座右铭，并经常以此作为鞭策自己的指南，这样，就会学有方向，赶有目标，就会使自己成为一个高尚的人，一个有益于人民的人。

（四）"慎独"的方法

"慎独"是中国伦理思想史上一个古老的、特有的修养的方法。"慎独"一词出于我国古籍《礼记·中庸》："道也者，不可须臾离也，可离非道也。事故君子戒慎乎其所不睹，恐惧乎其所不闻。莫见乎隐，莫显乎微，故君子慎其独也。"意思是说，道德原则是一时一刻也不能离开的，时时刻刻检查自己的行动，一个有道德的人在独自一人、无人监督时，也是小心谨慎地不做任何不道德的事。我们现在依然提倡"慎独"，是重在自律，即在道德上自我约束。"慎独"既是加强职业道德修养的行之有效的重要方法和途径，也是一种崇高的思想道德境界。

"慎独"强调了道德主体内心信念的作用，体现了严格要求自己的道德自律精神。监狱人民警察强调加强自我管束，增强道德内心信念的制约力，努力做到"慎独"，是非常重要的。监狱人民警察运用"慎独"方法进行道德修养时应努力做到：首先从隐处入手，自觉抵御各种诱惑，培养自我管理、自我约束的能力；其次在微处用力，"莫以善小而不为，莫以恶小而为之"，时时处处防微杜渐，积善成德。

"慎独"不仅是一种道德修养的方法，也是一种更高的道德境界。在日常生活中，人的一举一动、一言一行不可能时时、处处都受外在力量的监督。作为一个新世纪的监狱人民警察，应经过长期的艰苦的锻炼，努力做到"慎独"。要"自重、自省、自警、自励"。锻炼自己在修养方面的自我主宰精神，真正使修养成为自我的内在要求，从而逐步达到较高的道德水平和道德境界。

（五）归纳和总结的方法

总结是道德修养过程中不可缺少的阶段。实践证明，总结经验对修养的推动作用是不可低估的。俗话说："磨刀不误砍柴工。"努力学习，善于总结的人，往往是那些喜欢经常反思不断改正缺点和工作方法的人。反之，一个人要是不愿意或不善于总结学习修养经验，不注意提高修养方法，思想上容易出现偏差，工作上也容易走弯路，甚至陷入被动。在总结时，一要做到实事求是，不夸大不缩小，不自欺欺人；二要虚心听取各方面的意见，对这些意见进行分析；三要全面，不要只看到自己好的一面，也应当看到自己不足的一面。从某种意义上说，为了使自己的总体素质有不断的提高，应当着重总结自己的不足，有的时候失败的教训更有价值。只有对学习和修养的每一次失败都进行深入的分析，才能不断提高认识，增长智慧，摸索到正确的学习与修养的规律，使自己有所提高，有所长进。

讨论案例

【案例十一】

张监狱长早上收到一封匿名信，信上罗列了最近发生在监狱的几起事件：

第一件：某监区民警甲，为了迎接上级机关领导的检查，要生病的服刑人员起来列队，以显示出勤率高、管理到位。

第二件：某监区民警乙，发现服刑人员有同性恋嫌疑，当众处理，没顾及服刑人员的隐私和尊严。

第三件：某监区民警丙，带服刑人员和其家属一起外出就医时，中午吃了服刑人员家属买的盒饭，给群众留下了不好的口碑。

第四件：某监区民警丁，某天办理了一次不该会见的会见。当时，服刑人员的亲属和同学一行二人前来会见，很明显该服刑人员同学不属于会见人员范围，但却实现了会见。那么其中难道有受贿隐情吗？

面对匿名信中的质疑，张监狱长不由得沉思起来。从上面几件事来看，都算不上监狱的大事件，但放在台面上来讲，都对监狱人民警察的形象有着不好的影响。他也再次回味起最近民警管理过程中的一些浮躁情绪、急功近利的倾向等，决定第二天召开一个大会，大会就以"从你做起，职业道德建设要常抓不懈"为主题。

问题：你认为，张监狱长就以上匿名信的问题，会重申监狱民警哪些方面的职业道德建设的内容？

拓展学习

1. 阅读《新时代公民道德建设实施纲要》，了解主要内容。
2. 组织"如何加强道德修养做一名诚实守信大学生"的主题讨论。

学习单元十一　监狱人民警察的心理素养

【学习目标】
1. 了解监狱人民警察应具备的心理素质。
2. 掌握监狱人民警察认知能力训练提高的方法。
3. 了解监狱人民警察良好的自我意识及人际关系形成的方法和技巧。
4. 理解与掌握监狱人民警察心理健康及维护方法和技巧。

学习任务三十九　监狱人民警察应具备的心理素质概述

一、监狱人民警察心理素质的概念

素质是在先天遗传的基础上，通过后天的社会环境和教育而形成的一系列社会品质。心理素质是人的整体素质的组成部分，一个人的心理素质是在先天素质的基础上，经过后天的环境和教育的影响而逐步形成的。心理素质包括人的认识能力、情绪和情感品质、意志品质、气质和性格品质等诸多方面，是个体在活动中表现出的各种心理特征的总称，也可以说是一个人基本的精神面貌。良好的心理素质包括正常的智力、适度的情绪反应、坚定的意志品质、和谐的个性结构以及良好的人际关系等。

监狱人民警察作为一个特殊群体，有自己独特的心理素质要求。监狱人民警察心理素质是在监狱日常工作中，通过心理过程和个性心理特征两个方面所表现出来的本质特征，如认知、情感、意志、兴趣、能力、性格等。这里所说的监狱人民警察的心理素质，更应该被称为素养，是在先天遗传素质的基础上，通过后天的社会环境和教育，特别是通过职业训练而形成的一系列社会品质。监狱人民警察的心理素质是由其工作特点和所担当的职责决定的，它直接关系到监狱教育改造工作的质量。

二、监狱人民警察心理素质的内容

（一）智力素质

监狱人民警察的智力素质是从事教育改造工作应具备的基本心理素质。智力素质表现在以下几个方面：

1. 敏锐、警觉的观察力。监狱人民警察的观察力是洞察服刑人员内心世界的变化、个性特征并及时发现问题的先决条件。观察力敏锐的监狱人民警察善于从不同的场合或在不同的时间有目的、有计划、系统地观察服刑人员的细微表现，包括眼神、表情、动作、姿态等，洞察到他们的思想动态，对服刑人员有一个全面正确的认识，从而因材施教，对症下药，更好地教育和改造服刑人员。同时及时预见某些恶性事件并采取有效的措施防控恶性事件的发生。

2. 快速、准确的记忆力。记忆力是观察、想象、思维的基础。监狱人民警察对服刑人员的一贯表现、突出特点、罪名刑期、家庭状况等都要有全面准确的记忆，只有这样才能在教育改造工作中做到未雨绸缪。

3. 灵活、创新的思维能力。思维能力是智力的核心。灵活、创新的思维能力使人能根据客观情况的变化而变化，能根据所发现的新事实及时修改自己原来的想法，使思维从成见和教条中解放出来，寻求分析问题的多条思路、多种途径，解决问题的多种办法、多种方案，进而取得最佳效果。监狱人民警察通过这种思维能力能够妥善处理工作中的各种矛盾。

4. 丰富而又适当的想象能力。监狱人民警察作为刑罚执行者、特殊园丁，从事的是教育人、挽救人、改造人的工作，在教育改造工作中当然也离不开想象。一方面富有想象力的监狱人民警察会根据服刑人员的心理特点、知识水平设计出良好的教育方案，组织一些有益的活动，激发服刑人员的学习积极性，重树理想和信念，使教育改造工作卓有成效。另一方面，监狱人民警察的想象要适当，不恰当的想象往往会导致心理活动的某些失常。监狱人民警察欠妥的教育举动或不慎的言论，可能给服刑人员以创伤性的影响，激起离奇的恐惧或违规的行为，即所谓"教育致因疾病"。监狱人民警察必须了解自己的教育对象，遇到问题，恰当地想象，审慎地从事教育改造工作。

5. 良好的注意分配能力。注意分配指在同一时间内把自己的注意力指向主要对象而又能分别注意其他对象的能力。如监狱人民警察在和服刑人员谈话过程中，要能够一边听服刑人员的回答，一边观察他的表情、态度，一边观察周围的变化，做好自身安全的防范准备。

(二) 情感素质

监狱人民警察工作的对象是服刑人员。他们同样是有血有肉、有思想有感情的活生生的人，因此，情感交流在服刑人员教育改造中具有重要作用。

1. 成熟而稳定的情绪。监狱人民警察的工作性质要求其具有成熟而稳定的情绪和情感，也就是对自己的情绪表现有较强的调节能力。监狱人民警察每天面对的是个性迥异，甚至有严重心理障碍的违法犯罪分子，他们经常出现意外的想法和行为，甚至出现对监狱人民警察的冒犯和反抗行为。如果监狱人民警察缺乏情绪的控制能力，就会不知所措，自我失控、急躁、盛怒而不能自制，甚至不分青红皂白，用过激的手段惩罚服刑人员，铸成一些不可挽回的错误和后果。

2. 充满"教育爱"的情感。虽然监狱人民警察的管教对象是违法犯罪分子，但他们都是经过司法机关的宣判而到监狱服刑改造的。监狱人民警察在教育、转化、改造服刑人员的过程中要充满"教育爱"的情感，充满仁爱之心，这不仅是对服刑人员的仁爱，也体现对监狱事业的热爱。

（三）意志素质

意志是意识的能动表现，对人的活动具有调节和支配作用，使人能自觉地按目的去行动，成为驾驭现实的主人。监狱人民警察的意志品质有如下特点：

1. 实现工作目的的自觉性。监狱人民警察的工作目的是维护监管安全稳定，将服刑人员改造为守法公民，为社会输出合格新人。自觉性是指监狱人民警察对工作目的有深刻的理解和坚定的信念，能主动支配自己的行为，使之符合工作目的。新时代，国家需要监狱人民警察以实际行动践行对党忠诚、服务人民、执法公正、纪律严明，努力建设更高水平的平安中国、法治中国，为保障人民幸福、国家安全、社会稳定做出的更大贡献。在监狱管理工作中，监狱人民警察在对服刑人员进行教育改造的同时，也会受到来自服刑人员不健全心理的影响，另外有的服刑人员给监狱人民警察灌输不良思想，有的以金钱贿赂，有的危言耸听，监狱人民警察需要有对事业、工作的深刻理解，需要有坚定的信念和坚强的意志，只有这样才能不被他们所利用、所引诱、所威胁。

2. 克服困难的坚韧性。坚韧性是指监狱人民警察在工作中坚持不懈、顽强地克服困难去完成任务的品质。教育改造工作是一项复杂、细微而繁重的系统工程，需要监狱人民警察具有不怕困难、持之以恒、坚定不移、百折不挠的意志品质。对待服刑人员要有极大的耐心、循循善诱、诲人不倦、百教不厌。

3. 决策的果断性。果断性是指明辨是非、当机立断，及时合理地做出决定并坚决执行。监狱人民警察在教育改造工作中要善于选择恰当的时机，不失时机地做出判断，采取果断有力的措施，在紧急情况下，能迅速做出应付自如的科学合理决定。

4. 解决矛盾的沉着自制性。沉着自制是指遇事镇静、不慌不忙并善于支配和调控自我。监狱人民警察的自制性表现在善于控制自己的情绪冲动，自觉控制、调节自己的行为。在处理警察与服刑人员、服刑人员与服刑人员之间的矛盾和冲突时，能有效地抑制消极情绪，表现出从容沉着的品质。

（四）人格素质

健全的人格是合格监狱人民警察必备的心理素质。它不仅影响管教工作的水平，而且影响服刑人员个性和身心发展。古语说："近朱者赤，近墨者黑""举直错诸枉，则民服"。健全的人格是监狱人民警察改造好罪犯的行之有效的方法，高尚的人格魅力是感染、教育改造服刑人员的基本因素，"桃李不言，下自成蹊"。只有具有高尚的人格魅力，才能潜移默化地影响和感染服刑人员，使服刑人员心悦诚服地接受教育。

（五）其他良好的个性特征

监狱人民警察身兼数职，他们不仅是执法者，而且是管理者、教育者。作为执法者，他们必须有较高的执法能力，而作为管理者、教育者，他们必须有一定的教育能力、表达能力、沟通能力和组织管理能力等。这些个性特征都是监狱人民警察完成监管改造任务，实现改造宗旨所必须具备的。

总之，监狱教育改造工作对于监狱人民警察的心理素质的要求非常高，不经过专门训练是难以胜任教育改造工作的。党的二十大明确提出坚持全面依法治国，推进法治中国建设，对监狱工作提出了更高要求，在服刑人员构成日趋复杂、维权意识明显增强、教育改造难度不断加大的新形势下，广大监狱人民警察应不断学习，完善自我，形成昂扬向上的精神状态和积极健康的心理素质，坚定捍卫中国特色社会主义事业，切实履行好维护国家政治安全、确保社会大局稳定、促进社会公平正义、保障人民安居乐业的主要任务。

三、心理素质在监狱人民警察素质结构中的地位和作用

监狱人民警察是一个压力密集型职业，良好的心理素质是适应和胜任这一工作角色的重要保证，在其素质结构中居于重要地位，起着十分重要的作用。监狱人民警察良好的心理素质对监管改造工作具有积极影响，它有助于改善监狱人民警察生活质量，提高战斗力，预防监狱人民警察违法犯罪。

（一）良好的心理素质有助于改善监狱人民警察生活质量，提升监狱人民警察的幸福感

生活质量是指人们生活的好坏、优劣，是生活等级的代名词。生活质量既包括一些基本的客观指标（客观生活质量），也包括人们的一些主观体验（主观生活质量）。客观生活质量多从生活的物质方面理解生活质量，包括自然方面和社会方面的内容，如社会文化、教育、卫生、交通、生活服务状况、社会风尚和社会治安等。主观生活质量侧重于主观方面，并以个人的幸福作为其核心，通过"生活满意感"和"社会幸福感"来评价体现。

生活质量，除了经济的发展及物质的指标外，更为关键的则是人们心理生活的质量，是人们的幸福感。这种幸福感主要是指人们根据自己的价值标准和主观偏好对于自身生活状态作出的满意程度方面的评价，是一种积极向上的体验，是一种高度的或极其强烈的社会满意状态，是满意感、快乐感和价值感的有机统一。

歌德曾说过:"人之幸福全在于心之幸福。"古人亦云:"人之力发于心,心旺则事盛。"良好的心理素质可预防心身疾病的发生。心身疾病是指心理因素在疾病中占据主导地位的疾病,如胃肠疾病、冠心病、高血压、癌症等,联合国卫生组织的调查曾指出,当今人类的疾病有70%以上是不良精神因素造成的,在一切对人不利的影响中,最能使人短命夭亡的,莫过于忧虑、颓丧、恐惧、贪婪、嫉妒、憎恨等坏心情。医学家和心理学家的研究发现,心理因素在癌症的发生和发展中与生物、理化致病因素同等重要。如饮用水被污染、接触有害物质等都可能诱发癌症。但是,长期、持续的极度紧张、焦虑、抑郁、压抑、悲哀、绝望等消极情绪和剧烈的精神创伤,也可能诱发各种癌症。

监狱人民警察从事的是一种充满心理压力和精神创伤危险的职业。社会上不少人认为,监狱人民警察作为社会强势群体,集多种社会角色于一身,他们既是国家公务员、人民警察,又是刑罚执行者、服刑人员管理教育者,他们具有良好的身体素质和心理素质。但实际调查研究的结果与社会的一般印象并不一致,监狱人民警察特别是一线民警普遍存在着心理问题,如心理压力大、精神高度紧张、心身疲惫、疲劳综合症、失眠多梦、心情压抑、烦躁不安等,导致了一系列身体问题,如头痛、背痛、肌肉酸痛、神经衰弱、胃肠道疾病等。由此可见,心理健康很大程度上影响着身体健康,健康积极的心理状态对人们的身体健康有明显的维持、促进作用,反之,消极不良的心理状态则严重地干扰人们的身体健康。

良好的心理素质有助于监狱人民警察家庭幸福。在家庭关系中,夫妻相互理解、支持和帮助,彼此宽容和接纳,能够共同营造一个幸福美满的家庭生活,是提高监狱人民警察生活质量提高的一个重要方面。良好的心理素质还有助于监狱人民警察建立和保持温馨的家庭关系。

因此,对于监狱人民警察来说,具有良好的心理素质,修身养性,保持恬静乐观的情绪状态,一方面,有助于增强机体的免疫功能,预防心身疾病的发生;另一方面,有助于改善监狱人民警察生活质量,提升监狱人民警察的幸福感。

(二)良好的心理素质有助于提高监狱人民警察的战斗力

监狱人民警察的素质就是警力,就是战斗力。监狱人民警察的心理素质是干警素质的重要组成部分。因此,提高监狱人民警察的心理素质必然有助于提高干警的战斗力。

监狱人民警察的心理素质是各种心理品质的综合反映。它是监狱人民警察在工作、生活和学习中表现出来的积极向上的心理状态。具有良好心理素质的监狱人民警察往往热爱自己的职业,对工作表现出很大的热情,以坚强的毅力和百折不挠的精神克服各种困难,创造性地应对自己面临的挑战,出色地完成任务。在他们看来,工作不仅不会让他们厌烦,反而成了他们生活乐趣的来源。相反,心理素质差的民警更容易感受到心理压力，长期处于心理应激状态，甚至造成心理创伤。这样必然降低工作效率，影响监狱人民警察队伍整体素质的提高和战斗力的发挥。

美国警察学专家威廉姆·克斯罗斯认为，警察心理压力大、心理健康不良者，就其行为改变而言，轻者表现为饮酒和吸烟的频率明显增多、过多的抱怨、不遵守纪律、因小事与人发生争执、工作效率低、迁怒别人等，重者表现为酗酒、嗜烟、对工作不满、不负责任、事故频出、违法违纪等。由此可见，心理素质差，长期处于过重心理压力时所产生出来的低效能、丧失责任心、失去创造力、对集体和同事缺乏关心等问题，都将严重影响警察个体能力的发挥，大大降低监狱人民警察队伍整体战斗力。

（三）良好心理素质有助于预防监狱人民警察违法犯罪

具有良好心理素质的人，认知活动积极，心态平和，善于调控自己的情绪，与人为善，人际关系比较协调，道德观念和法制观念强，因而能够把自己的行为约束在社会规范允许的范围内，违法犯罪行为发生的可能性大大降低。

然而，监狱人民警察在工作和生活中不可避免地会遇到许多强烈的诱因刺激，往往会激活在职业生涯中形成的一些消极人格特征，如出言不逊、脾气暴躁、行为冲动等。随着服刑人员人员构成日趋复杂，教育改造难度不断加大，特别是当面对服刑人员嚣张的挑衅举动、恶劣的讽刺挖苦、明显的狡辩抵赖时，有的民警往往按捺不住内心的怒火而使自己处于过分激动的情绪状态之中。此时，如果民警不能预见自己行为的后果，认知能力降低、意志控制力减弱，可能会产生不理智的行为，导致遗恨终生的事件发生。因此，加强监狱人民警察心理素质的培养与训练，对不断提升监狱人民警察的严格规范、公正文明执法能力将产生积极的影响。

学习任务四十　监狱人民警察认知能力的训练

一、观察能力的训练

观察是有目的、有计划的知觉过程，是人从现实中获得感性认识的主动积极的活动形式。观察是人们学习知识、认识世界的重要途径，观察的全过程和注意、思维等密切相关。观察力是影响人们取得成就的主要能力之一。古今中外，许多伟大的科学家、研究者都具有敏锐的观察力。

观察能力是监狱人民警察必备的心理品质。监狱人民警察在从事监管、改造工作时，敏锐的观察能力有助于对服刑人员进行全面细致地了解，进而了解他们的生活史、教育史、就业史乃至犯罪史，了解他们的需求，捕捉他们在服刑改造中的细小变化，并作出正确的判断，采取恰当的方法有针对性地进行教育改造，达到事半功倍的效果。

（一）自我刺激正确化训练

训练目的：通过自我刺激正确化的训练，可以使监狱人民警察的认知感觉能力得到提高，能够增强察觉周围环境或时间变化的敏锐性，并能促进预知能力的提高，最终提高工作效率。

训练方法一：全身放松，调整好姿势，将手放在身体两侧。闭上眼睛，将双手缓慢地举到胸前，然后竖起中指，将两手的中指指尖在胸前触碰、接合。反复进行五次。

训练方法二：将游戏或运动飞镖盘挂在墙壁上，距离十米外投掷飞镖，记住投中靶心的环数，然后将双手向前伸直，闭上眼睛走向墙上的目标。待双手触及目标睁开双眼，观察是否按准击中的靶心。

（二）观察并感知情绪变化训练

训练目的：通过观察或感知他人的情绪变化，使监狱人民警察对于服刑人员的情绪变化的觉察更为敏锐，从而提高依据面部表情的变化，准确地测试服刑人员心理上的细微变化或异常反应情绪的能力，做到个别教育或谈话的适时性或及时性，从而有效降低"三防"事故发生的概率。同时，还可增强监狱人民警察的共感能力。

训练方法：熟练掌握十二种面部表情或情感变化。如下表：

表2 常见情绪反应对应表情中的重要面部肌肉

序号	表情肌	情绪或情感反应
1	口唇三角肌	轻蔑
2	眼窝下肌	悲痛、流泪
3	皱眉肌	悲伤
4	前额肌	注意、惊奇
5	下唇控制肌	厌恶
6	鼻肌	注意、兴奋
7	大颧骨肌	笑
8	眼轮肌	反省、冥想
9	唇颏相连肌	痛苦、激励、奋发
10	口轮肌	欲求或吻
11	上唇鼻翼肌	不满、悲哀
12	鼻根肌	粗暴、威胁、攻击

二、注意能力的训练

注意是心理活动对一定对象的指向和集中。注意不是独立的心理过程,是伴随各种心理过程所共有的特性。注意是有效地进行学习和劳动时所不可缺少的条件。俄国教育家乌申斯基曾说:"注意正是那一扇从外部世界进入到人的心灵之中的东西所要通过的大门。"

训练目的:通过对监狱人民警察的注意力训练,使其在工作中,能够集中注意力。遇到分心或烦躁时,能够较快地集中精力,专注于工作本身,进而提高工作效率。

训练方法一:选择一种收音设备,调频到有对话内容的节目,音量尽量放大。用尺在纸上画一条直线,用圆规画一个圆。然后,收起直尺和圆规,将收音设备音量逐渐地加大,再用钢笔画原有直线的平等线;在听清楚收音设备中对话内容的同时,在直线的上方画一个正圆。训练时,要努力使自己听得明白,直线与圆要画得快。练习3分钟,休息一下,检查一下线条是否笔直。

训练方法二:专心致志法。具体方法为:①在8小时的工作中,应学会让大脑得到有效的休息,可以打开窗户并作深呼吸,也可以靠在椅子上,与别人交谈几句。②可以把注意力集中到自己感兴趣的事情上来。③可以听听音乐。④每天早上都集中精神看一遍你自己的指导准则。⑤抽出时间来安静的思考。学会运用沉思的方法,使自己能够集中思考。明确集中注意力的境界为完整、丰富、单纯、优秀、独特、安静和真实。⑥一次就做一件事。将自己的精力集中在一个工作上,而不是做多件事情。并将工作按照轻重缓急进行有序的安排,学会妥善合理的安排好工作的时间。

三、记忆能力的训练

记忆是人脑对经历过的事物的反映。这里的"经历过的事物"可以是感知过的事物,也可以是思考过的问题、体验过的情绪、练习过的动作等。记忆不是一瞬间的活动,而是一个从"记"到"忆"的过程,它包括识记、保持和回忆三个基本环节。从信息加工论的观点看,识记就是信息的输入和加工;保持就是信息的储存;回忆就是信息的提取和输出。记忆就是信息的输入和加工、储存、提取和输出的过程。这三者是彼此密切联系着的,没有识记(或信息的输入和加工),就谈不上保持(或储存),不经历上述两个过程,回忆(或信息的提取和输出)就无从实现。识记和保持是回忆的前提,回忆则是识记、保持的表现和加强。

人由感知所获得的材料需要记忆将它保持下来,人的想象和思维活动也必须在记忆所保存的材料基础上进行。认知科学家认为记忆是思维活动的必要条件,是"思想的工作车间"。没有记忆,人们只能每次都重新去认识那些已经接触过的事物，人的认识活动只能停留在感知阶段，其他一切心理活动无法进行。此外，记忆是积累经验、丰富知识的基本手段。人们的学习就是不断积累经验、丰富知识，它是靠记忆来实现的。

监狱人民警察可通过以下方式使记忆能力提高：

（一）认知潜力，增强自信

监狱人民警察若要提高记忆力，首先应坚信人的记忆潜能是无限的，是可以通过训练提高的。随着年龄的增长，阅历越来越丰富，接触的事物也愈来愈复杂，这促使脑细胞也更加完善。心理学家认为，健忘的真正原因是由信心不足、情绪消沉所致。心理学家的研究也已证实：人若缺乏自信，就会产生"抑制效应"。也就是指脑细胞的活动能力减弱或受到抑制，造成记忆力的衰退，并会出现恶性循环。只要自信增强了，记忆力会随之改变。

（二）明确目标，培养兴趣

监狱人民警察心中有明确的目标或工作意图，就能营造适度的压力和紧张，而这种紧张和压力可以激活大脑细胞，使大脑细胞处于适度的兴奋状态，从而提高记忆效率。"只有爱好，才能精通"。监狱人民警察对于工作的兴趣、上进心或求知欲也可以增强记忆的效果。

（三）集中精神，关注问题

心理学研究表明：人的注意力在感知上具有一种无意识的选择作用。记忆是否牢固在很大程度上取决于注意力是否集中。不能聚精会神，人就很难将材料信息完整的输入到人的大脑中，即使进入也很难进行深度编码，也无法长时间储存。因此，这就造成了模糊或再现的错误。监狱人民警察只有集中注意力，避免分散，才能提高记忆力。

（四）增强理解，把握特征

"想要记得，先要懂得"。监狱人民警察想要拥有良好的记忆能力，增强理解是一条重要途径。心理学实验也早已证明：意义记忆比单纯地机械记忆的效果要高出 8 倍，而有独特记忆的识记效果要高出 20 倍。在记忆过程中，记忆材料须经过分析、综合、比较和判断以及深入的理解，才能成为记忆巩固的基础。理解能力强的人远比死记硬背的人记忆力要好得多，而且还不易遗忘。对于一些较为独特的事物或人，我们的记忆会较为牢固。这是因为事物的特征会帮助我们提高记忆力。监狱人民警察在训练自己的记忆力时，可采用使事物的特征凸现并增加奇异或特殊性的方法。要掌握事物的特征，需要对事物有敏锐的洞察力。真正的记忆技巧是注意观察事物的技巧。监狱人民警察在充分理解记忆对象的基础上，积极掌握对象的独特特征，这是提高记忆力的核心方法之一。

（五）注意联系，运用联想

事物之间都不是彼此孤立的，而是普遍联系的。监狱人民警察若善于注意观察事物之间的联系，并积极运用联想，就能提高记忆效果。是否联想是决定记忆力好坏的一个重要因素。依靠联想，也就构成起了新旧知识间沟通的一座桥梁。联想记忆的具体方法又主要包括谐音法、故事法、图片法、歌诀法和概括法等。

（六）多次重复，巩固痕迹

著名的记忆心理学家艾宾浩斯的"遗忘曲线"，就告诉我们这样的一个记忆规律：识记后短时间隔后，遗忘发展的速度也会减缓。这一规律的启发是，监狱人民警察在识记新知识后，应注意及时复习，使记忆痕迹加深，从而增强记忆效果，减少遗忘。也可运用适当的过度学习来促进记忆力的提高。

（七）选择时间，放松身心

每个人都有自己的生物节律，处于高峰期时，大脑的活动就越为活跃，人的记忆的效率也就越高。若在大脑的"巅峰期"去记忆，记忆的效果就会事半功倍。一般而言，在上午6—10时、下午15—16时和晚上19—21时，是人的记忆黄金时间。但不同的个体间又存在着差异。监狱人民警察应善于掌握自己的生物钟的高峰和低谷的时间，把握好自己的最佳记忆时间，并能充分地利用。有研究证明，人在身心放松的情况下，记忆力效果最好。这是因为身心的紧张易造成大脑的疲劳和注意力的分散，致使记忆效果降低。另外，还应劳逸结合，充足的休息，可以增进记忆力。好的睡眠状况有助于好的记忆效果。

四、思维能力的训练

思维是人脑对客观事物进行的间接的和概括的反映。思维是认识的高级阶段。思维跟感觉、知觉一样，是人脑对客观现实的反映。不过，感觉、知觉是在客观事物直接作用于感觉器官时产生的，是对事物个别属性以及外部练习的反映，属于认识活动的低级阶段。但是，感觉、知觉不能反映客观事物隐蔽的、代表着同类事物共有的本质属性和内在规律。要认识事物的这些特性只有依靠思维。因此，思维是人脑对客观事物的本质特性、内部联系及规律性的间接和概括的反映，属于认识的高级阶段。事实上，人没有单纯的、孤立的感觉、知觉，人的感觉、知觉任何时候都不能完全离开思维。在人的整个心理活动中，思维占有核心的地位。

（一）创新思维能力训练

训练目的：通过思维训练，使监狱人民警察改变旧的思维模式，学会正确的思维方式，并培养积极思维和创新思维能力。

1. 发散性思维的训练。可采用打破"物品功用的固定法"的方法，即以及尽量多地说出某一物品的用途的方法，来训练监狱人民警察的思维的变通性和流畅性，如要求讲出回形针、砖头、水有多少用途等。

2. 智力激励法。此方法是美国著名的创造学家阿里斯本所创，是一种重要的思维激励方法。具体训练方法：举行智力激励会议，参加会议的人数不超过10人，会议的时间一般情况下20分钟至1个小时之间。首先要确定明确的目标、会谈专题或主题。会议中的每一个人都要围绕着目标与主题，任意地发表自己的想法和设想，并在他人想法或设想的基础上提出更进一步或更深层的思考或解决问题的方案。会议结束前，会议主持人负责把与会者的建议打印在一张纸上，并发给每一位与会者。实行激活思维时，应注意以下原则：①无论这一想法或设想如何，不允许批评，也不能对任何一种意见进行取笑或讥讽；②倡导自由思考，并鼓励提出独创、新颖、别具一格的想法或建议；③延迟评价，对任何建议不立即作出评判；④连续不断地进行鼓励，使参与者一直保持积极的兴奋状态；⑤不允许私下交谈，以免干扰他人的思维活动；⑥参与人员一律平等；⑦各种建议不分好坏，不论可操作性如何，都应如实记录；⑧不强调个人的成绩，应以小组的整体利益为重，注意和理解别人的贡献，人人创造民主环境，不以多数人的意见阻碍个人新的观点的产生，激发个人追求更多更好的主意。在实际应用时，可采用默写式、卡片式和三菱式等智力激励法。

（二）思维定式突破法训练

1. 要勇敢地接受各种创意。监狱人民警察要想摒弃旧观念，树立新观念。首先要在观念上敢于接受新事物，并且要树立自信心，要把"不可以""不行""根本做不到"的念头从自己的脑海中彻底地丢出去。应当像块巨大的海绵一样，积极地接受各种各样的好的创意。

2. 要有实验精神。监狱人民警察要培养实验精神，敢于尝试，勇于创新。这种精神的训练可以在日常生活中进行，学会在日常生活中做点点滴滴的改变。例如，试着结交新的朋友、尝试着去做一件自己从未做过的事等。

3. 别放过偶然的发现。监狱人民警察在长期的工作实践中，有时会碰到一些偶然的事件或一些偶然的发现。对于这些偶然的事件或现象，若深入挖掘下去，也许会有意想不到的结果。对于偶然的发现，不要轻易放过，要弄清其内在的原因并总结出有价值的规律。偶然的发现会使我们突破常规思维，树立新思维。

五、想象能力的训练

想象是人脑对已有表象进行加工改造而创造新形象的过程。想象是人类实践活动的必要条件。人类生产劳动的主要特点是要求人们在劳动之前，必须在头脑中预见行动的后果，然后按照预想的奋斗目标有目的地行动。这种关于行动过程以及行动所要求达到的目的的表象，就是想象。正如马克思所指出："蜘蛛的活动与织工的活动相似，蜜蜂建筑蜂房的本领使人间的许多建筑师感到惭愧。但是，最蹩脚的建筑师从一开始就比最灵巧的蜜蜂高明的地方，是他在用蜂蜡建筑蜂房以前，已经在自己的头脑中把它建成了。"人在各项实践领域里的创造活动，都需要想象活动的参与。爱因斯坦认为想象力比知识更重要，因为知识是有限的，而想象力可以概括世界上的一切，推动着进步，并且是知识进化的源泉。严格地说，想象力是科学研究中的重要因素。

监狱人民警察可以通过联想法来提高想象能力。联想也就是从一个概念想到其他概念，从一个事物想到其他事物的心理活动。常用的联想方式主要包括：相关联想、相似联想和对比联想。相关联想就是两个相关的事物，从一个事物可以联想到另一个事物。相似联想是指由一个事物想到与其有相似特征的性质和事物。对比联想则是从一个事物想到与其有完全相反的性质的事物。具体来讲，可通过对静物做动态想象，变无声为有声想象，对抽象词做具体形象想象，对物做拟人想象等提高想象和联想能力。

学习任务四十一　监狱人民警察健康人格的塑造

学习情境一　自我意识的领悟与养成

一、自我意识概述

（一）自我意识的涵义

自我意识，简言之，就是自己对自己的认识。认识自己是一个非常漫长的过程，也是一个人心理成熟的重要标志。自我意识是人的意识活动的一种形式，指人对自己的身心活动以及自己同客观世界的关系的意识和觉察。自我意识的基本内容包含三个方面：①生理自我，如身高、体态、相貌、体能、性别以及自身的温饱、劳累、病痛等；②心理自我，如自己的兴趣、爱好、气质、性格、能力等；③社会自我，如自己在集体中的位置和作用以及与他人相互关系的认识和评价等。

（二）自我意识的结构

自我意识不是一个孤立的心理机能，而是一个多层次、多侧面、多维度的心理系统。从知、情、意三个层面分析，可以把自我意识分为自我认识、自我体验和自我控制三个层次。

1. 自我认识。自我认识是自我意识的认知部分，是一个人对自己的洞察和理解，包括自我感觉、自我观察、自我概念、自我评价等内容。其中，自我评价是其核心的部分，也是自我体验和自我调节的基础。

在客观的自我认识基础上做出正确的自我评价，对于个人的心理活动、行为表现及个人在社会群体中人际关系的协调,都具有重大的影响作用。如果一个人不能正确地认识自己,只看到自己的不足,就会产生自卑感,缺乏信心,做事没有主动性和积极性,畏缩不前。相反,如果一个人过高地估计自己,就会骄傲自大,盲目乐观,结果往往不能处理好人际关系,难以与人合作,甚至会导致工作上的失误。因此,只有恰当地认识自我,实事求是地评价自己,才可能形成完善的人格。

2. 自我体验。自我体验是自我意识中情绪的部分,是伴随着自己对自己的认识而产生的一种内心体验,是自我意识在情感上的表现。例如,自尊心与自信心、自满、自责、自我欣赏、自豪、自卑、内疚等都是各种自我体验。一个人如果对自己作出积极评价时,就会产生自尊感;而作出消极评价时,就会产生自卑感。自我体验可以使一个人的自我认识的内容转化成为一种信念,进而指导人的言行。

3. 自我控制。自我控制是自我意识中意志的部分,是自己对自身行为与思想言语的控制,担负着自我激励、自我教育的任务。当一个监狱人民警察意识到教育改造好服刑人员有非常重要的意义时,就会用监狱警察队伍中的英模形象教育自己,控制自己的不良思想和行为,不断激励自己努力工作、不怕困难,去完成教育改造的艰巨任务。

自我控制表现为意志方面就是对自己的行为和活动的调节,从而了解自己在达到目的的过程中,如何克服外部障碍与内部困难,采取什么手段实现自己的决定。一个具有坚强意志的人,在控制方面就会表现出自立、自主、自制、自强、自信、自律,发挥独立性、坚定性,做事果断而有韧性,遇到挫折时,沉着冷静,决不半途而废,不说空话,不炫耀自己,不哗众取宠。而一个意志薄弱的人则缺乏主见,容易受暗示,随波逐流,不能自制,情绪不稳定;面对困难,畏缩不前,缺乏竞争意识。

(三) 健康自我意识的标准

什么是健康的自我意识?对于这一问题心理学家尚无统一的界定,但众多心理学家在论述心理健康标准时对健康的自我意识都有相应的描述。我国学者樊富珉教授提出五条标准很有参考价值,即:①一个有健康自我意识的人应该是一个自我肯定的、自我统合的人;②一个有健康自我意识的人应该是自我认识、自我体验、自我控制协调一致的人;③一个有健康自我意识的人应该是独立的,同时又与外界保持协调;④一个有健康自我意识的人应该是一个自我发展的人,其自我具有灵活性;⑤一个有健康自我意识的人应该是一个心理健康的人,不仅自己健康发展,而且能促进周围的人共同进步。这五条标准为健康自我意识的形成、调适和养成提供了可借鉴的心理依据。

二、监狱人民警察自我意识的状况

监狱是惩罚和改造罪犯的特殊场所,监狱人民警察作为国家机器的重要组成部分,长期在封闭的环境下工作,受固有思想的影响,社会上一些人对监狱人民警察存有偏见。在市场经济条件下,绝大多数人都在努力追求现实的物质利益,一些监狱人民警察容易将自身辛苦又清贫的处境与社会上部分先富起来的人进行对比,从而因强烈的反差导致心理不平衡。

还有少数监狱人民警察,由于受到世俗偏见的影响,认为监管工作很苦、平凡、琐碎、默默无闻,不如公安警察"神气",不如检察官、法官"威严",当个管教民警"低人一等",是"二类警察""狱卒"。有的监狱人民警察与人交往时不敢表明自己是一名监狱警察,甚至戴上公安警察的标志以自抬身价。由于大多数监狱环境地理位置偏僻,监狱人民警察属于一个比较孤立、封闭的群体,与外界的联系较少,一线的基层民警每天都在监狱的高墙内工作,与亲朋好友交流的时间有限,加之极少有外出学习交流提高的机会,使一些监狱人民警察产生了孤僻、自卑、封闭的心理。再加上监狱人民警察责任重、工作压力大,工作单调、危险度高,精神高度紧张,怕出监管事故,甚至下班后也难以缓解紧绷的神经。封闭的工作环境,文化娱乐生活匮乏,没有调剂生活、缓解压力的正常宣泄减压渠道,长期处于心理压抑状态,心理健康状况容易恶化。受个体性格、气质类型的不同和心理承受能力的影响,有少数监狱人民警察因超负荷而出现了精神障碍,失去了工作甚至生活的能力。

三、监狱人民警察良好自我意识的养成

(一) 正确地认识自我,积极乐观地对待自我,有效地调节和控制自我

古人云:"人贵有自知之明"。在此,"贵"字表达了两种含义:其一是说,一个人具有自知之明非常重要;其二是说,一个人要具有自知之明也是很困难的一件事情,正所谓"旁观者清,当事者迷"。

1. 认识自我。认识自我,包括认识自己的身体、相貌等生理方面的特点(生理自我);也包括认识自己的气质、性格、能力、兴趣、爱好、意志、品质等心理方面的特质(心理自我);还包括认识自己在群体心目中的位置,了解自己在周围人际交往环境中的形象,了解自己的职业理想(社会自我)等。

正确认识自我,就是要全面地了解自我,其中特别重要的是要了解自己的长处和短处,把握自己与群体的关系,自己在社会生活中所处的位置,对自我作出恰如其分的评价。正确认识自我是建立健全自我意识的基础。德国著名作家约翰·保罗曾说:"一个人真正伟大之处,就在于他能够认识自己。"如果一个人能对自己有一个全面、正确的认识和评价,就能够扬长避短,取长补短,根据自己的实际情况,选择相应的目标为之努力奋斗。

2. 正确地对待自我。正确地对待自我主要包括如下几个方面：①接受自我、悦纳自我。接受自我就是要面对现实，接受现实的自己，悦纳自我就是要在接受自我的基础上喜欢自我，要相信天生我材必有用，觉得自己有独一无二的价值，只要正直做人，尽心尽力，就可以自豪为人，充满了愉快感和满足感。②理智而冷静地对待自我。理智、冷静地对待自我，就是能够用全面、发展的眼光来分析自我，平静、理智地看待自己的长处和短处，辩证地看待生活中的矛盾，冷静地对待自己的得与失。胜不骄，败不馁，宠辱不惊。既不以虚幻的自我补偿内心的空虚，也不以消极回避的态度漠视现实，更不以无休止的怨恨、自责以至厌恶来拒绝自己。③积极而乐观地对待自我。积极而乐观地对待自我，就是培养自己开朗的性格和乐观的生活态度，在困难面前不低头，对未来充满美好的憧憬。要相信道路是曲折的，前途是光明的。要不断地对自己说："我是一个好警察！""我行！""我一定可以做好！"

3. 有效地调节和控制自我。有效地调节和控制自我，是健全自我意识，完善自我概念的重要途径。每个人都会为自己编织一个理想的梦，这个理想的梦实际上就是对理想自我的设计和展望。监狱人民警察特别是年轻的警察要为自己确立合理的发展目标，要"跳而可得"。同时，还应注意要将远大理想分解成一个个具体的远近高低各不同的子目标，每一个子目标也要恰当、合理，经过努力可以达到，否则容易丧失信心。

(二) 培养健康的自尊心和自信心

所谓健康的自尊心，就是要自尊但不要虚荣。不要追求那些表面的风光和虚华，要脚踏实地地追求真才实学。所谓健康的自信心，是对自己力量的正确估计，从而对自己产生的一种信心，它也是自我意识的重要组成部分。自信心是一个人成长和成才的过程中不可缺少的一种重要的心理品质。"自信心对一个人一生的发展所起的作用，无论在智力上还是在体力上，或是处世能力上，都具有基石性的作用。一个缺乏自信心的人，便缺乏在各种能力发展上的主动积极性，而主动积极性对刺激人的各种感观与功能及其综合能力的发挥起着决定性的作用。"每一个称职的监狱人民警察都应该认识到这一点，尤其是在遇到困难和挫折时，一定不要丧失信心。

当然，我们还必须懂得：一个人的自尊心和自信心不是在封闭的自我意识的冥思苦想中自然而然形成的，而是在与人交往的过程中"以人为镜"形成的，他人的眼中反映了当时社会规定的角色要求和团体的价值体系，从他人对自己的态度中，可以验证自己的行为方式和品质是否能得到社会的肯定，并逐渐内化为自我评价的内在依据。所以，要培养健康的自尊心和自信心，应自觉打破自我封闭的疆域，换句话说："要主动把心儿打开，让阳光进来。"主动与人交往，主动投入到丰富多彩的监狱文化生活之中去，主动参加各种社会实践活动，在实践活动的锻炼中培养自己健康的自尊心和自信心。

（三）培养顽强的意志和坚强的品格

我们讨论监狱人民警察自我意识的目的，是为了每个监狱人民警察对自己能够有一个相对客观的认识。但正确地认识自我并不是我们的终极目的，正确地认识自我，还是为了能够更好地完善自我，超越自我，不断地创造新我，使自我达到一个新的更高的水平。因此，对自我进行有效的调节，还必须注意培养自己顽强的意志品质和坚强的品格。一旦有了正确的自我认识和科学的自我发展的目标和计划，就要持之以恒，坚持到底，只有坚持正确的方向，在监管改造工作中，积极主动地去学习，去实践，去创造，并且在工作中不断地反思，才能够全面地认识自己，更好地把握自我，超越自我，一步步走向完善和成熟。

学习情境二　监狱人民警察合理认知方式的建立

一、认知的涵义

认知，是指一个人对一件事情或对某个对象的认识和看法，如对自己的看法、对他人的看法、对环境的认识或对某事件的见解。认知是人格中与情感、意志、动机和行为相联系的心理功能状态。就是人们看待事物的方式，它包括一个人的思想观点、阐释事物的思维模式、评价是非的标准、对人对事的基本信念等。从心理活动的类型来说，认知包括感觉、知觉、注意、记忆、表象、想象、思维、判断、决策等过程。

认知有时又称为认识，通常分为感性认识与理性认识。许多人常常认为感性认识层次较低，理性认识层次较高，其实不然。一个成熟的人，其认识总是从感性的直观到理性的认识，再到感性的直观，再到理性的认识，经历这样多次循环上升的过程。在这种循环的链条中，感性与理性互相交融，层层递升。在感性认识中，包括许多直觉，它是人类心灵最直接的感知，是简单而沉着的注视或直观，是最自发的觉察与领悟。许多时候，我们通过感性直观同样能达到对事物本质的认识。综合了感性与理性而达到的对人对事的综合觉察和认识我们称为意识。

认知还可以分为一般认知与社会认知。一般认知是指对客观物质世界的认知；社会认知是指对自己和他人的认知。"对物的认知"与"对人的认知"过程有许多差异。对物的认知更多地与人的智力相连，能达到更大的客观性；而对人的认知则更容易出现偏差，它更多取决于带有技巧性与灵活性的智慧。我们通常所说的智力，是一种更多由遗传决定的先天的认识能力；智慧，则是一种与后天的知识经验相结合的认识能力，是先天与后天的合金。美国心理学家卡特尔把智力分为两部分，即流体智力与晶体智力。流体智力是先天的能适应一切材料并与经验无关的一般智力形式；晶体智力是知识经验、技能技巧等各种后天学习经验的结晶，我们所说的智力其实是卡特尔的流体智力，智慧就是卡特尔的晶体智力。智力是智慧的基础，但智慧不仅需要起码的智力，而且更多地依赖于认知的合理性。

二、合理认知的特征

合理认知，概括来说，就是与事实和客观现实相符的认知。

（一）积极地看待一切事物

事物常常有黑白两面。拥有健康认知的人总是积极地看待一切事物；不健康的人则恰恰相反。有一个故事，讲的是一个老太太，她有两个女儿，大女儿嫁给了洗衣店老板，小女儿嫁给了卖雨伞的老板。结果无论晴天雨天，老太太都发愁，晴天担心小女儿家的雨伞卖不出去，雨天担心大女儿家的衣服晾不干。后来，有人提醒老太太，晴天你大女儿家的生意好，雨天你小女儿家的生意好，你应该晴天雨天都高兴才对。也许这位老太太头脑过于简单，但生活中许多高智商的人也会犯老太太那样的低级错误。许多人常常采用自我否定的思考方式，陷入不健康的认知模式之中。

（二）客观地面对现实

客观是心理健康的一个重要标准。相反，生活中许多人常常把想象当事实，沉溺于空想，不知道真实的自己。他们或者沉溺于理想化，追求完美主义，因而想入非非、好高骛远、眼高手低；或者夸大缺点，夸大别人对自己的厌恶，造成自卑、猜疑、缩手缩脚。强求公正、强求完美，本身就是认识上的一大误区。

（三）独立地思考问题

健康的认知具有独立性，能克服外在无关因素的干扰。相反，不健康的认知常常容易受无关因素的干扰，产生"心理眩惑"现象。日常生活中，许多人缺乏主见，人云亦云，因此常常决策失误，后悔不已，只要面临选择，从决定前途命运的大事，到人际交往中的小事，总是优柔寡断，犹豫不决。

（四）灵活地对待新事物，解决新问题

健康的认知具有灵活性，在面临新人、新事、新思想时，能不断地更新观念，不僵化。首先是思维方向灵活，能从不同角度、不同方面，用多种方式思考解决问题的方案，能摆脱各种偏见和习惯定势的束缚。其次是思维过程灵活，能从实际出发，根据事物的发展变化机智地修改原先的设想和方案，随机应变。最后是能将所学的知识举一反三，触类旁通，灵活地运用所学知识。

（五）善于抓住事物的本质

健康的认知能够透过表面现象，深入事物的本质。健康的认知不仅仅要考虑个人的感受、社会的需要，还应该深入到事物的本质。就如许多武侠小说，情节各异，但基本的发展无非是遵循这样一条路线：仇恨——超越仇恨，这实际是人的认知方式的成熟过程。

三、合理认知方式的建立方法

如何建立合理的认知方式呢？这就需要我们掌握一些基本的改变认知的方法。心理治疗领域有许多学者提出了关于认知治疗的理论、方法和技术，对我们建立合理的认知方式会有所帮助，下面主要介绍几种，供大家参考。

（一）埃利斯的理性情绪疗法

1. 基本原理。埃利斯在不断的认知治疗实践中，体会到认知的改组不是一蹴而就的事，需要反复的行为操练，因此，他将自己的治疗方法称为理性情绪治疗法。其要点可归结为两点：认知改组，行为跟进。

埃利斯认为，改变不合理认知最难的问题是，如何才能觉察自己的不合理认知并向其挑战。因为不合理认知具有无意识性、自动性，是不知不觉的，所以，克服不合理认知首先要使这些无意识的东西变成有意识的东西。这需要经过两个步骤：第一步是要认识到自己有问题，并想了解困扰的起因。第二步是进行洞察。洞察有三个层次：第一个层次是认识到我们会在生活中自己选择一些事件使自己感到困扰，而且这些困扰常常不是事件本身引起的，而是我们创造并接受了有关这些事件的不合理信念引起的；第二个层次是了解我们最初是怎样获得这些不合理信念并保持下来的，这完全是因为我们自己总是习惯于以一种绝对的信念教导自己、制约自己；第三个层次是认识到我们要摆脱这些困扰或改变自己的人格，并不需要什么神奇的方法，只需要去尝试练习。仅仅知道自己存在不合理的信念，并被这些信念所困扰，这是不够的，重要的是要以实际行动来对抗，积极地改变导致困扰的信念。

2. 认知改变的技术。埃利斯认为，可以采取一些有力的认知改变的技术，包括驳斥不合理信念、认知的家庭作业、改变自我告知内容、幽默的使用等。

（1）驳斥不合理信念，这是埃利斯的理性情绪疗法使用最普遍的认知方法。我们可以通过思考、驳斥、辩论、解释、分析和教导等方式向自己挑战。当我们知道了我们的困扰并非来自某事件或情境，而是来自于对这些事件的知觉，来自于自我告知，我们便可以对其中的不合理信念进行辩驳。例如，我的信念证据何在？如果生活不是我所想要的样子，为什么就会可怕和恐怖？我不能忍受的情境是什么？我凭什么认定自己是个无用的人？为什么别人就一定要公平地对待我……通过以上一系列的辩驳，我们可以将自己的认识变得更理性，进而消除不合理信念的控制，至少可以将其影响降到最低。

（2）认知的家庭作业。埃利斯认为，要克服不合理认知，并不是件容易的事，必须在生活中不断地、反复地演练，为此，他引入了行为治疗的一些基本技术，认知的家庭作业就是其中之一。埃利斯认为，向自己的不合理信念挑战，提出质疑，并力争改变，这一过程不是在大脑中无形完成的，而要实实在在地写在纸上，如填写自助表格。

（3）改变自我告知内容。具有不合理认知的人都有一定的语词特征，常使用绝对化或自我责备的语言形态。为此，可以通过使用新的语言形态，来改变自我告知内容。例如，用"要是……就好了"这样的新句型来取代"应该"或"必须"，用"较喜欢"取代"最喜欢"等，通过改变语言形态和做新的自我告知，我们就可以用不同的方式去思考和行动。例如"虽然我在公众场合说话很紧张，以至于词不达意，但我冷静的时候还是很善于表达的，以后多锻炼锻炼就好了。"

（4）使用幽默。埃利斯认为，我们的情绪困扰常常是由于自己过于严肃，以至于对生活失去了广阔的视野与幽默感。因此，使用幽默可以缓解生活中过于严肃的一面，并能够协助我们纠正像"必须""应该"一样的极端化思维。

（二）言语分析法

改变认知往往是一件困难的事情，因为认知看不见、摸不着，要改变它，就必须找到一个突破口。为此，我们可以从分析语言着手，因为语言是思维的工具，一个人的语言能很好地反映其思维方式乃至整个认知方式，抓住了语言这根思维的辫子，就可以透视思维的秘密，就可以揭示认知上的问题。因此，通过言语分析，进行认知改组，也是建立合理认知方式的重要方法之一。

例如，你与同事约好一起外出办事，结果他姗姗来迟，让你整整等了一个小时。你会怎么说？

第一种："你真混蛋，算哪门子的朋友，以后咱们谁也不认识谁！"

第二种："没关系，没关系，我不着急。"

第三种："算了，别说了，办事去吧！"

第四种："你迟到了整整一个小时，我很生气，也很为你担心。"

上面四种言语表达，代表了四种思考方式或认知方式。

第一种，他像一个火药桶，一有不满，便气急败坏，牢骚满腹，丝毫不考虑后果。

第二种可以称为压抑者，他从来不考虑自己，只考虑别人，非常有修养，很善于为他人着想，但这样的人承受的心理压力太大，对自身的心理健康不利，而且在这里强忍住了，却会在其他时间或场合"无意"中表现出来，那时造成的危害往往更大。

第三种可以称为回避者，这种人稀里糊涂，对一切都无所用心，从不总结经验教训，活得轻松自在，但成长较慢。

最后一种可以称为明智的表达，他思路清晰，表达明确，既尊重他人，也尊重自己，他一针见血、抓本质、指对方向，不仅表达了思想，而且表达了心情——复杂的心情：既生气也担心。有的人在朋友没来时，很为对方担心，但朋友一来，却只顾了发火，就如第一种人，结果朋友反目，不欢而散，过后又很后悔。在这四种言语表达中，最健康的是第四种，前面三种表达都不可取。

（三）自我拷问法

改变不合理认知，建立合理的认知方式，可以通过自我拷问的方式经常检验自己的认知发展情况，不断反省自己在认知方面存在的问题。所问问题包括合理认知的各个侧面，以下几个问题可作参考：

1. 我灵敏吗？这里所谓灵敏，就是思维敏捷、反应快、观察敏锐。灵敏不是天生的品质，需要处处留心、时时锻炼。有一种叫"认知吝啬模型"的理论认为，人们为了讲求效率，常常采用简化策略，走捷径，不求最佳答案，这样思考问题常常不彻底。如果在生活中，你经常采取这种"吝啬"的认知策略，久而久之，你的思维就会迟钝而流于表面化。认知灵敏的训练与个人生活圈子的扩大紧密相连，一个人的生活圈子越小，生活越封闭，其感官、情感和智能的表现与发展就越迟钝；相反，在日常生活中，不断扩大交往范围，多交几个无话不谈的好朋友，每天坚持看报纸、听新闻，读万卷书，行万里路，对新事物、新观念持开放态度，遇事不急于下结论，换个角度想想都是增加认知灵敏度的好方法。

2. 我有理性吗？认知发展包括感性与理性两方面。灵敏是感性层次的认知发展，而成熟的判断需要理性。儿童是出色的观察者，却往往是糟糕的解释者，他们观察敏锐，却不能得出正确的结论。社会的竞争由无序走向有序，靠的是理性；市场的发展由赌徒式的冒险走向智慧和谋略的较量，靠的是理性；人的发展由任性走向成熟，靠的也是理性。理性的形成最需要的素质是开明与变通，应尽量避免僵化。因此，我们要乐于反思、乐于修正，在不断的反复中，使我们的理性逐渐增长，认知逐渐成熟。

3. 我宽容吗？宽容是一种胸怀，是一种智慧，它建立在对生活的深刻理解与高瞻远瞩之上，只有把握了生活的博大精深，领悟了生活的复杂诡秘、恩恩怨怨、是是非非，你才能有一份宽厚仁慈的心。宽容不同于迁就和妥协，因为宽容者是强大的，具有真知灼见；而迁就者、妥协者是乏力的，预示着软弱与无奈。宽容心的培养同样需要扩大交往，在人际互动和信息的交流中，你将逐渐克服自身的狭隘，变得越来越宽容。

4. 我有悟性吗？人的生活内容和情感结构的变化，来源于对生活新的领悟与感受。悟性是思想的里程碑，不断的领悟给人生增添活力、预见力，使我们不断以新的感受把握生命,这正是我们认知发展的基础。

总之,只要我们在工作生活中不断反省,坚持演练,我们的认知就会逐渐趋于合理,就会变得越来越富于智慧。

(四)归因疗法

归因,是对自己和他人的外在行为表现的因果关系作出解释和推论的过程。归因方式是人的认知方式的重要方面,不同的归因会引起不同的情绪反应。面对成功,如果将成功归因于自己的能力,会感到骄傲;如果将成功归因于自己的努力,会感到自豪与欣慰;如果将成功归因于运气,便会产生侥幸心理。不同的归因习惯还会养成不同的性格特征。

正是因为不同归因可引起不同的情绪反应,因此,一个理所当然的结论便是:通过重新归因,可以改变情绪,这便是归因疗法的基本依据。心理学家韦纳认为,对一个事件的原因分析可以有三个维度:第一个维度是原因源,即原因是来自主体的内因,还是来自客观环境的外因;第二个维度是稳定性,原因是稳定的还是不稳定的;第三个维度是可控性,原因是可以控制的还是不可控制的。此外,人们在对一个成功或失败的行为进行原因分析时,一般有五个方面的常见原因:能力、努力、任务难度、方法、运气。

要正确归因,首先要对事件的原因进行上述三维度、五方面的全面分析。实际上,绝大多数的成功与失败,都不是单一原因造成的,都是多种因素综合作用的结果。在这些因素中,有主观因素,也有客观因素;有可控因素,也有不可控因素;有稳定因素,也有不稳定因素。只有全面分析,才能避免归因错误与偏差。其次,要注意归因策略。一个人将消极事件归因于自己的内部原因还是归因于客观外部原因,决定了自尊是否会被伤害。一般而言将消极事件归因于自己的内部原因,常会伤害自尊,产生消极情绪,严重的会导致心理异常。此外,在归因时,要将注意力更多地放在可控的因素上,如个人努力、学习或工作方法等,这样有利于培养自信,有利于心理健康。

学习情境三　监狱人民警察情绪困扰的自我调适

一、情绪情感概述

(一)情绪情感的涵义

"人非草木,孰能无情",人们每时每刻都在体验着各种各样的情绪,比如愉快、愤怒、忧伤、赞叹、恐惧、欣喜等。情绪情感主要是指人对客观事物是否符合自己的需要而产生的态度体验,是客观事物和主观需要之间的关系在人脑中的反映。就是说,凡是能够满足人的愿望、需求和观点的事物,就能使人产生积极的、肯定的情感体验,反之,则产生消极的、否定的情感体验。

人类的情绪情感具有两极性。所谓两极性，是指人的情绪情感往往表现为对立的两个极端，如爱与恨、悲与喜等，其表现形式主要有：积极和消极的对立、紧张和轻松的对立、平静和激动的对立等。

情绪情感的两极性是相对的，既存在着矛盾性、对抗性，比如成语中"恨铁不成钢"，其实质是"爱"和"关心"的体现，乐极生悲、破涕为笑即为情感特征的表现。情绪情感的两极性在性质和强度上还存在着差异性，成为人们有分寸地表达情绪情感的心理依据。

（二）情绪情感的功能

1. 调节功能。即情绪情感对个体的认知水平有提升或降低的功能。研究表明，当个体处于愉快的情绪状态时，可以提高智力操作水平，而在痛苦、恐惧和愤怒时，则会降低智力操作水平。

2. 动力功能。就是情绪情感对人的行为活动有促进或阻碍的效能。常言道"人逢喜事精神爽"，心情好干什么都有劲，心情不好则做什么都没意思。即使同一个人，在不同情绪状态下其行为表现也不同。情绪高涨时，会全力以赴，力量倍增，即使遇到困难也勇往直前；而情绪沮丧时，则无精打采，软弱无力，稍有阻碍便畏惧不前。

3. 感染功能。就是指个体的情绪情感具有对他人施加影响的效能。常言说，"一人向隅，满堂不欢"就是这个道理。

4. 信号功能。就是指情绪通过表情外显而具有传递信息的效能。情绪具有独特的表现形式——表情，这是其区别于其他心理现象的重要特征，并使情绪获得了社会交往的功能。

5. 迁移功能。就是指个体对他人的情绪情感会迁移到与他人有关的对象上去的效能。成语"爱屋及乌"就是这种效能的说明。

情绪在一个人的精神生活中占有非常重要的位置。愉快的情绪可使人身心健康，人际关系和谐，工作效率高；沮丧、悲伤的情绪可以伤害人的身体甚至可使人精神崩溃。现代科学研究表明，情绪和健康的关系是非常密切的。情绪的骤然变化，如喜形于色、惊恐万状、焦躁不安、怒发冲冠等，都会引起一系列的生理变化。如果使一个健康的人处于舒适状态，并用语言暗示使之精神愉快，那么此人的动脉血压就可下降20毫米汞柱左右，脉搏每分钟也可减少8次；而精神焦虑则会导致血压上升、脉搏加快、胆固醇升高，即使咀嚼食物，也分泌不出唾液。

凡是乐观、开朗、心情舒畅的人，各种内脏功能正常地运转，对外来不良因素的抵抗力增强。只有在这种平静的情绪状态下，人才能持续从事智力活动。忧郁、焦急不安和烦恼的人，内脏器官功能活动会受到阻碍，如果这种情况反复出现，就可能引起身心疾病。古人认为"怒伤肝，喜伤心，思伤脾，恐伤肾"。临床也发现，急躁易怒、孤僻、爱生闷气的人易患高血压病；沉默忧郁、多愁善感的人，容易生肺病。情绪的激烈变化，常常是许多疾病加剧和恶化的先兆。这是因为神经系统的正常机能是有机体健康的重要保证。一旦情绪剧烈变化，神经系统的功能失调，特别是大脑皮层细胞遭到破坏，必然会使机体的正常功能发生紊乱，从而导致疾病。为了保证监管改造工作的顺利进行，我们必须始终保持乐观的心态。

（三）情绪情感的分类

1. 情绪的分类。人的一切心理活动都带有情绪色彩，根据发生的强度、速度、紧张度和持续性，情绪可分为心境、激情、应激三种情绪状态。

（1）心境。这是一种比较微弱、持久且具有渲染性的情绪状态。"人逢喜事精神爽""人倒霉喝口凉水都塞牙"等，均为心境的不同表现。当个体处于某种心境之中时，他的言行举止、心理活动都会蒙上一层相应的情绪色彩；古语所说"忧者见之则忧，喜者见之则喜"，就说明了这一点。

一般来说，个人生活中的重大事件，如事业是否成功，工作是否顺利以及人际关系、健康状况、疲劳程度、环境事物、季节气候都可以引起心境的变化。心境持续的时间可长可短，其持续时间的长短取决于产生该心境的客观环境和个体的个性特点。重大的生活事件，导致的心境持久，性格内向、沉闷的人心境持续时间可能更长。

心境对人的生活、工作、学习和身体健康有很大影响。积极的心境使我们的生活、学习、工作等活动效率提高，有助于身心健康；而消极的心境，使人悲观消沉，活动效率降低，无益于身心健康。因此，要善于调节和控制自己的心境，保持积极、良好的心境。

（2）激情。这是一种强烈而短暂的、爆发式的情绪状态。比如欣喜若狂、悲痛欲绝、气急败坏、惊恐万分等均为激情的不同表现。

由于激情多是由重大事件（巨大成功、严重挫折等）的强烈刺激所致，人们总伴以强烈的生理反应和表情行为，有强烈的体内活动和明显的外部表现，因而激情具有爆发性和冲动性的特点。例如，狂喜时会手舞足蹈，发怒时会暴跳如雷，恐惧时则面如土色，有时则以一言不发、呆若木鸡、萎靡不振等极端形式表现出来。

激情也有积极和消极之分，积极性的激情使人的感情完全投入到当前活动中，激发个人的潜力，完成眼前的活动，如生活中的见义勇为等。消极性的激情也会产生很大的破坏性和危害性，如激情中失去理智，而导致"一失足成千古恨"的后果。

(3）应激。应激是出乎意外的紧迫情况所引起的高度紧张的情绪状态。往往伴发于出乎意料的危险情境或紧要关头，如火灾、地震、服刑人员脱逃等。在应激状态下，人可能有两种表现：一种是目瞪口呆，手忙脚乱，陷入窘境；一种是急中生智，及时行动，摆脱困境。应激时会产生一系列的生理反应。1974年加拿大生理学家塞利（Selye）指出，在危急状态下的应激反应会导致适应性疾病。有关研究表明，应激会引起"一般适应综合症"的发生，出现警觉阶段——反抗阶段——衰竭阶段等一系列症状，最终使有机体精疲力竭，抵抗力下降，出现适应性疾病。

应激状态下有积极的反应与消极的反应。积极反应表现为急中生智，力量倍增，使体力和智力充分调动起来，获得"超常发挥"的效果；而消极反应则表现为惊慌失措，四肢无力，眼界狭窄，思维阻塞，动作刻板或反复出错，正常处理事件的能力大大削弱等。因而监狱人民警察在工作、学习、生活中，应发挥积极作用，避免出现消极反应，并适度控制应激反应，促进身心健康。

2. 情感的分类。情感通常分为道德感、理智感和美感。

（1）道德感。道德感是反映一定社会道德规范所形成的道德需要是否得到满足的情感体验。这是在一定社会文化背景下，根据道德准则和规范来认识和评价他人或自己的言行所产生的主观体验。对监狱人民警察来说，道德感主要包括：对祖国和民族的自豪感和尊严感；对敌人的仇恨感；对不良行为的正义感、鄙视感；对集体的责任感、荣誉感；对事业的责任感、使命感等。

（2）理智感。理智感是人在认识客观事物、探求真理的过程中，求知欲、兴趣和创造意识等是否获得满足时所产生的情感体验。理智感在智能活动中产生，反过来又推动着人的认识水平的提高，成为人们认识世界和改造世界的动力。所以，理智感实际就是人们追求真理的情感。

（3）美感。美感是客观事物是否符合个人审美需要而产生的情感体验。美感的水平同文化修养、能力和个性特征密切相关，也与时代性、民族性有着不可分割的联系。按照审美对象来划分，美感可分为自然美感、社会美感、艺术美感和科学美感等。美感是从具体的形象得来的，因此具有形象直观性和可感性。如对自然事物的赞美，对社会生活的向往和对人与人之间和谐关系的称羡，对音乐、美术、舞蹈的欣赏，通过人类对大自然的意志力量和创造力量来体验科学美感等，无一不体现这种特性。

二、监狱人民警察健康情绪的自我调节

（一）健康情绪的标志

情绪是心理健康的窗口，它在很大程度上反映了心理健康的状况。具体地说，一个情绪健康的监狱人民警察应具备以下几点：①遇事不斤斤计较；②及时、准确、适当地表达自己的主观感受;③情绪正常、稳定,能承受欢乐与痛苦的考验;④充满爱心和同情心,乐于助人;⑤正确地认识自己和他人,人际关系良好;⑥对前途充满信心,富有朝气,勇于进取,坚韧不拔;⑦善于寻找快乐,创造快乐;⑧能面对现实、承认现实和接受现实,善于把个人需要与社会的需求协调起来。

(二) 调节和控制情绪

1. 正确地表达自己的情绪体验。以恰当的方式和方法正确地表达自己的情绪,是情绪健康最根本的要求。那么怎样才算正确地表达自己的情绪呢?

(1) 适当的原因和对象,引发与之相适应的情绪反应。也就是说,当事人能明确知道产生喜、怒、哀、惧等情绪的原因和产生相应的情绪类型。

(2) 情绪反应与情境刺激相一致。这里的一致性主要是指刺激强度和反应强度的一致性。

(3) 情绪反应有一定的作用和时间限度。

2. 克服不良情绪。

(1) 学会宣泄。宣泄是指采用一定的方法和方式,把人体的情绪体验充分表达出来。情绪的宣泄是平衡身心的重要方法。如果情绪得不到适当的宣泄,则会积压于身心,使身心健康受到影响。从心理健康的角度看,不仅不良情绪需要宣泄,愉快的情绪也需要宣泄。情绪宣泄可分为身体和心理两方面。身体方面的宣泄,如哭、笑、参加体育运动、文艺活动等。心理方面的宣泄,指借助于与他人谈话和讨论来调整认知与改变一些不合理信念的过程。

(2) 学会转移。转移是从主观上努力把注意力从消极或不良的情绪状态转移到其他事物上去的一种自我调节方法。研究表明,在发生情绪反应时,大脑中心有一个较强的兴奋灶,此时如果另外建立一个或几个新的兴奋灶,便可抵消或冲淡原来的中心优势。如当感到苦恼、压抑时去参加一些娱乐活动,便可使不良情绪有所缓解;当心情不佳时,可以到户外去欣赏大自然的美丽风景,转移被压抑的心情。大自然的景色,能扩大胸怀,愉悦身心,陶冶情操。到大自然中去走一走,对于调节人的心理活动有很好的效果。长期处于紧张工作状态的人,定期到大自然中去放松一下,对于保持身体健康,调节紧张情绪大有益处。

(3) 学会自我安慰。对于每个人来说,不可能所有的需要都能得到满足。为了消除挫败感和由此而带来的不良情绪反应,要学会找出合乎情理的原因来为自己辩解和解脱。

(4) 学会积极的自我暗示。自我暗示是运用内部语言或书面语言以隐含的方式来调节和控制情绪的方法。语言暗示对人的心理乃至行为都有着奇妙的作用。当不良情绪要爆发或感到心中十分压抑的时候,可以通过语言的暗示作用,来调整和放松心理上的紧张，使不良情绪得到缓解。如要发怒的时候，可以用语言来暗示自己："别做蠢事，发怒是无能的表现；发怒既伤自己，又伤别人，还于事无补""不能恼火""不要失态"等。这样的自我提醒，会起到一些控制和调节作用。

3. 保持和创造快乐情绪。人不仅具有改变不良情绪的能力，更具备创造快乐情绪的能力。如下方法可以帮助人们保持和创造快乐情绪。

（1）知足常乐。知足常乐的秘诀在于把理想和需要定得切合实际，增加获得成功体验的机会。

（2）增强自信心。只有自信的人，才是快乐的。增强自信心是获得愉快情绪的基本条件。

（3）创造快乐。快乐离每个人都不远，但有人善于发掘它，有人却任其从身边悄悄溜走。做一个善于创造快乐的人：①要善于用微笑迎接困难，从战胜困难的努力中寻找自己的乐趣；②要善于从身边平凡的琐事中发掘乐趣，积极参与生活，体验生活乐趣。

（4）多点宽容，少些责备。这里的宽容既包括对自己也包括对他人。

（5）多交朋友。培根说：如果你把快乐告诉一个朋友，你将得到两个快乐；如果把忧愁向一个朋友倾吐，你将被分掉一半忧愁。多交朋友具有减缓痛苦，增加快乐的功能。

（6）自我激励。自我激励是人们精神活动的动力之一，也是保持心理健康的一种方法。在遇到困难、挫折、打击、逆境、不幸而痛苦时，善于用坚定的信念、伟人的言行、生活的榜样、生活的哲理来安慰自己，使自己产生同痛苦作斗争的勇气和力量。张海迪在她人生奋斗的历程中，所承受的痛苦与压力是常人难以忍受的，而当困难压顶的时候，她总是用保尔、吴运铎等英雄事迹激励自己，与病魔抗争，勇敢地面对生活的挑战。

（7）幽默风趣。幽默风趣是一种引发喜悦、愉快的娱人方式和生活态度。幽默风趣的人，总是乐天愉快的，他们更容易赢得朋友，更容易享受生活的欢乐。富于幽默风趣的人，往往注意从困境中寻求转机，从别人看来没有希望的地方捕捉希望。

4. 学会应激的调适。应激是机体面临紧张情境时产生的一种自主性反应，这种自主性反应的实质是自我防御，其目的是为了适应环境。但如果长期处于应激状态下，就会引起机体内营养物质和能量的过度损耗，影响身心健康。应激本身并无好坏，关键在于你如何调控它，调控得好可能成为好事，调控得不好便可能成为坏事。因此，有必要掌握一些调适方法，以应对应激。

（1）正确认识应激。应激是不可避免的。在人们的生活中，不可能不经历应激。据报道,美国人有40%服用安定剂。日常医疗工作中有50%~75%都是处理与应激有关的疾病,如头痛、高血压、意外事故、酒精中毒、溃疡病、心脏病发作及精神病等。

应激可能造成恶性循环。人处于应激状态时,没有食欲,没有兴致,不愿向别人诉说自己的事情。由于营养不良造成抵抗力下降,不与他人交往又会引起抑郁,令人身心疲惫。

(2)在生活和学习中进行调节。在生活和学习中进行调节是消除紧张的最好最有效的途径。这里主要是指在营养、睡眠、运动和生活规律等方面进行自我调节。在营养方面,要根据自身身体状况,合理安排自己的饮食,保证充足的睡眠,养成良好的作息习惯;在运动方面,要养成锻炼身体的好习惯,这有助于消除生活、工作和学习中的疲劳。在学习方面,要根据自身的身体状况、精神状态,合理安排学习时间。

5. 培养高级情感。高级情感是在一定社会条件下,个体需求与社会需求相整合的结果。只有满足被个体和社会都接受的需要,才有助于个人发展和社会进步。

(1)认识自己、认识社会。认识自己、认识社会是培养高级情感的第一步。只有对自己有较全面而深刻的认识,才能发现自己需要什么。只有认识社会,才能在个体需求和社会规范、社会需求中建立和谐的联系。

(2)丰富知识和经验。对客观事物所持的态度和体验往往是与个体对客观事物所知多少及已有的经验分不开的。只有在丰富的现实生活中,积累大量的知识和经验,才能不断提高认知水平,建立合理的认知结构,用科学和合理的思维方式去处理智能活动中、社会生活中和科学实践中的问题。而积累大量的生活经验,是以丰富的生活内容为基础的。

(3)优化个性品质。发展和培养情感离不开个体所具有的个性特征状况。一个具有热情、开朗、心胸开阔、乐于助人个性品质的人,与一个个性孤僻、心胸狭窄、忧郁的人对社会、对自然的感受肯定是不同的。这也决定了对社会需求的差异性。这种差异性深刻地影响个体需求与社会需求的协调关系。在个性品质中,意志品质将对培养高级情感产生深刻的影响。因为意志薄弱者永远只配做自己不良情绪的俘虏,只有意志坚强的人,才能做自己情感的主人。从这个意义上讲,优化个性品质,特别是意志品质是培养高级情感的重要途径。

学习情境四 监狱人民警察和谐人际关系的建立

一、监狱人民警察人际关系概述

人际关系是人们为了满足某种需要,通过交往形成的人与人之间比较稳定的心理关系，它主要表现在人与人之间在交往过程中关系的深度、亲密性、融洽性和协调性等心理联系的程度。人际关系的好坏反映着人们心理差距的大小。

监狱是国家机器的重要组成部分，是社会不可缺少的一个细胞。监狱人民警察担负着管理监狱、执行刑罚、教育改造服刑人员、保护服刑人员合法权益的重任。据统计资料显示，我国每1000人中就有1名服刑人员。这是一个庞大的数字。如果加上服刑人员的亲属、朋友等社会关系，涉及的人数更为庞大。监狱工作的中心任务是执行刑罚，教育改造服刑人员。因此建立一种合乎法律和人际关系原则的相互关系，将有助于服刑人员的改造。

监狱是社会的一个组成部分，要保质保量地完成各项任务，就必须同社会上相关部门及有关人员打交道。监狱内部是一个完整的系统，处在不同岗位的监狱人民警察需要相互配合。监狱人民警察与社会普通人一样，也有以亲人、朋友为主的社会关系网，这是监狱人民警察的重要社会支持系统。可以说监狱人民警察作为社会中的一员，处于众多的包围之中，要与众多的人打交道，形成一定的人际关系，每种人际关系都具有特定的意义，对监管改造工作都有一定的影响。

监狱人民警察日常工作和生活中的主要人际关系有：①监狱人民警察与服刑人员的关系；②监狱人民警察与领导的关系；③监狱人民警察与同事之间的关系；④监狱人民警察与家庭成员的关系；⑤监狱人民警察与朋友之间的关系。

二、监狱人民警察人际交往的基本特点

（一）多样性

监狱人民警察人际交往的多样性是一个突出特点。监狱人民警察集多种角色于一身——人民警察、公务员、刑罚执行者、服刑人员管理者。每天都要与各种各样的人打交道。监狱人民警察所交往的对象是社会上所有的人。在监狱人民警察所交往的各种人中，不但有公众，而且有相当数量的违法犯罪者，这一点是其他大多数职业所不具备的。监狱人民警察与单位的领导和同事以及家庭中的各个成员也要交往，以协调自己与领导之间、自己与同事之间、自己与家庭成员之间的关系，形成良好的工作之中的人际关系和生活之中的人际关系。

（二）不可选择性

监狱人民警察所接触的人，除了已经建立起紧密关系的人之外，其余的人是不容选择的，也就是说，自己没有办法决定与哪些人接触，与哪些人不接触，所有的接触活动都要依工作的需要而定。如监狱人民警察与服刑人员、服刑人员家属的接触是不容选择的。

（三）困难性

监狱人民警察接触到的人的广泛性和多样性决定了人际交往的困难性和复杂性。如果说教育是一种艺术，教育是一种能力，教育是一种创造，那么，作为从事特殊教育——监管改造工作的监狱人民警察，正是这种艺术的创造者和实施者。司法部提出的监狱工作要"法制化、科学化、社会化"，其中"社会化"就涉及了人际关系问题。服刑人员及其亲属的年龄、性别、职业、品德、知识水平、心理素质、生活习惯、个人爱好等方面的差异，决定了监狱人民警察与这些人的交往具有相当的困难，需要监狱人民警察根据每个人的不同特点予以区别对待，对于不同的人采取不同的交往方式。因此，一个称职的监狱人民警察，不仅是一名"法学家"、一名"心理学家"，还应该是一名"人际交往方面的专家"。

三、影响监狱人民警察人际关系的因素

人际关系的亲疏是由诸多因素造成的。研究表明，影响人际关系的因素一般包括：

（一）外表、容貌、才华、能力等个人特质

容貌在初次交往和浅层次交往中对人际间的关系有重大影响，而在深层次的交往中，人格特质则更富有吸引力。心理学家认为，人与事情打交道主要靠能力，人与人打交道主要靠人格魅力。人的人格特质所包含的内容是广泛的，通常对人际交往有较大影响的因素有：个人的知识、能力、特长、个性、才华、智慧、道德修养、工作作风等。如果男性监狱人民警察具备热情、勇敢、坚韧不拔、宽宏大量、襟怀坦荡、理智正直、忠诚、有思想、思维灵活、事业心强等品质，女性监狱人民警察在工作中为人随和、情操高尚、有正义感、活泼开朗、待人真诚、可靠、温柔体贴、善解人意，他们的人际吸引水平就会很高。

（二）类似性

俗话说，"物以类聚，人以群分"，就是强调相似性对人际吸引的作用，诸如民族、宗教、行业、社会阶层、教育及年龄等的相似性都能影响人际关系。行为动机、立场观点、处事态度、追求目标、个人爱好一致的人容易建立相互支持的关系。

（三）互补性

人们个性或气质等方面的互补也影响人际吸引。两个品质特点完全不同甚至对立的人会因互相的需要而形成亲密关系。例如，一个性格急躁的人与性格文静的人相处得较好，一个具有支配性格的人愿意与服从性格的人交往。需要的互补有一个前提，即只有在双方相似态度基础上，互补需求才能发挥效果。

（四）接近性

在能够满足彼此需要的前提下，个体之间越接近就越会相互吸引。因为交往双方存在接近点，能使双方时空距离和心理距离缩小。相互吸引的接近点主要包括时空接近、兴趣接近、态度接近、职业接近等几个方面。接近为相互熟悉提供了更多的机会，为彼此在接触交往中相互了解提供了更多的机会。

监狱人民警察群体是一个高度集中、组织严密的集体，以集体活动为中心。工作中共同的立场、观点、目标，为同事之间形成亲密的战友关系提供了有利的客观条件。另外，随着我国监狱人民警察队伍文化素质的提高，越来越多的监狱人民警察可以在一个平台上对话交流，这也是监狱人民警察建立良好人际关系的有利条件。

四、监狱人民警察良好人际关系的建立

人际交往能力不是天生的，而是在后天的环境中发展的，通过专门的训练是可以得到提高的。

（一）掌握沟通技巧

1. 掌握倾听技巧。监狱人民警察应学会有效地倾听。要诚心、耐心、细心地听，而且要全神贯注，耳朵、眼睛、头脑一起听。用眼睛观察对方讲话的表情，用脑子分析对方讲话的意图，了解他们的状况、存在的问题以及内心的想法，并能协助他们找出解决问题的方法。监狱人民警察要做到有效倾听，还要掌握倾听的技巧。倾听的技巧由四个技巧组成，它们分别是：鼓励、询问、反应和复述。尊重的一个重要表现方式是认真地倾听。即使对方讲的话不十分令人感兴趣，也应让人家把话讲完。

2. 掌握气氛控制技巧。安全而又和谐的气氛，能促使双方更愿意沟通。否则，倘若沟通气氛紧张、冲突，会使沟通各方心理防御意识增强，使沟通中断或没有效果。气氛控制技巧由联合、参与、信赖与觉察四个技巧组成。运用联合的方法时，应多使用"我们"而避开"我"的过多使用。参与的方法有真诚与开放，激发对方的投入态度。信赖的方法为接纳、尊重与保密，提高对方的安全感。觉察的方法将潜在"爆炸性"或高度冲突状况予以化解，避免讨论演变为负面或破坏性。

3. 掌握推动技巧。推动技巧是用来影响他人行为，逐渐符合自己议题的技巧。有效运用推动技巧的关键是积极的态度，要让对方在毫无怀疑的情况下，接受自己的意见，并受到激励。

（二）把握交际技巧

1. 学会从容。不善于交际的监狱人民警察主要表现为在与他人交往时，过于紧张，感到不知讲什么，有一种窘迫感。而善于交往的监狱人民警察在交际中，却往往表现出放松、自然与随心所欲。要想成为一个随心所欲的人，就要学会从容与放松。具体方法是：①要自信；②不要过多地关注结果；③别担心讲错话；④运用放松技术，进行自我放松；⑤进行行为训练。

2. 学会真诚。真诚待人不仅是人际交往的一条基本原则，也是一个人做人的基本原则。要知道：真诚≠正直≠直率≠直言。真诚是指一个人待人的态度，是一个人发自内心而不是虚情假意的对他人的关心和尊重。正直是指一个人的品格，是对一个人稳定的、一贯的品质特征的判断和评价。"正"有公正、正义的意思，"直"有刚直不阿的意思。正直为人，是指一个人主持正义，坚持公理，堂堂正正做人，老老实实办事，光明磊落，不谋私利的意思。直言和直率是近义词，都是指与人交谈时语言表达的方式。

有些人错把直率和直言当成正直和真诚，认为真诚和正直就是要实话实说，就是表达思想一定要直来直去；并且信奉"忠言逆耳利于行，良药苦口利于病"，委婉一点就是虚伪，就是不真诚。其实，忠言不一定要逆耳，良药也不一定要苦口，真诚不等于直率，正直也不等于实话实说。人与人交流时，应该讲究方式方法，有时善意的隐瞒也是一种美德。因此，在人际交往中，我们一方面应该坚持真诚待人的原则，另一方面也应该讲究方式方法，尤其在表达不满时更是要考虑到交往对象的接受程度，以便能够优化人际关系，减少人与人之间不必要的冲突和摩擦。

监狱人民警察要学会真诚地与每一个人打交道。只有真诚付出，才能得到相应的人际回报。即所谓的"投之以木瓜，报之以琼琚"。监狱人民警察应当在别人需要自己的帮助时，能够及时地热烈地伸出援助之手，竭尽全力，倾其所能。学会真诚，就要避免做空洞的交际人。"交际人"可能为了不得罪别人，或是为了讨好对方，会一味地顺着别人，并答应别人的所有请求，但从不付诸行动。时间一久，这类人就会被人识破。缺乏真诚的人，也就缺乏了人际信任，最终会成为一个不受欢迎的人。

3. 学会妥协。"退一步，海阔天空"。在人际交往中，监狱人民警察为了获得更大更长远的利益，有时要学会在特定的时间和场合下妥协。当交往双方发生冲突或矛盾的时候，应本着务实的态度，让出一小步的利益去换回更大的利益。要知道矛盾是不可避免的，要让所有人满意也是办不到的。当面对人际纷争，不要以"战斗"的心态去拼个赢与输，但也不要抱着"和事佬"的心态去牺牲原则。而应在积极的相互妥协中，维护正常的人际交往与人际原则。

4. 学会宽容。"金无足赤，人无完人"。由于每个人的性格不同，成长的环境不同，所以我们很难找到一个和自己完全一样的相投的人。也正因为如此，交往中的矛盾和冲突是在所难免的。这就要求监狱人民警察在对待他人上，要学会宽厚、要大度、要有气量、要心胸豁达、要礼让。对待他人或朋友，不能苛求，不能计较小隙，而要理解和宽容。这样的个性，才能赢得他人的欢迎。应该严以律己，宽以待人，在与人交往中学会忍让，学会妥协，学会宽恕别人，这在某种意义上是一种更高水平的人格风范。宽以待人的原则就是鼓励人们在交往中学会以德报怨，达到一种更高的人生境界。

5. 学会保持适当的距离。"距离产生美"。监狱人民警察在与他人交往时，应保持适当的距离，不要做过度的交际人。有些人可能认为朋友之间最好是"亲密无间"，但如果真要是无间的话，人际交往也要出问题了，其结果可能是事与愿违，适得其反。这里的距离也就是指应有的礼貌和尊敬。正如叔本华曾言"社交的起因在于人们生活的单调与空虚。社交的需要使他们聚到一起，但各自具有的许多令人厌憎的品行又驱使他们分开。终于他们找到了能彼此容忍的距离，那就是礼貌。"但保持距离也绝非是让大家都拒人以千里之外，而是要保持最佳的心理距离，这一距离能够使彼此相互温暖，又不造成彼此间的损害。

6. 学会赞赏。美国心理学家詹姆士认为："渴望被别人赏识是人最基本的天性。"监狱人民警察倘要获得别人尊重、信任与喜欢，就要学会发自内心地真诚地赞赏别人，并给别人一个"重要任务"的感觉。每个人都有优点和闪光点，我们只要善于去发现，并去表扬或赞赏别人的长处，就会赢得他人的好感。赞赏别人并不是要学会阿谀奉承或做"马屁精"，而是要善于发现别人没有发现的优点，对其加以别具一格的称赞。赞赏他人要诚心诚意、实事求是。赞赏必须发自肺腑，而发自肺腑的赞赏需要一颗充满自信的爱心，需要一种不断学习他人、完善自我的胸怀。

（三）学会有技巧的批评

监狱人民警察从事服刑人员的改造、教育工作，不可避免地要经常对他们的错误进行批评教育；做领导的监狱人民警察也难免要对下属的失误，进行适当的批评。因此，学会有技巧的批评，在交往中具有重要的位置。不会或不善于批评的人，不仅不能起到教育的效果，相反，还会使人际间的矛盾激化，使工作陷入僵局。

批评的主要技巧包括：①若自己也有责任，就检讨自己的失误。②先实事求是地肯定对方，再进行针对性地批评。③指出别人的错误时，要给别人留面子，最好采用启示法和暗示法。④批评时要注意四点：一是不要口出恶言；二是不要涉及对方肉体缺陷；三是不要探他人隐私；四是对事不对人。⑤结束批评时，最好提出一些建设性的对策和解决问题的方法。

（四）优化个人形象

优化个人的形象，就是指交往的主体，通过自觉加强学习和修养，不断提高自身的综合素质，努力增强自身内在人格魅力的过程。因为"爱美之心，人皆有之"，无论是外在的形象美、还是内在的心灵美，都会增加一个人与人交往的人气指数，谁会愿意与形象丑恶的人交往呢？所以交往主体自觉优化个人形象，是其建立良好人际关系的基石。

怎样才能优化个人形象呢？应注意以下两点：

1. 立足本职，苦练内功。优化个人形象，首先要立足本职，苦练内功。也就是说首先要"耕好自己的田"，干好自己应该干的事情。在今天人才竞争日益激烈的信息时代，一个人必须具有真才实学才能在社会中生存。这是优化个人形象、协调人际关系的基础条件。每一个监狱人民警察，首先应该在自己的专业学习上下苦功夫。在工作岗位上也应该爱岗敬业，因为人们大多都会对工作态度认真、业务娴熟的人肃然起敬。

2. 悦纳自己，自尊自爱，不卑不亢。要想协调好人际关系，让别人接纳和喜欢我们，首先我们必须要悦纳自己，也就是要自己接纳和喜欢自己。其次要平等待己，不要自视低人一等而卑己尊人。现实生活中，人与人之间真正要做到平等交往是很困难的，例如地位较高的人往往轻视地位较低的人，常常带有一种居高临下的心理，而地位较低的人又往往会有自卑、不敢高攀或不愿高攀的心理，这就容易造成交往中的心理障碍。因此，要把握平等交往的原则，就要求我们要一视同仁，平等待人，不要以貌取人、以势取人、以才取人、以物取人、以家境取人。

优化个人形象除了要遵守悦纳自己、自尊自爱的原则之外，还要遵循不卑不亢的原则。也就是说，在人际交往中，我们要谦虚谨慎，尊重他人，但不能卑己而尊人。不论在什么人面前，都要有充分的自信，要挺起自己的脊梁，不要自感低人一等。不卑不亢还有一个意思，就是要上交不谄，下交不渎。在比自己强的人面前不要畏葸、胆怯，在比自己弱的人面前不要骄纵、狂妄。诚如鲁迅先生所说："不要把自己当成别人的阿斗，也不要把别人当成自己的阿斗。"

学习任务四十二　监狱人民警察的心理健康与维护

一、监狱人民警察的心理健康与心理异常

健康是人生的首要财富，正如古希腊哲学家赫拉克利特所说："如果没有健康，智慧难以表现，文化就无从施展，力量就不能战斗，财富变成废物，知识就无法利用。有了健康就有了希望，有了希望就有了一切。"健康之中一个重要的方面就是心理健康，只有心理和生理都健康，精神和肉体在一个生命系统中共同起着作用，才能称为健康的人。随着心理科学的普及，越来越多的人认识到"健康不仅是没有疾病，而且还包括躯体健康、心理健康、社会适应良好和道德健康"。

（一）心理健康的一般标准

由于各国的传统文化、民族风俗习惯等不同，各国的心理学家们提出的心理

健康标准也各不相同，至今尚未形成统一的结论。同时我们也应该看到，任何评价标准都是相对的，不同时代、不同地点、不同场合、不同对象都可以有不同的标准。心理健康的标准也不例外，它随时代变迁而变化，因文化背景差别而有异，随性别、年龄、情境的不同而有不同的标准。

结合我国的实际情况，我们认为心理健康的一般标准主要有：

1. 自我感觉良好。身心是一个整体，自感精力旺盛、神清气爽、身心愉悦，自我健康的心理需要基本得到满足，是个体心理健康的基本条件之一。如今"烦死了""真累""郁闷"成了不少人的口头禅！很难想象，一个自我感觉极差、忧愁烦闷的人会是心理健康的人。

2. 智力表现正常。通常人们把聪明与否作为判断一个人智力水平的依据，也就是说，在日常生活中，人们把智力的高低当做聪明或愚笨程度的同义语，智力反映出一个人认识事物和解决问题的能力。智力是一种以脑的神经活动为基础的偏重于认识方面的潜在能力，其核心是抽象思维能力，还包括人的记忆力、观察力和想象力等。

3. 情绪积极、稳定、协调。对于周围的客观事物，人们会根据自己的认识水平以及是否符合自己的需要，抱有一定的态度，发生一定的情感体验，出现一定的情绪反应。无论是在一生中还是在一天中，每个人都可能表现出多种多样的情绪，如喜、怒、哀、乐、爱、恶、惧等情绪；他的心境可能是乐观的，也可能是忧郁的；他可能出现狂喜，也可能发生暴怒等激情表现；他可能有惊慌失措、瞠目结舌或急中生智等应激反应。人类正因为有多种的情感体验和多彩的情绪表现，社会生活才具有丰富的内容。只有智力正常的人，才能进行正常思维活动，心理健康才能得到基本的保障。

心理健康的人，对客体有正确的认识和合理的态度，绝大多数情况下，都能产生正常适度的情感体验和积极正常的情绪反应，愉快、乐观、开朗、满意等积极情绪状态总是占优势的，虽然也会有悲、伤、愁、怒等消极情绪体验，但一般不会长久，同时能适度地表达和控制自己的情绪，喜不狂，忧不绝，胜不骄，败不馁，谦而不卑，自尊自重。在社会交往中，既不妄自尊大，也不退缩畏惧；对于无法得到的东西不过于贪求，争取在社会允许的范围内满足自己的各种需要；对于自己得到的一切感到满足，情绪相对稳定，不会动辄失去心理平衡，反复无常。

4. 热爱生活，乐于工作。心理健康的人能珍惜和热爱生活，积极投身于生活，并在生活中尽可能发挥自己的个性和聪明才智，并从各种成果中产生满足感和激励作用，把工作看成乐趣而不是任务，同时也能把工作中积累的各种有用的信息、知识和技能储存起来，便于随时提取使用，以解决可能遇到的新问题，克服各种各样的困难,使自己的行为更有效率。

5. 自我意识健康。能正确认识自己,包括认识自己的肌体状态、认识水平、行为表现;了解自己的气质、性格和能力;能实事求是地看待自己的学业和成就;能悦纳自己,关心自己,尊重自己,大胆地、恰当地表现自己;能恰如其分地评价自己,正确对待自己的缺点,对自己的优点感到欣慰,但又不至于狂妄自大,自满自足,对自己的弱点、缺点和缺陷不回避,不过于自责,不自暴自弃。

6. 人格和谐健全。在思维模式、行为方式和情感反应等方面积极、协调,凡事能从积极乐观的方面去考虑。表现为:理智而不冷漠、多情而不滥情、稳重而不寡断、谨慎而不胆怯、忠厚而不愚蠢、老练而不世故、自信而不自负、自谦而不自卑、自尊而不自骄、自爱而不自恋,在行动的自觉性、果断性、顽强性和自制力等方面都表现出较高的水平,在困难和挫折面前能采取合理的反应方式,具备面对失败的不屈性、面对厄运的刚毅性、面对困难的勇敢性。

7. 人际关系良好。和谐的人际关系是心理健康不可缺少的条件。在对待人际关系问题上,乐于和人交往,有稳定而广泛的人际关系,有知心朋友,在交往中不卑不亢,保持独立完整的人格,能客观地评价别人,悦纳别人,取人之长,补己之短;交往动机端正,对他人尊重、诚挚、热情,富于同情心和友爱心;在群体中,一方面要有合作与竞争的协调意识,既不强迫别人的自由意志,又能向他人提出自己的看法,另一方面具有独立自主的意识和能力,既不能随意附和他人,又能适当地听取他人的意见。

8. 具有一定的伦理道德精神。心理健康的人,也应该是一个有道德修养的人,这是因为人的生理、心理、精神这三个层面共同构成完善的人格。心理健康与精神高尚密不可分,这在古今中外的理论都有论述。心理学家波孟说:"心理健康就是合乎某一标准的社会行为,一方面能为社会接受,另一方面能为本身带来快乐。"其中前者便是一种社会规范。马斯洛也说过:"心理健康的人,应具备基本哲学与道德原则。"我国也有学者提出心理健康的道德伦理标准:"能将其精力转化为创造性和建设性活动的能力""具有一定的社会义务和责任感"。可以说,心理健康的人应该具备与社会主流相符的价值观和人生观。健康的人应形成符合社会公认道德取向的价值观,并适应社会道德取向,形成自己的人生准则,以乐观向上的态度对待人生,以热诚、积极的态度对待生活,乐于扶危济困,敢于扬善惩恶。一个人倘若缺少积极的人生观、责任感、奉献精神和正义感,很难说是一个心理健康的人。

(二)心理健康标准的相对性

1. 心理健康标准不是绝对的。通过分析各种对心理健康标准的描述,我们可以看到,无论心理健康的标准怎样,都只是一个相对的衡量尺度,人的心理活动是在不断产生和变化发展的。因此人的心理健康状况也是处于运动和变化之中。可以说，心理健康有标准，但没有确定的一成不变的标准。我们在理解和运用上述标准时，应该辩证、全面地理解和应用。这是因为：①身体健康的标准是标准化的、确定化的、定量的分析，而心理健康的标准只是相对的、变化的、定性的考察。②心理健康是一个人较长一段时间内持续的心理状态，心理不健康与有不健康的心理和行为表现不能等同。一个人偶尔出现的一些不健康的心理和行为，并不意味着此人就一定是心理不健康，要视具体情况而定。③心理健康状态并非是静态的、固定不变的，而是动态的、不断变化的，在许多情况下，异常心理与正常心理、变态心理与常态心理之间不是固定不变的，而是动态变化的过程。既可以是从不健康转变为健康，也可以从健康转变为不健康，心理健康与否只反映某一段时间内的特定状态。健康人的行为也并不是时刻都符合心理健康标准，其心理健康与否是相对的、比较而言的，其间并无明确的界限。④心理健康的标准是一种理想尺度，它不仅为我们提供了衡量是否健康的标准，而且为我们指明了提高心理健康水平的努力方向。因此，心理健康的标准具有相对性。

2. 心理"灰色区"。由于心理健康的标准不像身体健康的标准那样是确定的，也正是因为心理健康的标准具有相对性，所以，获得哈佛大学咨询心理学博士学位的岳晓东博士认为：人的心理健康不健康，精神正常不正常，没有一个明确的界限，它是一贯连续不断的变化过程，并提出了一个为众多学者认同的"灰色区"理论（如下图）。

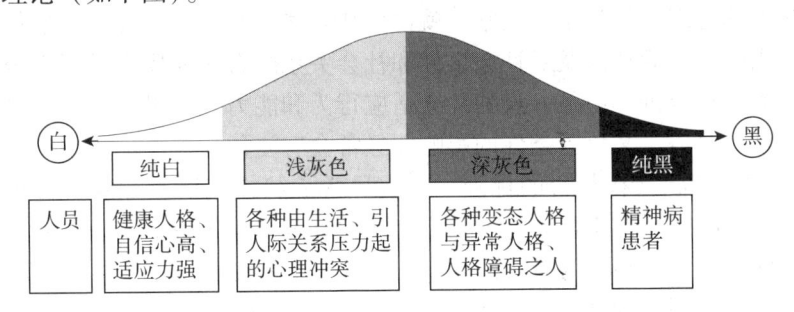

白	纯白	浅灰色	深灰色	纯黑	黑
人员	健康人格、自信心高、适应力强	各种由生活、人际关系压力引起的心理冲突	各种变态人格与异常人格、人格障碍之人	精神病患者	

如果将人的心理健康、精神正常比作白色，精神不正常、心理不健康比作黑色，那么，在白色与黑色之间存在着一个巨大的缓冲区域——灰色区，世界上的大多数人都散落在这一灰色区域之中。

灰色区又可分为深灰色和浅灰色两个区域。浅灰色的人只有心理冲突，如由失恋、丧亲、工作不顺心、学习紧张、人际关系不和等造成的心理不平衡和精神压抑。深灰色区的人则患有种种精神异常之症，如偏执性人格、反社会性人格等和各种类型的神经症，如强迫症、恐人症、性倒错等。浅灰色区和深灰色也无明显的界限。

由此看来，心理健康的标准不同于身体健康，健康与不健康的界限不是泾渭分明的。生理健康的指标是确定的、相对不变的；心理健康的标准却是相对的、变化的、不确定的，有时还是大起大落的，但这从某种意义上说是正常的。假如一个人面对变化了的形式和客观刺激，不发生一点主观心理的动荡，那倒反而是不正常的了。

（三）心理异常与心理正常的区分标准

异常心理与常态心理的区别是相对的。首先，二者之间的分界线较为模糊。例如白日梦、自恋心理、逆反心理以及过分的嫉妒和猜疑心理等，严格地说都是不健康的、不合乎理智的心理，但这些心理也常见于正常人之中。其次，异常心理活动的表现受到客观环境、人的主观经验和心理状态以及人际关系和社会文化背景等因素的影响，在不同地域、不同的文化背景下呈现不同的特点。因此，国内外学者对异常心理和常态心理的界线的认识尚不统一。目前，通常所采用的标准主要有四个方面：

1. 经验标准。这一标准有两种意义：①指病人根据自己的主观经验，如感到忧郁、不愉快，或经常不能控制自己的某些行为而诉诸医生，这种情况常见于神经症患者中。②指一般人对正常人与异常心理和行为的评价。凡符合众人评价的为常态，否则即为异常。这种标准因人而异，主观性很大，常常容易产生判别差错。

2. 社会适应性标准。在一般情况下，人的行为与环境总是协调一致的。因此，考察人的心理与行为是否正常，就可以从其对人对己的态度，在群体中的表现，与他人的交往活动以及对社会事件和社会关系的看法和反应是否符合社会的要求等方面进行分析。但是，人的社会适应行为和能力并非是一成不变的，它受时间、地域、习俗、文化等条件的影响而经常会有变化。

3. 病因与症状存在与否的标准。有些异常症状或病因，如麻痹性痴呆、药物中毒性心理障碍，在正常人身上是不存在的。若在某人身上发现这些致病因素或疾病的症状则可被判别为异常。

4. 统计学标准。是以数量统计值为依据的划分标准。这一标准来源于对正常心理特征的测量。在取大样统计中，一般心理特征的人数频率多为常态分布，居中间的大多数人为正常，居两端者为异常。

在区分正常心理与异常心理上，很难找出一个能独立发挥作用的标准。一般来说，对于严重的精神病患者，所用的标准都是适用的；但是对于处于临界状态（即正常状态向异常状态过渡的边缘状态）者，则很难适用某种标准来识别，这就需要更丰富的临床经验和实际调查的综合运用。

（四）监狱人民警察常见的心理问题与异常心理

1. 一般性心理问题。心理问题是指心理异常的不严重状态，或是心理异常出现的持续时间还没有达到心理异常的标准所规定的时间。往往具有情景性、暂时性和无病理性精神症状、精神活动完全正常的特征。又被称非病理性心理异常，若不及时治疗可能转化为病理性心理异常。

监狱人民警察常见的心理问题主要有：自卑、抑郁、焦虑、人际交往与沟通不良、婚姻家庭和性心理问题等。

2. 心理障碍。心理障碍一般与特定的情景没有必然的联系，具有持久性和特异性（指心理障碍的表现明显、突出、异样与特殊），可无明确的自我感觉，心理状态变异、能力下降等，又称病理性心理异常。心理障碍可分为精神病性心理障碍（也就是精神失常）、非精神病性心理障碍（心理紊乱）以及介于二者之间的边缘状态。心理障碍的特殊类型又可分为心身障碍与心身疾病。

监狱人民警察的心理障碍主要是轻度的心理障碍，常见的类型主要有：心理因素相关的生理障碍（主要指睡眠障碍）、神经症和部分心身疾病等。

二、监狱人民警察自我心理保健方法

（一）正确认识自己

正确认识自己是保持心理健康的关键，一个人心理不健康很多时候是由于不能正确认识自己造成的。因此，首先要正确认识自己的优点和不足，明确自己今后要努力达到的目标，其次要确立适宜的成就动机水平。

（二）提高个人修养

监狱人民警察要不断提高自身修养，树立科学的世界观、人生观和价值观，端正自己对待权力、地位、金钱、利益、政绩等的态度，保持一种健康、平和、淡定的心态，拥有健康的身心。

（三）培养健康的情绪情感

情绪和情感与心理健康有着相当密切的关系。可以说保持了积极的、健康的情绪情感，也就保持了心理上的健康。因此需要做到以下两点：①保持愉快的情绪体验；②形成与社会占优势的情感相一致的情感。

（四）协调人际关系

良好的人际关系可以使人心情舒畅，有助于心理健康；不良的人际关系，可以使人心情压抑、苦闷，甚至产生疾病，破坏了心理健康。因此，得做到：①愿意同其他人交往，并将其作为生活中的乐趣；②具有正确的交友观念；③掌握人际交往的技能技巧，学会同各种类型的人打交道，并与自己所接触的绝大多数人都能保持良好的关系。

（五）积极参加各种活动，培养良好的兴趣爱好

监狱人民警察除了做好本职工作以外，应该有一定的业余爱好，这对于心理健康有益处。主要表现为以下几个方面：①从事自己感兴趣的活动，可以使自己

得到放松；②业余爱好可以陶冶人的情操，促进心理健康的发展；③业余爱好可以促进警察参加各种社会活动，体验到在工作之外还有属于自己的一片天地，同时也可以通过业余爱好结交一些朋友，扩大人际交往领域；④业余爱好可以使警察克服不良的嗜好。

（六）从事各种体育活动

身体与心理健康两者密切相关，健康的体魄能够促进心理的健康，而心理健康反过来又可以保证身体健康。

（七）掌握必要的心理学知识

监狱人民警察工作对象的复杂多变，角色的多元冲突，使之成为最具成长性的职业。因此，监狱人民警察应不断学习，掌握必要的心理学知识，同时，积极参加各种学习培训，参加在线学习、网络培训和远程教育，学习新理论、新知识、新方法，这样既能减轻持续的工作压力，又能避免心理资源枯竭造成的紧张感和职业倦怠感，从而提高心理健康水平。

有关保持心理健康的方法远不止这些，还有许许多多行之有效的方法，在实践当中，既要重视前人已经总结出来的方法，又要注意结合自己的实践，创造出符合自身特点的保持心理健康的方法。

三、监狱人民警察心理危机干预

（一）心理危机的涵义

心理危机是指由于突然遭受严重灾难、重大生活事件或精神压力，使生活状况发生明显的变化，尤其是出现了用现有的生活条件和经验难以克服的困难，致使当事人陷入痛苦、不安状态，常伴有绝望、麻木不仁、焦虑，以及植物性精神症状和行为障碍。

心理危机是一种主观状态：①个体在认为某一事件威胁到自己需要满足和有意义的存在，产生紧张反应时，才会进入危机状态；②个体面临危机无法应对时，出现心理危机（即心理失衡状态）乃至心理障碍；③危机得不到缓解而加重，表现于外是行为功能的失调（即危机行为），导致危害性结果。

心理危机是一个过程。从个体感觉到危险事件的存在，引起紧张反应，无法应对导致功能失调，时间或长或短，都有一个发生、发展的过程。心理危机的发展有四个时期：①出现了一个关键的境遇；②紧张和混乱程度逐渐增加，超越了个人的应付能力；③个体需要一些额外资源（如咨询）来帮助解决问题；④出现一些比较严重的人格问题，可能需要转诊来解决。

（二）心理危机的特征

1. 复杂的症状。心理危机的症状很复杂，有很多复杂的问题需要危机干预工作者进行直接的干预。而且，个体和环境决定着处理心理危机的难度，个人的态度是直接影响问题解决的重要因素之一。

2. 缺乏万能的或快速的解决方法。帮助处于心理危机中的人的方法是多种多样的，有些可以成为"短期治疗"，但对那些长期存在的问题，基本上不存在快速解决的方法。尽管使用药物等解决方法可以延缓极端反应的出现，但对造成危机的原因毫无影响，反而会导致危机的加深。

3. 普遍性与特殊性。心理危机是普遍存在的，因为在特定的情况下，没有人能够幸免。每个人都会遇到不同的心理危机，青年人可能会遇到恋爱和成长等方面的心理危机，中年人可能会遇到职务升降和社会关系等方面的心理危机，而老年人会出现精神和身体疾病为主的心理危机。心理危机又是特殊的，因为即使面对同样的情况，有些人能够成功地战胜危机，而另一些人则不能。

4. 引起心理危机的原因是多样的。

（1）丧失因素。涉及财产、职业、躯体、爱情、地位、尊严等。例如，亲人亡故、失窃破产、失业下岗，或致残、失恋、离婚、事业及追求受挫等。

（2）适应问题。包括初到新单位、离退休、动迁新居、初为人媳（夫）、移民等，多指面对新的环境或状态时需要重新适应的心理应激。

（3）矛盾冲突。是指面临各种急需解决的矛盾及长期的心理冲突等状况。例如，辞职、世俗与良心道德价值观的激烈冲突等，均可导致心理危机。

（4）人际纠纷。严重或持续的人际纠纷极易使人陷入心理危机。

5. 心理危机会引起应激障碍，导致严重后果。一些情绪抑郁者排遣无方，难以摆脱心理困境，从而导致情感、理智和行为上的错位，无法自拔。事实上，危机也是一个机会，因为它带来的痛苦会迫使当事人寻求帮助。如果当事人善于在"危"难之中把握"机"会，得到及时有效的治疗性干预，不仅会防止危机的进一步发展，而且还可以帮助其学会新的应对技巧，使心理平衡得以恢复甚至超过危机前的水平，那么，危机干预就实现了帮助他完成成长和自我实现。

（三）监狱人民警察心理危机干预对策

心理危机干预是指针对处于心理危机状态的个人及时给予适当的心理援助，使之尽快摆脱困难。心理危机干预是帮助处于危机中的人弄清问题实质，用较好的方法处理应激事件，尤其是避免创伤后应激障碍的发生。帮助当事人重建信心，发挥自己的能力和潜力，恢复心理平衡并重新正常成长的过程。

心理危机干预的原则有：①迅速确定要干预的问题，强调以目前的问题为主，并立即采取相应措施；②必须有其家人或朋友参加危机干预；③鼓励自信，不要让当事者产生依赖心；④把心理危机作为心理问题处理，而不要作为疾病进行处理。

对于监狱人民警察心理危机，干预的对策有：

1. 构筑"三维"防护网络。"三维"防护网络是指心理保健的三条基本途径：一是个人保健；二是监狱工作单位；三是家庭。

（1）个人保健途径。增强每一名监狱人民警察的自我保健意识。要从一切有利于身心健康的角度出发，对自己身体、心理、环境及行为进行合理的调节。对精神紧张、压抑、焦虑等心理状态及时察觉，必要时可以积极寻求专业心理帮助。

（2）监狱工作单位途径。这一途径主要是对监狱机关的管理者或领导而言，创造良好的工作环境有助于监狱人民警察的心理健康。良好的工作环境主要包括令人愉快或舒畅的工作空间、良好的人际关系、良好的风气、领导者的威望等。

（3）家庭途径。家庭对监狱人民警察的心理健康的影响至关重要。使监狱人民警察产生心理困扰的问题中，子女教育与亲子沟通是最为主要的问题之一。良好的家庭氛围主要包括：家庭成员间关系融洽，无冲突；家庭生活温馨、幸福、美满、安全、放松；家庭成员间有相当的克制力，不使监狱人民警察负气或背着沉重的"包袱"去工作，等等。

2. 构建心理危机预警的三种渠道。司法部《2011—2015年监狱劳教人民警察队伍建设规划纲要》中提出"重视警察心理健康教育，建立警察心理咨询和心理疾病诊疗机制"。司法部《关于新形势下加强司法行政队伍建设的意见》提出："完善干警定期体检制度，健全心理服务和危机干预机制，提高干警身心健康水平。"

构建心理危机预警的三种渠道：①通过建立警察心理档案，获取经常的心理危机信息；②通过心理咨询制度，掌握心理危机信息；③通过各种形式的活动主动获取信息。

3. 构建心理危机干预的三项措施。结合危机干预理论和监狱工作实际，构建心理危机干预的三层措施：预防性干预、咨询治疗性干预和应急干预。在监狱系统内部设立针对干警及其家属、子女的心理辅导和咨询治疗机构，条件不具备时可先聘请社会上的专家兼职，逐步培养自己的心理学专业人才。对监狱人民警察出现的一般性的心理偏差或障碍，可通过心理辅导、心理咨询和治疗予以疏导和解决。在监狱人民警察遇到突发事件，如服刑人员袭警、暴狱；执行特殊任务，如处理服刑人员死亡事故现场、大批远途调动服刑人员；生活中出现重大变故，如丧偶、离婚、工作失误被撤职等情形时，应给以及时的心理危机干预。

4. 突出心理危机干预的"三个结合"。①个体咨询与团体辅导相结合；②心理普查与医院拟诊相结合；③普及教育与自我教育相结合。

讨论案例

【案例十二】

濮狱长今年40岁，刚从司法局调过来担任副监狱长。大家对他并不了解，只是听闻去年在干部考评中受挫，一直精神状态不好。就大家接触后观察，也感觉他不爱和同志们交往，经常一个人在办公室里。后来听秘书说，濮狱长喜欢一个人在办公室里练习书法，大家这才放下心来。只是后来的情形并非如此，有次开会讲话后，濮狱长一个人先下了主席台，一直也没回来。其间有出去的同志反映，看见濮狱长一个人坐在楼梯口，濮狱长见他过去，还问他：我是不是在台上讲错话了？听了这个同志的话，大家觉得濮狱长一定有自己排解不了的心理压力，于是大家找机会纷纷劝解。

问题：你觉得濮狱长的问题在哪里？如果要恢复正常，濮狱长自己要做什么努力？如果濮狱长的状态继续恶化下去，怎么才能够缓解危机？

讨论事例

【事例九】

范例解读：

（1）小张在工作中因疏忽大意酿成了一次事故，受到了严厉的批评。他很长时间都不能从这次事件中走出来，总是很消沉，每天借酒消愁，干什么都提不起精神。

问题：怎样才能使他自己振作起来？

提示：首先，这是因挫折而产生的不良情绪反映。这种情绪对人体的健康会产生十分不利的影响，它会使人失去心理平衡，长时间或过度沉溺在这种情绪中，会使身体发生病变，严重损伤身体健康。其次，遇到挫折时，人总是会产生一定的不良情绪反应。鉴于小张情绪受到影响的时间较长，并且可能存在酒精依赖，需要对于小张的心理健康状况进行进一步全面科学的评估，初步判断需要专业心理服务的介入。

（2）小王大学毕业，通过招警考试进入监狱工作。他不仅写得一手好文章，而且还擅长对服刑人员进行直接管理和思想教育。但是，由于他性情急躁，常常为一些小事发脾气，已经在一定程度上影响了他在同事和服刑人员心目中的形象。

问题：小王怎样才能有效地防止为一些小事发怒？

提示：从小王的行为表现特点上，我们可以感受到小王的智力能力较强，但情绪调节能力较弱，当我们身边出现小王这样情绪状态特点的人时，不能简单的将他在智力能力方面的表现等同于心理健康，将他性情急躁的特点直接归类于性格特质，应该多多关注他的情绪状态与人际交往情况。如本单元的知识内容所讲，小王的自我意识、自我体验与自我控制方面也许存在一些成长性问题，使用埃利斯理性情绪疗法的理念，可以将他发脾气的小事作为线索，帮助他梳理自己潜意识中的不合理信念，多关注他情绪背后没有被他自己察觉到的情感需求，使他的情绪调节能力得到成长。

同时，世界上从不发怒的人是没有的，愤怒情绪是我们个人边界受到侵扰的信号，愤怒情绪也是我们每个人生命中正常的情绪。但在工作中和人际交往中，有些愤怒情绪会干扰到我们处理事情的状态，小王也可以有意识的学会在工作中控制干扰自己的愤怒情绪。可以尝试"五个学会"：

第一，学会将怒气遏止在"萌芽"阶段。当意识到自己的怒火已经"烧"起来时，最好的方法是强迫自己不要讲话，采取静默的方法，有助于冷静思考。如有话非说不可，"在开口之前，先把舌头在嘴里转10个圈"。动怒之时少说话，是缓解情绪、冷静头脑的好办法。

第二，学会疏导自己的愤怒。在怒气上升时，有效的制怒方法就是暂时回避，去干自己喜欢干的事。若实在不能离开，可多做几次深呼吸，并与他人慢慢地逐字逐句地讲话，以平息怒气。

第三，学会在怒火中"逆情性思维"。所谓"逆情性思维"，即朝引起怒气的相反方向思考，或称"回头想"。这样可以将自己的思维从愤怒激情中拉回来，比较客观地看问题，避免做出后悔莫及的蠢事。

第四，学会在怒气中控制自己的行为。事实证明，任何人在气头上任性地处理问题是没有不出乱子的。因此，要注意不要急于在气头上解决问题，更不能在引起发怒的现场解决问题。

第五，学会接受别人的劝告。一般来说，一个人在发怒时，由于生理唤醒水平的提高，自控能力会减弱，理性思维能力下降。学会在把愤怒情绪引发的身体状态调整到平静状态后，再与他人或朋友讲述或沟通自己的情况，会更乐意接受别人的劝告，有利于问题解决。

⚠ 拓展学习

阅读《警察职业心理训练与养成》（第2版）（宗焱编著，中国政法大学出版社2019年版）一书，掌握监狱人民警察心理健康与维护的主要方法。

学习单元十二　监狱人民警察的队伍建设

【学习目标】
1. 掌握监狱人民警察队伍建设的指导思想和工作任务。
2. 了解监狱人民警察领导班子建设的基本内容。
3. 了解监狱人民警察基层基础建设的途径。
4. 掌握监狱人民警察队伍建设的具体要求。

学习任务四十三　监狱人民警察的队伍建设概述

一、监狱人民警察队伍建设的重要性和紧迫性

监狱人民警察担负着依法管理监狱、执行刑罚和教育改造罪犯，维护社会稳定的重要职责。加强监狱人民警察队伍建设，是坚持全面依法治国、实现依法治监、推进法治中国建设的需要，是提高严格公正文明执法水平、防范执法司法腐败的客观要求，是提高教育改造工作质量，推动监狱工作改革发展的根本保证。

（一）进一步加强监狱人民警察队伍建设是贯彻落实习近平总书记关于加强政法队伍建设重要指示的必然要求

政法单位是党领导下从事政法工作的专门力量，主要包括审判机关、检察机关、公安机关、国家安全机关、司法行政机关等单位。政法机关是党领导的人民民主专政的重要工具，是保障经济社会发展的国家机器。习近平总书记多次对政法工作作出重要指示。2020年1月，习近平就政法工作作出重要指示强调，各级政法机关要增强"四个意识"、坚定"四个自信"、做到"两个维护"，发扬斗争精神，着力推进政法领域全面深化改革，提高政法工作现代化水平。2021年1月，习近平就政法工作作出重要指示强调，2020年，政法战线坚决贯彻党中央决策部署，为统筹推进疫情防控和经济社会发展工作创造了安全稳定的社会环境。2021年是"十四五"开局之年，各级政法机关要认真贯彻党的十九届五中全会和中央全面依法治国工作会议精神，更加注重系统观念、法治思维、强基导向，切实推动政法工作高质量发展。第一个"中国人民警察节"即将到来，习近平代表党中央，向全国人民警察致以诚挚的慰问。希望大家以实际行动践行

对党忠诚、服务人民、执法公正、纪律严明，努力建设更高水平的平安中国、法治中国，为保障人民幸福、国家安全、社会稳定作出新的更大贡献，以优异成绩庆祝建党100周年。

2022年1月，习近平总书记对政法工作作出重要指示强调，要坚持党对政法工作的绝对领导，从党的百年奋斗史中汲取智慧和力量，弘扬伟大建党精神，提升防范化解重大风险的能力，完善执法司法政策措施，全面深化政法改革，巩固深化政法队伍教育整顿成果，切实履行好维护国家安全、社会安定、人民安宁的重大责任，让人民群众切实感受到公平正义就在身边。

2023年1月，习近平总书记对政法工作作出重要指示强调，政法工作是党和国家工作的重要组成部分。要全面贯彻落实党的二十大精神，坚持党对政法工作的绝对领导，提高政治站位和政治判断力、政治领悟力、政治执行力，坚持以人民为中心，坚持中国特色社会主义法治道路，坚持改革创新，坚持发扬斗争精神，奋力推进政法工作现代化，全力履行维护国家政治安全、确保社会大局稳定、促进社会公平正义、保障人民安居乐业的职责使命，为全面建设社会主义现代化国家、全面推进中华民族伟大复兴贡献力量。各级党委要加强对政法工作的领导，为推进政法工作现代化提供有力保障。

习近平总书记的重要指示，对当前和今后一个时期监狱人民警察队伍建设工作提出了新期待、新要求，对于进一步加强队伍建设，努力建设一支高素质的监狱人民警察队伍具有重要的指导意义。监狱系统要全面贯彻习近平新时代中国特色社会主义思想，全面贯彻落实习近平总书记关于"加快推进政法队伍革命化、正规化、专业化、职业化建设"的重要指示和关于开展政法队伍教育整顿的重要指示精神，深入践行习近平总书记重要训词精神，巩固深化政法队伍教育整顿成果，大力加强队伍思想政治、履职能力、纪律作风建设，全心全意为增强人民群众获得感、幸福感、安全感而努力工作，奋力推进新时代全面依法治国和司法行政工作现代化。

（二）进一步加强监狱人民警察队伍建设是贯彻落实《中国共产党政法工作条例》打造政法铁军的必然要求

政法工作是党和国家工作的重要组成部分，是党领导政法单位依法履行专政职能、管理职能、服务职能的重要方式和途径。2019年1月，中共中央颁布《中国共产党政法工作条例》。这是我们党建党以来关于政法工作的第一部党内法规，也是政法战线第一部党内法规。政法工作条例以党内基本法规形式，对党领导新时代政法工作进行了全面系统的制度安排，既为党领导政法工作立规矩、定方圆，又为党领导政法工作谋长远、固根本，在政法事业发展史上具有划时代开创性的里程碑意义。条例规定政法工作的主要任务是：在以习近平同志为核心的党中央坚强领导下开展工作，推进平安中国、法治中国建设，推动政法领域全面深化改革，加强过硬队伍建设，深化智能化建设，严格执法、公正司法，履行维护国家政治安全、确保社会大局稳定、促进社会公平正义、保障人民安居乐业的主要职责，创造安全的政治环境、稳定的社会环境、公正的法治环境、优质的服务环境，增强人民群众获得感、幸福感、安全感。明确要"坚持政治过硬、业务过硬、责任过硬、纪律过硬、作风过硬的要求，建设信念坚定、执法为民、敢于担当、清正廉洁的新时代政法队伍"。贯彻落实《中国共产党政法工作条例》，必须全面加强党对监狱工作的政治领导、思想领导、组织领导，确保监狱人民警察队伍绝对忠诚、绝对纯洁、绝对可靠。要按照对党忠诚、服务人民、执法公正、纪律严明的总要求，坚持以党的政治建设为统领，坚持把从严管党治警贯彻到各方面，坚持实战实用实效导向，坚持健全职业制度体系，加快推进监狱人民警察队伍"四化"建设，全力打造一支高素质过硬铁军。

（三）进一步加强监狱人民警察队伍建设是坚持全面依法治国、推进法治中国建设的必然要求

党的二十大报告作出"坚持全面依法治国，推进法治中国建设"战略部署，指出"严格公正司法。公正司法是维护社会公平正义的最后一道防线。深化司法体制综合配套改革，全面准确落实司法责任制，加快建设公正高效权威的社会主义司法制度，努力让人民群众在每一个司法案件中感受到公平正义。规范司法权力运行，健全公安机关、检察机关、审判机关、司法行政机关各司其职、相互配合、相互制约的体制机制。强化对司法活动的制约监督，促进司法公正"。面对高水平社会主义市场经济、深化改革开放和全面建设社会主义现代化国家的大环境，我们要更加紧密地团结在以习近平同志为核心的党中央周围，高举中国特色社会主义伟大旗帜，全面贯彻习近平新时代中国特色社会主义思想，充分认识监狱工作面临的新形势、新任务，自觉把监狱工作放在全面建设社会主义现代化国家的大局中去思考和谋划，切实增强责任意识、大局意识，不断推动工作理念创新、工作机制创新、工作方法创新，不断满足人民群众对监狱工作的新期待，抓住机遇，迎接挑战，弘扬伟大建党精神，奋力推进新时代全面依法治国和监狱工作高质量发展，为全面建设社会主义现代化国家、全面推进中华民族伟大复兴提供有力法治保障。

（四）进一步加强监狱人民警察队伍建设是新时代全面提高监狱人民警察队伍整体素质的必然要求

党的二十大报告对坚定不移全面从严治党、深入推进新时代党的建设新的伟大工程作出了系统部署，是推进政法队伍建设的根本遵循。报告指出，全面建设社会主义现代化国家，必须有一支政治过硬、适应新时代要求、具备领导现代化

建设能力的干部队伍。近年来,通过一系列的体制改革和专项教育整顿活动,党和政府大力推进和加强监狱人民警察队伍的革命化、正规化、专业化、职业化建设,监狱人民警察队伍建设得到了显著加强。与新时代新要求相比,监狱人民警察队伍的整体素质有待进一步提高。少数民警政治敏锐性和政治鉴别力不强,思想认识模糊,不能抵御社会消极因素的诱惑,违法违纪案件时有发生,个别监所甚至发生严重的执法腐败案件,损害了监狱人民警察的形象;从全国来看,监狱人民警察的文化素质有了较大提高,但地区间发展不够平衡,影响了监狱工作整体水平的提高;不少民警的业务素质仍有欠缺,不能适应押犯构成、管理方式和改造要求变化的客观需要;民警队伍存在观念落后,创新能力不强等问题,阻碍了监狱工作的进一步发展。各级司法行政机关和监狱系统要切实增强责任意识、大局意识,以习近平新时代中国特色社会主义思想为指导,全面贯彻党中央决策部署,面对监狱人民警察队伍建设中的新情况、新问题,按照革命化、正规化、专业化、职业化的要求,坚持不懈地加强队伍建设,大力开展思想政治教育,加强业务培训和实践历练,不断提高队伍的整体素质和核心竞争力、整体战斗力,使广大监狱人民警察进一步端正执法理念、规范执法行为、提高执法能力、养成良好作风,为更好地履行职责、完成使命奠定坚实基础。

二、监狱人民警察队伍建设的指导思想和主要任务

(一)监狱人民警察队伍建设的指导思想

高举中国特色社会主义伟大旗帜,增强"四个意识"、坚定"四个自信"、做到"两个维护",全面贯彻新时代中国特色社会主义思想,弘扬伟大建党精神,全面贯彻落实习近平总书记关于政法工作重要指示精神和党中央决策部署,深入践行习近平总书记重要训词精神,巩固深化政法队伍教育整顿成果,紧紧围绕维护国家政治安全、确保社会大局稳定、促进社会公平正义、保障人民安居乐业的职责任务,牢牢把握党在新时代的建警治警方针,毫不动摇地坚持党要管党、全面从严治党,毫不动摇地坚持政治建警、全面从严治警,坚持中国特色社会主义政法队伍革命化、正规化、专业化、职业化方向,深入推进监狱人民警察队伍思想政治、履职能力、纪律作风建设,大力推进监狱人民警察队伍教育管理创新,努力建设一支对党忠诚、服务人民、执法公正、纪律严明的监狱人民警察队伍。

(二)监狱人民警察队伍建设的基本要求

坚持党的绝对领导,把思想政治建设摆在第一位,确保监狱人民警察忠诚可靠,坚定不移维护习近平总书记党中央的核心、全党的核心地位,强化政治担当,坚定不移忠诚核心、拥戴核心、维护核心、捍卫核心;坚持把履职能力建设作为重要任务,深入推进专业化建设,提高监狱人民警察的素质和本领,确保更好地履行职责任务；坚持人民群众满意标准，始终践行服务人民宗旨，着力解决人民群众急难愁盼问题，确保清正廉洁；坚持改革创新，着力破解制约监狱人民警察队伍建设的体制性、机制性、保障性难题，促进监狱人民警察队伍长远发展；坚持尊重民警主体地位，把促进监狱人民警察全面发展作为队伍建设的出发点和落脚点，激发监狱人民警察的积极性、主动性和创造性，增强队伍生机与活力。

（三）当前和今后一个时期监狱人民警察队伍建设的主要任务

1. 加强革命化建设。监狱的特殊政治属性决定了监狱人民警察队伍建设必须坚持革命化方向，把党的政治建设放在首位，确保绝对忠诚、绝对纯洁、绝对可靠。一是强化理论学习，坚定政治信仰。把习近平新时代中国特色社会主义思想特别是习近平法治思想作为监狱工作的总遵循和总指引，筑牢信仰之基，铸就忠诚之魂，自觉运用法治思维谋划推动工作，深化执法司法权力运行机制改革，树牢执法司法为民鲜明导向，坚持做习近平法治思想的忠实信仰者、践行者。二是强化使命意识，锤炼政治担当。把对党忠诚、为党分忧、为党尽职、为民造福作为根本政治担当，在大是大非问题面前旗帜鲜明、敢于亮剑，在急难险重任务面前豁得出来、顶得上去，在体制机制改革面前勇于涉险滩、啃硬骨头。三是强化实践历练，提升政治能力。加强政治理论修炼、政治生活磨练、政治实践锻炼，提高明辨政治是非、驾驭复杂局面、防范政治风险能力。

2. 加强正规化建设。监狱人民警察身处执掌执法司法权的特殊岗位，长期战斗在与违法犯罪行为作斗争的第一线，肩负责任重，面临的考验和诱惑多，必须加强正规化建设，打造一支纪律严明、行为规范、作风优良的过硬队伍。一是严明党纪国法与职业纪律相结合。完善铁规禁令，形成切实管用的纪律条令体系。以忠诚、为民、担当、公正、廉洁为主要内容，健全职业道德准则，完善职业道德评价机制。二是强化内在养成与外部约束相结合。教育引导民警加强个人修养，注重日常养成，自觉用党性原则和道德规范严格要求自己。发挥党内监督、法律监督、社会监督、舆论监督、群众监督作用，让民警养成在监督下工作生活的习惯。三是加强正面引导与反面警示相结合。完善树立先进典型常态化工作机制，激励广大民警见贤思齐。建立违纪违法典型案件定期通报制度，引导民警知敬畏、存戒惧、守底线。四是坚持从严查处与健全制度相结合。对滥用职权、充当黑恶势力保护伞等违纪违法行为，对以案谋利、办关系案人情案金钱案等司法腐败问题，坚决严肃查处，决不姑息迁就。要举一反三、找准症结，以健全执法司法权运行制约和监督体系为重点，从制度机制上堵塞漏洞。

3. 加强专业化建设。主动适应新时代监狱工作新任务新要求，把专业化建设摆到更加重要的位置抓紧抓好。一是培养专业精神。引导民警树立崇尚法治、恪守良知、理性公允的职业品格，精益求精钻研业务，努力成为监管改造工作的行家里手。二是优化专业培训。加大教育培训力度，通过岗前培训、任职培训、警衔晋升培训、专题培训等形式，创新教育培训方式，构建响应需求、适应实战、全面发展的素能培养体系，健全教、学、练、战一体化培训机制，突出精细化管理、教育改造、心理矫治、信息化实战应用等专业技能培训，切实提高履职能力和执法水平。强化岗位练兵和实践锻炼，优化"战训合一、轮训轮值"岗位练兵模式，大力开展业务竞赛、实战观摩、技能比武等，切实提高单警实战能力和队伍应急处突能力。三是加大人才工作力度，拓宽专业人才引进渠道，健全从司法警官院校毕业生中招录人才的规范便捷机制，加强高层次人才库建设，为优秀人才施展才华创造良好条件。

4. 加强职业化建设。加强职业化建设理论和政策研究，进一步完善监狱人民警察职业保障制度体系和运行机制，增强民警职业荣誉感和归属感。健全完善职业管理制度和机制。积极推进建立具有监狱人民警察职业特点的职务序列，健全完善警察分类管理制度。培育监狱人民警察职业精神，完善职业道德准则和职业行为规范，建立职业道德评价和惩戒机制，建立健全监狱人民警察宣誓制度和职业荣誉制度，切实提高职业荣誉感。健全监狱人民警察履职保护制度，完善职业保障制度，积极争取支持，不断加强财政经费保障。坚持从优待警，认真落实从优待警各项制度，出台更多保障民警身心健康的举措，帮助民警解决工作、生活中的实际困难。

5. 加强领导班子建设。选好配强领导班子特别是"一把手"，努力把监狱领导班子建设成为信念坚定、为民服务、勤政务实、敢于担当、结构合理、团结和谐、清正廉洁的坚强领导集体。严格和规范党内政治生活，严格执行党的纪律和规矩，严格落实民主集中制，坚持党的群众路线，认真落实民主生活会和组织生活会制度，自觉按照党内政治生活准则和党的各项规定办事。加大领导干部轮岗交流力度，完善重点岗位定期轮岗制度。

6. 加强反腐倡廉建设。深化党风廉政建设和反腐败斗争，深化标本兼治和建章立制，持续巩固深化政法队伍教育整顿成果，健全正风肃纪长效机制、制约监督机制。深入开展廉政教育，树立廉洁从警价值理念。严格落实廉洁从警制度，健全完善符合监狱各个岗位特点的廉政风险防范制度，形成有效预防腐败的长效机制。全面落实司法责任制，针对容易滋生执法司法腐败的重点领域和关键环节，聚焦人民群众反映强烈的突出问题，不断健全完善执法司法权力运行制约和监督体系。加大案件查处力度，对执法不严、司法不公甚至执法犯法、司法腐败的害群之马，要坚决铲除，持续整治顽瘴痼疾。

三、监狱人民警察队伍建设的具体要求

（一）政治建警

政治建警是党对政法机关的一贯要求，是我国人民警察制度运行的基本原

则，是关于人民警察政治方针、政治立场、政治观点、政治纪律、政治职能等方面的根本要求。坚持政治建警原则，旨在把讲政治作为第一位的要求贯穿于监狱工作之中，切实加强队伍的政治思想建设，使监狱人民警察队伍永远保持政治坚定，站稳政治立场，把握正确的政治方向。

1. 政治建警的涵义。政治建警原则包括三层涵义：①始终把思想政治建设放在首位。把坚定理想信念作为思想建设的首要任务，把对党忠诚、为党分忧、为党尽职、为民造福作为根本政治担当，切实担负起新时代中国特色社会主义事业建设者、捍卫者的重大职责使命，这是政治建警的根本要求。②要在监狱人民警察队伍中开展理想信念教育，广泛践行社会主义核心价值观，弘扬民族精神和时代精神。深化社会主义和共产主义宣传教育，深入开展社会主义核心价值观宣传教育，深化中国特色社会主义和中国梦宣传教育，引导广大监狱人民警察知史爱党、知史爱国，不断坚定中国特色社会主义共同理想，把共产主义远大理想与中国特色社会主义共同理想统一起来，把实现个人理想融入实现国家富强、民族振兴、人民幸福的伟大梦想之中，始终保持人民警察忠于党、忠于祖国、忠于人民、忠于法律的政治本色。这是政治建警的必然要求。③适应新的形势任务的需要，把加强监狱人民警察队伍建设作为监狱工作的重中之重。以提高队伍的整体素质为重点，以强作风、重落实、提效能为导向，突出实战、实用、实效，全面提升监狱人民警察的法律政策运用能力、防控风险能力、群众工作能力、科技应用能力、舆论引导能力，不断提升监狱工作信息化、智慧化、现代化水平，切实履行好维护国家安全、社会安定、人民安宁的重大责任，努力把监狱人民警察队伍建设成为一支对党忠诚、服务人民、执法公正、纪律严明的队伍。这是政治建警的出发点和归宿。

2. 坚持政治建警，必须把握好以下四点：

（1）把捍卫党的领导和国家政权放在首位。监狱机关和监狱人民警察所肩负的历史使命，要求必须始终坚持党对监狱工作的绝对领导，全面执行党对监狱工作的政治领导、思想领导、组织领导和政策领导制度，把党对监狱工作的绝对领导体现在监狱工作的全过程和各方面，坚决把学习贯彻党的二十大精神作为当前监狱工作的首要政治任务，坚定捍卫"两个确立"，坚决做到"两个维护"，认真学习贯彻习近平总书记关于政法工作的重要论述，深入贯彻落实习近平总书记重要训词精神，牢牢把握对党忠诚、服务人民、执法公正、纪律严明总要求，切实担负起捍卫政治安全、维护社会安定、保障人民安宁的新时代使命任务。

（2）要紧紧围绕全面建设社会主义现代化国家这个首要任务搞好服务。党的二十大报告指出，"高质量发展是全面建设社会主义现代化国家的首要任务。发展是党执政兴国的第一要务。没有坚实的物质技术基础，就不可能全面建成社会主义现代化强国。"只有发展经济、壮大国力，提高人民生活水平，才能从根本上巩固党的领导地位，巩固和发展社会主义，巩固人民民主专政。因此要把政治建警落实在主动为全面建设社会主义现代化国家创造良好的社会环境上。要围绕保障和促进社会公平正义，研究高质量发展中在政治稳定和社会安定方面可能会发生的问题，制定解决的办法，增强服务的针对性和实效性，全面推进国家各方面工作法治化。

（3）要以"人民满意不满意"作为衡量执法的重要标准。群众观点，是我们党的基本政治观点；群众路线，是我们党的根本工作路线。因此，在一定意义上讲，忽视群众也就忽视了政治，没有群众观点也就没有政治观点。在执法工作中必须强化群众观点，树立公仆意识，把群众满意不满意作为衡量监狱工作的标准。大力倡导群众路线，解决脱离群众的问题，真正把联系群众、为人民服务变为每个监狱人民警察的自觉行动。要锻炼提高做群众工作的本领，把密切警民关系作为密切党群关系的重要组成部分，作为赢得民心、强化执政党的政治基础。

（4）要切实加强政工部门自身建设。政工、纪检队伍是各级监狱机关抓思想政治工作和队伍建设的职能部门。在新的形势和任务下，加强这支队伍建设，对于做好政治建警工作是十分重要的。各级监狱机关要把政工纪检工作列入重要位置，按照政治坚定、公道正派、业务精通、清正廉洁的要求，配齐配强政工干部，各省（区、市）监狱局和各监狱设政治委员，监区（大队）、分监区（中队）设教导员、指导员。加强对政工干部的管理和教育培训，增强广大政工干部履行职责的能力。切实关心政工干部政治、生活待遇。不断加大队伍建设工作的经费投入，为政工部门顺利开展各项工作提供有力保障。

（二）依法管警

"不以规矩，无以成方圆"。法律、制度是监狱政治工作的根本保障。严格管理、严格要求不能只严在口头上，要有法规制度做保障。因此，警察管理规范化、制度化是建警的基础。依法管警也是依法治国的重要组成部分。随着社会主义民主和法治建设的推进，要求监狱工作和队伍建设也必须走制度化、法治化的道路，要把监狱人民警察一切活动纳入法律建设的轨道，用法律和法规来管理和约束每一个监狱人民警察，教育他们牢固树立法律至上、对法律负责的观念。

1. 依法管警的涵义。只有依法管警，从严治警才有可靠的法治保障。依法管警，是指运用法律、法规和规章等手段，对监狱人民警察队伍实行强化管理的过程，包括立法、守法、执法和违法行为的处理，是从严治警方针的体现、发展和完善。依法管警目标的具体内容是：在坚持走中国特色社会主义法治道路、建设社会主义法治体系、建设社会主义法治国家进程中，在坚持从严治警的基础上，队伍建设要继续向法治化、正规化迈进，实现依法从严治警。

2. 依法管警要做的工作。深化改革、强化管理、实现依法管警并非易事，这是一项重大的系统工程。在这个过程中要突出抓好以下两个环节：

（1）加强立法，有法可依。依法管警，首先是立法，严格用法律规范一切警务活动。坚持用制度管人，用制度管事，使监狱人民警察的管理有章可循、有规可遵，使民警的执法行为时时处于法律和制度的约束之下。工作重点是：在司法部的统一领导下，上下协同，通力合作，加快建立健全整套与推进法治中国建设相适应，与国家公务员制度相衔接，与《监狱法》《人民警察法》相配套，体现监狱人民警察特点，不同于一般行政机关的队伍建设的法规和规章体系。这个体系主要包括：编制机构方面有各级监狱机关编制标准、各级监狱机关编制序列规定等；人事管理方面有录用监狱人民警察实施办法、监狱人民警察辞退办法、监狱人民警察教育培训规定等；工资优抚方面有监狱人民警察警衔津贴的实施办法、监狱人民警察岗位津贴标准、监狱人民警察节假日超时工作补贴制度、关于发给特殊贡献的牺牲、病故监狱干警家属特别抚恤金的办法；监督制约方面有监狱机关监督条例等。

（2）严格执行，配套教育。依法管警，首要的问题是组织落实，要做到党政齐心协力，步骤、方法明确，严格按照法律法规、党规党纪和规章制度去规范监狱人民警察的行为，扎扎实实地把各项规范和要求变成每一个监狱人民警察的自觉行为。特别是要严格执行好《监狱法》《人民警察法》《公务员法》《公职人员政务处分法》《中国共产党章程》《中国共产党廉洁自律准则》《中国共产党纪律处分条例》等法律法规、党规党纪，执行好监狱的各项规章制度。在实行依法管警的过程中，要把思想政治工作渗透到队伍依法管理的各个环节中去，教育监狱人民警察增强法治意识，树立法治观念，自觉地遵守和维护党章、法规，保证各项规章制度的贯彻落实。加大执纪问责力度，坚持做到违法必究、违章必罚，违规必管。

（三）从严治警

监狱工作是刑事司法的最后环节，是社会公正的最后保障，监狱人民警察是司法公正的最后"守门人"，如果不能公正文明执法，则"无论法律若何完备，裁判若何公正，而刑罚宣告以后悉归无效"。因此，"治监必先治警，治警务必从严"。从严治警，是监狱人民警察队伍建设的一条重要原则，是指依照相关制度和法规，对监狱人民警察严格录用、严格选配、严格教育、严格训练、严明纪律，使其能够依法行政，依法履职，自觉地遵守国家法律、法规的约束和监督。

1. 录用监狱人民警察必须依法进行。凡是新警员的招收和领导干部的调入，都必须严格条件、公开考试、严格考核、择优录用、严格程序、严把"入口"关，以确保质量。

2. 准确任用监狱人民警察。选拔、任用监狱人民警察要坚持以实绩为主，健全完善监狱人民警察管理制度，变单一委任制为选举任用、考试任用、招标任用等多种形式并用的任用制度，创造一种有利于人才竞争和能使拔尖人才脱颖而出的环境，增强监狱人民警察队伍的活力。①要对各级领导干部实行任期目标责任制。根据监狱机关的具体情况，确定干部不同的任职期限，同时明确规定干部在任期内所要达到的目标以及监督措施和奖惩办法，增强责任感和危机感。②要在一般干警中实行岗位职务选聘合同制，在定编、定员、定岗的基础上实行竞争考核上岗。③要在专业技术人员中，按照实绩进行聘任，以事定岗，以岗定人，以职定责，以责定权，根据要求和工作需要，实行评聘分开，高职可低聘，低职可高聘，按照实聘职务享受待遇。④要在管教一级的监狱人民警察中实行管教员等级制，按照不同等级，给予不同待遇，以建立竞争激励机制。⑤要对所有监狱人民警察实行考试任用制。根据工作需要制定现职工作政治、业务素质的标准，限期提高，统一组织考试。政治素质、业务素质均合格者，发给到岗合格证书，不合格者，调离现岗，补课学习，直到合格。

3. 严格地教育。拧紧思想"总开关"。要以习近平新时代中国特色社会主义思想为指导，旗帜鲜明讲政治，增强"四个意识"、坚定"四个自信"、做到"两个维护"；要紧密结合"不忘初心、牢记使命"主题教育，把理想信念教育作为育警铸魂、固本培元的战略工程常抓不懈，坚持严在平时、管在日常，使监狱人民警察真正养成知敬畏、存戒惧、守底线的高度自觉；要持续巩固深化政法队伍教育整顿成果，着力解决思想不纯、政治不纯、组织不纯、作风不纯等突出问题，着力促进自我净化、自我完善、自我革新、自我提高，努力锻造"四个铁一般"的高素质过硬司法铁军。

4. 严格地训练。就是对监狱人民警察从严、从难、从实际出发进行包括纪律作风、警容风纪、警体技能、身体素质、现代化办公设备的操作等在内的业务技能训练。通过严格训练，使广大监狱人民警察具有英勇顽强的精神、高度自觉的组织观念，不怕艰苦的战斗作风、本职岗位的业务技能。

5. 严明的纪律。毫不动摇地坚持"严"的主基调，严格按照法律法规、党规党纪和规章制度规范监狱人民警察的行为，严明警纪警规，切实做到令行禁止，健全完善制度，强化监督制约，毫不手软惩治腐败，驰而不息正风肃纪，不断纯洁监狱人民警察队伍，锻造忠诚干净担当队伍，在新时代新征程上更好地肩负起党和人民赋予的职责使命，为全面建设社会主义现代化国家作出新的更大贡献。

（四）素质强警

监狱人民警察队伍素质的高低，不仅关系到能否把服刑人员教育改造成为懂法守法的合格公民，关系到狱内的安全与稳定，而且关系到监狱事业的健康顺利发展，关系到国家和社会的长治久安。要牢固树立向素质要警力、向素质要战斗力的思想，把提升队伍能力素质置于监狱人民警察队伍建设的关键位置。要加大专业化、技能化培训力度，全面提升民警监管改造、规范执法、生产管理、做群众工作能力和警务实战能力。要充分运用岗位自练、结对帮学等多种形式的岗位练兵活动，提升训练质量和效果。要始终保持奋发有为、昂扬向上的精神状态，不断增强敢于拼搏、勇于争先的闯劲，不断增强矢志不渝、自强不息的韧劲。

1. 深入开展执法规范化建设和岗位练兵活动，大力提高专业化水平。深入开展社会主义法治理念教育和执法规范化建设活动，大力提高民警规范执法的意识和能力。按照司法部的统一部署，以基本知识、基本技能、基本体能和基本职业道德风范为重点，不断加强民警队伍业务知识和岗位技能培训，深入开展岗位练兵活动，不断提高广大监狱人民警察履职能力。在此基础上，建立健全有利于提高履行岗位职责能力和规范执法水平的长效机制，教育和引导广大监狱人民警察牢固树立"自觉学习、终身学习"的观念，充分调动他们争做改造教育型专门人才的积极性，为推进监狱人民警察队伍专业化建设奠定基础。

2. 以提高教育改造和教育矫治能力为重点，构建专业化建设长效机制。5年内，监狱人民警察应当接受累计3个月以上的脱产培训，新录用的警察上岗前应当接受不少于1个月的岗前培训，学政治理论，学岗位技能，学法律法规，突出实战训练，强化能力素质。按照人民警察管理权限，建立统一领导、分级负责、分类管理的培训体制。依托所属警官院校建立培训基地，加强专兼职师资队伍建设。培训内容要体现监狱工作特色，重点加强教育改造、心理矫治、监狱管理、警务管理、大数据时代应用、临床医学等监狱工作急需的专业知识和警体技能培训。积极争取党委、政府的支持，将民警培训经费纳入当地财政预算，建立培训经费逐年增长的长效机制。

3. 创新用人机制和环境，改善警察队伍知识、专业结构。抓住考录、选调和引进等重要环节，积极吸收符合监狱管理工作需要的专业人才。重视发挥学历政策的杠杆作用，将民警自修专业选择引导到监狱工作急需的专业上来，大力改善队伍的知识专业结构。结合建立监狱人民警察职务职级序列，逐步建立高级专家人才库，实行相应的管理办法，充分发挥他们的带头引导作用。制定对改造教育工作有突出贡献的人才奖励政策，定期评选、表彰优秀教育改造和教育矫治能手，形成有利于人人自觉提高本领、争当改造教育能手的良好环境。有条件的地方，可按照《公务员法》的规定，积极稳妥地开展高级专业人才聘任制试点工作。

（五）从优待警

坚持从优待警，就是要求一切从关心民警出发，一切为解决民警实际困难着想,大力营造以警为本、关爱民警的良好氛围,将监狱人民警察的切身利益维护好、实现好、发展好。各省(区、市)司法厅(局)和监狱机关的领导同志,要坚持把从严治警与从优待警结合起来,要深怀爱警之心,善谋爱警之策,常做爱警之事,从政治上、工作上、生活上关心、爱护、帮助广大监狱人民警察,不断激发监狱人民警察队伍的凝聚力、创造力和战斗力。要积极争取党委、政府对监狱工作的重视和支持,建立完善长效保障机制,包括经费保障机制、伤亡保险制度和医疗保险制度等,把从优待警的各项制度建立健全起来并落实到位。

1. 强化政治激励。要从政治上关心爱护民警,关心民警的政治进步,积极为其成长进步创造条件。帮助民警不断提高觉悟,注意强化民警身份意识和人民公仆观念,树立依靠民警和为民警服务的观念。强化职务职级激励,及时开展职务职级晋升和警衔评授,加强先进典型选树,完善培养培训机制,制定实施优秀青年民警跟踪培养计划。落实荣誉仪式制度,建立常态化慰问机制,加强和改进思想政治工作,培育职业荣誉感,营造奋发进取、积极向上的竞争氛围,激发广大民警人心思进、人心向上、人人争先,有目标、有"奔头"、有干劲。

2. 加强物质保障。严格执行监狱人民警察法定工作日之外加班补贴制度,杜绝"普惠制"和"平均主义"。落实人民警察伤亡补助等抚恤优待政策。健全特困民警救助机制,优化工作环境和后勤保障。积极创造条件改善民警的福利待遇,千方百计解决好民警工作和生活中的实际困难,将广大民警切身利益维护好、实现好、发展好。

3. 关爱身心健康。严格落实民警带薪年休假、陪护假等制度。科学确定疫情防控等重大任务执勤备勤模式。强化心理健康服务,建立干警健康档案,落实健康体检制度,畅通民警紧急救治"绿色通道"。努力打通为民警身心健康服务的"最后一公里",让他们真切地感受到组织的关怀和温暖。

4. 解决实际困难。畅通民警诉求反映渠道。推进家属"团圆工程",实施"鹊桥计划",健全完善民警生活保障机制。建立监狱系统政法专项编制动态调整机制,推进警力下沉,压缩非执法岗位用警,推动建立警务辅助人员制度,着力缓解一线警力不足问题,减轻基层民警压力。努力解决基层民警的后顾之忧,让他们工作中舒心、安心、放心。

5. 实施"护警工程"。坚持严管厚爱结合、激励约束并重,进一步健全完善民警依法履职免责和容错免责机制,旗帜鲜明地为敢于担当者担当、为敢于负责者负责。健全监狱人民警察履职保护制度,完善职业保障制度。成立民警权益保障委员会,切实维护民警合法权益。积极争取支持,不断加强财政经费保障,营造监狱机关良好的执法环境。

(六)科技兴警

科技兴警,向科技要警力、要素质、要战斗力,是现代警务建设的新模式。

科技兴警就是借助现代科技特别是智能化应用，将社会学、自然科学、工程技术学的先进理论与技术成果应用于警务建设，提升预测、预警、预防水平，提高数据利用能力、安防实战能力、服务群众能力，使警务工作更加适应打击犯罪、保护人民、服务社会、实现社会安定的需要。它的内涵应包括警察装备和基础设施建设的科技化、现代化，从警人员科学文化素质的不断提高，监狱组织机构设置及管理体制的科学合理等方面。

提高监狱人民警察队伍的战斗力是科技兴警的终极目标。警务战斗力的形成需要组织、人员、装备等诸多方面具备先进性，而先进性首先是由其内含的科技水平决定的。先进的组织要素要有先进的警察管理理念支撑。监狱人民警察的政治觉悟取决于对与时俱进的一系列政治理论的学习和掌握，法律、业务、技术、技能水平的提高取决于系统不断的教育和训练。警察装备的先进与否取决于其内含的科技含量的高与低，警务信息的科技化更是引发了一场现代警务革命。由此可见，科学所固有的导向性、创造性、激发性、预见性等都是科技兴警的支撑。

在警察工作的历史和现实中，现代科学技术不仅是经济和社会发展的直接动力，也是推动警察工作不断发展的动力。加强监狱人民警察队伍建设，提高监狱人民警察装备水平，树立"科技水平是警察战斗力的首要因素"的观点，实施科技兴警战略已迫在眉睫。

坚持科技兴警，要做好以下方面的工作：

1. 增强各级领导的科技支撑意识。科技实践证明，观念的落后是最根本的落后，只有解放思想，改变意识，提高重视程度，敢于创新，才能更好地适应社会发展和工作需要。要树立科技支撑的思维，把现代科技运用作为大战略、大引擎，突破人所不能、力所不及的限制，向科技要警力、要战斗力，推进监狱工作信息化、智能化。我们必须将科技应用作为提升监狱工作战斗力的基础性工程和战略性工程，推动监狱工作信息化、智能化取得突破性进展，将科技人员充实到各个岗位，加强办公自动化系统的开发、应用，全力提高全体监狱人民警察掌握运用现代科技手段的能力，加大对网上信息应用技战法研究，实现各职能部门信息资源的通联与共享，更好地发挥信息系统的整体效应。

2. 着力培养专业的警察科技人才队伍。人才的匮乏，尤其是懂科技的复合型人才的奇缺，已成为影响智慧化监狱工作发展的"桎梏"。要在培养、吸引和用好科技人才等环节上有较大突破，为新形势下的科技强警工作提供强有力的人才保证。司法警官院校应责无旁贷地承担起培养监狱科技人才的重任。在人才培养方面，既要培养专才，更要培养"通才"和既有扎实的专业知识、又有较强的管理和协调能力的复合性人才。在用好人才方面，要着力于为优秀人才脱颖而出和健康成长创造良好的环境，建立起灵活高效的科技人才激励机制，结合监狱工作实际,提出科学、合理的科技练兵课题,提高基层民警练兵的针对性和实效性。广大监狱人民警察必须树立终身学习的理念,决不能满足于过去的知识和经验,对于科技知识、科学技能要勤于学习、勇于实践,主动把握科技兴警的良好机遇,努力争做有利于监狱工作科学发展的有用之才。

3. 组建专门的警务科技管理机构。科技兴警的实现,没有科技人才不行。有了专业人才队伍,就必须组建一个自上而下专门的警务科技管理机构,为他们营造一个良好的工作、科研环境。要不断改革警务科技管理部门的运行机制与工作模式,且形成一套完整的组织管理系统,进而给警务科技化提供强有力的组织保障,使警务科技工作更有稳定性和可操作性,从而更好地为各项业务工作提供科技支持。

4. 加大警务科技建设资金投入。科技兴警是实现监狱工作现代化的必由之路,其首要任务就是实现警察工作的信息化。建立各项信息管理系统,实现警察工作信息共享、快速反应和高效运行,是警察基础工作的一项重大改革。信息系统建设要求严、标准高、难度大,更需要一定的资金投入作为保障。此外,改善警察装备,提高科技含量同样需要资金投入。各级监狱机关应加大科技资金的投入,逐步提高监狱人民警察管理与装备的现代化水平。警务建设资金投入要以科技优先为前提,树立全局和长远观念,想方设法筹措经费,有计划、有规模地进行警务科技建设。

科技兴警是监狱机关的一项全局性、基础性、长期性的战略任务,各级监狱机关必须强化向科技要警力、要战斗力的思想,把先进的科学技术应用到各项警务工作中,努力实现警务工作从依靠经验向依靠科技转变,从人力密集型向科技集约型转变。只有切实推进监狱机关的科技化、现代化进程,才能不断增强监狱人民警察队伍维护国家安全、维护社会安定、保障人民安宁、服务经济发展的能力。

监狱人民警察队伍建设是一个庞大的系统工程,又是一项长期的战略任务,不可能毕其功于一役。因此,应该把工作重点放在经常性工作上,常抓不懈。既要制定切实可行的长期规划,又要扎扎实实的抓紧解决当前存在的突出问题,并且把制度建设贯穿其中,追求队伍建设的整体效益和长远效果,不断把队伍建设工作引向深化,只要我们不断改革创新,勇于探索,始终坚持政治建警、依法管警、从严治警、素质育警、从优待警、科技兴警,努力开拓进取,就一定能够开创监狱人民警察队伍建设的新局面,推动监狱工作在新时代高质量发展。

学习任务四十四　监狱人民警察领导班子建设

一、监狱人民警察领导班子建设的重大意义

领导班子是一个地方、一个单位落实党中央决策部署、推动各项工作的"指

挥部""战斗部",领导班子建设是整个干部队伍建设的关键,建设好领导班子是夯实党执政组织基础的关键,也是抓好改革发展稳定各项工作的关键。监狱机关的领导班子是监狱人民警察队伍的领路人,是监狱各项工作的具体组织者、指挥者,他们的思想水平、知识水平、工作水平和政治水平如何,直接关系监狱工作的大政方针能否贯彻执行,直接关系到监狱人民警察队伍建设的前途。没有一流的强有力的监狱领导班子,就不可能带出一流的监狱人民警察队伍,不可能创造出一流的工作实绩,更不可能出色地完成党和人民赋予的各项任务和历史使命。不断搞好各级监狱机关领导班子的建设,是监狱人民警察队伍建设的中心环节和首要问题。

加强领导班子建设是适应新时代新任务的需要。党的二十大对"坚定不移全面从严治党,深入推进新时代党的建设新的伟大工程"作出了全面部署,领导班子建设是这一伟大工程的关键性工程,是党的建设的"牛鼻子",领导班子思想、组织、作风、反腐倡廉和制度建设,不仅关系到领导班子自身的提高,而且直接关系到党的各方面建设的加强。从监狱机关领导班子自身状况来看,当前一些领导班子、领导干部中还存在政治敏锐性不强、政治意识不足、责任意识差、纪律松弛、不担当不作为、"四风"问题严重等问题,亟需采取有效措施,有针对性地加以解决。监狱机关各级领导班子要以适应形势发展和事业需要为根本,进一步加强领导班子的思想、组织、能力和作风建设,牢记使命,不负重托,努力把领导班子建设成为政治上靠得住、工作上有本事、作风上过得硬的好班子。

加强监狱领导班子建设,提高监狱领导班子的整体功能,这是正确执行法律、切实贯彻执行党的监狱工作方针政策的需要,建设智慧监狱、推动监管改造工作在新时代实现新发展的需要。智慧监狱建设是将物联网、云计算、移动互联等信息技术与监管改造工作深度融合,对监狱各类信息进行实时、精确、全面地感知、整合和分析,全方位支撑民警执法、风险管控、教育改造、队伍建设、综合保障等方面智慧化发展的科技运用工程。智慧监狱建设实现了监狱管理精细化、指挥调度立体化、安全防控精准化、刑罚执行智能化、教育矫治科学化、综合办公无纸化,更好地发挥监狱的行刑效能,提高罪犯改造质量,预防和减少刑释人员重新犯罪,从而满足国家和社会对监狱工作的本质诉求,有力地助推了监管改造工作在新时代实现新发展。加强领导班子建设是推进"智慧监狱"建设的必然要求。

二、对党政领导班子建设的总体要求

2019年12月,中共中央办公厅印发《2019—2023年全国党政领导班子建设规划纲要》(以下简称《规划纲要》),以习近平新时代中国特色社会主义思想为指导,适应"两个一百年"奋斗目标历史交汇期的新形势新任务,对2019—

2023 年全国各级党政领导班子建设作出全面规划，是落实新时代党的建设总要求和新时代党的组织路线、加强新时代党政领导班子建设的指导性文件。

《规划纲要》指出，加强新时代党政领导班子建设，要以习近平新时代中国特色社会主义思想为指导，坚持党的基本理论、基本路线、基本方略，着眼进行伟大斗争、建设伟大工程、推进伟大事业、实现伟大梦想，围绕推进国家治理体系和治理能力现代化，坚持和加强党的全面领导，坚持全面从严治党，贯彻落实新时代党的组织路线，以党的政治建设为统领，聚焦"两个维护"强化政治忠诚，着眼坚定信仰深化理论武装，适应时代发展需要配强领导班子，不断提升能力素质，持续改进作风，激励担当作为，努力锻造忠实践行习近平新时代中国特色社会主义思想的坚强领导集体。

《规划纲要》着眼今后 5 年党和国家事业发展需要，对加强党政领导班子建设提出五个方面的主要目标，即理想信念更加坚定，为民服务、担当尽责意识持续强化，领导能力、专业素养全面提升，班子结构不断优化，遵规守纪、廉洁从政自觉性进一步增强。同时，明确了"六个坚持"的基本原则，即坚持把党的全面领导贯穿全过程、各方面，确保领导班子建设正确方向；坚持围绕中心、服务大局，紧扣党和国家事业发展需要加强领导班子建设；坚持德才兼备、以德为先，五湖四海、任人唯贤，落实好干部标准，选拔忠诚干净担当的高素质专业化干部进入领导班子；坚持依法依规、全面从严，高标准严要求建班子管班子；坚持民主集中制，增强领导班子整体合力；坚持从实际出发，分类指导、精准施策，提高领导班子建设质量。

三、对党政领导班子的具体要求

（一）把党的政治建设要求落实到党政领导班子建设中去

党的政治建设是党的根本性建设，是党政领导班子建设的灵魂。《规划纲要》认真贯彻《中共中央关于加强党的政治建设的意见》，旗帜鲜明提出要把党的政治建设摆在首位，并针对存在的问题提出具体措施，推动领导班子政治建设落地见效。一是带头做到"两个维护"。强调加强政治忠诚教育，完善党中央重大决策部署和习近平总书记重要指示批示贯彻落实的督查问责机制，加强和改进政治素质考察。二是注重提高政治能力。强调要强化领导班子政治属性、政治功能，实施"一把手"政治能力提升计划，加强领导班子成员政治能力训练和政治实践历练。三是全面加强和规范党内政治生活。强调要提高民主生活会质量，领导干部参加双重组织生活，发展积极健康的政治文化，涵养良好政治生态。四是严格执行民主集中制。强调要落实集体领导和个人分工负责相结合的制度，健全决策机制、完善决策程序，加强对民主集中制执行情况的监督检查。

（二）对学习贯彻习近平新时代中国特色社会主义思想的要求

学习贯彻习近平新时代中国特色社会主义思想是党政领导班子建设的头等大

事。《规划纲要》提出,各级党政领导班子要带头学习习近平新时代中国特色社会主义思想,真正把握核心要义、精神实质、丰富内涵、实践要求,在学思用贯通、知信行统一上走在前列、作出表率,做习近平新时代中国特色社会主义思想的坚定信仰者、忠实实践者。把习近平新时代中国特色社会主义思想作为党委(党组)理论学习中心组学习主要内容,作为领导干部学习中心内容。巩固拓展"不忘初心、牢记使命"主题教育成果,实施"习近平新时代中国特色社会主义思想教育培训计划"。坚持学以致用、知行合一,自觉用习近平新时代中国特色社会主义思想指导主客观世界改造,解决好世界观、人生观、价值观这个"总开关"问题,运用贯穿其中的马克思主义立场观点方法,研究解决实际问题。领导班子在研究重要问题和重点工作时,首先学习习近平总书记有关重要论述,在对标对表中找准方向、明确思路、提出措施。

(三)对领导班子结构的规定和要求

领导班子结构,直接关系到班子整体功能的发挥。《规划纲要》对优化领导班子配备、增强整体功能提出了五方面要求。一是选优配强党政正职。注重选拔政治上强、能够驾驭全局、善于抓班子带队伍、民主作风好、敢于担当、经过重大斗争考验、领导经验丰富、廉洁自律的优秀干部担任党政正职。选配党政正职要注重考虑有下一级党政正职经历的干部。坚持好中选优配强县委书记。二是优化年龄结构。坚持老中青相结合的梯次配备,用好各年龄段干部。坚持分层分类、精准施策,对中央和国家机关及其内司局领导班子,省、市、县党政领导班子,省、市党政工作部门领导班子配备年轻干部提出明确要求。强调要大力发现培养选拔优秀年轻干部,健全优秀年轻干部选育管用的全链条机制。三是改善专业结构。要根据不同类型领导班子的职责任务,注意选配具有专业能力、专业精神的干部,使领导班子形成搭配合理、优势互补的专业结构。同时,对地方党委、政府领导班子,中央和国家机关及省、市党政工作部门领导班子的专业结构分别提出要求。四是完善来源、经历结构。提出要树立重视基层、重视实践的导向,拓宽选人视野,畅通"三支队伍"交流渠道,注意从企事业单位和社会组织中发现选拔党政领导干部。坚持五湖四海,打破地域概念、部门界限,加大领导干部交流力度,同时强调要注意保持领导班子特别是市、县党政正职相对稳定。五是合理配备女干部、少数民族干部和党外干部,加强日常培养、战略培养。

(四)对党政领导班子全面提高领导水平和专业素养的要求

中国特色社会主义进入新时代,党和国家各项事业站在新的历史起点上,各级党政领导班子和领导干部必须不断提高适应新时代中国特色社会主义发展要求的能力。《规划纲要》提出三方面要求。一是注重实践锻炼。聚焦服务国家重大战略、重大工程、重大项目、重点任务，有计划地选派干部参加挂职任职、对口支援等，推动领导班子建设与中心工作深度融合，引导领导干部在实践实干中锻炼成长。二是提高专业化水平。实施"干部专业化能力提升计划"，提升专业能力，弘扬专业精神，推动形成又博又专、推陈出新的素养结构，使领导干部成为精通业务的内行领导，使领导班子专业素养整体适应地方发展需要、单位核心职能。三是发扬斗争精神、增强斗争本领。加强思想淬炼、政治历练、实践锻炼，引导领导干部在严峻复杂的斗争一线、急难险重任务中真枪真刀磨砺，积累斗争经验，提高斗争本领，做敢于斗争、善于斗争的战士。强化忧患意识和底线思维，完善风险研判、评估、防控协同等机制，提高防范化解政治、经济、社会等领域重大风险的能力。

（五）对加强党政领导班子管理监督、激励担当作为的要求

党的十九大报告提出"坚持严管和厚爱结合、激励和约束并重"，习近平总书记对此提出一系列新思想新要求。落实党中央精神，《规划纲要》提出有针对性的政策举措，推动领导班子呈现新气象新干劲新活力。一是严格日常管理。要认真执行巡视巡察、经济责任审计、重大事项请示报告等制度，加强对"一把手"的监督，强化对权力集中、资金密集、资源富集部门领导班子的监督。二是完善考核评价。开展好平时考核、年度考核、专项考核、任期考核，全面了解领导班子政治思想建设、领导能力、工作实绩、党风廉政建设、作风建设和领导干部德能勤绩廉等情况，作出客观准确评价。三是强化正向激励。要真心关爱干部，把"三个区分开来"的要求具体化，正确把握干部在工作中出现失误的性质和影响，为担当者担当，为负责者负责。正确对待被问责和受到处分的干部，采取适当形式为被诬告干部澄清正名，关注干部身心健康，完善异地交流任职干部保障制度，以组织对干部的担当推动干部对事业的担当。

（六）对党政领导班子持之以恒改进作风、严肃纪律的要求

加强作风建设，是党的十八大以来党政领导班子建设的重点和亮点。《规划纲要》总结运用近年来成功经验，提出各级党政领导班子和领导干部要坚持以人民为中心，践行党的群众路线，认真落实党中央各项惠民政策，密切党同人民群众的血肉联系。落实全面从严治党政治责任，严明纪律、严格教育、严肃执纪，一体推进不敢腐、不能腐、不想腐。聚焦作风建设上存在的突出问题，严格落实中央八项规定及其实施细则精神，紧盯形式主义、官僚主义新动向新表现，持续开展作风专项整治行动，着力解决文山会海、督查检查考核过多过频和过度留痕、问责不力和问责泛化简单化等问题，切实为基层减负。

四、加强领导班子建设的途径

1. 选好配强各级司法行政机关领导班子。严格落实《党政领导干部选拔任

用工作条例》，坚持党管干部原则，完善监狱机关领导干部选拔任用机制，严把干部提名、考察、审批关。始终突出抓好领导班子这个"关键少数"，坚持正确选人用人导向，选好、配强、配齐、用好各级监狱机关领导班子，特别是选好"一把手"。"一把手"是班子的核心，在政治导向、工作决策、勤政廉政以及发挥领导班子战斗力等方面起着关键作用，要按照"政治坚定，懂法律、懂政策，具有开拓创新精神、领导科学发展能力、能够驾驭全局、善于抓班子带队伍、民主作风好、清正廉洁"的要求，选优配强监狱系统各单位的主要领导干部。试行监狱主要领导任职资格制度，原则上要求具有3年以上司法行政工作经验。根据工作实际，配强、配齐分管监管、教育、生产、安全、政工、行政后勤的副职领导，进一步优化班子知识、专业、经历和年龄结构，不断提高班子整体效能和专业化水平。监狱领导班子至少配备1名35岁左右的领导干部，平均年龄在40—50岁之间，让班子有朝气、活力和气质，班子成员大学本科以上学历达到85%以上。努力把监狱领导班子建设成为忠诚可靠、知法懂法、业务精通、敢于担当、结构合理、团结和谐的坚强领导集体。制定符合监狱人民警察职业特点的干部考核评价办法，注重考察政治品格、法治素养、业务能力、责任担当和工作实绩，确保选拔任用的干部忠诚可靠、德才兼备。进一步加大公开选拔、竞争上岗等竞争性选拔任用干部工作力度，完善差额选拔干部办法，不断提高选拔任用干部的公信度。按照干部"四化"方针和德才兼备、任人唯贤原则，建设素质优良、数量充足、结构合理的后备干部队伍。切实履行干部协管职责，加大协管干部力度。

2. 从严管理领导干部。建立健全和落实领导干部的管理和监督机制，推行竞争上岗、定期交流轮岗、任职回避、任期制，结合领导班子年度考核、民主生活会等，定期检查和考评考核领导干部履职情况，完善民主测评、民主评议及定期考核领导干部政绩制度；综合运用批评教育、诫勉谈话、通报批评、组织处理、纪律处分等形式，推动从严管理监督干部常态化。落实全面从严治党主体责任和监督责任，认真学习贯彻《中国共产党章程》《关于新形势下党内政治生活的若干准则》《中国共产党党内监督条例》等党内法规，加强对领导干部的教育管理和监督。严格和规范党内政治生活，健全党内监督体系，坚持和落实民主集中制，重大问题必须党委集体讨论决定。严格党的组织生活制度，健全民主生活会制度、定期党性分析制度，开展经常性的批评和自我批评。进一步严明党的政治纪律、组织纪律，严格按照党章、党内政治生活准则和党的各项规矩办事。进一步完善集体领导和个人分工负责相结合的制度，坚持和完善党委领导下的监狱长负责制，处理好党委集体领导和行政首长负责制的关系。日常的行政工作，实行责权统一制度，监狱长是第一责任人，各分管狱领导群策群力、凝聚集体智慧，共同管理好监狱的各项工作。严格落实"三重一大"制度，健全和落实党委职责和议事规则，凡涉及重大决策、重要干部任免、重大项目安排和大额资金使用，严格按照规定程序集体研究决定。完善各级监狱党委（党组）会议制度，探索试行党委无记名票决制，提高依法决策、科学决策、民主决策水平。加强对领导干部个人事项报告、因公出国境、兼职取酬等情况的监督检查，落实领导干部离任审计制度、个人重大事项报告制度。

3. 加强干部培养锻炼。建立健全干部轮岗交流机制，监狱长及监狱班子成员在同一岗位任职满5年的原则上应当交流轮岗，满10年的必须交流轮岗，每次交流不超过班子成员人数的1/3。完善执法关键岗位、人财物等重点岗位定期轮岗交流制度。政工、纪检监察、刑罚执行、狱政管理等部门的主要负责人和执法岗位人员应定期轮岗，人、财、物等重要岗位人员要有计划交流。加强实践经验锻炼，采取挂职锻炼、跟班带班、应急演练、蹲点调研等措施，在实战环境中锻炼队伍、提高本领。加强后备干部培养，有计划地加大优秀年轻干部培养锻炼力度。把后备干部培养使用与干部轮岗交流结合起来，选派后备干部到条件艰苦、任务艰巨的单位、部门任职，形成有利于干部成长的政策导向。

学习任务四十五　监狱人民警察基层基础建设

一、监狱人民警察基层基础建设的重要性

监狱的监区、分监区是依法对罪犯实行惩罚、教育、改造，组织服刑人员学习、劳动生产、完成各项工作任务的基层基础组织。监狱的监区、分监区处于改造罪犯工作的第一线，直接而又具体地担负着执行刑罚、监管改造服刑人员和组织劳动生产的艰巨任务。监狱基层基础工作是监狱管理工作的根基与柱石，也是监狱执法活动的支撑点和落脚点。加强监狱基层基础建设，是确保监狱安全稳定，实现监狱工作高质量发展的需要，是强化监狱职能，构建社会主义和谐社会的需要，同样是维护社会公共安全，人民群众社会安全感的重要保证，更是认真贯彻落实党中央重大决策部署，坚持全面依法治国、推进法治中国建设，推进监狱治理体系和治理能力现代化的根本要求。

监狱的决策和计划，只有监区、分监区组织执行得力，才可能由此收到预期的效果。如果监区、分监区组织松散、混乱，监狱的决策或计划的实现必然受阻，由此可见监区、分监区基层组织在整个监狱行刑活动中具有非常重要的地位。基层组织的地位，决定了它在监狱组织系统中发挥着无法取代的作用。

（一）监区、分监区组织是惩罚和改造服刑人员的主体

监区、分监区组织是监狱的"神经末梢"，处于执行地位，因此监区、分监

区起着惩罚和改造服刑人员的主体作用。具体表现在：监狱惩罚和改造服刑人员的任务，最终要由监区、分监区完成。监狱行刑活动遇到的大量的具体问题，能否依据法律法规和政策解决，主要取决于监区、分监区。在对服刑人员的刑罚执行过程中，对服刑人员的减刑、假释、释放等刑罚的变更问题，也由监区、分监区提出权威性材料。在日常的行刑活动中，监区、分监区组织是以国家名义行使权力。上级的方针、政策、原则等能否贯彻落实，取决于监区、分监区组织。所以，监区、分监区基层组织在惩罚和改造服刑人员工作中起着无可替代的主体作用。

（二）监区、分监区组织是人的潜力开发者

以人为中心的管理是现代管理的中心内容。发挥人的作用是管理的主要任务之一。监区、分监区管理组织并非仅仅拥有组合人的功能，它还有如何用人的问题。人力基本上表现为两种形式：物质形态的力和精神形态的力。前一种力就是现实的劳动力，后一种力则是潜在劳动力。我们常说发掘人的力量实质上是指发挥人潜在的力量，它包括人的智慧、专长、热情等。这种资源的发掘是无限的，不同的方式、方法能发掘出不同的力量。监区、分监区组织是发掘基层监狱人民警察潜在力量的有机体，它通过量才用人、专业对口、激励奖惩、环境影响等手段极大地发掘监区、分监区管理人员的潜力，这个过程最终是精神力量化为物质力量的过程。

（三）监区、分监区组织是坚持全面依法治国、推进法治中国建设战略的具体实施者

党的二十大报告指出，全面依法治国是国家治理体系的一场深刻革命，关系党执政兴国，关系人民幸福安康，关系党和国家长治久安。必须发挥法治固根本、稳预期、利长远的保障作用，在法治轨道上全面建设社会主义现代化国家。监狱工作直接关系着坚持全面依法治国、推进法治中国建设的战略实施。监区、分监区基层组织是监狱工作的先行者。无论从规范执法行为、促进执法公正、维护国家政治安全、保持社会稳定，还是提升教育改造质量、构建社会主义和谐社会、提高人民群众的安全感幸福感，都必须从基层基础工作中得到体现。监区、分监区在推进法治中国建设中的作用，是其他单位所无法取代的，忽视监区、分监区基层组织的作用就会给整个监狱的法治中国建设造成障碍。系统论告诉我们，系统具有整体性、相关性的特征。它们紧密相连，不可分割。如果监区、分监区基层组织警力不足、心态失衡、人才逆流、素质低下，甚至陷入瘫痪，将直接影响着监狱改造质量的提高，影响整个监狱系统功能的发挥。我们必须高度重视监区、分监区基层组织建设，推动监狱事业全面发展。

二、监狱人民警察基层基础建设的途径

（一）科学设置机构、配备警力

司法部《关于新形势下加强司法行政队伍建设的意见》指出，"加强编制管

理，按照精简机关、充实一线的要求，提高司法行政一线干警编制比例，认真开展编制使用情况的检查督查，确保专编专用。坚持科学用警，改进干警值班值勤模式，推进警力下沉，确保监狱、戒毒所一线警力达到警察总数的75%以上"。根据《司法部关于加强监狱监区、分监区和劳教所大队、中队建设的若干规定》之精神，监狱下设监区、分监区，监狱的监区一般为正科级建制，分监区一般为副科级建制。监区按照500名左右服刑人员的标准设置，分监区按照150名服刑人员的标准设置。监区的警力配备比例为服刑人员总数的3%，分监区警力配备的比例不得低于服刑人员总数的8%。监区设正、副监区长和正、副教导员，分监区设正、副分监区长和正、副指导员。各监狱要严格按照此规定设置机构，精简机关，充实基层，切实保证监区、分监区警力配备比例。

（二）加强监区、分监区党的建设

《中国共产党章程》规定"企业、农村、机关、学校、科研院所、街道社区、人民解放军连队和其他基层单位，凡是有正式党员三人以上的，都应当成立党的基层组织"。监狱机关党的基层组织的设置，仍然是遵照以上原则。根据改造、生产、工作需要和党员人数确定，同时参照人民解放军"支部建在连上"这个原则，坚持把基层党支部建立在监区、分监区，监区、分监区正式党员不足3个的，可与邻近监区、分监区的党员联合组成支部。发挥党支部在基层单位的核心作用，加强基层党组织的思想、组织、作风建设，充分发挥党的思想政治优势、组织优势和密切联系群众的优势，增强党的战斗力和凝聚力。抓好基层党组织生活制度、工作制度、监狱党委的工作制度、基层党组织议事规则等方面规定的落实，明确基层党建工作责任制。加强党员队伍建设，加强党员教育、管理和监督，坚持学习制度，提高党员素质，强化党员意识，保证党员认真履行义务，发挥党员作用。贯彻"坚持标准，保证质量，改善结构，慎重发展"的方针，做好发展党员工作。

（三）加强监区、分监区领导班子建设

监区、分监区的领导班子应当团结务实、精通业务、廉洁高效，能够率领所属监狱人民警察完成惩罚、教育、改造服刑人员及生产经营等项任务。领导班子成员必须坚持四项基本原则，在政治上和党中央保持高度一致；具有履行职责所需的政治水平和专业知识；忠于职守、廉洁奉公、严格执法、公道正派、联系群众、为人师表。选配领导班子应注重知识、专业、年龄的合理结构，把政治素质好、作风扎实、事业心强、有一定业务水平和群众基础、具有组织协调能力、工作成绩突出的青年干部充实到监区、分监区的领导班子。新任监区领导干部，必须具有大专以上文化程度，5年以上工龄，分监区领导干部，必须具有中专（高中）以上文化程度，3年以上工龄，领导班子成员平均年龄不超过40周岁；上岗前必须在指定的院校经过岗位培训，并取得合格证书。切实加强对监区、分监区领导班子的考核，监狱对所属监区、分监区领导班子每年应考核一次。

(四) 加强政治教育业务学习，不断提高监区、分监区监狱人民警察素质

监区、分监区应进行经常性的政治思想教育，认真开展业务培训和业务学习，并保证政治教育和业务培训、业务学习的时间、人员和质量。政治学习的内容是：马克思列宁主义、毛泽东思想、中国特色社会主义理论体系特别是习近平中国特色社会主义思想，党的路线、方针、政策、政治经济形势、法律法规、职业道德、警容警纪等。要牢固树立马克思主义的世界观、人生观、价值观和正确的权利观、地位观、利益观，自觉抵制各种错误思想的侵蚀。坚定正确的政治方向，增强"四个意识"，坚定"四个自信"，做到"两个维护"，确保党对监狱人民警察队伍的绝对领导，确保政令、警令畅通。认真开展社会主义核心价值观教育，践行社会主义法治理念，提高政策理论水平和思想政治素质。业务学习的内容是：监狱法律法规、罪犯管理学、教育学、罪犯心理学、生产经营管理基本知识，队列指挥与擒拿格斗、武器、警戒具使用、突发事件应急处置以及其他为工作所必需的辅助知识与技能等。以强化履行岗位职责能力，增强工作执行力，适应实战为原则，实操实做技能为重点，着重抓好履行岗位职责能力、驾驭监狱安全能力、实施科学管理、提高教育挽救转化水平、突发事件应急处置能力、提高警察心理素质、现代警务技能及体能等方面的学习教育。业务学习应与开展岗位练兵、个别教育能手、技术竞赛等活动紧密结合，与建设智慧监狱工作配套进行。

(五) 加强廉政建设，提高队伍战斗力

落实党风廉政建设责任制，加强廉政建设，建立健全廉政监督制约机制，狠抓职业道德、职业纪律和廉政教育，引导广大民警自觉遵守廉洁自律的各项规定，增强拒腐防变能力，严格依法办事，严格执行《中国共产党廉洁自律准则》《公务员法》《人民警察法》《监狱法》《监狱和劳动教养机关人民警察违法违纪行为处分规定》等有关党员、公务员、警察纪律要求的各项规定，秉公执法，在服刑人员减刑、假释、暂予监外执行等工作中，坚持集体研究，实行"两公开、一监督"制度，防止利用职权谋取不正当利益的问题发生。坚决反对行业不正之风，敢于同各种腐败现象斗争，自觉接受人民群众的监督，建立健全教育、制度、监督并重的惩治和预防腐败体系，提高队伍战斗力。

(六) 对监区、分监区的人民警察实行倾斜政策

司法部《关于新形势下加强司法行政队伍建设的意见》要求："突出基层导向，建立人财物向基层倾斜的政策保障体系。完善县级司法行政机关公用经费保障标准和正常增长机制，健全稳定基层司法行政队伍政策，落实基层司法行政干

警正常福利待遇，加强对基层干警的教育培训和管理监督。"同等情况下，在晋职、晋级、晋衔、津贴、住房、奖金、学习培训、家庭就业、子女入党等方面应优先考虑监区、分监区的人民警察。重视在监区、分监区发展党员。

（七）加强监区、分监区的后勤保障工作

落实司法部《关于新形势下加强司法行政队伍建设的意见》要求，完善监区、分监区公用经费保障标准和正常增长机制，落实基层监狱人民警察正常福利待遇。建立引导优秀民警到基层干事创业激励机制，加强对基层一线优秀干警的选拔使用，完善从基层一线选拔人才制度，促进机关与基层良性互动。按照建设现代化文明监狱的要求，采取有力措施，为监区、分监区配备必要的交通、通讯、枪支、警戒具设备等。以加大基层基础投入为保障，改善监狱的硬件设施、办公条件，提高监狱的物防、技防水平，全面改善基层民警的工作条件。

讨论事例

【事例十】

阅读下列资料，讨论问题。

几年来，我狱深入贯彻司法部《2016—2020年监狱戒毒人民警察队伍建设规划纲要》要求，采取有力措施，加大了对警察队伍的教育培训力度。通过优化人力资源组合、人才引进、学历教育等有效手段，促使我狱人民警察队伍的整体素质有了明显的提高。但是，由于各种原因，在队伍专业化建设方面仍存在问题和不足。通过政工部门几年的总结和结合外省、市监狱的经验看，比对标准，我狱人民警察队伍专业化建设还存在一定差距。

第一，从目前民警的专业知识能力来看，当前民警中专门学习法律、管理、教育、监管专业的比例还不很高；即便是学习这些专业的，具备实用性的岗位的技能仍然不足。这主要是由于民警的素质培养过程造成的，这些民警大多来自于各院校，院校的课程设置过于注重核心专业学科的知识，忽视了社会整体和学生自我全面素质发展的要求，造成专业基础课与专业课比例过大，而与实际工作相对应的实用性课程比例过低，导致了我们的民警在实际工作中不但缺乏相关的岗位实用技能，也缺乏民警自我提高能力的素质。

第二，从现行的监狱工作体制来看，由于一线民警人员配备不足，完全的专业化分工还不能实现，还有相当一部分民警一人多职，不但管理服刑人员的生活，还从事服刑人员教育、心理矫治等更多专业化的工作。这就对民警提出了更高的要求，要身兼管理、教育、安全生产、经营多项职能，具备多种职业能力。在这样的监狱体制下，民警既承担着繁重的管理、教育任务，还承担着艰巨的经济工作任务；既是执法者、管理者和教育者，还是生产经营的组织者，在一定程度上影响了教育改造质量，这与我们所要求的专业化趋势显然是相悖的。

第三，从民警的专业发展来看，监狱人民警察队伍状况比较复杂，绝大多数民警长期工作在监狱工作第一线，缺乏重新接受系统学习提高的机会，面对新的教育改造理论、理念以及各种新的技术、技能，常常感到束手无策，无法深入学习体会，这已成为提高我们教育改造质量的障碍与瓶颈，决定了民警进修与教育培训的必要性、紧迫性和艰巨性。

第四，从民警的专业自主权来看，在当前的工作中，我们大都习惯于从制度的角度去规范民警的日常工作，并且，我们对民警专业职位的安排，还大多停留在组织安排的层次，民警自我选择的余地还不大。

问题：结合某监狱人民警察队伍专业化建设中存在的问题，提出今后加强监狱人民警察队伍专业化建设应采取哪些措施？

拓展学习

1. 学习司法部《关于新形势下加强司法行政队伍建设的意见》和《2016—2020年监狱戒毒人民警察队伍建设规划纲要》，回答下列问题：

（1）监狱人民警察队伍建设的主要任务是什么？

（2）教育培训工作在提高监狱人民警察素质中发挥着什么作用？怎样更好地发挥教育培训的职能作用？

（3）怎样加强队伍的革命化、正规化、专业化、职业化建设？

（4）结合文件规定，联系实际，谈谈如何做一名称职、合格的监狱人民警察？

2. 2023年1月9日《人民日报》报道：中共中央总书记、国家主席、中央军委主席习近平近日对政法工作作出重要指示强调，政法工作是党和国家工作的重要组成部分。要全面贯彻落实党的二十大精神，坚持党对政法工作的绝对领导，提高政治站位和政治判断力、政治领悟力、政治执行力，坚持以人民为中心，坚持中国特色社会主义法治道路，坚持改革创新，坚持发扬斗争精神，奋力推进政法工作现代化，全力履行维护国家政治安全、确保社会大局稳定、促进社会公平正义、保障人民安居乐业的职责使命，为全面建设社会主义现代化国家、全面推进中华民族伟大复兴贡献力量。请认真学习，谈谈新时代政法工作如何强化"四个意识"、履行职责使命？